de Gruyter Lehrbuch

Spitta / Gasch / Franck · Systemanalytische Einführung in die kommerzielle EDV

Thorsten Spitta · Berthold Gasch · Holger Franck

Systemanalytische Einführung in die kommerzielle EDV

Problemlösen mit COBOL

Walter de Gruyter · Berlin · New York 1979

Dr.-Ing. *Thorsten Spitta*
Projektleiter des Anwender-Softwareprojektes MIREKON (Modulares Informations- und Rechensystem für die Konfektionsindustrie) in Berlin

Dipl. Volkswirt *Berthold Gasch*
Dr.-Ing. *Holger Franck*
Wissenschaftliche Assistenten und Lehrbeauftragte für Elektronische Datenverarbeitung im Fachbereich Informatik der Technischen Universität Berlin

Das Buch enthält 67 Abbildungen

CIP-Kurztitelaufnahme der Deutschen Bibliothek

Spitta, Thorsten:
Systemanalytische Einführung in die kommerzielle EDV : Problemlösen mit COBOL. / Thorsten Spitta ; Berthold Gasch ; Holger Franck. – Berlin, New York : de Gruyter, 1979. –
(De-Gruyter-Lehrbuch)
ISBN 3-11-007544-X
NE: Gasch, Berthold:; Franck, Holger:

Druck: Color-Druck, Berlin. Bindearbeiten: Dieter Mikolai, Berlin.

Vorwort

Das vorliegende Buch ist Ergebnis eines von den Autoren im Fachbereich Informatik der TU Berlin über mehrere Jahre durchgeführten 2-semestrigen Lehrveranstaltungszyklus im Rahmen der DV-Grundausbildung für Wirtschaftswissenschaftler.

Aus der Zielgruppe der Auszubildenden ergab sich, daß die Wissensvermittlung zwei Komponenten zu berücksichtigen hatte:

1. Das betriebliche Problem, für das es eine organisatorische Lösung zu suchen galt.
2. Die Entwicklung und Implementierung der EDV-spezifischen Teillösung auf einer Rechenanlage.

Die projektorientierte auf einem konkreten Fall basierende Lehrveranstaltung ermöglichte es, beide Komponenten zu verbinden. Je nach Anwendungsfall wurde die organisatorische oder die softwaretechnologische Komponente mehr betont.

Das Konzept des Buches fußt auf dieser Verbindung von Wirtschaftswissenschaften und Informatik, wobei folgende Aspekte besonders berücksichtigt wurden:

1. Betriebswirtschaftliche Entwicklung von Anwendungssystemen (Systemansatz) und Methodik des Softwareentwurfs sind prinzipiell von gleicher Struktur;
2. die Entwicklung von Systemen - sei es nun ein rein organisatorisches System oder die Realisierung einer EDV-Komponente dieses Systems - läßt sich, solange es keine greifende operationale Theorie dazu gibt, am besten durch praktisches Handeln lernen. Dies spiegelt sich in der Entwicklung von organisatorischen Lösungen, Algorithmen und deren Implementierung wider.
3. Anwendungsorientierte DV-Grundausbildung für Wirtschaftswissenschaftler sollte nicht rechner-, sondern anwendungs- und damit problemorientiert sein. Diese Orientierung führt zur Verwendung von COBOL als Programmiersprache. Daher ist auch die Entwurfstechnik zur Entwicklung von Algorithmen COBOL-orientiert.
4. Bereits dem Anfänger muß das Aufbauen auf vorhandenen Lösungen vermittelt werden. Dazu muß der EDV-orientierte Systementwickler frühzeitig den Umgang mit 'Schnittstellen' von Standardlösungen lernen, insbesondere solchen der Datenverwaltung.

Die Durchführung dieses Konzeptes orientierte sich an folgenden Leitgedanken:

Das Buch sollte sein:

- praxisorientiert und problemnah:

  Als Einstieg werden Fallstudien und nicht wie sonst üblich 'Grundlagen' gewählt,

- offen für Neuentwicklungen:

  Wie schon erwähnt, gibt es keine abgeschlossene operationale Theorie der Systementwicklung. Daher differieren die Fallstudien in Details - nicht im Ansatz - bei formalen Darstellungsmethoden der Spezifikation, der Algorithmen- und Schnittstellendarstellung. Es kommt hier darauf an, eine Konvention festzulegen und in einem Projekt einheitlich einzuhalten. Allgemeingültiges existiert auf diesem Gebiet nicht.

Um den Umfang des Buches und so auch den Preis in Grenzen zu halten, konnten einzelne Problembereiche nur komprimiert dargestellt bzw. nur gestreift werden. Für die erfolgreiche Entwicklung eines Anwendungssystems in der Praxis ist es unumgänglich, sich weiteres Wissen über:

- Darstellungstechniken der Systemanalyse und des Programmentwurfs, vertiefte Methoden der Dateiorganisation,
- Struktur und Anwendungsmöglichkeiten unterschiedlicher Programmiersprachen,
- Gerätetechnik,
- Projektmanagement,
- Spezialgebiete des Rechtswesens (Datenschutz, Betriebsverfassungs- bzw. Personalvertretungsgesetz), Soziologie und Psychologie am Arbeitsplatz (Akzeptanzproblematik), Betriebswirtschaftslehre (Kostenrechnungsverfahren)

zu erwerben.

Dieses Wissen kann in der notwendigen Tiefe in dieser Einführung nicht vermittelt werden.

Die Benutzung dieses Buches sollte gemäß dem Konzept der Verfasser von einer der beiden gleichwertigen Fallstudien ausgehen und den dort gegebenen Lesehinweisen für die Grundlagen folgen. Eine Bearbeitung beider Fallstudien ist bei Selbststudium dringend erforderlich, da für eine EDV-Einführung hohe Anforderungen gestellt werden und die Fallstudien unterschiedliche Schwerpunkte setzen.

Wer den konzipierten Weg nicht beschreiten will, kann auch mit Teil II (Grundlagen) beginnen und dann die Fallstudien bearbeiten. Der nachfolgende Wegweiser zeigt die Möglichkeiten auf.

Die den Fallstudien zugrundegelegte (COBOL-) Basissoftware kann in beschränktem Umfang Interessenten gegen Erstattung der Versandkosten auf Datenträgern zur Verfügung gestellt werden.

Bei der Vielzahl der im Laufe der Jahre an der Grundausbildung Beteiligten läßt sich heute nicht mehr rekonstruieren, welche Anregungen und Ideen von wem in die Konzeption der Lehre einflossen. Ihnen allen ist zu danken. Namentlich sind in diesem Zusammenhang Dipl.-Ing. (ETH) M. Berger, cand.ing. M. Mattesius, Dipl.-Inform. H. Sternberg, Dipl. Kfm. R. Trill, Dipl. Kfm., Dipl. Math. E. Wohlrapp zu erwähnen.
Des weiteren danken wir Herrn Verwaltungsdirektor R. Latzke und seinem Assistenten, Herrn G. Lehr vom Stadtkrankenhaus Offenbach/Main. Ohne ihre großzügige Unterstützung wäre der Aufbau der Fallstudie Krankenhaus nicht möglich gewesen.

Ein ganz besonderes Anliegen ist es uns, Herrn Ing. (grad.) W. Hellenthal für die sorgfältige und ausdauernde Arbeit als 'Projektmanager' der gesamten Herstellung des Manuskriptes, für die Herstellung aller Zeichnungen und das Überarbeiten vieler Programme sowie für die Vielzahl nützlicher Hinweise besonders zu danken. Ebenfalls ist Frau B. Seifert für das Schreiben der Druckvorlagen und den Herren Dipl. Phys. S. Bürk, W. Reich und Dipl.-Inform. H. Zuse vom Informatik-Rechnerbetrieb der TU Berlin für die vielfältige Unterstützung zu danken.

Berlin, im März 1979

Thorsten Spitta
Berthold Gasch
Holger Franck

Wegweiser

Die hier abgebildeten Wegweiser dienen zur Orientierung über die Vorgehensweise zur Erarbeitung der Grundlagen gemäß dem Konzept dieses Buches. I bezieht sich auf die Fallstudien, II auf den Grundlagenteil.

Fall A:

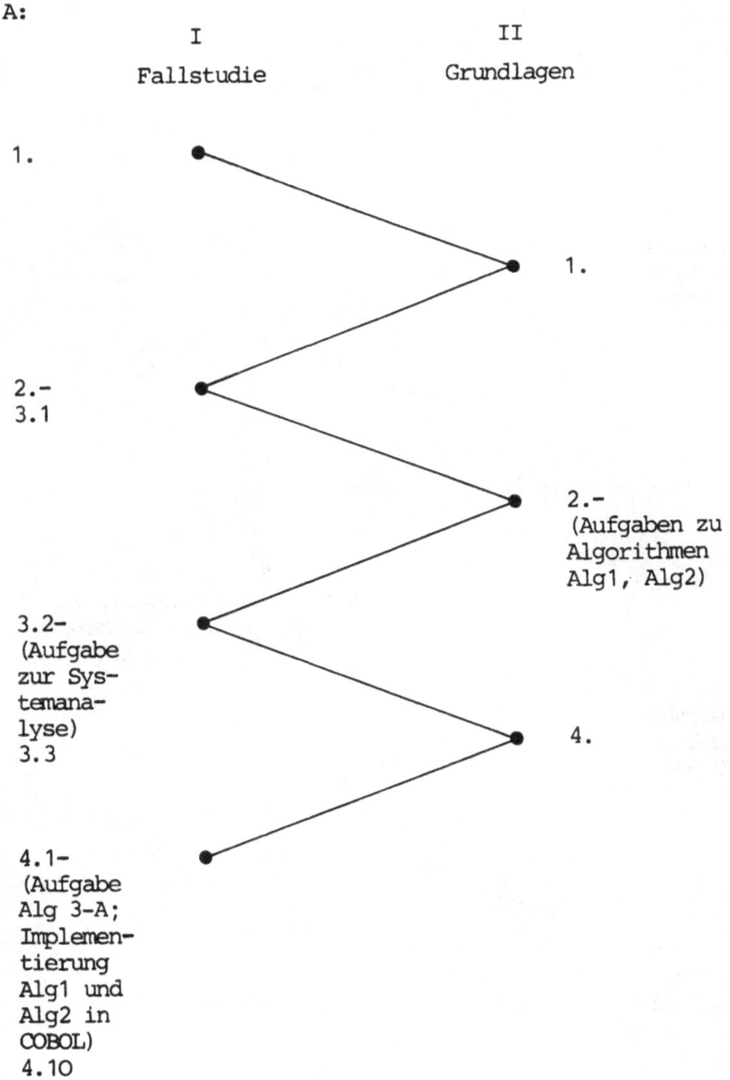

Fall B:

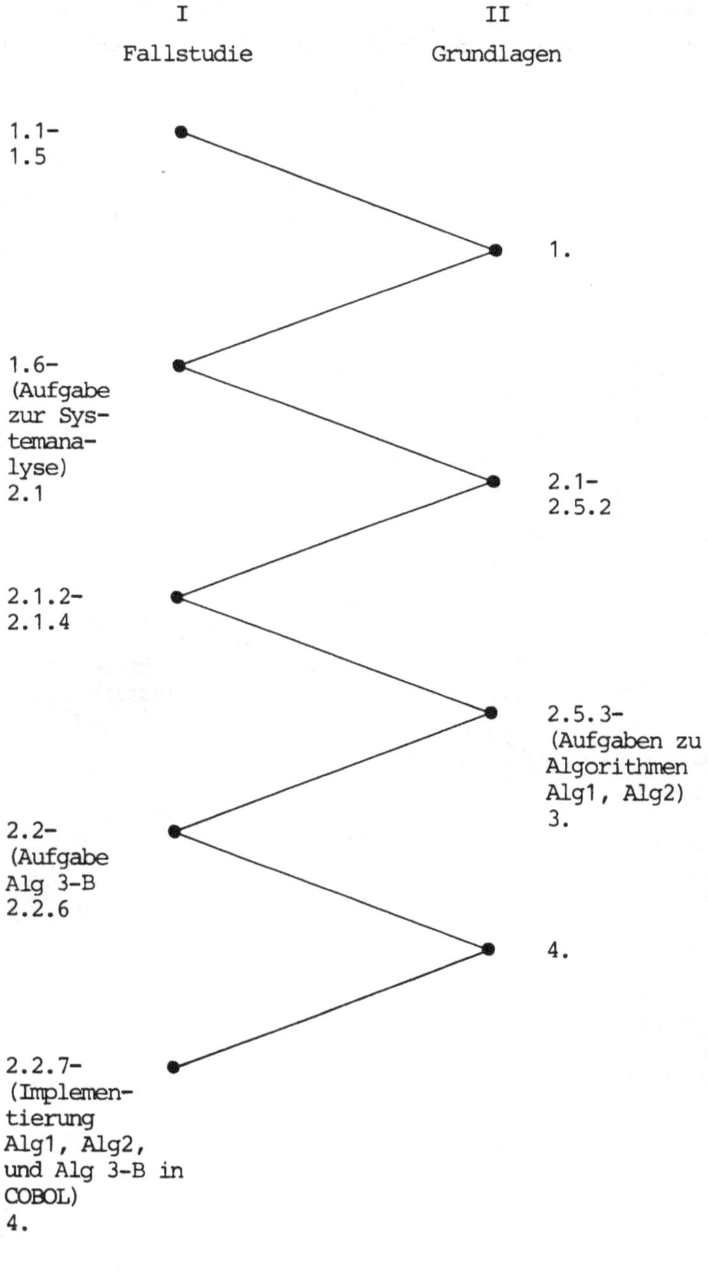
I
Fallstudie
II
Grundlagen
1.1-
1.5
1.
1.6-
(Aufgabe
zur Sys-
temana-
lyse)
2.1
2.1-
2.5.2
2.1.2-
2.1.4
2.5.3-
(Aufgaben zu
Algorithmen
Alg1, Alg2)
3.
2.2-
(Aufgabe
Alg 3-B
2.2.6
4.
2.2.7-
(Implemen-
tierung
Alg1, Alg2,
und Alg 3-B in
COBOL)
4.

Inhaltsverzeichnis

Teil I: Fallstudien zur kommerziellen EDV

Fall A: EDV im Krankenhaus (Umstellungen im Verwaltungsbereich)

1. Vorbemerkung

Seit Beginn der 60er Jahre erfolgte im Gesundheitswesen eine bislang nicht gekannte Ausgabensteigerung:

1960	8,965 Mrd. DM
1970	23,849 " "
1975	58,031 " "

Tab. 1: Krankenkassenausgaben[1)]

Der Staat reagierte auf diese Entwicklung mit gesetzlichen Maßnahmen. 1972 wurde das "Gesetz zur wirtschaftlichen Sicherung der Krankenhäuser und Regelung der Krankenpflegesätze" (KHG) verabschiedet.

Die im KHG § 4, Abs. 1 und 2 verlangte "sparsame Wirtschaftsführung" zielt auf eine bessere Ausnutzung der Ressourcen. Eine Minderung krankenhausspezifischer Leistungen soll dabei vermieden werden. Um den Nachweis der "sparsamen Wirtschaftsführung" erbringen zu können, entschlossen sich viele Krankenhäuser zur Einführung des bisher unüblichen kaufmännischen Rechnungswesens. Die dadurch ausgelöste Umorganisation im Finanzbereich führte in vielen Krankenhäusern zu weitergehenden Reorganisationsvorhaben im Verwaltungsbereich, die bei größeren Krankenhäusern nicht selten zum Einsatz der EDV führten.

Die nun folgenden Kapitel zeigen den Weg vom Problem zur Lösung angelehnt an einen authentischen Fall.

Lesehinweis: Man lese jetzt Teil II, Kap. 1.

1) Quelle: Frankfurter Rundschau v. 26.2.1977

2. Vorstudie

Zur Vorstudie gehört neben der ersten Zieldefinition die Beschreibung der Grobstrukturen des Problembereichs, die Skizzierung von Lösungsalternativen, eine erste Schwachstellenanalyse sowie Vorentscheidungen über künftige Verfahrensweisen und Restriktionen.

2.1 Ausgangsproblem und Zielsetzung der Vorstudie

Die Einführung des kaufmännischen Rechnungswesens bringt für die ohnehin schon überlastete Finanzabteilung weitere Arbeitsbelastungen mit sich. Aus unternehmenspolitischen Gründen möchte die Verwaltungsleitung personelle Aufstockungen möglichst vermeiden. Sie bittet die Stabsstelle für Reorganisation um die Anfertigung einer Vorstudie zur Entscheidungsfindung für das weitere Vorgehen. Die Verwaltungsleitung steht unter Zeitdruck, die Vorstudie muß schnellstens auf den Tisch.

2.2 Ergebnisse der ersten Analyse

Eine erste grobe Analyse im Bereich der Patienten- und Finanzabteilung liefert folgende Ergebnisse:

- Die Rechnungen an die Krankenkassen gehen 2 Monate verspätet aus dem Haus. Als Gründe werden dafür angegeben
  - Personalengpässe und
  - veraltete Buchungsautomaten.
- Es erscheint fraglich, ob die Umschulung des alteingesessenen Personals vom kameralen auf das kaufmännische Rechnungswesen möglich ist und rechtzeitig abgeschlossen werden kann.

- Das Formularwesen zur Verwaltung der Patienten ist
  - undurchsichtig - es scheinen Formulare zu existieren, die keinem eindeutigen Verwendungszweck zugeordnet sind,
  - aufgebläht - eine Vielzahl von Formularen mit identischen Informationen werden dezentralisiert an unterschiedlichen Orten aufbewahrt. Ob dies notwendigerweise durch den Betriebszweck bedingt ist, läßt sich anhand der ersten Ergebnisse nicht beurteilen.

2.3 Lösungswege

Zur ersten Entscheidungsfindung zeigt die Stabsstelle zwei Lösungswege auf.

2.3.1 Alternative I

Das Formularwesen und die bisherigen Betriebsabläufe bleiben im wesentlichen unverändert. Die alten Fakturiermaschinen aus den 40er Jahren werden durch moderne, bedienungsfreundlichere und leistungsfähigere Buchungsautomaten ersetzt. Höchstwahrscheinlich wird eine Arbeitskraft in der Fakturierung eingespart.

Kostenpunkt für die neuen Maschinen 120 000,-- DM.[1)]

Vorteil:
- keine größeren Umstellungsprobleme,
- schnell realisierbar,
- Einsparung des durch verzögerten Rechnungsausgang verursachten Zinsverlustes (der Umsatz beträgt 40 Mio/Jahr).

Nachteil:
- die Umstellungsprobleme für die Buchhaltung sind mit einer Arbeitskraft mehr nicht gelöst,
- bei steigender Auslastung und Inbetriebnahme weiterer Kapazitäten ist wieder mit Engpässen in der Fakturierung zu rechnen,
- das mit seinen Schwächen behaftete Formularinformationssystem bleibt weiter in Kraft.

---

1) Die eingesetzten Preise können veraltet sein.

2.3.2 Alternative II

Die strukturellen Schwächen im Verwaltungsbereich werden grundsätzlicher und langfristiger angegangen. Die Stabsstelle schlägt den Einsatz der EDV mit gekauften problemadäquaten Programmen vor.

Vorteil:
- Die inhaltliche Problematik mit der Umstellung des Rechnungswesens fällt weg, da sich zu diesem Problemkreis anzupassende Programme auf dem Markt befinden,
- der Fakturierungsengpaß wäre langfristig gelöst; es sind hier sogar Personalfreisetzungen zu erwarten,
- das Formularinformationssystem würde grundsätzlich überprüft und neu gestaltet,
- die bisher außer Haus bearbeiteten Datenverarbeitungsprobleme könnten teilweise im Haus bearbeitet werden,
- auch die im Haus anfallenden, mit der Patientenaufnahme verbundenen Datenerfassungsarbeiten könnten mit der DV-Anlage durchgeführt werden,
- durch die Freisetzungseffekte werden neue Personalstellen nicht benötigt.

Nachteil:
- Für eine dem Aufgabenbereich entsprechende Anlage ist mit Ausgaben von ca. 550 000,-- DM zu rechnen,
- zur Umorganisation muß eine Ist-Analyse durchgeführt werden, um darauf aufbauend eine genaue Konzeption für den Einsatz der DVA[1] zu erarbeiten. Diese Studie ist zeitaufwendig und teuer,
- die Überprüfung der Aufbau- und Ablauforganisation wird sich sicherlich vorerst negativ auf das Betriebsklima auswirken.

2.3.3 Kostenbetrachtung

Ausgehend von der bisherigen Untersuchung legt die Stabsstelle eine Kostenbetrachtung unter folgenden Annahmen vor:

- Beide Lösungen führen zur Reduktion des durch den Engpaß Fakturierung verursachten Zinsverlustes,
- der Planungszeitraum wird mit 5 Jahren angenommen,
- für Operating und Anpassung der Programme ist die schon bestehende DV-Abteilung zuständig und ausreichend besetzt,

---

1) DVA- Datenverarbeitungsanlage

- bei Einsatz der EDV können in der Fakturierung 3, bei anderen Arbeitsabläufen mindestens eine weitere Arbeitskraft freigesetzt werden; weiterhin könnte ca. 30 % der "Außer-Haus-Software" übernommen werden.

Alternative I

Kosten/Einsparungsart	Betrag
1. Organisatorische Maßnahmen	-
2. Investitionskosten	
3 Magnetkontenmaschinen à 40.000,-- DM	120.000,-- DM
Betriebskosten mtl. 500,-- DM	30.000,-- DM
3. Personalkosten	-
4. Umschulung	-
5. Soziale Auswirkung	-
	150.000,-- DM

Alternative II

Kosten/Einsparungsart		Betrag
1. Organisatorische Maßnahmen		
Ist-Analyse	+	10.000,-- DM
2. Investitionen		
Anlage mit 2 Druckern	+	500.000,-- DM
1 Wechselplattengerät		
1 Festplattengerät		
1 Bandstation		
6 Sichtgeräte		
Betriebsmittel mtl. 2000,-- DM	+	120.000,-- DM
Software	+	30.000,-- DM
3. Personal		
Einsparungen 4 Arbeitskräfte		
à 3.500,-- DM/mtl.	-	840.000,-- DM

4. Umschulungen auf DV-Betrieb 3-Tage Kurs	+	6.000,-- DM
als soziale Auswirkung der Freisetzung	+	12.000,-- DM
5. Sonstiges Übernahme von Außer-Haus-Software	-	180.000,-- DM
	-	342.000,-- DM

2.4 Bewertung und Auswahlentscheidung

Die Verwaltungsleitung bemängelt

- die fehlenden Alternativen
  - III: Organisatorische Umgestaltung + Magnetkontenmaschineneinsatz,
  - IV: Einsatz von EDV nur für die Buchhaltung + Fakturierung + organisatorische Umgestaltung,
- den fehlenden Zeitrahmen für die EDV-Umstellung,
- den zu groben Kostenvergleich.

Die Stabsstelle räumt diese Mängel ein und begründet sie mit Personal - und zeitlichen Engpässen. Sie nimmt Stellung zu den fehlenden Alternativen:

Zu III: Es sind nur minimale Personaleinsparungen zu erwarten,

IV:
- Sie läßt keine Übernahme von "Außer-Haus-Software" zu,
- die Personaleinsparungen sind geringer,
- es bestehe die Gefahr einer organisatorischen Insellösung, eine Übernahme der Patientenverwaltung mit zeitkritischeren Informationen sei nicht möglich.

Unter längerfristigen unternehmenspolitischen Aspekten gibt die Verwaltungsleitung grünes Licht für Alternative II.

3. Hauptstudie

Im folgenden wird der Weg eines stationären Kassenpatienten ohne Sonderleistungen[1] und die damit verbundenen Verwaltungsvorgänge beschrieben.

Hinweis: Zugehörige Formulare sind im Anhang abgebildet.

3.1 Istanalyse

Die Istanalyse orientiert sich an den Vorgängen, die den Patienten informationsmäßig begleiten, und zwar in den Phasen Aufnahme und Aufenthalt im Krankenhaus sowie Entlassung.
Zur detaillierten Erfassung des Informationsflusses wird jeweils der Weg des Patienten durch verschiedene Abteilungen/Stellen (im Text unterstrichen) und die damit verbundenen Verwaltungsvorgänge beschrieben. Anschließend wird eine grafische Übersicht der Zusammenhänge gegeben.

3.1.1 Phase I: Aufnahme

1. Der Weg des Patienten

   Versehen mit der Einweisung seines Hausarztes betritt der Patient das Eingangsgeschoß und wird vom Pförtner zu dem zur zentralen Aufnahme gehörigen Schalter ambulante Aufnahme verwiesen. An diesem Schalter werden einige Personalien erfaßt, dann wird der Patient dem Aufnahmearzt zur Untersuchung überwiesen. Entscheidet dieser auf Verbleib im Krankenhaus, kehrt der Patient zum zur

---

1) Dies bedeutet: Die in Rechnung gestellten Kosten werden von einer gesetzlichen- oder Ersatzkasse getragen. Eine Sonderleistung bezüglich Behandlung oder Unterbringung liegt nicht vor. In dem beschriebenen Krankenhaus gibt es insgesamt 13 Abrechnungskategorien.

zentralen Aufnahme gehörigen Schalter stationäre Aufnahme zurück, um endgültig aufgenommen zu werden. Anschließend wird der Patient seiner Gruppe im Pflegebereich zugewiesen.

2. Verwaltungsvorgänge

   Am Schalter der ambulanten Aufnahme wird für den Patienten ein Adreßfeld mit folgenden Angaben ausgefüllt:
   - Name der Krankenkasse
   - Patienten-Identifikationszahl[1] (I-Zahl)
   - Name, Vorname, Geburtsdatum, Wohnort, Straße
   - Arbeitgeber
   - Datum und Uhrzeit der Aufnahme.

Mit diesem Adreßfeld und der Einweisung kommt der Patient zum Aufnahmearzt. Das Adreßfeld ist als Matrize ausgebildet und kann zur Beschriftung weiterer Formulare verwendet werden. Der Aufnahmearzt weist den Patienten nach der Entscheidung auf Verbleib im Krankenhaus und nach telefonischer Rücksprache mit der betroffenen Abteilung bzw. Gruppe[2] ein Bett zu. Hierzu verwendet er eine täglich neue Liste, in der die freien Betten vermerkt sind. Nach Vorlage der formlosen Aufnahmebestätigung des Aufnahmearztes und der Bettenzuweisung wird der Patient am Schalter für Stationäre Aufnahme endgültig aufgenommen. Von einem der 10 Mitarbeiter des 24-stündig besetzten Schalters werden nach Auskünften des Patienten per Durchschlag mit der Schreibmaschine zwei Matrizen erstellt und eine freie 6-stellige Aufnahmenummer (sie ist fortlaufend) vergeben. Die auf der Matrize zu erfassenden Daten entsprechen den im oberen Teil des Aufnahmeblattes verlangten Angaben:

1) Siehe Anhang 1, Fallstudie A

2) Eine Pflegeabteilung umfaßt 4 Gruppen mit je 16 Betten.

Aufnahmestammblatt **Stadtkrankenhaus**

Aufnahme-Nr. / I-Zahl

Aufnahmetag / Uhrzeit

Abt. Gruppe

Entlassungstag

Mitteilung an

Telefon Nr.:

1. **Zuname, Vornamen**
2. Geburtstag und -ort
3. Wohnort Straße
4. Versichert bei
5. Beruf
6. Arbeitgeber
7. Religion
8. **Des Ehegatten** Zu- und Vorname Geb.-Tag und -Ort Beruf Arbeitgeber Wohnung
9. **Der Eltern** Zu- und Vornamen Geb.-Tag und -Ort Beruf Arbeitgeber Wohnung (Bitte ankreuzen)
10. Einweisungs-Diagnose
11. Unfall-Art
12. Einweisender Arzt Aufnahme-Arzt

Staatsangehörigkeit b. Ausl. Paß-Nr.

Familienstand	Heiratstag, -ort, Reg.-Nr.	Kinder

Vater:	Mutter:
Sorgerecht	Sorgerecht

Meldung an BG.

Verlegt am	n. Abt.	Gruppe	Verlegt am	n. Abt.	Gruppe

Sonderleistung Unterbringung (Bitte ankreuzen)

ab	1-Bett-zimmer	2-Bett-zimmer	mit Dusche	mit Bad	ohne Dusche bzw. Bad

Früher hier behandelt?

Stationär Wann? | Ambulant Wann?

Kostenübernahmeantrag

am an

Soz.-Amt Stadt, Anmeld./Antr. am:

Soz.-Amt Kreis, Anmeld./Antr. am:

Mahnung am:

Mahnung am:

Abschlagszahlungen

angefordert am: DM EDV erfaßt am Handz.

angefordert am: DM EDV erfaßt am Handz.

Bankverb. des Pat. bzw. des : Bank / Psch.-Konto bei Nr.

vom	bis	2. Aufn.-Nr.	Kassenschl.-Nr.	Az.	KO bis	Unterbr. Art	EDV erfaßt am	Handz.	Rechnungs-erstellung am:	Handz.	Bem.

StK. O. 1 Sch. O. 35412

Besch. f. Beih.-Zwecke am: Handz.

Nach Erfassung der Daten unterschreibt der Patient das Aufnahmestammblatt blanko und wird zur Pflegegruppe eingewiesen.

Mit Hilfe der Matrizen wird nun in der stationären Aufnahme ein Formularsatz mit immer den gleichen erfaßten Angaben beschriftet. Farbe, den Verwendungszweck kennzeichnende Überschriften, unterschiedliche Formulargröße unterscheiden die einzelnen Formulare.[1)]

Der Formularsatz besteht aus:
- Aufnahmestammblatt
- Aufnahme-Anzeige
- Zentralarchiv-Meldung
- Kleiderzettel
- Entlassungsschein
- Poliklinik-Sekretariatsformular
- 3 Blankoabzüge auf weißem Papier
- 3 Mitteilungszettel
- Krankenblatt der zugewiesenen Klinik
- Röntgenfragebogen - wenn erforderlich.

Mit dem Aufnahmestammblatt, dem Poliklinik-Sekretariatsformular, der Zentralarchiv-Meldung, der Aufnahme-Anzeige und dem Einweisungsschein geht nun der Bearbeiter in das ein Geschoß tiefer liegende Zentralarchiv, um die Patientenkarteikarte[2)] des neu aufgenommenen Patienten zu ziehen. Ist er noch nicht erfaßt, muß eine neue Karte angelegt werden.

Mit der Karte und den Formularen geht der Sachbearbeiter zurück in die zentrale Aufnahme. Die Zentralarchiv-Meldung legt er in einen speziellen Korb, der von einem der 7 Mitarbeiter des Archivs geleert wird. Dann trennt er an den perforierten Stellen die Adreßfelder aus den Matrizen und zieht eine Eintragung in das Aufnahmebuch ab. Nun kann die Verteilung der Formulare erfolgen.

---

1) Siehe Anhang 2, Fallstudie A

2) Siehe Anhang 2, Fallstudie A

An die stationäre Sachbearbeitung gehen:
- Aufnahmestammblatt
- Patientenkarteikarte
- Poliklinik-Sekretariatsformular
- Aufnahme-Anzeige
- Einweisung.

Die Aufnahme-Anzeigen müssen, bevor sie zusammen mit den Einweisungen und den Kostenübernahmeanträgen den Krankenkassen zugesandt werden, vom Aufnahmearzt unterschrieben werden. Dazu werden sie gesammelt einem diensthabenden Arzt zur Unterschrift vorgelegt.

Das Poliklinik-Sekretariatsformular wird den jeweiligen Klinik-Sekretariaten[1)] zugestellt. Auf die Verwendung wird nicht weiter eingegangen.

In der stationären Sachbearbeitung verbleiben Aufnahmestammblatt (sortiert nach Aufnahme-Nr.) und Patientenkarteikarte (alphabetisch sortiert).

An die Leitung einer Abteilung gehen:
- Kleiderzettel
- Krankenblatt
- Entlassungsschein
- ein Blankoabzug
- die zwei, aus den Matrizen herausgetrennten Adreßfelder.

Kleider- und Entlassungsschein werden vorerst nicht verwendet. Der Blankoabzug verbleibt im Abteilungsbüro. Mit einem Adreßfeldabzug wird das Hauptbuch beschriftet. Dort werden erfaßt: laufende Nummer, Aufnahmetag, Zimmer-Nr., Aufnahmezeit, Name, Adresse, Geburtsdatum, Religion, Entlassungstag, einweisender Arzt, Krankheit und Bemerkungen.

Pfarrer, Pförtner und Telefonzentrale erhalten je einen Mitteilungszettel; die Sozialfürsorge einen weiteren Blankoabzug.

---

1) Eine Klinik ist z.B. Chirurgie I.

Der dritte Blankoabzug verbleibt in der Zentralen Aufnahme. Anhand der I-Zahl[1)] der Zentralarchiv-Meldung wird im Archiv, falls der Patient schon einmal erfaßt worden ist, seine Krankengeschichte herausgesucht und dem Klinikarzt zugeschickt.

Geht die Kostenübernahmebestätigung beim Krankenhaus ein - was in der Regel nach einigen Tagen der Fall ist - so wird die Bestätigung auf die Rückseite des Aufnahmeblattes geklebt.

3.1.2 Phase II: Aufenthalt im Krankenhaus

1. Der Weg des Patienten

   Von seiner Pflegegruppe aus geht der Weg des Patienten zu den für ihn wichtigen Abteilungen wie z.B. Operationsabteilung, Röntgenabteilung usw. und wieder zurück.

2. Verwaltungsvorgänge

   Täglich um 8.00 Uhr wird der die Nacht zuvor über eine Zugangs- und Abgangsberechnung ermittelte Ist-Bestand jeder Abteilung an die <u>Betriebsstatistik</u> gemeldet. Er wird dort zum Mitternachtsbestand zusammengefaßt.

   Bei Verlegungen werden durch die Abteilung ausgefüllte Verlegungsmitteilungen an die stationäre Sachbearbeitung weitergeleitet. Nach der Übernahme der Angaben in die Patientenkarteikarte und das Aufnahmestammblatt geht der Verlegungszettel an den Pförtner. Die Patientenunterlagen wandern mit zur neuen Abteilung.

   Überschreitet die Verweildauer eines Patienten die von der Krankenkasse zugebilligte Frist, muß für die Kostenübernahme ein Verlängerungsantrag gestellt werden. Ein stationärer Sachbearbeiter veranlaßt den zuständigen Klinikarzt zur Bearbeitung des Verlängerungsantrages und leitet ihn dann der Krankenkasse zu.

---

1) Siehe Anhang 1, Fallstudie A

3.1.3 Phase III: Entlassung

1. Meist morgens - vor oder nach der Visite - verläßt der Patient das Krankenhaus.

2. Verwaltungsvorgänge

Das Entlassungsdatum wird im Hauptbuch, Kleiderzettel und Entlassungsschein vermerkt. Der vom Klinikarzt unterschriebene Entlassungsschein geht ca. 4 Tage nach der Entlassung mit dem Kleiderzettel an die stationäre Sachbearbeitung. Eine Sachbearbeiterin der Betriebsstatistik holt sich aus der stationären Sachbearbeitung das Entlassungsbuch und trägt dort folgende Daten ein: Hauptbuch-Nr., Name, Abteilung, Aufnahme-, Entlassungstag, Abrechungszeiträume. Das Entlassungsbuch geht an die stationäre Sachbearbeitung zurück. Dort wird nun im Aufnahmeblatt[1)] die Soll-Stellung ermittelt. Nach weiteren 6 Tagen geht das Aufnahmestammblatt zur Fakturierung, wo auf drei veralteten Buchungsautomaten - wegen Überlastung mit einer zweimonatigen Verzögerung[2)] - die Rechnungen für die Krankenkassen erstellt werden. Zwei Durchschläge (alphabetisch und nach laufender Nummer sortiert) verbleiben in der Buchhaltung, einer geht zur Kontrolle an das <u>Mahn- und Beitreibungswesen</u>. Geht der Rechnungsbetrag ein, wird der letzte Durchschlag in die Buchhaltung geholt, der Rechnungsbetrag verglichen und bei Richtigkeit verbucht. Geht kein Betrag ein, muß gemahnt werden.

Die Krankengeschichte geht von der Abteilung, die Patientenkarteikarte von der stationären Sachbearbeitung ins Zentralarchiv. Anhand des Kleiderzettels wird eine Wohnortstatistik nach Pflegetagen erstellt. Anhand des Entlassungsbuches wird eine Verweildauer- und eine Belegungsstatistik nach Klinik und über alle Kliniken summiert von der Sachbearbeiterin in der Betriebsstatisktik erstellt.

---

1) vgl. Anhang 2, Fallstudie A

2) Durch Überstundenarbeit wird die Verzögerung konstant gehalten.

3.1.4 Grafische Darstellung

Erläuterung zur nachstehenden Grafik:

Bei der aus der vorhergehenden Beschreibung genommenen grafischen Darstellung wurde der Weg des Patienten nicht berücksichtigt. Die Numerierung an den Pfeilen des Informationsflusses innerhalb einer Zehnerklasse - eine Zehnerklasse ist z.B. 0 - 9 oder 20 - 29 - bedeutet Gleichzeitigkeit des Informationsflusses.

Als Sortierfolge ist definiert: Je größer die Zehnerklasse, desto später erfolgt der Informationsfluß.

Die Pfeilspitzen symbolisieren die Richtung des Informationsflusses. Dementsprechend symbolisiert in der zugehörigen Liste
E:: = einseitigen, Z:: = zweiseitigen
Informationsfluß.

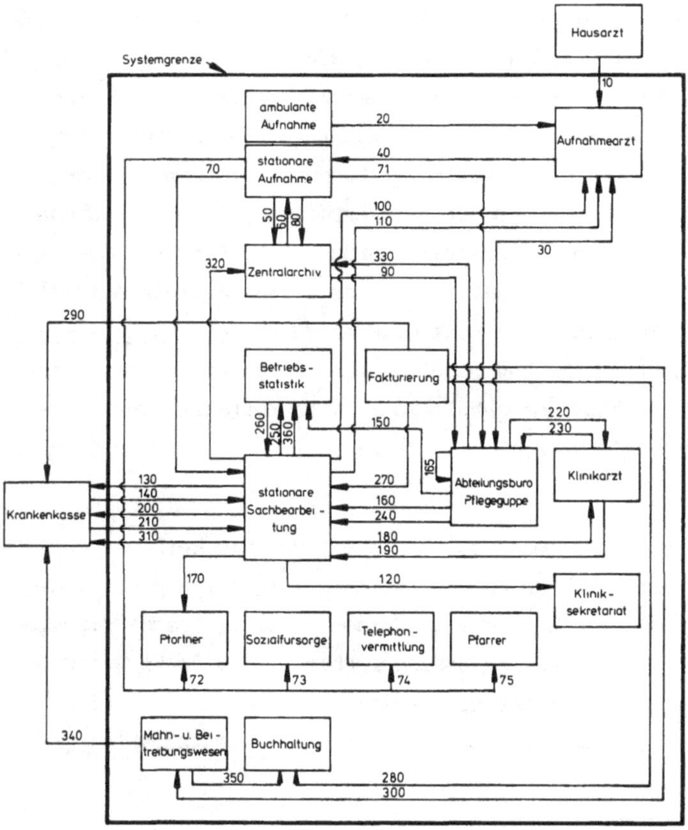

Abb. 3.1: Grafische Darstellung des Informationsflusses; (Istzustand)

Pfeil-Nr.	Absender	Empfänger	Informationsinhalt	E/Z[1)]	Datenträger
10	Hausarzt	Aufnahmearzt	Einweisung	E	Formular
20	Ambulante Aufnahme	Aufnahme- o. Ambulanzarzt	Adressenfeld (wird vom Patienten mitgenommen)	E	Formular
30	Aufnahmearzt (Ambulanzarzt)	Pflegegruppe (Abteil-Büro)	Tel. Klärung über ein freies Bett	Z	Telefon
40	Aufnahme-, Ambulanzarzt	Stationäre Aufnahme	Einweisung mit Gruppenfestlegung (meist formlos)	E	(i.d.R.) formloser Zettel
50	Stationäre Aufnahme	Zentralarchiv	Aufnahmestammblatt/Aufnahme anzeige/Zentralarchiv-Meldung u. Einweisung	E	Formular
60	Zentralarchiv	Stationäre Aufnahme	Aufnahmestammblatt/Patientenkarteikarte/Aufnahmeanzeige/Zentralarchiv-Meldung u. Einweisung	E	Formular
70	Stationäre Aufnahme	Stationäre Sachbearbeitung	Aufnahmestammblatt/Patientenkarteikarte/Aufnahme-Anzeige/ Einweisung Poliklinik Sekr.-Beleg	E	Formular
71	Stationäre Aufnahme	Pflegegruppe (Abteilungsbüro)	Entlassungsschein Kleiderzettel/ Adressen/Krankenblatt/Blankoabzug	E	Formular
72	Stationäre Aufnahme	Pförtner	Mitteilungszettel	E	Formular
73	Stationäre Aufnahme	Sozialfürsorge	Blankoabzug	E	Formular
74	Stationäre Aufnahme	Telefonvermittlung	Mitteilungszettel	E	Formular

1) E:: = einseitiger Informationsfluß; Z:: = zweiseitiger Informationsfluß

Pfeil-Nr.	Absender	Empfänger	Informationsinhalt	E/Z	Datenträger
75	Stationäre Aufnahme	Pfarrer	Mitteilungszettel	E	Formular
80	Stationäre Aufnahme	Zentralarchiv	Zentralarchiv-Meldung	E	Formular
90	Zentralarchiv	Pflegegruppe	Krankengeschichte	E	Formular
100	Stationäre Sachbearbeitung	Aufnahmearzt	Aufnahme-Anzeige	E	Formular
110	Aufnahmearzt	Stationäre Sachbearbeitung	Aufnahme-Anzeige	E	Formular
120	Stationäre Sachbearbei-	(Poli-)Klinik Sekretariat	Poliklinik Sekretariat-Zettel	E	Formular
130	Stationäre Sachbearbeitung	Krankenkasse	Aufnahme-Anzeige	E	Formular
140	Krankenkasse	Stationäre Sachbearbeitung	Kostenübernahme-Bestätigung	E	Formular
150	Pflegegruppe (Abteil.-Büro)	Betriebsstatistik	Mitternachtsbestand	E	Formular
160	Pflegegruppe	Stationäre Sachbearbeitung	Verlegungsanzeige	E	Formular
165	Pflegegruppe II	Pflegegruppe I	Patienten-Unterlagen	E	Formular
170	Stationäre Sachbearbeitung	Pförtner	Verlegungsanzeige	E	Formular
180	Stationäre Sachbearbeitung	Klinikarzt	Antrag: Kostenübernahmeverlängerung	E	Formular
190	Klinikarzt	Stationäre Sachbearbeitung	Antrag auf Kostenübernahmeverlängerung	E	Formular
200	Stationäre	Krankenkasse	Antrag auf Kostenübernahmeverlängerung	E	Formular

Pfeil-Nr.	Absender	Empfänger	Informationsinhalt	E/Z	Datenträger
210	Krankenkasse	Stationäre Sachbearbeitung	Kostenübernahmeverlängerung	E	Formular
220	Abteilungs-Büro	Klinikarzt	Entlassungsschein	E	Formular
230	Klinikarzt	Abteilungs-Büro	Entlassungsschein	E	Formular
240	Abteilungs-Büro	Stationäre Sachbearbeitung	Kleiderzettel Entlassungsschein	E	Formular
250	Stationäre Sachbearbeitung	Betriebsstatistik	Mitternachtsbestand	E	Buch
260	Betriebsstatistik	Stationäre Sachbearbeitung	Entlassungsbuch	E	Buch
270	Stationäre Sachbearbeitung	Fakturierung	Aufnahmestammblatt	E	Formular
280	Fakturierung	Buchhaltung	Rechnung	E	Formular
290	Fakturierung	Krankenkasse	Rechnung	E	Formular
300	Fakturierung	Mahn- u. Beitreibungswesen	Rechnung	E	Formular
310	Stationäre Sachbearbeitung	Krankenkasse	Entlassungsschein	E	Formular
320	Stationäre Sachbearbeitung	Zentralarchiv	Patientenkartei	E	Formular
330	Pflegegruppe	Zentralarchiv	Krankengeschichte /Ärztl. Belege	E	Formular
340	Mahn- u. Beitreibungswesen	Krankenkasse	Mahnung (unterschiedl. Stufen)	E	Formular
350	Mahn- u. Beitreibungswesen	Buchhaltung	Rechnung	E	Rechnungsformular
360	Stationäre Sachbearbeitung	Betriebs-	Kleiderzettel	E	Formular

3.1.5 Weitere Schwachstellen

1. Die telefonische Nachforschung nach einem freien Bett beansprucht regelmäßig eine spezialisierte Arbeitskraft für allgemeine Aufgaben. Die Freiplatzliste veraltet schnell.

2. Formularwesen

   - Zur Erstellung des Formularsatzes sind 13 Arbeitsgänge notwendig.
   - Die Daten für das Hauptbuch auf der Station sind bis auf die Zimmer-Nr. schon bei der Erfassung bekannt.
   - Für die Verwendung des Kleiderzettels liegt keine hinreichende Begründung vor.

3. Es ist uneinsichtig, weshalb die Zentralarchiv-Meldung zur Ziehung der Patientenkarteikarte vom Zentralarchiv zurück in die zentrale Aufnahme gebracht wird, um ohne weitere Bearbeitung wieder ins Zentralarchiv zu gehen.

4. Die Zeitverzögerung bei der Fakturierung unterteilt sich in eine 10-tägige Verzögerung bis die Entlassungsinformation bei der Fakturierung eintrifft und weitere Verzögerungen bis zu 2 Monaten in der Fakturierung.

3.2 Organisatorisches Sollkonzept

Vor der Erstellung der Sollkonzeption müssen die Anforderungen und Restriktionen formuliert werden.

<u>Lesehinweis:</u> Zur Erarbeitung einer Sollkonzeption sind EDV-technische Kenntnisse notwendig.
Man lese Teil II, Kap. 2 u. 3 (II. 2 u. II. 3) und bearbeite die Aufgaben Alg 1 und Alg 2 entsprechend den Hinweisen.

3.2.1 Anforderungen

Das Sollkonzept muß folgenden Anforderungen genügen.

- Zentralisation der Datenhaltung
- Vereinfachung des Informationsflusses
- Entlastung der Beschäftigten von Routinearbeiten
- Zusätzliche und zeitkritischere Informationen
- keine personellen Ausweitungen
- Einhaltung der finanziellen Restriktionen für die EDV-Anlage von ca. 550 000,-- DM inklusive Basissoftware und Grundanwendungsprogrammen
- die schon vorhandene DV-Abteilung mit 4 Personen darf nicht erweitert werden
- es soll dialogorientiert mit Bildschirmen gearbeitet werden; für bestimmte Anwendungen muß Stapelbetrieb möglich sein.

3.2.2 Konfiguration der DV-Anlage

Die zu den finanziellen Bedingungen vorläufig in Betracht gezogene EDV-Anlage hat folgende Konfiguration:

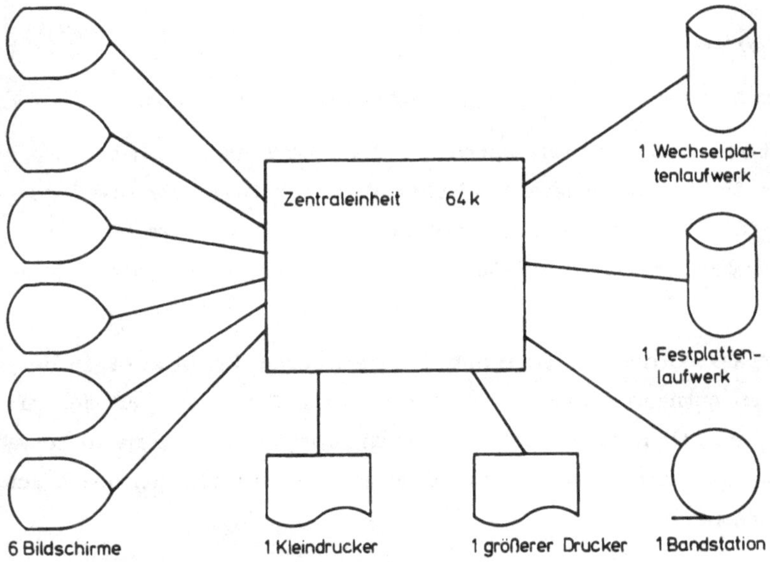

Abb. 3.2: Die Konfiguration der DV-Anlage

3.2.3 Aufgabenstellung zur Sollkonzeption

Aufgabe: Entwickeln Sie eine EDV-orientierte organisatorische Sollkonzeption für die Patientenverwaltung und -abrechnung. Beachten Sie dabei, daß

- Zentraleinheit
- Plattenlaufwerk
- großer Drucker
- Bandgerät

aus räumlichen Gründen in der EDV-Abteilung angesiedelt werden müssen.

Nur 4 Bildschirmgeräte stehen für die Patientenverwaltung und -abrechnung zur Verfügung.

Stellen Sie Ihre Lösung analog zur Istanalyse verbal und grafisch dar.

3.2.4 Lösungsvorschlag

Die hier skizzierte Lösung ist eine unter mehreren möglichen. Die verbale Beschreibung wird gerafft dargeboten.

3.2.4.1 Verbale Darstellung

- Bis zum Aufnahmearzt wird organisatorisch nichts verändert.

- Die Bettenvergabe erfolgt durch das EDV-System im Dialog vor Erfassung der Patientendaten am Bildschirm. Für Fälle der Überlagerung wird eine Sonderregelung getroffen. Das EDV-System vergibt die Aufnahme-Nr. und die I-Zahl, das Aufnahmedatum und die Uhrzeit.

- Nach Erfassung der Patientendaten werden durch den Drucker in der Zentralen Aufnahme Klebeetiketten gedruckt. Eines wird auf den mit Schriftkopf "Zentralarchiv" versehenen Bogen geklebt. Ein weiteres wird für das Aufnahmestammblatt benötigt. Die restlichen gehen zur Pflegegruppe.

- Auf dem zentralen Drucker der EDV-Unterabteilung werden täglich folgende Listen erstellt:

  Aufnahmeanzeigen;

  Kostenverlängerungsanträge;

  Anzeigen für Pförtner, Pfarrer, Sozialfürsorge, Telefonvermittlung;

  zwei Gesamtbestandslisten (alphabetisch und nach laufender Aufnahme-Nr. sortiert) für die stationäre Sachbearbeitung;

  Bestandsveränderungslisten für Pflegegruppen. Hier muß für Kostenübernahmeverlängerungsanträge und Entlassungen eine Formularorganisation erdacht werden, die es ermöglicht, die unterschriebenen Anträge und Entlassungsscheine der Krankenkasse zukommen zu lassen. Die auf der Abteilung eingetragenen Veränderungen wie Verlegungen usw. werden am Bildschirm der Stationären Sachbearbeitung EDV-mäßig erfaßt. Dazu müssen sie sofort dieser Abteilung gemeldet werden. Einmal täglich werden sämtliche Rechnungen wie fällige Mahnungen gedruckt.

Folgende Kennzahlen und Statistiken können erstellt werden:

- Belegungsstatistik nach Klinik

  Anzahl der belegten Betten

  Anzahl der freien Betten

  Gesamtzahl der Betten

  Auslastung der Klinik

- Verlegungsstatistik

  Anzahl der Verlegungen von Klinik zu Klinik

- Verweildauerstatistik nach Klinik

  durchschnittliche Verweildauer der Patienten

- Aufnahmestatistik

  Aufnahmen/Stunde

  Aufnahmen/Tag

  Verteilung der Aufnahmen über 24 Stunden.

Je nach Zweck der Auswertungen müssen kumulierte Werte und Summenwerte über das gesamte Krankenhaus berücksichtigt werden.

3.2.4.2 Grafische Darstellung

Man vergleiche die Systemübersicht der Sollkonzeption (Abb. 3.3) mit der des Istzustandes (Abb. 3.1). Wie ersichtlich, hat sich die Struktur erheblich vereinfacht.

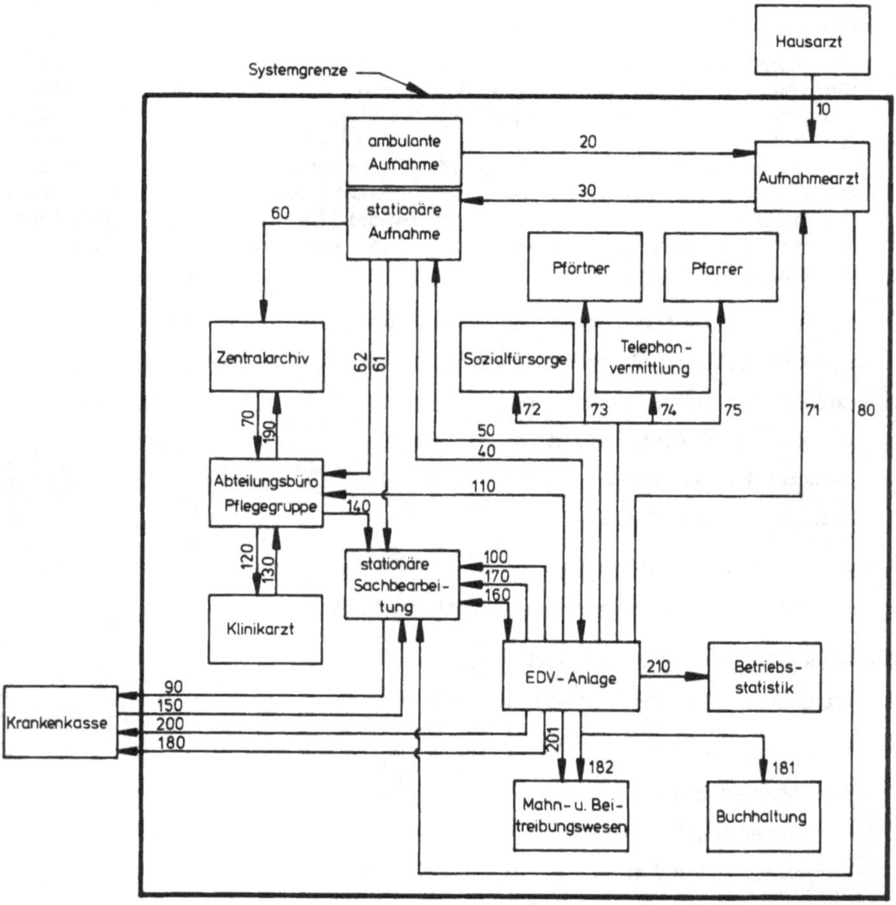

Abb. 3.3: Grafische Darstellung des Informationsflusses; (Sollkonzeption)

Pfeil-Nr.	Absender	Empfänger	Informations-inhalt	E/Z	Daten-träger
10	Hausarzt	Aufnahmearzt	Einweisung	E	Formular
20	Amb. Aufnahme	Aufnahmearzt	Adressfeld	E	Formular
30	Aufnahmearzt	Stat. Aufnahme	Einweisung/ Klinikzuweisung	E	Zettel
40	Stationäre Aufnahme	EDV-Anlage	Patientendatei	Z	Bild-schirm-kanäle
50	EDV-Abteilung	Stationäre Aufnahme	Etiketten	E	Etiket-ten
60	Stationäre Aufnahme	Zentralarchiv	Zentralarchiv-zettel	E	Formular
61	Stationäre Aufnahme	Stationäre Sachbearbei-tung	Aufnahmestammblatt mit Etiketten	E	Formular
62	Stationäre Aufnahme	Abteilung	Etiketten	E	Etiket-ten
70	Zentralarchiv	Abteilungsbü-ro/Klinikarzt	Krankengeschichte	E	Mappe
71	EDV-Abteilung	Aufnahmearzt	Aufnahmeanzeige/ Kostenübernahme-antrag	E	Formular
72	EDV-Abteilung	Sozialfür-sorge	Mitteilungen	E	EDV-Liste
73	EDV-Abteilung	Pförtner	Mitteilungen	E	EDV-Liste
74	EDV-Abteilung	Telefonver-mittlung	Mitteilungen	E	EDV-Liste
75	EDV-Abteilung	Pfarrer	Mitteilungen	E	EDV-Liste
80	Aufnahmearzt	Stationäre Sachbearbei-tung	Aufnahmeanzeige Kostenübernahme-antrag	E	Formular
90	Stationäre Sachbearbei-tung	Krankenkasse	Aufnahmeanzeige/ Kostenübernahme-antrag	E	Formular
100	EDV-Abteilung	Stationäre Sachbearbei-tung	Bestandsliste	E	EDV-Liste

Pfeil-Nr.	Absender	Empfänger	Informations-inhalt	E/Z	Daten-träger
110	EDV-Abteilung	Abteilungsbüro/Pflegegruppe	Bestandsveränderungsliste	E	EDV-Liste
120	Abt. Büro	Klinikarzt	Entlassungsdurchschrift/Verlängerungsanträge	E	EDV-Liste
130	Klinikarzt	Abt. Büro	Entlassungsdurchschrift/Verlängerungsanträge	E	EDV-Liste
140	Abt. Büro/ Pflegegruppe	Stationäre Sachbearbeitung	Veränderte Bestandsveränderungsliste	E	EDV-Liste
150	Krankenkasse	Stationäre Sachbearbeitung	Kostenübernahmebestätigung	E	Formular
160	Stationäre Sachbearbeitung	EDV-Anlage	Werte der Veränderungen/Korrekturen	Z	Bildschirm
170	EDV-Abteilung	Stationäre Sachbearbei-	Aufnahme- u. Entlassungsbuchblatt	E	EDV-Liste
180	EDV-Abteilung	Krankenkasse	Rechnung	E	Formular
181	EDV-Abteilung	Buchhaltung	Rechnung (dupl.)	E	Formular
182	EDV-Abteilung	Mahn- und Beitreibungswesen	Rechnung (dupl.)	E	Formular
190	Abt. Büro	Zentralarchiv	Krankengeschichte	E	Mappe
200	EDV-Abteilung	Krankenkasse	Mahnung	E	Formular
201	EDV-Abteilung	Mahn- und Beitreibungswesen	Mahnung	E	Formular
210	EDV-Abteilung	Betriebsstatistik	Statistiken	E	EDV-Liste

3.2.5 Zusammenfassung der EDV-Funktionen

Aus den bisherigen Informationen ergeben sich folgende Funktionen für die EDV:

3.2.5.1 Funktionen der Dialogverarbeitung[1)]

- Patientenaufnahme mit automatisierter Vergabe der Patientenaufnahme-Nr. und der I-Zahl
- Entlassung
- Änderungsmöglichkeiten ('updating') für
  (1) Fehlerhafte Eingaben
  (2) Verlegungen, Erfassung von Sondertatbeständen usw.
- Bettenbelegung
  Bestandsführung der freien/belegten Betten je Klinik.

3.2.5.2 Funktionen der Stapelverarbeitung

- Etikettendruck
- Listen- und Formulardruck
  (1) Pfarrer
  (2) Telefonvermittlung
  (3) Pförtner
  (4) Sozialfürsorge
  (5) Bestandslisten
  (6) Bestandsveränderungslisten
  (7) Aufnahme-Entlassungsbuchblatt
  (8) Aufnahmeanzeige/Kostenübernahmeantrag
  (9) Rechnung
  (10) Mahnung
- Statistiken
  (1) Belegungsstatistik nach Klinik
  (2) Verlegungsstatistik von Klinik zu Klinik
  (3) Verweildauerstatistiken nach Klinik
  (4) Aufnahmestatistik

nach vorzugebenden Zeiträumen.

Nach Aussagen des Herstellers und Erkundigungen der Stabsstelle ist die Anlage in der Lage, die an sie durch die Funktionsliste gestellten Anforderungen zu erfüllen. Dabei wird davon ausgegangen, daß es

---

1) vgl. Anhang 4

ausreichend ist, 4.000 Patientenstammsätze im aktuellen Zugriff zu haben.

3.3 Merkmalgewinnung

An dieser Stelle fällt die Abgrenzung der in 2. und 3. behandelten organisatorischen Aspekte von dem in 4. betrachteten Softwareentwicklungsteil schwer. Dies liegt daran, daß

- die unter organisatorischen Zielsetzungen abgeleiteten EDV-Funktionen auch die zugehörigen Merkmale (z.B. Geburtsdatum, Namen) bestimmen,
- die Menge der erfaßten Merkmale die Anzahl der möglichen organisatorisch sinnvollen Operationen auf den Attributen der Merkmale bestimmt,
- technische und ökonomische Aspekte dazu führen, daß aus dem Spektrum der von der Organisation verlangten bzw. organisatorisch sinnvollen möglichen Operationen nur ein Teil realisiert werden kann.

Als Folge ergibt sich, daß der Merkmalgewinnung und deren Umsetzung in eine systemgerechte strukturierte Datenbasis vor allem unter dem Aspekt der längerfristigen Systemplanung[1)] eine oft unterschätzte Bedeutung zukommt.

Eine Aufarbeitung der angeschnittenen Problematik ist im Rahmen dieser Einführung nicht möglich. Hier wird nur pragmatisch auf die Merkmalgewinnung eingegangen.

Anhand der Faktenerhebung (vgl. Anhang 1 und Anhang 2, Fallstudie A) wird eine erste Zuordnung von Merkmalen zu EDV-Funktionen ermöglicht. Gemeinsame Überlegungen mit den betroffenen Abteilungen führen dann zur endgültigen Festlegung.

Der Rückgriff auf die Dokumente der Faktenerhebung variiert natürlich

---

1) System hier gleich Softwaresystem

in Abhängigkeit davon, ob es sich um die Automatisierung eines bestehenden oder mehr um die Neukonzeption eines Organisationsvorganges handelt.

Beispielhaft zeigt Anhang 3, Fallstudie A gewonnene Merkmale, die aus der Faktenerhebung und mittels anschließender Überlegungen herausgefiltert wurden. Die Strukturierung zum Patientenstammsatz gehört inhaltlich allerdings zum Softwareentwicklungsteil.

4. Softwareentwicklung

In Punkt 4 wird die Entwicklung von Software exemplarisch an der Fakturierung aufgezeigt.

Lesehinweis: Zum weiteren Verständnis wird die Kenntnis von Teil II, Kap. 2, Kap. 3 und Kap. 4 vorausgesetzt.

4.1 Aufgabe zur Softwareentwicklung Alg 3-A

Algorithmus Datumsdifferenzrechnung

Bevor Entwurf und Lösung des Fakturierungsproblems angegangen werden, ist die folgende Aufgabe zu lösen.

4.1.1 Aufgabenstellung

Für einen stationär behandelten Kassenpatienten, der normal aufgenommen wurde und keine Sonderleistungen erhalten hat, läßt sich der Rechnungsbetrag aus dem Tagessatz und der Aufenthaltsdauer des Patienten in Tagen ermitteln.
Die Übernahme der Fakturierung durch die EDV macht es notwendig, daß ein Programm geschrieben wird, das aus dem Einlieferungstag und dem Entlassungstag die Aufenthaltsdauer eines Patienten in Tagen errechnet.

Aufgabe

Schreiben Sie ein Programm, das bei Eingabe von zwei Tagesdaten (Einlieferungstag und Entlassungstag) die Differenz in Tagen errechnet und ausgibt.

Schnittstellen	A. Eingabe	Datum-1 xxxxxx	Datum-2 xxxxxx
	B. Ausgabe	1. Tagesdifferenz xxxxx	
		2. Datum-1 xxxxxx	Datum-2 xxxxxx
		3. Fehlermeldungen	

Unter folgenden Bedingungen sollen Fehlermeldungen ausgegeben werden.

1. Eingabe nicht numerisch
2. Monat unmöglich
3. Tageszahl in entsprechendem Monat unmöglich
4. Entlassungsdatum vor Einlieferungsdatum
5. Einlieferungsjahr nach Basisjahr

Lösungshinweis

Errechnen Sie zu jedem der eingegebenen Daten die Tagesdifferenz zu einem Basisdatum. Ermitteln Sie dann die Differenz dieser beiden Tagesdifferenzen.

```
Beispiel  Basisjahr 1976      (Schaltjahr)
          Datum-1 21.1.77     (Aufnahmedatum)
          Tagesdifferenz-2 = 366 (Tage für 1976)
                           + 21 (Tage für Jan. 77)
                           ===================
                           = 387

          Datum-2  3.3.78     (Entlassungsdatum)
          Tagesdifferenz-1 = 366 (Tage für 1976)
                           + 365 (Tage für 1977)
                           +  31 (Tage für Jan. 78)
                           +  28 (Tage für Febr. 78)
                           +   3 (Tage für März 78)
                           =======================
                           = 793
```

4.1.2 Beispiellösung

1. Algorithmenentwurf

Exkurs:
In dieser Fallstudie wird die Notationssprache etwas unterschiedlich zu der in II. 2. vorgefundenen Art verwendet. Ziel der hier niedergelegten Empfehlungen ist es, die Herausarbeitung der Steuerung des Algorithmus (Kontrollfluß) zu erleichtern.

Für Stufe I der Algorithmenentwicklung empfiehlt sich:
- ein umgangssprachlicher Vorentwurf des Algorithmus,
- die Festlegung der zu diesem Zeitpunkt offensichtlichen Datenstrukturen. Dies sind:
  1. die Strukturen der Outputdaten,
  2. die Strukturen der Inputdaten,
  3. weitere durch die Problemstellung offensichtliche Strukturen von Hilfsfeldern.

Zwischen den weiteren Stufen der Verfeinerung können stichpunktartig den Algorithmus betreffende Probleme und Lösungsansätze skizziert werden.

Ab Stufe II sind die Entwürfe formalisiert mit der Notationssprache[1)] darzustellen. Dabei ist zu beachten:

---

1) Letzten Endes kommt es nicht darauf an, ob die vorgeschlagene Notationssprache, ein "Kurz-COBOL", Struktogramme o.ä. verwendet wird, solange die formalisierte Darstellung das Herausarbeiten der Steuerung unter Beachtung der Ansätze Top-Down und schrittweise Verfeinerung gewährleistet.

- Die in einer Stufe verwendeten Datenelemente und -strukturen müssen in der betroffenen oder vorhergehenden Stufe deklariert sein.
- Im Prozedurteil wird streng "Top-Down" vorgegangen. Prozeduren, die aufgerufen, aber nicht ausformuliert werden, müssen kenntlich gemacht werden (siehe Beispiel).
- Die Anzahl der Verfeinerungsstufen ist vom Problem und vom "Verfeinerungsgrad" von Stufe zu Stufe abhängig. Deshalb wird vorgeschlagen, die Verfeinerung auf der Stufe zu beenden, auf der die Steuerung ausreichend (der Kontrollfluß) ausformuliert ist. Dieses Ziel erlaubt es auch, eine Sequenz von für die Steuerung unwesentlichen Befehlen (eine Reihe von Übertragungsbefehlen z.B.) in der Darstellung nur anzudeuten (vgl. Stufe III).

Stufe I

```
*************************************************************
*                                                           *
*  Input und Output sind durch die Aufgabenstellung         *
*  festgelegt. Eine erste Ueberlegung sagt uns, dass        *
*  es sinnvoll ist, vor der Datumsdifferezrechnung die      *
*  Eingabedaten zu pruefen. Damit zerfaellt der Algo-       *
*  rithmus in vier Teile:                                   *
*                                                           *
*     1. Eingabe                                            *
*     2. Pruefen der Eingabedaten                           *
*     3. Datumsdifferenzrechnung                            *
*     4. Ausgabe                                            *
*                                                           *
*  Auch die ersten Datenstrukturen lassen sich fest-        *
*  legen:                                                   *
*                                                           *
*     datum-1.                                              *
*        tag-1                   NUM 2 ST.                  *
*        mon-1                   NUM 2 ST.                  *
*        jahr-1                  NUM 2 ST.                  *
*                                                           *
*     datum-2.                                              *
*        tag-2                   NUM 2 ST.                  *
*        mon-2                   NUM 2 ST.                  *
*        jahr-2                  NUM 2 ST.                  *
*                                                           *
*     tagesdifferenz             NUM 5 ST.                  *
*     zwi-summe                  NUM 5 ST.                  *
*     summe-datum-1              NUM 5 ST.                  *
*     summe-datum-2              NUM 5 ST.                  *
*                                                           *
*************************************************************
```

Ungelöst bleibt:

(1) Wie kann für die Prüfung und die Datumsdifferenzrechnung festgestellt werden, ob ein Schaltjahr vorliegt?

(2) Wie werden die Monatstage bei der Differenzrechnung eingebaut?

Zu (1):

Zwei Wege können zur Schaltjahrermittlung beschritten werden:

- Ausgehend von einem Basisschaltjahr (z.B. 1968) wird folgendermaßen vorgegangen:
  (1) Eingabejahr - Basisjahr = Basisdifferenz
  (2) Basisdifferenz : 4 = X, es bleibt ein Rest
  (3) Wenn Rest = 0, dann liegt ein Schaltjahr vor.
- Der zweite Weg läuft über einen Index. Der "Schaltjahr-Index" kann die Werte 1 bis 4 annehmen. Hierbei ist der Wert 4 dem Basisjahr (Schaltjahr 68) zugeordnet. Beim Hochzählen des Basisjahres bis zum Eingabejahr ergibt sich folgendes Bild:

BASISJAHR	SCHALTJAHR-INDEX
68	4
69	1
70	2
71	3
72	4
73	1
.	.
.	.
.	.

Ist der Wert des Schaltjahr-Index = 4, dann liegt ein Schaltjahr vor. Wir werden beide Methoden demonstrationshalber verwenden.

Zu (2):

Um die einem Monat zugeordnete Tageszahl zur Verfügung zu haben, werden wir uns eine Tabelle aufbauen, die in Abhängigkeit vom zugehörigen Index (dem 1. 2. 3. usw. Monat) die Tageszahl speichert. Da hierzu spezielle COBOL-Sprachelemente benötigt werden, wird der COBOL-Code dargestellt.

Auch hier zwei Wege:

- MONATS-ZUWEISUNGS-STRUKTUR PIC 9(24) VALUE "312831303130313130313031".

  MONATS-TABELLE REDEFINES MONATS-ZUWEISUNGS-STRUKTUR PIC 9(2) OCCURS 12 TIMES.

  Mit einem Index bzw. Subskript kann die Tabelle 'MONATS-TABELLE' abgearbeitet werden.

- Der letzten Endes identische zweite Weg wird im Programmcode verwendet.

Aus den gemachten Überlegungen ergeben sich auch weitere Datenstrukturen, die nun in Stufe II deklariert werden. Eine in dieser Stufe deklarierte Datenstruktur muß nicht unbedingt im Prozedurteil derselben Stufe Verwendung finden.

Stufe II

```
***********************************************************
*                                                         *
*  DATENTEIL.                                             *
*                                                         *
*  zwi-datum.                                             *
*    zwi-jahr                      NUM 2 ST.              *
*    zwi-monat                     NUM 2 ST.              *
*    zwi-tag                       NUM 2 ST.              *
*                                                         *
*  basisjahr                       NUM 2 ST WERT 68.      *
*  x                               NUM 2 ST.              *
*  rest                            NUM 2 ST.              *
*                                                         *
*  schaltjahr-index                NUM 1 ST WERT 0.       *
*  monat-index                     NUM 1 ST WERT 0.       *
*                                                         *
*  datdif-pruef-fehler-flag       BOOL 1 ST WERT 0.       *
*  schaltjahr-1-flag              BOOL 1 ST WERT 0.       *
*                                                         *
***********************************************************

***********************************************************
*                                                         *
*  PROZEDURTEIL.                                          *
*                                                         *
*  steuerung.                                             *
*      MACHE eingabe.                                     *
*      MACHE daten-pruefen.                               *
*      WENN NICHT datdif-pruef-fehler                     *
*           DANN MACHE kalenderalgorithmus                *
*                MACHE ausgabe.                           *
*      BEENDE AUSFUEHRUNG.                                *
```

```
*                                                              *
*  eingabe.                                                    *
*      NIMM AUF datum-1.                                       *
*      NIMM AUF datum-2.                                       *
*                                                              *
*  daten-pruefen.                                              *
*      MACHE ist-eingabe-numerisch.                            *
*      WENN NICHT datdif-pruef-fehler                          *
*           MACHE ist-monat-moeglich                           *
*           MACHE ist-datum-1-gt-datum-2                       *
*           MACHE ist-datum-2-gt-basisjahr.                    *
*                                                              *
*  kalenderalgorithmus.                                        *
*      UEBERTRAGE datum-1   NACH zwi-datum.                    *
*       MACHE kumulation.                                      *
*      UEBERTRAGE zwi-summe NACH summe-datum-1.                *
*      UEBERTRAGE datum-2   NACH zwi-datum.                    *
*       MACHE kumulation.                                      *
*      UEBERTRAGE zwi-summe NACH summe-datum-2.                *
*       MACHE dat-differenz.                                   *
*                                                              *
*  ist-eingabe-numerisch.                                      *
*      .                                                       *
*      .                                                       *
*      .                                                       *
*                                                              *
*  ist-monat-moeglich.                                         *
*      .                                                       *
*      .                                                       *
*      .                                                       *
*                                                              *
*  ist-zwi-datum-1-gt-zwi-datum-2.                             *
*      .                                                       *
*      .                                                       *
*      .                                                       *
*                                                              *
*  ist-zwi-datum-2-gt-basisjahr.                               *
*      .                                                       *
*      .                                                       *
*      .                                                       *
*                                                              *
*  kumulation.                                                 *
*      .                                                       *
*      .                                                       *
*      .                                                       *
*                                                              *
*  dat-differenz.                                              *
*      .                                                       *
*      .                                                       *
*      .                                                       *
*                                                              *
****************************************************************
```

Zur Vereinfachung der Algorithmik ist es angebracht, beim Vergleich von

datum-1 mit *datum-2* die Datenstruktur umzukehren (z.B. Darstellung des 31.12.78 folgendermaßen: 781231). Dazu sind die Strukturen zu deklarieren.

Für die Bool'schen Variablen wird definiert, daß der Wert 1 für 'true', der Wert 0 für 'false' gilt.

Stufe III

```
**************************************************************
*                                                            *
*  DATENTEIL.                                                *
*                                                            *
*  zwi-datum-1.                                              *
*    jahr-1                                 NUM 2 ST.        *
*    mon-1                                  NUM 2 ST.        *
*    tag-1                                  NUM 2 ST.        *
*                                                            *
*  zwi-datum-2.                                              *
*    jahr-2                                 NUM 2 ST.        *
*    mon-2                                  NUM 2 ST.        *
*    tag-2                                  NUM 2 ST.        *
*                                                            *
*  basisjahr-zaehler                        NUM 2 ST.        *
*  schaltjahr-2-flag                       BOOL 1 ST WERT 0. *
*                                                            *
**************************************************************
**************************************************************
*                                                            *
*  PROZEDURTEIL.                                             *
*                                                            *
*  steuerung.                                                *
*      MACHE eingabe.                                        *
*      MACHE daten-pruefen.                                  *
*      WENN NICHT datdif-pruef-fehler                        *
*           DANN MACHE kalenderalgorithmus                   *
*                MACHE ausgabe.                              *
*      BEENDE AUSFUEHRUNG.                                   *
*                                                            *
*  eingabe.                                                  *
*      NIMM AUF datum-1.                                     *
*      NIMM AUF datum-2.                                     *
*                                                            *
*  daten-pruefen.                                            *
*      MACHE ist-eingabe-numerisch.                          *
*      WENN NICHT datdif-pruef-fehler                        *
*           MACHE ist-monat-moeglich                         *
*           MACHE ist-datum-1-gt-datum-2                     *
*           MACHE ist-datum-2-gt-basisjahr.                  *
```

```
*  kalenderalsorithmus.                                    *
*      UEBERTRAGE datum-1   NACH zwi-datum.                *
*       MACHE kumulation.                                  *
*      UEBERTRAGE zwi-summe NACH summe-datum-1.            *
*      UEBERTRAGE datum-2   NACH zwi-datum.                *
*       MACHE kumulation.                                  *
*      UEBERTRAGE zwi-summe NACH summe-datum-2.            *
*       MACHE dat-differenz.                               *
*                                                          *
*  ist-einsabe-numerisch.                                  *
*      WENN       zwi-datum-1 NICHT NUM                    *
*           ODER zwi-datum-2 NICHT NUM                     *
*           DANN UEBERTRAGE 1 NACH                         *
*                                datdif-pruef-fehler-flas *
*                MACHE fehlermelduns-num.                  *
*                                                          *
*  ist-monat-moeslich.                                     *
*      WENN       monat-1 > 12                             *
*           ODER monat-1 < 1                               *
*           ODER monat-2 < 12                              *
*           ODER monat-2 < 1                               *
*           DANN UEBERTRAGE 1 NACH                         *
*                                datdif-pruef-fehler-flas *
*                MACHE fehlermeldung-mon                   *
*           SONST MACHE ist-tases-zahl-moeslich.           *
*                                                          *
*  ist-zwi-datum-1-st-zwi-datum-2.                         *
*      WENN zwi-datum-1  > zwi-datum-2                     *
*           DANN MACHE fehlermeldung-reihenfolse           *
*                UEBERTRAGE 1 NACH                         *
*                                datdif-pruef-fehler-flas.*
*                                                          *
*  ist-datum-2-st-basisJahr.                               *
*      WENN basisJahr > Jahr-2                             *
*           DANN MACHE fehlermeldung-basisJahr             *
*                UEBERTRAGE 1 NACH                         *
*                                datdif-pruef-fehler-flas.*
*                                                          *
*  ist-taseszahl-moeslich.                                 *
*      MACHE ist-datum-1-29-febr-schaltJ                   *
*            ist-datum-2-29-febr-schaltJ                   *
*            WENN schaltJahr-1-flas = 0                    *
*                 DANN MACHE ist-tas-1-moeslich.           *
*            WENN schaltJahr-2-flas = 0                    *
*                 DANN MACHE ist-tas-2-moeslich.           *
*                                                          *
*  ist-datum-1-29-febr-schaltJ.                            *
*       .                                                  *
*       .                                                  *
*       .                                                  *
*  ist-datum-2-29-febr-schaltJ.                            *
*       .                                                  *
*       .                                                  *
```

```
*       .                                                  *
*   ist-tag-1-moeglich.                                    *
*       .                                                  *
*       .                                                  *
*       .                                                  *
*   ist-tag-2-moeglich.                                    *
*       .                                                  *
*       .                                                  *
*       .                                                  *
*   kumulation.                                            *
*       .                                                  *
*       .                                                  *
*       .                                                  *
*       MACHE Jahres-kumulierung                           *
*       .                                                  *
*       .                                                  *
*       .                                                  *
*       WENN zwi-monat > 1                                 *
*            MACHE monat-rechnung.                         *
*       .                                                  *
*       .                                                  *
*       .                                                  *
*   Jahres-kumulierung.                                    *
*       .                                                  *
*       .                                                  *
*       .                                                  *
*   monat-rechnung.                                        *
*       .                                                  *
*       .                                                  *
*       .                                                  *
*   ausgabe.                                               *
*       .                                                  *
*       .                                                  *
*       .                                                  *
*   fehlermeldung-num.                                     *
*       .                                                  *
*       .                                                  *
*       .                                                  *
*   fehlermeldung-mon.                                     *
*       .                                                  *
*       .                                                  *
*       .                                                  *
*   fehlermeldung-reihenfolge.                             *
*       .                                                  *
*       .                                                  *
*       .                                                  *
*   fehlermeldung-basisJahr.                               *
*       .                                                  *
*       .                                                  *
*       .                                                  *
*                                                          *
************************************************************
```

Aus didaktischen Gründen werden die Entwürfe sehr gründlich dargestellt. Dies wird nicht in jedem Fall notwendig sein.

Der Leser erinnert sich an die in II.4.2.4 kurz angeschnittene HIPO-Technik. Anhand des Entwurfs von Stufe II wird der Zusammenhang zwischen den beiden Entwurfsmethoden gezeigt. Es wird hierbei auf die Darstellung der Programmhierarchie beschränkt. Die jeweils zugehörigen Datenelemente und genauere prozedurale Beschreibungen möge der Leser ableiten.

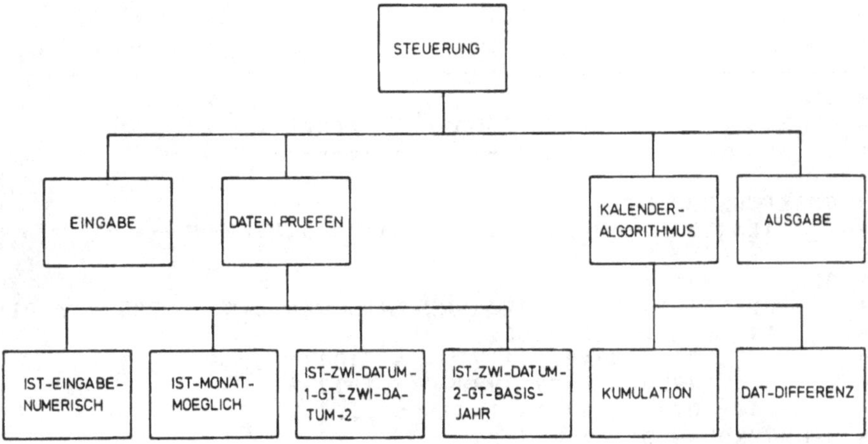

Abb. 4.1: HIPO-Übersichtsdiagramm

Aufgaben: Implementieren Sie nun die in Teil II entwickelten Algorithmen Alg1 und Alg2 in COBOL.

2. COBOL-Programm zu Alg 3-A

Anhand des COBOL-Programms kann der Leser die weitere Verfeinerung der Daten und Algorithmen nachvollziehen. Hierbei ist zu beachten, daß dieses Programm für die Schaltjahrermittlung aus didaktischen Gründen zwei Methoden verwendet. Hat der Leser die Struktur der Entwürfe erfaßt, so dürfte die in Einzelfällen etwas abweichende Namensgebung und unterschiedliche Verwendung von Bool'schen Variablen im Programm keine Schwierigkeiten für das Verständnis bereiten.

```
*++++++++++++++++++++++++
 IDENTIFICATION DIVISION.
*++++++++++++++++++++++++

 PROGRAM-ID.       ALGDDF.
 AUTHOR.           BG*PE*GI
 DATE-WRITTEN.     08/01/78
 DATE-COMPILED.


*------------------------------------------------------------------------
*
*                             MODUL    ALGDDF.
*                                      ---------------
*
* BEZEICHNUNG:
*       ALGDDF    ---ALGORITHMUS DATUM-DIFFERENZ---
*
* BESCHREIBUNG:
*       DIESES MODUL ERRRECHNET ZWISCHEN ZWEI DATEN DIE DIFFERE
*       AN TAGEN. BEISPIEL:
*              01.JANUAR    1976    = 010176
*              18.DEZEMBER 1988    = 181288
*              DIFFERENZ AN TAGEN = ......
* BEGRUENDUNG DES VORGEHENS:
*       ES WERDEN IN DIESEM ALGORITHMUS ZU JEDEM DER EINGEGEBEN
*       DATEN DIE TAGEDIFFERENZEN ZU EINEM BASISDATUM ERRECHNET
*       SODANN WIRD DIE DIFFERENZ DIESER BEIDEN SUMMEN ERMITTELT
*       DIES ERMOEGLICHT -DURCH INDEXERHOEHUNG UM 4 - EINE VERE
*       FACHTE SCHALTJAHRESZAEHLUNG.
* SCHNITTSTELLEN:
*   EINGABE:
*              EINGABE UEBER CONSOLE MIT ACCEPT
*              UEBERGEBEN WIRD  DATUM-1 UND DATUM-2
*   AUSGABE:
*              AUSGABE UEBER CONSOLE MIT DISPLAY
*              UEBERGEBEN WERDEN : FEHLERMELDUNGEN
*                                  DATUM-1, DATUM-2
*                                  TAGESDIFFERENZ
```

```
* VORAUSSETZUNGEN:
*       DATUM-1 MUSS GROESSER SEIN ALS DATUM-2.
*       DATUM-2 MUSS GROESSER SEIN ALS BAISDATUM 01.01.--.
* FEHLER:
*               GEPRUEFT WIRD NACH FOLGENDEN KRITERIEN:
*               1---NUMERISCHE EINGABE
*               2---MONATSZAHL < 13
*               3---TAGESZAHL ZU ENTSPRECHENDEM MONAT MOEGLICH
*               4---DATUM-1 UND DATUM-2 GROESSER BASISJAHR
*               5---ZWI-DATUM-1 > ZWI-DATUM-2
*
*-----------------------------------------------------------------


*++++++++++++++++++++++
 ENVIRONMENT DIVISION.
*++++++++++++++++++++++

 CONFIGURATION SECTION.
*----------------------

 SOURCE-COMPUTER.  IBM-370-158.
 OBJECT-COMPUTER.  IBM-370-158.

 INPUT-OUTPUT SECTION.
*---------------------

 FILE-CONTROL.
*-------------

*++++++++++++++
 DATA DIVISION.
*++++++++++++++

 FILE SECTION.
*-------------

 WORKING-STORAGE SECTION.
*------------------------

*BOOLESCHE KONSTANTE
 77  JA                                      PIC 9(1)  VALUE 1.
 77  NEIN                                    PIC 9(1)  VALUE 0.

*BOOLESCHE VARIABLE
 77  SCHALTJAHR-FLAG                         PIC 9(1).
     88 SCHALTJAHR                           VALUE 1.

 77  DATDIF-PRF-FEHLER-FLAG                  PIC 9(1).
     88  DATDIF-PRF-FEHLER                   VALUE 1.

*===========================================================
```

```
77  INDEX-MONAT                                      PIC 9(2).
77  INDEX-SCHALTJAHR                                 PIC 9(1).
77  BASISJAHR                                        PIC 9(2)  VALUE 6
77  X                                                PIC 9(5).
77  BASISDIFF                                        PIC 9(5).
77  TAG1                                      PIC X(12)  VALUE SPACES
77  TAG2                                      PIC X(12)  VALUE SPACES
77  REST                                             PIC 99.

01  MONATE.
    03 MONAT-TAGE.
       05   JANUAR                                   PIC 9(2)  VALUE 3
       05   FEBRUAR                                  PIC 9(2)  VALUE 2
       05   MAERZ                                    PIC 9(2)  VALUE 3
       05   APRIL                                    PIC 9(2)  VALUE 3
       05   MAI                                      PIC 9(2)  VALUE 3
       05   JUNI                                     PIC 9(2)  VALUE 3
       05   JULI                                     PIC 9(2)  VALUE 3
       05   AUGUST                                   PIC 9(2)  VALUE 3
       05   SEPTEMBER                                PIC 9(2)  VALUE 3
       05   OKTOBER                                  PIC 9(2)  VALUE 3
       05   NOVEMBER                                 PIC 9(2)  VALUE 3
       05   DEZEMBER                                 PIC 9(2)  VALUE 3
    03 MONAT-TAB REDEFINES MONAT-TAGE                PIC 9(2)  OCCURS

01  SUMME-ZWI-DATUM-1                                PIC 9(5).
01  SUMME-ZWI-DATUM-2                                PIC 9(5).
01  ZWI-SUMME                                        PIC 9(5).
01  BASISJAHR-ZAEHLER                                PIC 9(2).
01  TAGESDIFFERENZ                                   PIC 9(5).

01  DATUM-1.
    03   TAG-E1                                      PIC 9(2).
    03   MONAT-E1                                    PIC 9(2).
    03   JAHR-E1                                     PIC 9(2).

01  DATUM-2.
    03   TAG-E2                                      PIC 9(2).
    03   MONAT-E2                                    PIC 9(2).
    03   JAHR-E2                                     PIC 9(2).

01  ZWI-DATUM.
    03   ZWI-JAHR                                    PIC 9(2).
    03   ZWI-MONAT                                   PIC 9(2).
    03   ZWI-TAG                                     PIC 9(2).

01  ZWI-DATUM-1.
    03   JAHR-1                                      PIC 9(2).
    03   MONAT-1                                     PIC 9(2).
    03   TAG-1                                       PIC 9(2).
```

```
 01  ZWI-DATUM-2.
     03  JAHR-2                                        PIC 9(2).
     03  MONAT-2                                       PIC 9(2).
     03  TAG-2                                         PIC 9(2).


********************
 PROCEDURE DIVISION.
********************

 STEUERUNG.
     MOVE NEIN TO DATDIF-PRF-FEHLER-FLAG.
     PERFORM EINGABE.
     PERFORM DATEN-PRUEFEN.
     IF NOT DATDIF-PRF-FEHLER
         THEN PERFORM BERECHNUNG
              PERFORM AUSGABE.
     PERFORM ABSCHLUSS.

 DATEN-PRUEFEN.
     MOVE TAG-E1 TO TAG-2.
     MOVE MONAT-E1 TO MONAT-2.
     MOVE JAHR-E1 TO JAHR-2.
     MOVE TAG-E2 TO TAG-1.
     MOVE MONAT-E2 TO MONAT-1.
     MOVE JAHR-E2 TO JAHR-1.
     PERFORM IST-EINGABE-NUMERISCH.
     IF NOT DATDIF-PRF-FEHLER
         THEN PERFORM IST-MONAT-MOEGLICH
              PERFORM IST-ZWI-DATUM-1-GT-ZWI-DATUM-2
              PERFORM IST-ZWI-DATUM-2-GT-BASISDATUM.

 BERECHNUNG.
     MOVE ZWI-DATUM-2 TO ZWI-DATUM.
     PERFORM TAG-KUMMULATION.
     MOVE ZWI-SUMME TO SUMME-ZWI-DATUM-1.
     MOVE ZWI-DATUM-1 TO ZWI-DATUM.
     PERFORM TAG-KUMMULATION.
     MOVE ZWI-SUMME TO SUMME-ZWI-DATUM-2.
     PERFORM DAT-DIFFERENZ.

 IST-EINGABE-NUMERISCH.
     IF    ZWI-DATUM-1 NOT NUMERIC
        OR ZWI-DATUM-2 NOT NUMERIC
        THEN MOVE JA TO DATDIF-PRF-FEHLER-FLAG
             PERFORM FEHLERM-NUM.
```

```
IST-MONAT-MOEGLICH.
    IF     MONAT-1 > 12
       OR MONAT-1 < 1
       OR MONAT-2 > 12
       OR MONAT-2 < 1
       THEN MOVE JA TO DATDIF-PRF-FEHLER-FLAG
       PERFORM FEHLERM-MONAT
       ELSE PERFORM IST-TAGESZAHL-MOEGLICH.

 IST-ZWI-DATUM-1-GT-ZWI-DATUM-2.
     IF ZWI-DATUM-1 < ZWI-DATUM-2
        THEN PERFORM FEHLERM-REIHENF
             MOVE JA TO DATDIF-PRF-FEHLER-FLAG.

 IST-ZWI-DATUM-2-GT-BASISDATUM.
     IF BASISJAHR > JAHR-2
        THEN PERFORM FEHLERM-BASISJ
             MOVE JA TO DATDIF-PRF-FEHLER-FLAG.

 IST-TAGESZAHL-MOEGLICH.
     PERFORM IST-DAT-1-29-FEBR-SCHALTJ
     PERFORM IST-DAT-2-29-FEBR-SCHALTJ
     IF TAG1 NOT = "29-2-SCHALTJ"
        THEN PERFORM IST-TAG-1-MOEGLICH.
     IF TAG2 NOT = "29-2-SCHALTJ"
        THEN PERFORM IST-TAG-2-MOEGLICH.

 IST-DAT-1-29-FEBR-SCHALTJ.
     IF MONAT-1 = 2 AND TAG-1 = 29
        THEN COMPUTE BASISDIFF = JAHR-1 - BASISJAHR
             DIVIDE 4 INTO BASISDIFF GIVING X REMAINDER REST
             IF REST = 0
                THEN MOVE "29-2-SCHALTJ" TO TAG1.

 IST-DAT-2-29-FEBR-SCHALTJ.
     IF MONAT-2 = 2 AND TAG-2 = 29
        THEN COMPUTE BASISDIFF = JAHR-2 - BASISJAHR
             DIVIDE 4 INTO BASISDIFF GIVING X REMAINDER REST
             IF REST = 0
                THEN MOVE "29-2-SCHALTJ" TO TAG2.

 IST-TAG-1-MOEGLICH.
     IF     TAG-1 > MONAT-TAB (MONAT-1)
        OR TAG-1 < 1
        THEN MOVE JA TO DATDIF-PRF-FEHLER-FLAG
             PERFORM FEHLERM-TAG2.

 IST-TAG-2-MOEGLICH.
     IF     TAG-2 > MONAT-TAB (MONAT-2)
        OR TAG-2 < 1
        THEN MOVE JA TO DATDIF-PRF-FEHLER-FLAG
             PERFORM FEHLERM-TAG1.
```

```
*****************************************************************
* BEGINN DES EIGENTLICHEN KALENDERALGORITHMUS
*****************************************************************

 TAG-KUMMULATION.
     MOVE ZERO TO ZWI-SUMME.
     MOVE 4 TO INDEX-SCHALTJAHR.
     PERFORM JAHRES-KUMMULIERUNG
             VARYING BASISJAHR-ZAEHLER
              FROM BASISJAHR BY 1
              UNTIL BASISJAHR-ZAEHLER = ZWI-JAHR.
     IF      ZWI-MONAT > 1
       THEN PERFORM MONAT-RECHNUNG
            VARYING INDEX-MONAT
            FROM 1 BY 1
            UNTIL INDEX-MONAT = ZWI-MONAT.
     ADD ZWI-TAG TO ZWI-SUMME.
     IF      INDEX-SCHALTJAHR = 4 AND ZWI-MONAT > 2
       THEN ADD 1 TO ZWI-SUMME.

 JAHRES-KUMMULIERUNG.
     ADD 365 TO ZWI-SUMME.
     IF      INDEX-SCHALTJAHR = 4
       THEN ADD 1 TO ZWI-SUMME
            MOVE 0 TO INDEX-SCHALTJAHR.
     ADD 1 TO INDEX-SCHALTJAHR.

 MONAT-RECHNUNG.
     ADD MONAT-TAB (INDEX-MONAT) TO ZWI-SUMME.

 DAT-DIFFERENZ.
      COMPUTE TAGESDIFFERENZ  =
              SUMME-ZWI-DATUM-1 - SUMME-ZWI-DATUM-2.

*****************************************************************
*ENDE DES KALENDERALGORITHMUS
*****************************************************************


*****************************************************************
* EIN-AUSGABE
* ALS EIN- AUSGABEMEDIUM IST IN DIESER LOESUNG EIN TERMINAL
* VORGESEHEN. DER MODULARE AUFBAU ERLAUBT ES JEDOCH, DAS
* PROGRAMM LEICHT AN ANDERE GERAETE ANZUPASSEN.
*
* AUCH EINE VERWENDUNG ALS UNTERPROGRAMM ERFORDERT NUR
* GERINGFUEGIGE AENDERUNGEN.
*****************************************************************
```

```
EINGABE.
    DISPLAY "EINGABE DATUM-1 " UPON CONSOLE.
    ACCEPT DATUM-1 FROM CONSOLE.
    DISPLAY "EINGABE DATUM-2 " UPON CONSOLE.
    ACCEPT DATUM-2 FROM CONSOLE.

AUSGABE.
    DISPLAY "DATUM-1 : " DATUM-1 UPON CONSOLE.
    DISPLAY "DATUM-2 : " DATUM-2 UPON CONSOLE.
    DISPLAY "TAGESDIFFERENZ :  " TAGESDIFFERENZ UPON CONSOLE

FEHLERM-NUM.
    DISPLAY DATUM-1 "  " DATUM-2 UPON CONSOLE.
    DISPLAY "DIE EINGABE IST NICHT NUMERISCH" UPON CONSOLE.

FEHLERM-MONAT.
    DISPLAY MONAT-2 "  " MONAT-1 UPON CONSOLE.
    DISPLAY "MONAT UNMOEGLICH" UPON CONSOLE.

FEHLERM-TAG1.
    DISPLAY DATUM-1 UPON CONSOLE.
    DISPLAY "TAG-1 GIBT ES DIESEN MONAT NICHT" UPON CONSOLE.

FEHLERM-TAG2.
    DISPLAY DATUM-2 UPON CONSOLE.
    DISPLAY "TAG-2 GIBT ES DIESEN MONAT NICHT" UPON CONSOLE.

FEHLERM-REIHENF.
    DISPLAY DATUM-1 "      " DATUM-2 UPON CONSOLE.
    DISPLAY "ENTLASSUNGSDAT. VOR EINLIEFERUNGSDAT" UPON CONS

FEHLERM-BASISJ.
    DISPLAY DATUM-1 "      " DATUM-2 UPON CONSOLE.
    DISPLAY "DATUM VOR BASISJAHR" UPON CONSOLE.

ABSCHLUSS.
    STOP RUN.
```

Consolprotokoll einer Beispielsitzung:

```
.compwat algddf
  WATBOL ALGDDF
ALGDDF COBOL OHNE FEHLER 1)
R;
```

1) Dies ist eine Systemrückmeldung, die bestätigt, daß der COBOL-Compiler 'Watbol' das Programm fehlerfrei übersetzt hat.

```
.load alsddf (start
EXECUTION BEGINS...
EINGABE DATUM-1
WATBOL 1)
.010178
EINGABE DATUM-2
WATBOL 1)
.010179
DATUM-1 : 010178
DATUM-2 : 010179
TAGESDIFFERENZ :  00365
R;

.load alsddf (start
EXECUTION BEGINS...
EINGABE DATUM-1
WATBOL
.310479
EINGABE DATUM-2
WATBOL
.021280
310479
TAG-1 GIBT ES DIESEN MONAT NICHT
R;

.load alsddf (start
EXECUTION BEGINS...
EINGABE DATUM-1
WATBOL
.021178
EINGABE DATUM-2
WATBOL
.010268
021178    010268
ENTLASSUNGSDAT. VOR EINLIEFERUNGSDAT
R;
```

4.2 Zur Datenbasis

In 3.3 wurde auf die Bedeutung der Merkmalgewinnung und deren Umsetzung in eine strukturierte Datenbasis hingewiesen. Es ist Aufgabe der Softwareentwicklung, die zu den einzelnen EDV-Funktionen ermittelten Merkmale für ein Softwaresystem zu strukturieren. Ein Kriterium dabei ist die Bemühung, die Redundanz der Datenelemente möglichst gering zu halten.

---

1) Die Meldung WATBOL wird vom Laufzeitsystem geliefert und kennzeichnet, daß eine Eingabe am Terminal erwartet wird.

Der in Anhang 3, Fallstudie A abgebildete Patientenstammsatz stellt eine solche Strukturierung von Merkmalen dar. Er liefert patientenbezogene Informationen für mehrere EDV-Funktionen.

4.3 Ausgabegestaltung der EDV-Funktion „Fakturierung"

Das hier dargestellte Ausgabefeld bildet die Struktur der im Regelfall bei Entlassungen zu schreibenden Rechnungen. Es ist zu beachten, daß die in der Abbildung direkt an X anschließenden Namen zur Feldlänge dazu gehören (z.B. VORNAMEXXXXXXXX).

```
RECHNUNG STADTKRANKENHAUS O., STATIONAERE BEHANDLUNG

------------------------------------------------------------------------

ZAHLUNGSHINWEIS: BITTE ZAHLEN SIE INNERHALB VON 10
                 TAGEN AUF EINES DER FOLGENDEN KONTEN:
                 HYPO-BANK         KTO-NR.: 605-47
                 SPARKASSE O.      KTO-NR.: 87360
                 BARZAHLUNGEN SIND NICHT MOEGLICH.

------------------------------------------------------------------------

AN                                           DATUM      : XX/XX/XX
                                             RECHNGSNR.: XXXXXXX
NAMEXDERXKRANKENKASSEXXXXXXXXXX
STRASSEXXXXXXXXXXXXXX
PLZXORTXXXXXXXXXXXXXXXXXX


*** PATIENTENANGABEN ***
------------------------------------------------------------------------
AUFNAHME-NR.        : XXXXXX
VERSICHERUNGS-NR.: XXXXX
PATIENT             : NACHNAMEXXXXXXXXXXX VORNAMEXXXXXXXX
HAUPTVERSICHERTER: NACHNAMEXXXXXXXXXXX VORNAMEXXXXXXXX


*** ABRECHNUNG ***
------------------------------------------------------------------------
VON       BIS        TAGE  TARIF       BETRAG   ABT    KL   GR
------------------------------------------------------------------------
XX.XX.XX XX.XX.XX   XXXX  XXX.XX   XXXXXX.XX  X      XX   XX
XX.XX.XX XX.XX.XX   XXXX  XXX.XX   XXXXXX.XX  X      XX   XX
XX.XX.XX XX.XX.XX   XXXX  XXX.XX   XXXXXX.XX  X      XX   XX
------------------------------------------------------------------------

                 GESAMTBETRAG: XXXXXX.XX DM
                               ============
```

4.4 Ableitung der zugehörigen logischen Datenstruktur

Unter <u>logischem Datensatz</u> verstehen wir die Strukturierung jener Daten, die für die jeweilige EDV-Anwendungsfunktion notwendig sind. Sie kann vom physich gespeicherten Satz abweichen.

Unter Berücksichtigung der Tatsache, daß die Rechnungsnummer aus organisatorischen Gründen mit jedem Start des Fakturierungsprogramms neu hochgezählt wird, ergibt sich folgender logischer Datensatz:

```
*******************************************************
*                                                     *
*  log-satz.                                          *
*                                                     *
*    pat-aufnahme-nr.                                 *
*      pat-aufnahme-jahr                NUM  1 ST.    *
*      pat-laufende-nr                  NUM  5 ST.    *
*    pat-name.                                        *
*      pat-zuname                  ALPH-NUM  1 ST.    *
*      pat-vorname                 ALPH-NUM 15 ST.    *
*    pat-vers-name                 ALPH-NUM 35 ST.    *
*    pat-versicherungs-nr.                            *
*      pat-kass-nr                 ALPH-NUM  5 ST.    *
*      pat-pat-nr                  ALPH-NUM  7 ST.    *
*    pat-entlassungsdaten.                            *
*      pat-entlassg-datum.                            *
*        pat-entlassg-tag               NUM  2 ST.    *
*        pat-entlassg-mon               NUM  2 ST.    *
*        pat-entlassg-jahr              NUM  2 ST.    *
*      pat-entlassg-zeit                NUM  4 ST.    *
*    pat-aufenthalt.                                  *
*      pat-aufent 4 MAL                               *
*              INDIZIERT DURCH pat-aufent-ind.        *
*        pat-einweis-dat.                             *
*          pat-einweis-tag              NUM  2 ST.    *
*          pat-einweis-mon              NUM  2 ST.    *
*          pat-einweis-jahr             NUM  2 ST.    *
*        pat-stockwerk             ALPH-NUM  2 ST.    *
*        pat-klinik                ALPH-NUM  1 ST.    *
*        pat-gruppe                ALPH-NUM  1 ST.    *
*      kass-key.                                      *
*        kass-nr                   ALPH-NUM  5 ST.    *
*        filler                    ALPH-NUM  7 ST.    *
*    kass-name                     ALPH-NUM 30 ST.    *
*    kass-strasse                  ALPH-NUM 20 ST.    *
*    kass-plz-ort                  ALPH-NUM 25 ST.    *
*                                                     *
*******************************************************
```

Für die patientenbezogenen Datenelemente ergibt sich Typ und Ausdehnung aus den tatsächlich physisch abgespeicherten Detenelementen im Patientenstammsatz (vgl. Anhang 3, Fallstudie A). Die physische Abspeicherung der Datenelemente in der Krankenkassendatei entspricht der im Log-Satz angegebenen Strukturierung.

4.5 Benutzer- und Basismaschine

Die Basismaschine (vgl. hierzu Teil II, 2.5.2) liefert dem Benutzerprogramm Fakturierung auf Anforderung den für die Verarbeitung notwendigen logischen Datensatz. Abb. 4.2 zeigt einen generalisierten Aufbau von Benutzerprogramm- (Benutzermaschine) und Basismaschine für EDV-Anwendungsfunktionen gemäß dem Konzept aus II.2.5.2.

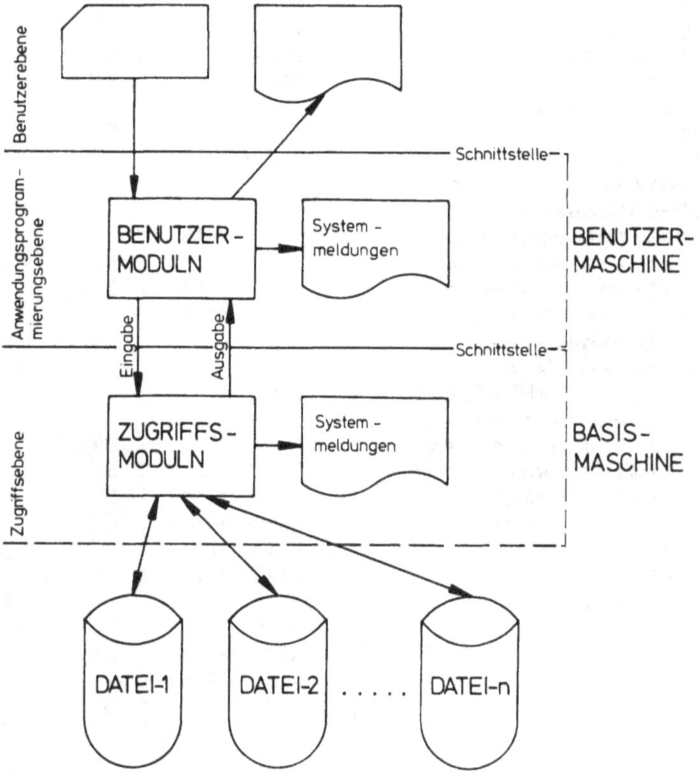

Abb. 4.2: Übersichtsgrafik zur Systembildung

Aus Abb. 4.2 geht hervor, daß ein Abstraktionsmodell über mehrere Ebenen gebildet wird. Die oberste Ebene bildet der Benutzer. Dann folgt die Anwendungsprogrammierungsebene. Ihr ist die Zugriffsebene untergeordnet. Die Anwendungsprogrammierungsebene wird auch als Benutzer-, die Zugriffsebene auch als Basismaschine bezeichnet. Je nach Zweck können die Anwendungsprogrammierungs- und die Zugriffsebene wiederum in eigene Ebenen untergliedert sein.

Zwischen den Ebenen gibt es Schnittstellen (vgl. II.4.2.7, II.4.2.8 und 4.4). Deren Beschreibung muß mindestens bekanntgeben:

- die Eingabe- und Ausgabedaten des betroffenen Moduls (z.B. Zugriffsmodul),
- die Operationen (Funktionen), die das Modul zur Verfügung stellt,
- die Module bzw. Funktionen von Modulen, die es benötigt,
- weitere, für die Benutzung notwendige Informationen.

Für das Verständnis der noch folgenden Schnittstellenbeschreibung wird vereinbart:

- Die durch den mit <u>Eingabe</u> bezeichneten Pfeil symbolisierten Daten werden von einer "höheren" Ebene (Benutzermaschine) an eine "tiefere" (Basismaschine) übergeben.
- Die durch den mit <u>Ausgabe</u> bezeichneten Pfeil symbolisierten Daten werden von einer "tieferen" an eine "höhere" Ebene gereicht.

Die auf einer Ebene ausgegebene Systemmeldungen sind Meldungen, die über Zustände der jeweiligen Maschine Auskunft geben (z.B. Fehlermeldungen).

Um die bisherigen Erläuterungen zu verdeutlichen:
Die Basismaschine soll in unserem Anwendungsfall an die Benutzermaschine "Fakturierung" den in 4.4 abgeleiteten logischen Datensatz übergeben. Damit versteckt das Zugriffsmodul (die Basismaschine) die reale Datenbasis vor dem Anwendungsprogrammierer.

Voraussetzung für den Entwurf der Benutzermaschine "Fakturierung" ist die Kenntnis und Festlegung der Schnittstellen. Bevor diese nun beschrieben werden, wird - zum besseren Verständnis - auf die Zugriffsebene zur Bereitstellung des logischen Datensatzes eingegangen.

4.6 Zugriffsweg und Dateiorganisation

Lesehinweis: Man lese Teil II, Kap. 3 noch einmal gründlichst.

Aus der Sicht der Benutzer ist das Hauptordnungskriterium die *adr-pat-aufnahme-nr* (Patientenaufnahme-Nr.), die fortlaufend aufsteigend vergeben wird. Weiterhin wird zum Auffinden bestimmter Sätze ein Nebenordnungskriterium - das *adr-status-kz* (Adreßstatuskennzeichen) - mit mehreren Ausprägungen benötigt. Eine für diese Problematik oft anzutreffende Dateiorganisationsform ist die index-sequentielle Organisation für das Hauptordnungskriterium sowie der Aufbau eines "inverted-file" für das Nebenordnungskriterium. Hierbei wird in Kauf genommen, daß der aufsteigende Nummernkreis öfter zur Reorganisation (vgl. II.3.2) zwingt und durch die unterschiedliche Verweildauer der Patienten im Krankenhaus eine lückenhafte Speicherung entsteht.

Für unser Lehrbeispiel wurde, da die index-sequentielle Organisationsform nicht vom System unterstützt wird, der Zugriff über eine Adreßtabelle abgewickelt.

Hierzu wurde die allerdings unrealistische, mit der Fallstudie (4000 aktive Patientenstammsätze) schwerlich in Einklang zu bringende Annahme getroffen, daß die Adreßtabelle im Internspeicher zur Verfügung steht.

4.6.1 Struktur und Inhalt der Adreßtabelle

Der Zugriff zum physisch abgelegten Patientenstammsatz läuft über folgende Adreßtabelle:

adr-pat-aufnahme-nr	*satz-nr*	*adr-status-kz*
.	.	.
.	.	.
800011	05	E
800005	06	B
000000	07	F
800004	08	M
000000	09	F
800020	10	R
.	.	.
.	.	.

Hat das einem Patientenstammsatz zugeordnete *adr-status-kz* den Wert:

- F so ist dies ein nicht belegter Satz,
- B ein belegter Satz,
- E ein für die Fakturierung freigegebener Satz,
- R ein durch das Fakturierungsprogramm abgearbeiteter Satz,
- M ein zur 1. Mahnungsschreibung freigegebener Satz.

Die Liste kann vervollständigt werden.

Die Zuweisung einer Aufnahme-Nr. und des zugehörigen *adr-status-kz* mit der Ausprägung 'B' wird durch das Aufnahmeprogramm geleistet. Dementsprechend leistet das Entlassungsprogramm die Veränderung des Wertes 'B' in 'E'.

4.6.2 Zugriff zum Patienten- und Kassenstammsatz

Um die für die Fakturierung freigegebenen Sätze zu finden, wird die Adreßtabelle nach der Ausprägung 'E' des *adr-status-kz* durchsucht. Bei Auffinden eines 'E' liefert die zugeordnete Ausprägung der *satz-nr* die Satzadresse des Patientenstammsatzes der direkt organisierten Patientenstammdatei.

Der Zugriff auf die zur Fakturierung notwendigen Daten der Kassendatei erfolgt über den Patientenstammsatz. Er liefert über den *kass-key* die Satzadresse des zugehörigen Kassenstammsatzes. Auch die

Kassendatei ist direkt organisiert.

Abb. 4.3 verdeutlicht das bisher Gesagte:

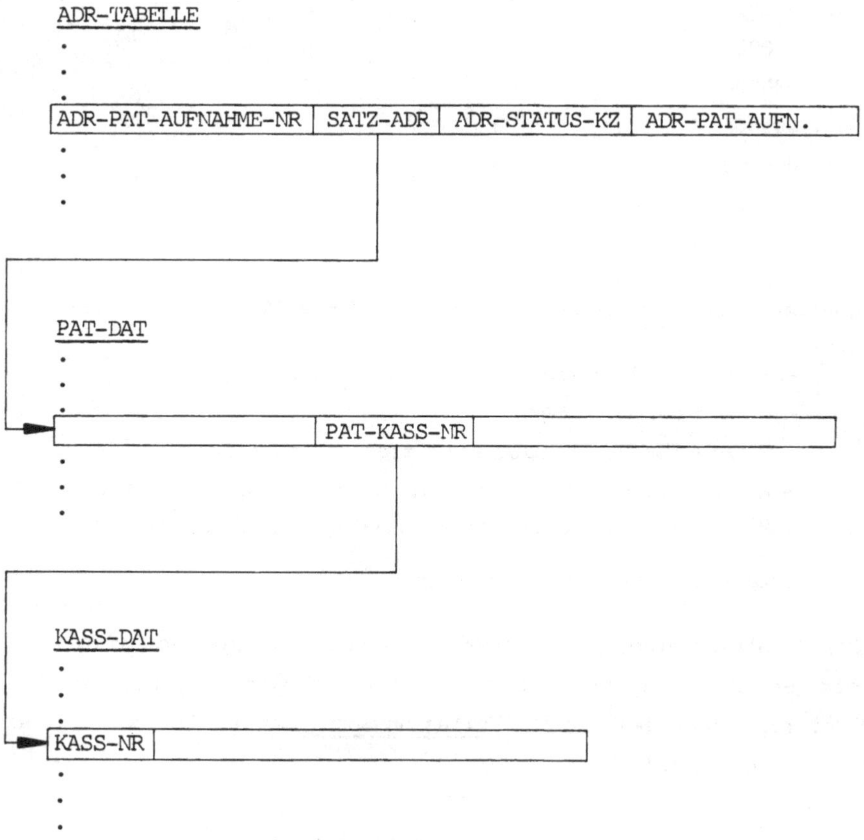

Abb. 4.3: Zugriffsweg zu den Stammsätzen

4.6.3 Auswirkungen

Die gewählte Zugriffsweg- und Dateiorganisation hat die Vorteile:

- eine lückenhafte Speicherung zu vermeiden,
- wenn die Adreßtabelle völlig im Internspeicher steht, werden mit nur 2 Lesezugriffen die für den Aufbau des logischen Satzes notwendigen Daten zur Verfügung gestellt.

Nachteilig ist:

- die Adreßtabelle kann erheblichen internen Speicherplatz belegen,
- wird es notwendig, Teile der Tabelle auszulagern, erhöht sich somit auch die Zahl der durchschnittlich zur Bildung des logischen Datensatzes erforderlichen Zugriffe.

Somit hängt es nun von dem verfügbaren internen Speicherplatz und der Größe des Krankenhauses (Anzahl der Patienten) ab, ob das beschriebene Verfahren sinnvoll ist.

4.7 Schnittstellen der Basismaschine

Zu Entwurf und Implementierung der Benutzermaschine "Fakturierung" müssen die Schnittstellen der Basismaschine bekannt sein.

4.7.1 Vorbemerkung zur Schnittstellenbeschreibung

Der hier beschriebene Weg zur Beschreibung der Schnittstellen weicht geringfügig von der in II.4.4.1 vorgeschlagenen Vorgehensweise ab.

Um die logischen Aspekte der Datenübergabe hervorzuheben, werden die zu übergebenden Daten in Anlehnung an das in 4.5 dargestellte Ebenenmodell beschrieben. Dies führt dazu, daß unter EINGABE, AUSGABE die gleichen Datenstrukturen bzw. -elemente genannt sein können.

Ein mehr formaler Aspekt ist durch die Programmiersprache COBOL bedingt. Die Übergabe von Datenstrukturen in der LINKAGE SECTION darf nur mit Stufennummer 01 und 77 (vgl. II.4.1.3) erfolgen. Damit können Datenelemente zusammengefaßt werden, unabhängig davon, ob sie logisch zur EINGABE, zur AUSGABE oder zu beidem gehören.

Um die für Schnittstellen notwendige Information zu liefern, wird vereinbart, daß die Stufennummer 01 zur Übergabe der Daten nur einmal Verwendung in der USING-Klausel (vgl. II.4.3.3) finden darf. Dem in der Beschreibung benutzten Begriff SCHNITTSTELLE wird dann die zu einem "ENTRY" (COBOL-ANS 68) gehörige USING-Klausel zugefügt. Wird die Gesamtstruktur der übergebenen Daten nicht an dieser Stelle erklärt, dann ist ein Verweis zu geben, wo dies geschieht (z.B. LINKAGE SECTION).

Nach der Norm von COBOL-ANS 74 ist die Verwendung des "ENTRY"-Befehls unerlaubt. Ein Modul wird direkt zu Beginn der PROCEDURE DIVISION und nur dort mit der Klausel

PROCEDURE DIVISION USING...

angesprungen.

Damit vereinfacht sich auch die Schnittstellenbeschreibung. Die sprachformalen Aspekte können dann in der Modulschnittstellenbeschreibung, die logischen in den Funktionsschnittstellenbeschreibungen dargelegt werden.

Eine Besonderheit stellt die Schnittstelle zur Benutzerebene dar, da hier die Übergabe nicht mittels der USING-Klausel erfolgt. Die exakte Aufführung aller zu einer AUSGABE gehörenden Datenelemente kann sehr aufwendig und unübersichtlich werden. Es wird deshalb vorgeschlagen, hier nur die Grobstruktur zu zeigen und über Verweise genauere Information zu ermöglichen. Diese etwas lässigere Verfahrensweise ist deshalb möglich, weil Druckbilder von der Gestaltung und Aussage her weitgehend selbsterklärend sind. Anders muß bei der EINGABE verfahren werden. Hier müssen die Anforderungen des EDV-Systems bezüglich der Daten eindeutig sein.

Es sei darauf hingewiesen, daß die hier verwendete Basismaschine nur den logischen Datensatz für die Fakturierung liefert. Dies wurde aus didaktischen Gründen so gehalten. Mit der Übergabe eines Steuerparameters von der Benutzer- an die Basismaschine und geringfügigen Änderungen läßt sich diese zur allgemeinen Zugriffsmaschine erweitern.

4.7.2 Schnittstellenbeschreibung des Moduls "LOGFAK"

Abb. 4.4 zeigt die durch die Schnittstellenbeschreibung festgelegte Basismaschine.

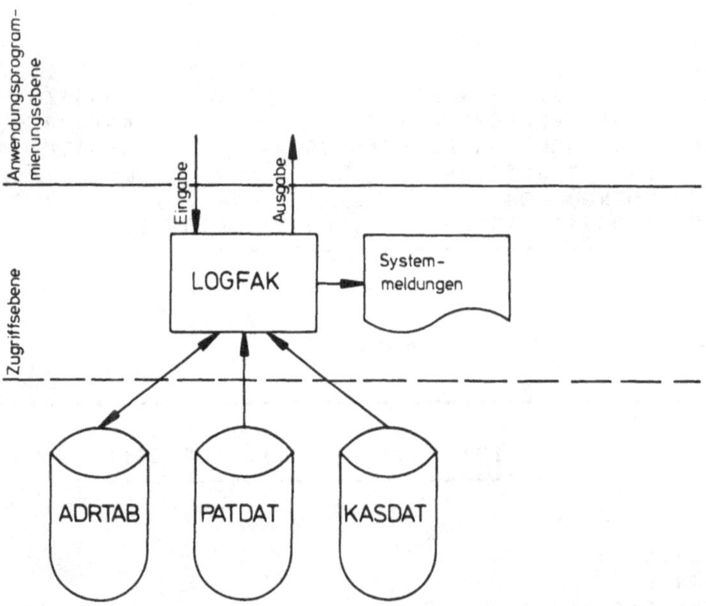

Abb. 4.4: Basismaschine "LOGFAK" für die Krankenhausanwendung Fakturierung

Es sei noch einmal darauf hingewiesen, daß die Datenelemente, die in den Funktionsschnittstellen den Begriffen EINGABE, AUSGABE zugeordnet sind, nur die Kommunikation mit einer "höheren" Ebene betreffen (vgl. Abb. 4.4).

1. Modulschnittstellenbeschreibung

```
*--------------------------------------------------------------------------
*
*                             MODUL: 'LOGFAK'
*                             ---------------
*
* BEZEICHNUNG:
*      ZUGRIFF-DATENBASIS-FAKTURIERUNG
* BESCHREIBUNG:
*      LOGFAK GREIFT AUF DIE SAETZE DER KASS-STAMM-DATEI,
*      PAT-STAMM-DATEI UND ADR-TAB-DATEI ZU.  ES STELLT
*      EINEN LOGISCHEN DATENSATZ FUER DIE ANWENDUNG
*      ZUR VERFUEGUNG UND VERWALTET DAS ZU EINEM
*      PATIENTENSTAMMSATZ GEHOERIGE ADR-STATUS-KZ.
```

```
* SCHNITTSTELLEN:
*   ENTHAELT DIE FUNKTIONEN:
*     OEFFNEN DER DATEIEN                              OPNDAT
*     LIEFERN DES LOGISCHEN SATZES                     LOGSAZ
*     KOREKKTUR DES ADR-STATUS-KZ                      ADRKOR
*     ZURUECKSCHREIBEN VON ADR-TAB-SATZ                RWSADR
*     SCHLIESSEN DER DATEIEN                           CLSDAT
* REIHENFOLGEBEDINGUNGEN
*     OPNDAT; (LOGSAZ; ADRKOR)...;RWSADR; CLSDAT;
*-----------------------------------------------------------------
```

2. Funktionsschnittstellenbeschreibungen

```
*-----------------------------------------------------------------
*
*                          FUNKTION (ENTRY): 'OPNDAT'
*                          --------------------------
*
* BEZEICHNUNG:
*     OPEN-DATEIEN
* BESCHREIBUNG:
*     OEFFNET DIE DATEIEN
*             ADR-TAB-DATEI
*             PAT-STAMM-DATEI
*             KASS-STAMM-DATEI
* SCHNITTSTELLEN: -----
* SYSTEMMELDUNG:
*     FEHLERMELDUNG FALLS DATEI SCHON GEOEFFNET. ABBRUCH.
*-----------------------------------------------------------------
```

```
*-----------------------------------------------------------------
*
*                          FUNKTION (ENTRY): 'LOGSAZ'
*                          --------------------------
*
* BEZEICHNUNG:
*     LOGISCHER-SATZ
* BESCHREIBUNG:
*     LOGSAZ LIEST EINMAL DIE ADRESSTABELLE EIN, DURCHSUCHT
*     SIE NACH DEN AUSPRAEGUNGEN 'E' DES ADR-STATUS-KZ.
*     BEI AUFFINDEN EINES 'E' WERDEN DER ZUGEHOERIGE
*     PAT-STAMM-SATZ UND KASS-STAMM-SATZ GELESEN SOWIE
*     DER LOGISCHE SATZ AUFGEBAUT.
* SCHNITTSTELLEN:
*     USING LOG-SATZ
*           LOG-SATZ-GEF-FLAG
*           LOG-SATZ-EOF-FLAG
*           (STRUKTUR SIEHE LINKAGE SECTION ANHANG 4
*           FALLSTUDIE A)
```

```
*    EINGABE:
*      -----
*    AUSGABE:
*      LOGSATZ
*      LOG-SATZ-GEF-FLAG
*      LOG-SATZ-EOF-FLAG
* VORAUSSETZUNGEN:
*      OPNDAT
* SYSTEMMELDUNGEN:
*      1. ADR-TAB-SATZ NICHT GEFUNDEN
*      2. PAT-STAMM-SATZ-NICHT-GEFUNDEN
*      3. KASS-STAMM-SATZ-NICHT GEFUNDEN
*
*----------------------------------------------------------------------


*----------------------------------------------------------------------
*
*                         FUNKTION (ENTRY): 'ADRKOR'
*                         --------------------------
*
* BEZEICHNUNG:
*      ADRESS-TABELLEN-KORREKTUR
* BESCHREIBUNG:
*      NACH VERARBEITUNG DES LOGISCHEN SATZES WIRD DIE
*      ZUGEHOERIGE AUSPRAEGUNG 'E' DES ADR-STATUS-KZ AUF
*      'R' GESETZT.
* SCHNITTSTELLEN: -----
* VORAUSETZUNG:
*      LOGSAZ
*----------------------------------------------------------------------


*----------------------------------------------------------------------
*
*                         FUNKTION (ENTRY): 'RWSADR'
*                         --------------------------
*
* BEZEICHNUNG:
*      REWRITE-SEQUENTIELL-ADR-TAB-SATZ
* BESCHREIBUNG:
*      DIE ABGEARBEITETE KORRIGIERTE ADRESSTABELLE WIRD
*      ZURUECKGESCHRIEBEN.
* SCHNITTSTELLEN: -----
* VORAUSSETZUNGEN:
*      (LOGSAZ)
*----------------------------------------------------------------------
```

```
*---------------------------------------------------------------------
*
*                         FUNKTION (ENTRY): 'CLSDAT'
*                         --------------------------
*
* BEZEICHNUNG:
*     CLOSE-DATEIEN
* BESCHREIBUNG:
*     SCHLIESST DIE DATEIEN
*               ADR-TAB-DATEI
*               PAT-STAMM-DATEI
*               KASS-STAMM-DATEI
* SCHNITTSTELLEN: -----
* SYSTEMMELDUNG:
*     FEHLERMELDUNG FALLS DATEI NICHT OFFEN. ABBRUCH.
*---------------------------------------------------------------------
```

4.8 Entwurf des Anwendungsprogramms „Fakturierung“

An dieser Stelle setzt die Softwareentwicklung des Anwendungsprogramms der Anwendungsfunktion "Fakturierung" ein. Das Fakturierungsprogramm ist als Stapelprogramm geplant, das periodisch (täglich, wöchentlich, je nach Organisationsvorschlag) gestartet wird. Voraussetzung für Entwurf und Programmierung sind neben der Kenntnis der Schnittstellen zur Basismaschine auch die Anforderungen, die der Benutzer an das Programm stellt. Diese schon in 4.3 bei der Ausgabegestaltung gestellten Anforderungen werden nun in die Beschreibung der Schnittstelle zur Benutzerebene (Anwender-, Benutzerschnittstelle) mit einbezogen.

Zur Erinnerung sei noch einmal gesagt, daß das Füllen des *adr-statuskz* mit der Ausprägung 'E' Aufgabe des Entlassungsprogramms ist.

4.8.1 Beschreibung der Benutzerschnittstelle

Grafische Übersicht:

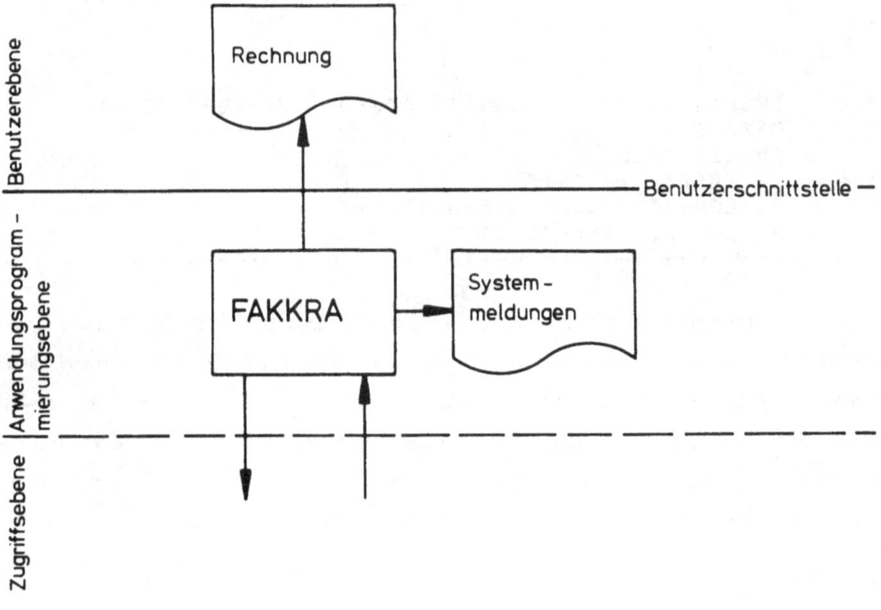

Abb. 4.5: Benutzerschnittstelle des Programms "FAKKRA"

Modulschnittstellenbeschreibung:

```
*-------------------------------------------------------------
*
*                          MODUL: 'FAKKRA'
*                          ---------------
*
* BEZEICHNUNG:
*     FAKTURIERUNG-KRANKENHAUS
* BESCHREIBUNG:
*     'FAKKRA' BEWIRKT DIE FAKTURIERUNG (RECHNUNGSSCHREIBUNG)
*     EINES KRANKENHAUSES FUER STATIONAERE PATIENTEN OHNE
*     SONDERLEISTUNG.
* SCHNITTSTELLEN:
*   EINGABE:
*     ----- (DAS PROGRAMM WIRD NUR GESTARTET)
*   AUSGABE:
*     RECHNUNG MIT
*        KOPFUEBERSCHRIFTEN,
*        RECHNUNGSNUMMER, DATUM,
*        PATIENTENANGABEN,
*        ZWISCHENUEBERSCHRIFT,
*        POSTENZEILEN,
*        SUMMENZEILE.
*     (GENAUERE BESCHREIBUNG:
*        AUSGABEGESTALTUNGSVORLAGE 4.3; DATENSTRUKTUREN
*        IN PROGRAMM 'FAKKRA' ANHANG 4 FALLSTUDIE A)
*
*
*   BENUTZTE MODULE:
*     LOGFAK (OPNDAT; LOGSAZ; ADRKOR; RWSADR; CLSDAT)
*     DATDIF
* SYSTEMMELDUNGEN:
*     1. FEHLER IN DATDIF
*     2. LOGSATZ NICHT GEFUNDEN
*     3. LOGSATZ END-OF-FILE
*-------------------------------------------------------------
```

Die hier dargestellte Schnittstellenbeschreibung setzt im Grunde ein grobes Verständnis für die Algorithmisierung und Modularisierung des Anwendungsprogramms voraus. Aus didaktischen Gründen wurde vorgezogen, die Algorithmisierung und Modularisierung zusammenhängend darzustellen. Es empfiehlt sich deshalb, nach Lektüre von 4.8.3 und 4.8.4 die Benutzerschnittstellenbeschreibung nochmals zu lesen.

4.8.2 Algorithmischer Entwurf Stufe I und Stufe II

Analog zu der Vorgehensweise in 4.1 werden wir den Entwurf für das Programm "FAKKRA" (Fakturierung-Krankenhaus) entwickeln.

Stufe I:

```
*****************************************************************
*                                                               *
*                                                               *
*  Der Algorithmus 'FAKKRA' (Fakturierung-Krankenhaus)          *
*  druckt fuer alle in die Fakturierung einzubeziehende         *
*  Patienten Rechnungen.                                        *
*  Die Verarbeitungsreihenfolge ist durch die Adressta-         *
*  belle vorgegeben.                                            *
*  Die aus den physisch abgespeicherten Datensaetzen            *
*  fuer die Fakturierung notwendigen Datensaetze werden         *
*  von der Basismaschine uebergeben (LOG-SATZ).                 *
*  Fuer jede zu druckende Rechnung sind drei Schritte           *
*  zu durchlaufen:                                              *
*                                                               *
*      1. Druck des Rechnungskopfes                             *
*      2. Druck des Adressteils,                                *
*               der Patientenangaben                            *
*      3. Druck der Zwischenueberschriften,                     *
*               der Postenzeile(n),                             *
*               der Summenzeile                                 *
*                                                               *
*  Datenstrukturen:                                             *
*  LOG-SATZ    (siehe 4.4)                                      *
*  Fuer die Druckausgabe werden nur zusammenfassende            *
*  Saetze benannt, deren Strukturierung im Programm             *
*  Anhang 4 Fall A zu entnehmen ist.                            *
*  rechnungskopf-1                ALPH-NUM 66 ST.               *
*  rechnungskopf-2                ALPH-NUM 66 ST.               *
*                 .                                             *
*                 .                                             *
*                 .                                             *
*  rechnungskopf-7                ALPH-NUM 57 ST.               *
*                                                               *
*  druck-aufbau-text-1            ALPH-NUM 66 ST.               *
*  druck-aufbau-text-2            ALPH-NUM 66 ST.               *
*  postenzeile                    ALPH-NUM 57 ST.               *
*  summenzeile                    ALPH-NUM 47 ST.               *
*                                                               *
*  log-satz-eof-flag              BOOL 1 ST WERT 0.             *
*  log-satz-gef-flag              BOOL 1 ST WERT 0.             *
*                                                               *
*****************************************************************
```

Eine weitere Analyse ergibt:
In Teil-1 werden nur Zeilen mit konstantem Text ausgegeben. In Teil-2 werden die Angaben aus dem logischen Datensatz benötigt. Teil-3 benötigt Angaben aus dem logischen Datensatz, wobei aus einem Teil dieser Angaben die Datumsdifferenz und daraus wiederum Rechnungsbetrag und Gesamtsumme gewonnen werden.

Es wäre unsinnig den ersten Teil einer Rechnung zu drucken, solange nicht gewährleistet ist,

- daß ein logischer Datensatz übergeben wurde,
- daß die Datumsdifferenzierung, die für die Postenzeilen benötigt werden, fehlerfrei ausgeführt wurden.

Stufe II:

```
*************************************************************
*                                                           *
*  DATENTEIL.                                               *
*                                                           *
*    datdif-pruef-fehler-flag      BOOL 1 ST WERT 0.        *
*                                                           *
*************************************************************
```

```
*************************************************************
*                                                           *
*  PROZEDURTEIL.                                            *
*                                                           *
*  hauptsteuerung.                                          *
*      MACHE anfang.                                        *
*      MACHE verarbeiten BIS log-satz-eof-flag = 1.         *
*      MACHE abschliessen.                                  *
*      BEENDE AUSFUEHRUNG.                                  *
*                                                           *
*  anfang.                                                  *
*      .                                                    *
*      .                                                    *
*      .                                                    *
*                                                           *
```

```
*  verarbeiten.                                              *
*      UEBERTRAGE 0 NACH log-satz-gef-flag.                  *
*      RUFE 'LOGSATZ' MIT log-satz,                          *
*                             log-satz-gef-flag,             *
*                             log-satz-eof-flag.             *
*      WENN log-satz-eof = 1                                 *
*           DANN GIB AUS log-satz-eof                        *
*           SONST WENN log-satz-gef-flag = 1                 *
*                      DANN MACHE kalender-rechnung          *
*                      SONST GIB AUS                         *
*                            "log-satz-nicht-gefunden".*
*                                                            *
*  kalender-rechnung.                                        *
*      MACHE berechnen.                                      *
*      WENN NICHT datdif-pruef-fehler-flag = 1               *
*           DANN MACHE rechnungs-kopf-teil,                  *
*                      rechnungs-adress-teil,                *
*                      rechnungs-rest-teil,                  *
*           SONST GIB AUS 'fehler in datdif'.                *
*                                                            *
*  berechnen.                                                *
*      .                                                     *
*      .                                                     *
*      .                                                     *
*                                                            *
*  rechnungs-kopf-teil.                                      *
*      .                                                     *
*      .                                                     *
*      .                                                     *
*                                                            *
*  rechnungs-adress-teil.                                    *
*      .                                                     *
*      .                                                     *
*      .                                                     *
*                                                            *
*  rechnungs-rest-teil.                                      *
*      .                                                     *
*      .                                                     *
*      .                                                     *
*                                                            *
*  abschliessen.                                             *
*      .                                                     *
*      .                                                     *
*      .                                                     *
*                                                            *
*                                                            *
**************************************************************
```

4.8.3 Modularisierung

In 4.1 wurde der Datumsdifferenzalgorithmus behandelt. Für das Fakturierungsprogramm wird nun die Datumsdifferenzrechnung als eigenständiges Modul ausgegliedert. Somit vereinfacht sich "FAKKRA" und wird wartungs- und änderungsfreundlicher. Der Modul "DATDIF" kann auch von anderen Programmen aufgerufen werden (z.B. Mahnungsschreibung).

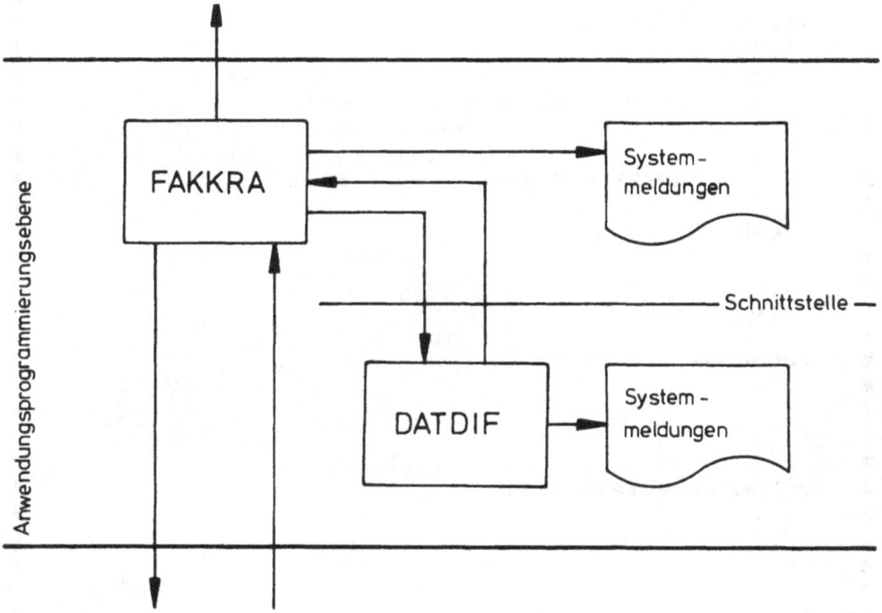

Abb. 4.6: Beziehungen der Benutzermaschinenmodule

Modulschnittstellenbeschreibung:

```
*------------------------------------------------------------------
*
*                          MODUL: DATDIF
*                          -------------
*
* BEZEICHNUNG:
*      DATUMSDIFFERENZRECHNUNG
```

```
* BESCHREIBUNG:
*      DIE VON FAKKRA UEBERGEBENEN DATEN WERDEN IN DIE
*      ERGEBNISTABELLE EINSORTIERT UND AUF FALSCHE INHALTE
*      UEBERPRUEFT. LIEGEN KEINE FALSCHEN DATEN VOR, BEGINNT
*      DIE ABARBEITUNG DER TABELLE.  DIE JEWEILS GEFUNDENE
*      DATUMSDIFFERENZ WIRD AUCH IN DIE TABELLE EINGETRAGEN.
* BEGRUENDUNG DES VORGEHENS:
*      DURCH VERELGUNGEN IM KRANKENHAUS KANN DIE BERECHNUNG
*      MEHRERER DATUMSDIFFERENZEN FUER EINE RECHNUNG NOTWENDIG
*      WERDEN. ES IST OPPORTUN, DIE JEWEILIGEN WERTE ZUERST EINAND
*      ZUZUORDNEN, SIE AUF IHRE ZULAESSIGKEIT ZU PRUEFEN,
*      UM DANN DIE BRECHNETEN DIFFERENZEN IN DIE TABELLE
*      EINZUTRAGEN. DIE TABELLE KANN DANN IN 'FAKKRA' VERWENDET
*      WERDEN.
* SCHNITTSTELLEN:
*      USING DATDIF-PARAMETER
*            (STRUKTUR SIEHE LINKAGE SECTION
*            ANHANG 4 FALLASTUDIE A)
*   EINGABE:
*             ENTLASS-DATEN-UEBERGABE
*             PAT-AUFENT-UEBERGABE-TAB 4 MAL
*   AUSGABE:
*             DATDIF-PRF-FEHLER-FLAG
*             ERGEBNIS-TAB OCCURS 4 TIMES
* SYSTEMEMELDUNGEN:
*      1. EINGABE NICHT NUMERISCH
*      2. MONATSZAHL GROESSER 12, KLEINER 1
*      3. TAGESZAHL VON ZUGEORDNETEM MONAT IST UNMOEGLICH
*      4. EINWEISDATUM KLEINER VERLEG- BZW ENTLASSUNGSDATUM.
*-------------------------------------------------------------
```

4.8.4 Algorithmischer Entwurf Stufe III

Nun kann mit der schrittweisen Verfeinerung fortgefahren werden.

4.8.4.1 "FAKKRA"

Durch die Ausgliederung der Datumsdifferenzrechnung ist der Aufbau des Moduls "FAKKRA" trivial geworden, so daß wir unter Einbeziehung der in den Schnittstellen beschriebenen Datenelemente den Algorithmus verfeinern werden. Es ist zu beachten, daß die unter *datdif-parameter* zusammengefaßten Datenelemente und -strukturen auch im Arbeitsspeicher Kapitel (WORKING-STORAGE SECTION) des Moduls "FAKKRA" deklariert sind. Auch sind geringfügige Änderungen bei den verwendeten Befehlen zu verzeichnen.

Stufe III:

```
*************************************************************
*                                                           *
*  DATENTEIL.                                               *
*                                                           *
*  rech-druck-satz.                                         *
*    rech-druck-steuerzeichen          ALPH-NUM  1 ST.      *
*    filler                            ALPH-NUM  5 ST.      *
*    rech-druck-text                   ALPH-NUM 66 ST.      *
*                                                           *
*  verleg-tab-eof-flag                 BOOL 1 ST WERT 0.    *
*                                                           *
*  datdif-parameter.                                        *
*    datdif-pruef-fehler-flag          BOOL 1 ST WERT 0.    *
*    entlass-daten-uebergabe.                               *
*      pat-entlass-tag                      NUM  2 ST.      *
*      pat-entlass-mon                      NUM  2 ST.      *
*      pat-entlass-jahr                     NUM  2 ST.      *
*                                                           *
*    pat-aufent-uebergabe-tab 4 MAL.                        *
*      pat-einweis-tag                      NUM  2 ST.      *
*      pat-einweis-mon                      NUM  2 ST.      *
*      pat-einweis-jahr                     NUM  2 ST.      *
*                                                           *
*    ergebnis-tab             4 MAL.                        *
*      pat-einweis-datum.                                   *
*        pat-einweis-tag               ALPH-NUM  2 ST.      *
*        pat-einweis-mon               ALPH-NUM  2 ST.      *
*        pat-einweis-jahr              ALPH-NUM  2 ST.      *
*      pat-verleg-datum.                                    *
*        pat-verleg-tag                ALPH-NUM  2 ST.      *
*        pat-verleg-mon                ALPH-NUM  2 ST.      *
*        pat-verleg-jahr               ALPH-NUM  2 ST.      *
*      tagesdifferenz                       NUM  5 ST.      *
*                                                           *
*************************************************************
```

```
*************************************************************
*                                                           *
*  PROZEDURTEIL.                                            *
*                                                           *
*  hauptsteuerung.                                          *
*      MACHE anfang.                                        *
*      MACHE verarbeiten BIS log-satz-eof-flag = 1.         *
*      MACHE abschliessen.                                  *
*      BEENDE AUSFUEHRUNG.                                  *
*                                                           *
```

```
*  anfang.                                                  *
*      .                                                    *
*      .                                                    *
*      .                                                    *
*                                                           *
*  verarbeiten.                                             *
*      UEBERTRAGE 0 NACH log-satz-gef-flag.                 *
*      RUFE 'LOGSATZ' MIT log-satz,                         *
*                         log-satz gef-flag,                *
*                         log-satz-eof-flag.                *
*                                                           *
*      WENN log-satz-eof-flag = 1                           *
*           DANN GIB AUS 'log-satz-eof'                     *
*           SONST WENN log-satz-gef-flag = 1                *
*                      DANN UEBERTRAGE                      *
*                           pat-entlassg-datum NACH         *
*                           entlass-daten-uebergabe         *
*                           UEBERTRAGE                      *
*                           pat-einweis-dat (1)  NACH       *
*                           pat-aufent-uebergabe-tab (1)*
*                            .                              *
*                            .                              *
*                            .                              *
*                            MACHE kalender-rechnung        *
*                      SONST GIB AUS                        *
*                            'log-satz-nicht-gefunden'.     *
*                                                           *
*  kalender-rechnung.                                       *
*      RUFE 'DATDIF' MIT datdif-parameter.                  *
*      WENN NICHT datdif-pruef-fehler                       *
*           DANN MACHE rechnungs-kopf-teil                  *
*                MACHE rechnungs-adress-teil                *
*                MACHE rechnungs-rest-teil                  *
*           SONST GIB AUS 'fehler in datdif'.               *
*                                                           *
*  rechnungs-kopf-teil.                                     *
*      UEBERTRAGE rechnungs-kopf-1 NACH rech-druck-text*
*      .                                                    *
*      .                                                    *
*      .                                                    *
*                                                           *
*  rechnungs-adress-teil.                                   *
*      UEBERTRAGE kass-name NACH druck-aufbau-text-1.       *
*      .                                                    *
*      .                                                    *
*      .                                                    *
*                                                           *
```

```
*  rechnungs-rest-teil.                                        *
*       UEBERTRAGE rechnungs-kopf-7 NACH rech-druck-text*
*       .                                                       *
*       .                                                       *
*       .                                                       *
*       MACHE postenzeilen BIS verleg-tab-eof-flag = 1. *
*       UEBERTRAGE 0 NACH verleg-tab-eof-flag.                 *
*       MACHE summenzeile.                                      *
*                                                               *
*  postenzeile.                                                 *
*       .                                                       *
*       .                                                       *
*       .                                                       *
*                                                               *
*  summenzeile.                                                 *
*       .                                                       *
*       .                                                       *
*       .                                                       *
*                                                               *
*  abschliessen.                                                *
*       .                                                       *
*       .                                                       *
*       .                                                       *
*                                                               *
*                                                               *
****************************************************************
```

1. Im Paragraph *verarbeiten* werden, nachdem ein *log-satz* gefunden wurde, die für die Datumsdifferenzrechnung notwendigen Daten in die im DATDIF-PARAMETER vorgesehenen Datenelemente übertragen, um anschließend bei dem Modulaufruf "DATDIF" übergeben zu werden.

2. Der Paragraph *rechnungs-rest-teil* ruft zwei weitere auf. *postenzeilen* bewirken das Drucken der Postenzeilen. Er wird so oft aufgerufen, bis die von "DATDIF" übergebene Ergebnis-Tabelle (vgl. 4.7.2.2) abgearbeitet ist. Anschließend wird in Paragraph *summenzeile* das Drucken der letzten Zeile der Rechnung veranlaßt. Die letzten beiden Paragraphen sind erst im COBOL-Programm ausformuliert.

Alle übrigen Operationen des Algorithmus beschränken sich auf das Übertragen von Datenstrukturen, Schreiben und Umsetzen von Bool'schen Variablen.

4.8.4.2 "DATDIF"

Der Grundalgorithmus ist aus Aufgabe Alg 3 (siehe 4.1) bekannt. Deshalb werden hier nur die für die Anpassung notwendigen Schritte behandelt.

Als Grundproblem treten Verlegungen innerhalb des Krankenhauses auf. Sie bewirken, daß die Datumsdifferenzrechnung mehrfach ausgeführt werden muß (vgl. Ausgabegestaltung 4.1). Zur Lösung des Problems wurde folgender Ansatz gewählt:
Die von "FAKKRA" übergebenen Daten befinden sich in den Datensätzen *entlass-daten-uebergabe* und in der Tabelle *pat-aufent-uebergabe*. In der Tabelle werden Einweisdatum und Verlegdaten vermerkt.

Innerhalb des Moduls "DATDIF" werden diese Daten einander paarweise zugeordnet (*pat-einweis-datum, pat-verleg-datum*), in die Tabelle (*ergebnis-tab*) eingetragen, auf Zulässigkeit geprüft und zur Berechnung herangezogen. Die resultierenden Ergebnisse werden wiederum in der Tabelle vermerkt. Da die Tabelle in der LINKAGE SECTION des Moduls "DATDIF" und in der WORKING-STORAGE SECTION von "FAKKRA" deklariert ist, kann auch letzterer darauf zugreifen und die Ergebnisse weiterzuverarbeiten.
Hierzu folgende Grafik; nicht belegte Felder sind mit Nullen initialisiert:

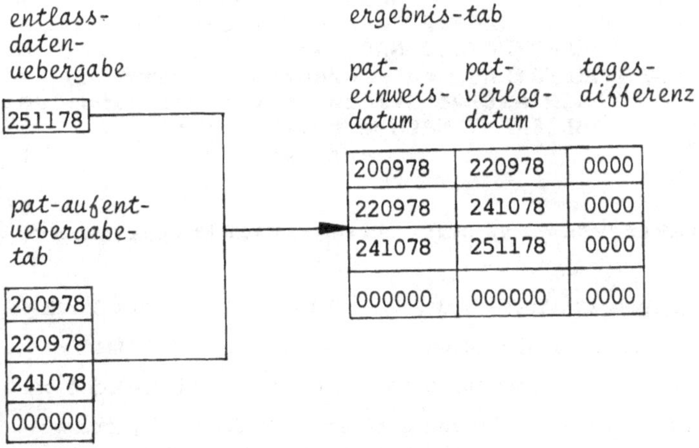

Abb. 4.7: Füllen der Ergebnistabelle

Aufgabe:

Formulieren Sie einen Algorithmus der die Tabelle *ergebnis-tab* füllt.

Durch die Verwendung von zwei Indices vereinfacht sich der Algorithmus.

Beispiellösung:

```
*************************************************************
*                                                           *
*  DATENTEIL.                                               *
*                                                           *
*    (siehe Schnittstellenbeschreibung 4.8.3)               *
*                                                           *
*    erg-tab-ind-1                NUM 1 ST WERT 1.          *
*    erg-tab-ind-2                NUM 1 ST WERT 2.          *
*    erg-tab-eof-flag            BOOL 1 ST WERT 0.          *
*                                                           *
*************************************************************

*************************************************************
*                                                           *
*  PROZEDURTEIL.                                            *
*                                                           *
*  pat-ergebnis-tab-fuellen.                                *
*      UEBERTRAGE pat-aufent-uebergabe (erg-tab-ind-1)      *
*            NACH pat-einweis-datum VON                     *
*                 ergebnis-tab (erg-tab-ind-1).             *
*      WENN pat-aufent-uebergabe-tab (erg-tab-ind-2)        *
*           = 0 ODER erg-tab-ind-2 > 4                      *
*           DANN  UEBERTRAGE entlass-daten-uebergabe        *
*                 NACH pat-verleg-datum (erg-tab-ind-1)*
*                 UEBERTRAGE 1 NACH erg-tab-eof-flag        *
*                 UEBERTRAGE 2 NACH erg-tab-ind-1           *
*                 UEBERTRAGE 2 NACH erg-tab-ind-2           *
*           SONST UEBERTRAGE pat-aufent-uebergabe-tab       *
*                 NACH pat-verleg-datum (erg-tab-ind-1)*
*                 ADDIERE 1 NACH erg-tab-ind-1              *
*                                erg-tab-ind-2.             *
*                                                           *
*                                                           *
*************************************************************
```

Auf eine separate Ausformulierung des Gesamtalgorithmus von "DATDIF" kann verzichtet werden, da dieser weitgehend mit Stufe III des Entwurfs von Alg 3 (vgl. 4.1) identisch ist. Anhand des COBOL-Codes des Modul "DATDIF" in Anhang 4, Fallstudie A kann der Gesamtalgorithmus nachvollzogen werden.

4.9 Die Benutzermaschine: „FAKKRA" und „DATDIF"

Der nächste Schritt nach der bisher vorgenommenen Algorithmisierung des Problems ist nach der letzten Verfeinerung das Codieren und Austesten der Module "FAKKRA" und "DATDIF".

Die ausgetesteten Module sind in Anhang 4 von Fallstudie A abgedruckt. Aus Platzgründen wird auf die Darstellung von Systemmeldungen verzichtet und nur eine für den Benutzer erzeugte Fakturierung abgebildet:

```
RECHNUNG STADTKRANKENHAUS O., STATIONAERE BEHANDLUNG

----------------------------------------------------------------------
ZAHLUNGSHINWEIS: BITTE ZAHLEN SIE INNERHALB VON 10
                 TAGEN AUF EINES DER FOLGENDEN KONTEN:
                 HYPO-BANK          KTO-NR.: 605-47
                 SPARKASSE O.       KTO-NR.: 87360
                 BARZAHLUNGEN SIND NICHT MOEGLICH.


----------------------------------------------------------------------

AN                                         DATUM     : 11/30/78
                                           RECHNGSNR.: 0000001
TECHNIKER-KRANKENKASSE
SOLINGERSTR.2
0011 EISENDORF


*** PATIENTENANGABEN ***

----------------------------------------------------------------------

AUFNAHME-NR.       : 825140
VERSICHERUNGS-NR.: 55555

PATIENT            : BALLENSCHUH         OTTO
HAUPTVERSICHERTER: BALLENSCHUH           OTTO


*** ABRECHNUNG ***
----------------------------------------------------------------------

VON        BIS          TAGE  TARIF        BETRAG  ABT    KL    GR
----------------------------------------------------------------------
20.09.78 22.09.78         2  211.00       422.00           3     5
22.09.78 24.10.78        32  211.00      6752.00           4     4
24.10.78 25.11.78        32  211.00      6752.00           3     4

----------------------------------------------------------------------

                       GESAMTBETRAG:   13926.00
```

4.10 Grafische Systemübersicht

Abschließend noch die grafische Darstellung des Gesamtsystems:

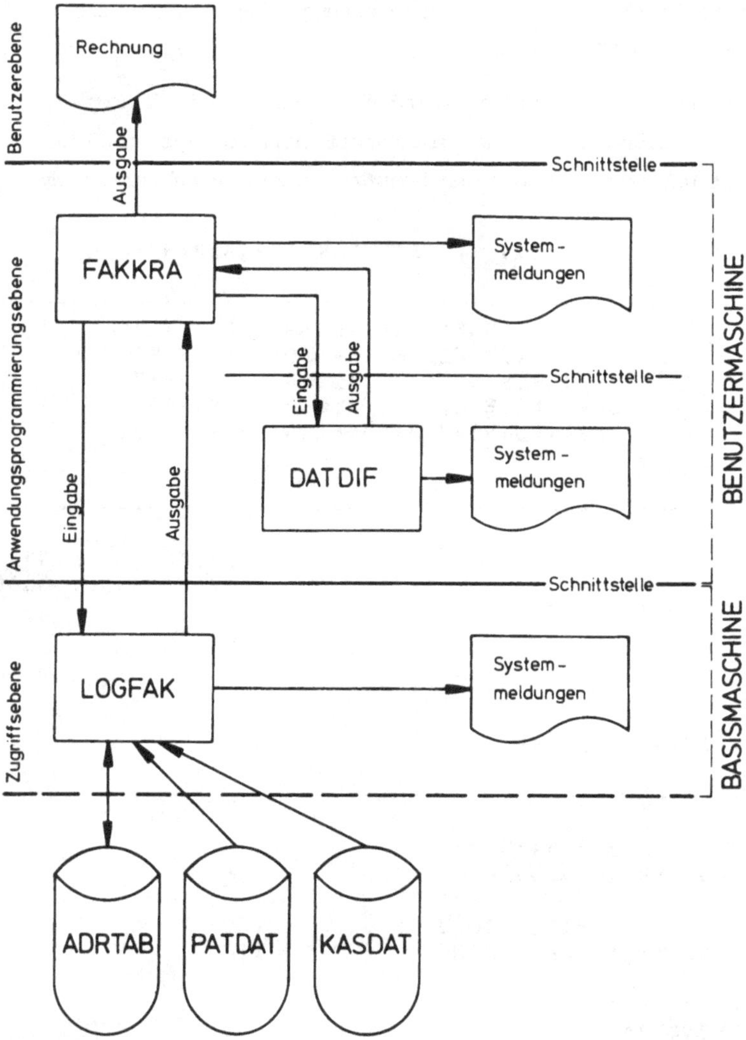

Abb. 4.7: Übersicht des Gesamtsystems

Auf die Problematik der Inbetriebnahme des Softwaresystems wird nicht eingegangen.

Weiterführende und benutzte Literatur:

Couger, J. Daniel
Knapp, Robert W. (eds)
System Analysis Techniques
John Wiley & Sons Inc. 1974

Eichhorn, S.
Krankenhausbetriebslehre Bd. 1, Bd. 2
3. Aufl., Stuttgart - Berlin - Köln - Mainz 1975

Magistrat der Stadt Offenbach/M. (Hrsg.)
Stadtkrankenhaus Offenbach/M.
Festschrift zur Eröffnung des Krankenhaus-
neubaus im Juni 1974

Trill, R.
Ist-analyse in Teilbereichen der Verwaltung des
Stadtkrankenhauses Offenbach Main unter Berück-
sichtigung statistischer Erhebungs- und Darstel-
lungsformen und Ansätze eines edv-orientierten
Sollkonzeptes mit teilweiser Implementierung
Diplomarbeit, TU Berlin 1978

Wedekind, H.
Systemanalyse
2. Aufl., München - Wien 1976

Anhänge zu Fallstudie A

Anhang 1: Patientenidentifikationszahl (I-Zahl)

Die Patientenidentifikationszahl setzt sich aus 9 Ziffern zusammen. Die ersten 6 Ziffern bilden das Gebutsdatum des Patienten. Die nächsten 2 sind den Anfangsbuchstaben des Familien- bzw. Mädchennamens zugeordnet. Die letzte Ziffer wird für die Geschlechtsbestimmung verwendet.

Beispiele:

Karl Schulze, geb. 24. 7. 1939, Einling := 240739781 (I-Zahl)

Else Schulze, geb. 24. 7. 1940, Einling := 240740492 (I-Zahl)
geborene Lehmann

Teile des Schluessels für die Namenscodierung:

00 := Aa - Am

01 := An - Az

03 := Baa - Bat

04 := Beh - Ber

.

.

.

Anhang 2: Formulare der Faktenerhebung

Die hier abgebildeten Formulare sind ein Teil der bei der Istanalyse vorgefundenen.

STADTKRANKENHAUS

Aufnahme-Anzeige

Aufnahme-Nr. / I-Zahl

Aufnahmetag / Uhrzeit | Abt. | Gruppe | Entlassungstag

Telefon Nr.:

1. Zuname, Vornamen | am | Verlegt n. Abt. | Gruppe | am | Verlegt n. Abt. | Gruppe

2. Geburtstag und -ort

3. Wohnort Straße

4. Versichert bei | Staatsangehörigkeit b. Ausl. Paß-Nr. | Sonderleistung ab | Unterbringung (Bitte ankreuzen) | 1-Bett-zimmer | 2-Bett-zimmer | mit Dusche | mit Bad | ohne Dusche bzw. Bad

5. Beruf

6. Arbeitgeber

7. Religion | Familienstand | Heiratstag, -ort, Reg.-Nr. | Kinder

8. Des Ehegatten
Zu- und Vorname
Geb.-Tag und -Ort
Beruf
Arbeitgeber
Wohnung

9. Der Eltern | Vater: | Mutter: | Früher hier behandelt? | Stationär Wann? | Ambulant Wann?
Zu- und Vornamen
Geb.-Tag und -Ort
Beruf
Arbeitgeber
Wohnung

(Bitte ankreuzen) | Sorgerecht | Sorgerecht | Kostenübernahmeantrag am | an

10. Einweisungs-Diagnose | Mahnung am:

11. Unfall-Art | Meldung an BG. | Mahnung am:

12. Einweisender Arzt
Aufnahme-Arzt

Aufnahmestammblatt **Stadtkrankenhaus**

Mitteilung an

Aufnahme-Nr. / I-Zahl

Aufnahmetag / Uhrzeit

Abt. Gruppe

Entlassungstag

Telefon Nr.:

Verlegt am n. Abt. Gruppe — Verlegt am n. Abt. Gruppe

1. **Zuname, Vornamen**
2. Geburtstag und -ort
3. Wohnort Straße
4. Versichert bei
5. Beruf
6. Arbeitgeber
7. Religion

Staatsangehörigkeit b. Ausl. Paß-Nr.

Familienstand — Heiratstag, -ort, Reg.-Nr. — Kinder

Sonderleistung Unterbringung (Bitte ankreuzen)

ab — 1-Bett-zimmer — 2-Bett-zimmer — mit Dusche — mit Bad — ohne Dusche bzw. Bad

8. **Des Ehegatten** Zu- und Vorname Geb.-Tag und -Ort Beruf Arbeitgeber Wohnung
9. **Der Eltern** Zu- und Vornamen Geb.-Tag und -Ort Beruf Arbeitgeber Wohnung (Bitte ankreuzen)

Vater: — Mutter:

Sorgerecht — Sorgerecht

Früher hier behandelt?

Stationär Wann? — Ambulant Wann?

Kostenübernahmeantrag

am an

10. Einweisungs-Diagnose
11. Unfall-Art
12. Einweisender Arzt Aufnahme-Arzt

Meldung an BG.

Soz.-Amt Stadt, Anmeld./Antr. am:

Soz.-Amt Kreis, Anmeld./Antr. am:

Mahnung am:

Mahnung am:

Abschlagszahlungen

angefordert am: DM EDV erfaßt am Handz.

angefordert am: DM EDV erfaßt am Handz.

Bankverb. des Pat. bzw. des : Bank / Psch.-Konto bei Nr.

vom	bis	2. Aufn.-Nr.	Kassenschl.-Nr.	Az.	KO bis	Unterbr. Art	EDV erfaßt am	Handz.	Rechnungs-erstellung am:	Handz.	Bem.

StK. O. 1 Sch. O. 35 412

Besch. f. Beih.- Zwecke am: Handz.

STADTKRANKENHAUS

Aufnahme-Nr. / I-Zahl				Entlassungstag
Aufnahmetag / Uhrzeit		Abt.	Gruppe	
1. Zuname, Vornamen				
2. Geburtstag und -ort				
3. Wohnort Straße				
4. Versichert bei				
5. Beruf				Staatsangehörigkeit b. Ausl. Paß-Nr.
6. Arbeitgeber				
7. Religion		Familienstand	Heiratstag, -ort, Reg.-Nr.	Kinder
8. Des Ehegatten Zu- und Vorname Geb.-Tag und -Ort Beruf Arbeitgeber Wohnung				
9. Der Eltern Zu- und Vornamen Geb.-Tag und -Ort Beruf Arbeitgeber Wohnung (Bitte ankreuzen)	Vater: Sorgerecht		Mutter: Sorgerecht	
10. Einweisungs-Diagnose				
11. Unfall-Art			Meldung an BG.	
12. Einweisender Arzt Aufnahme-Arzt				

StKO. 1 Sch. O. 41386

Zentralarchiv – Meldung

Telefon Nr.:

Verlegt am	Verlegt n. Abt.	Verlegt Gruppe	Verlegt am	Verlegt n. Abt.	Verlegt Gruppe

Sonderleistung Unterbringung (Bitte ankreuzen)

ab	1-Bett-zimmer	2-Bett-zimmer	mit Dusche	mit Bad	ohne Dusche bzw. Bad

Früher hier behandelt?

Stationär ________ Wann?

Ambulant ________ Wann?

Kostenübernahmeantrag

am an

Mahnung am:

Mahnung am:

Medizinische Klinik

Mitteilung an:

Aufnahme-Nr. / I-Zahl

Entlassungstag

Aufnahmetag / Uhrzeit

Abt. Gruppe

Telefon Nr.:

1. Zuname, Vornamen
2. Geburtstag und -ort
3. Wohnort Straße
4. Versichert bei
5. Beruf
6. Arbeitgeber
7. Religion
8. Des Ehegatten Zu- und Vorname Geb.-Tag und -Ort Beruf Arbeitgeber Wohnung
9. Der Eltern Zu- und Vornamen Geb.-Tag und -Ort Beruf Arbeitgeber Wohnung (Bitte ankreuzen)
10. Einweisungs-Diagnose
11. Unfall-Art
12. Einweisender Arzt Aufnahme-Arzt

Staatsangehörigkeit b. Ausl. Paß-Nr.

Familienstand	Heiratstag, -ort, Reg.-Nr.	Kinder

Vater: Sorgerecht

Mutter: Sorgerecht

Meldung an BG.

Verlegt am	Verlegt n. Abt.	Verlegt Gruppe	Verlegt am	Verlegt n. Abt.	Verlegt Gruppe

Sonderleistung Unterbringung (Bitte ankreuzen)

ab	1-Bett-zimmer	2-Bett-zimmer	mit Dusche	mit Bad	ohne Dusche bzw. Bad

Früher hier behandelt?

Stationär ___ Ambulant

Wann? Wann?

Kostenübernahmeantrag

am an

Mahnung am:

Mahnung am:

Schlußdiagnose(n):

Hausarzt benachrichtigt: Tel./Kurzbericht/Brief

Jetzige Beschwerden, Gründe des Kommens

Entwicklung der Beschwerden, Zeitpunkt des ersten Auftretens

StKO 1 Sch.O. 35412

STADTKRANKENHAUS

Mitteilung an:

Aufnahme-Nr. / I-Zahl

Aufnahmetag / Uhrzeit | Abt. | Gruppe

Entlassungstag

Telefon Nr.:

Verlegt am	n. Abt.	Gruppe	Verlegt am	n. Abt.	Gruppe

1. Zuname, Vornamen
2. Geburtstag und -ort
3. Wohnort Straße
4. Versichert bei
5. Beruf
6. Arbeitgeber
7. Religion

Staatsangehörigkeit b Ausl. Paß-Nr.

Familienstand | Heiratstag, -ort, Reg.-Nr. | Kinder

871 103 - 001

Aufnahme-Nr.	Kranken-Abteilung	Tag der Aufnahme	Tag der Entlassung	Kostenträger	Entlassungsdiagnose

Anhang 3: Patientenstammsatz

Hier die Darstellung des vollständigen Patientenstammsatzes, auf den die Basismaschine zugreift.

```
01  PAT-STAMM-SATZ.
    03  PAT-AUFNAHME-NR.
        05  PAT-AUFNAHME-JAHR                    PIC 9.
        05  PAT-LAUFENDE-NR                      PIC 9(5).
    03  PAT-PERSONENDATEN.
        05  PAT-NAME.
            07  PAT-ZUNAME                       PIC X(20).
            07  PAT-VORNAME                      PIC X(15).
        05  PAT-ADRESSE.
            07  PAT-PLZ                          PIC X(4).
            07  PAT-WOHNORT                      PIC X(20).
            07  PAT-STRASSE                      PIC X(20).
            07  PAT-TELEFON                      PIC X(11).
    03  PAT-ERSTMALIG                            PIC X
                                                 VALUE "N".
    03  PAT-I-ZAHL.
        05  PAT-I-GEBDATUM.
            07  PAT-I-TAG                        PIC 99.
            07  PAT-I-MON                        PIC 99.
            07  PAT-I-JAHR                       PIC 99.
        05  PAT-I-NAMSCHLUESSEL                  PIC 99.
        05  PAT-I-GESCHL-ANZ                     PIC 9.
                88 EINL-M                        VALUE 1.
                88 EINL-W                        VALUE 2.
                88 MEHRL-M                       VALUE 3.
                88 MEHRL-W                       VALUE 4.
                88 ZWITTER                       VALUE 5.
    03  PAT-GEBURTSDATEN.
        05  PAT-GEBURTSORT                       PIC X(15).
        05  PAT-GEBURTSDATUM                     PIC X(6).
    03  PAT-FAM-STAND                            PIC 9.
                88 LEDIG                         VALUE 0.
                88  VERHEIRATET                  VALUE 1.
                88 GESCHIEDEN                    VALUE 2.
    03  PAT-KONFESSION                           PIC X.
                88 OHNE                          VALUE 0.
                88 EV                            VALUE 1.
                88 KATH                          VALUE 2.
                88 SONST                         VALUE 3.
    03  PAT-BERUF                                PIC X(15).
    03  PAT-ARBEITGEBER                          PIC X(20).
    03  PAT-VERSICHERUNGSDATEN.
        05  PAT-VERSICHERUNGS-NR.
            07 PAT-KASS-NR                       PIC X(5).
            07 PAT-PAT-NR                        PIC X(7).
```

```
        05  PAT-KOSTENUEBERNAHME OCCURS 3 TIMES
                        INDEXED BY PAT-KOST-IND.

          07 PAT-KOST-UEB                        PIC 9(6).
        05  PAT-VERSICHERTER.
            07  PAT-VERS-NAME.
               09  PAT-VERS-ZUNAME               PIC X(20).
               09  PAT-VERS-VORNAME              PIC X(15).
            07  PAT-VERS-ADRESSE                 PIC X(35).
            07  PAT-VERS-GEBDATUM                PIC X(6).

    03 PAT-EINWEIS-DATEN.
        05  PAT-EINWEIS-DIAGNOSE                 PIC X(16).
        05  PAT-UNFALLART                        PIC X.
            88  HAUS                             VALUE "H".
            88  VERKEHR                          VALUE "V".
            88  BETRIEB                          VALUE "B".
            88  SPORT                            VALUE "S".
            88  SONST                            VALUE "X".
        05  PAT-EINWEIS-ARZT                     PIC X(10).
        05  PAT-AUFN-ARZT                        PIC X(10).
        05  PAT-AUFNAHME-ZEIT                    PIC 9(4).
        05  PAT-GRUPPE                           PIC XX.
    03  PAT-SONDERLEISTG-UNTERBR OCCURS 4 TIMES
                         INDEXED BY PAT-SOND-IND.
        05  PAT-SONDER-DATUM                     PIC 9(6).
        05  PAT-BETTANZAHL-ZI                    PIC 9.
            88  1-BETT                           VALUE 1.
            88  2-BETT                           VALUE 2.
        05  PAT-WASCHGELEGENHEIT                 PIC X.
            88  DUSCHE                           VALUE "D".
            88  BAD                              VALUE "B".
            88  BECKEN                           VALUE "X".
    03  PAT-ENTLASSUNGSDATEN.
        05  PAT-ENTLASSG-DATUM.
            07  PAT-ENTLASSG-TAG                 PIC 99.
            07  PAT-ENTLASSG-MON                 PIC 99.
            07  PAT-ENTLASSG-JAHR                PIC 99.
        05  PAT-ENTLASSG-ZEIT                    PIC 9(4).
    03  PAT-AUFENTHALT.
        05 PAT-AUFENT OCCURS 4 TIMES
                INDEXED BY PAT-AUFENT-IND.
        07  PAT-EINWEIS-DAT.
            09  PAT-EINWEIS-TAG                  PIC 99.
            09  PAT-EINWEIS-MON                  PIC 99.
            09  PAT-EINWEIS-JAHR                 PIC 99.
        07  PAT-STOCKWERK                        PIC XX.
        07  PAT-KLINIK                           PIC X.
        07  PAT-GRUPPE                           PIC X.
     03  PAT-ENTLASS-DIAGNOSE                    PIC X(40).
```

Anhang 4: Die Programme „FAKKRA“ und „DATDIF“

```
*++++++++++++++++++++++++
 IDENTIFICATION DIVISION.
*++++++++++++++++++++++++

 PROGRAM-ID.        FAKKRA.
 AUTHOR.            GASCH.
 DATE-WRITTEN.      07/30/78
 DATE-COMPILED.


*----------------------------------------------------------------
*
*                           MODUL: 'FAKKRA'
*                           ---------------
*
* BEZEICHNUNG:
*     FAKTURIERUNG-KRANKENHAUS
* BESCHREIBUNG:
*     'FAKKRA' BEWIRKT DIE FAKTURIERUNG (RECHNUNGSSCHREIBUNG)
*     EINES KRANKENHAUSES FUER STATIONAERE PATIENTEN OHNE
*     SONDERLEISTUNG.
* SCHNITTSTELLEN:
*   EINGABE:
*     ----- (DAS PROGRAMM WIRD NUR GESTARTET)
*   AUSGABE:
*     RECHNUNG MIT
*        KOPFUEBERSCHRIFTEN,
*        RECHNUNGSNUMMER, DATUM,
*        PATIENTENANGABEN,
*        ZWISCHENUEBERSCHRIFT,
*        POSTENZEILEN,
*        SUMMENZEILE.
*     (GENAUERE BESCHREIBUNG:
*        AUSGABEGESTALTUNGSVORLAGE 4.3; DATENSTRUKTUREN
*        IN PROGRAMM 'FAKKRA' ANHANG 4 FALLSTUDIE A)
*   BENUTZTE MODULE:
*     LOGFAK (OPNDAT, LOGSAZ, ADRKOR, RWSADR, CLSDAT)
*     DATDIF
* SYSTEMMELDUNGEN:
*     1. FEHLER IN DATDIF
*     2. LOGSATZ NICHT GEFUNDEN
*     3. LOGSATZ END-OF-FILE
*----------------------------------------------------------------


*+++++++++++++++++++++
 ENVIRONMENT DIVISION.
*+++++++++++++++++++++
```

```
 CONFIGURATION SECTION.
*---------------------

 SOURCE-COMPUTER.  IBM-370-158.
 OBJECT-COMPUTER.  IBM-370-158.

 INPUT-OUTPUT SECTION.
*--------------------

 FILE-CONTROL.
*------------

     SELECT RECH-DRUCK-DATEI ASSIGN TO UR-1403-S-RECHDRU.

*++++++++++++++
 DATA DIVISION.
*++++++++++++++

 FILE SECTION.
*------------

 FD  RECH-DRUCK-DATEI LABEL RECORD OMITTED.

 01  RECH-DRUCK-SATZ.
     03  RECH-DRUCK-STEUERZ                  PIC X(1).
     03  FILLER                              PIC X(5).
     03  RECH-DRUCK-TEXT                     PIC X(66).

 WORKING-STORAGE SECTION.
*-----------------------

*BOOLESCHE KONSTANTE
 77  JA                                      PIC 9(1) COMP VALUE 1.
 77  NEIN                                    PIC 9(1) COMP VALUE 0.

*BOOLESCHE VARIABLE

*-----------------------------------------------------------------
*FLAGS ZUR KOMMUNIKATION MIT MODUL LOGFAK
*-----------------------------------------------------------------

 77  LOG-SATZ-GEF-FLAG                       PIC 9(1) COMP VALUE 0.
     88  LOG-SATZ-GEF                             VALUE 1.
 77  LOG-SATZ-EOF-FLAG                       PIC 9(1) COMP VALUE 0.
     88 LOG-SATZ-EOF                              VALUE 1.

*-----------------------------------------------------------------
*DATEN DES MODULS FAKKRA
*-----------------------------------------------------------------

 77  VERLEG-TAB-EOF-FLAG                     PIC 9(1) COMP VALUE 0.
     88  VERLEG-TAB-EOF                           VALUE 1.
```

```
*WEITERE DATEN
*-------------

 77   RE-BETRAG                                   PIC 9(5)V99.
 77   RECHNUNGS-NUMMER                            PIC 9(7) VALUE 0.
 77   RECHNUNGS-DATUM                             PIC X(8).
 77   TARIF-1                                     PIC 9(3)V99 VALUE 21
 77   ZWISCHEN-SUMME                              PIC 9(8)V99 VALUE 0.
 77   PAT-AUFENT-IND                              PIC 9(1) VALUE 1.
 77   RECHNUNGSKOPF-1 PIC X(66) VALUE "RECHNUNG STADTKRANKENHA
-     ", STATIONAERE BEHANDLUNG".
 77   RECHNUNGSKOPF-2 PIC X(66) VALUE "ZAHLUNGSHINWEIS: BITTE
-     "N SIE INNERHALB VON 10".
 77   RECHNUNGSKOPF-3 PIC X(66) VALUE "                 TAGEN
-     "INES DER FOLGENDEN KONTEN:".
 77   RECHNUNGSKOPF-4 PIC X(66) VALUE "                 HYPO-B
-     "      KTO-NR.: 605-47".
 77   RECHNUNGSKOPF-5 PIC X(66) VALUE "                 SPARKA
-     ".     KTO-NR.: 87360".
 77   RECHNUNGSKOPF-6 PIC X(66) VALUE "                 BARZAH
-     "N SIND NICHT MOEGLICH.".
 77   RECHNUNGSKOPF-7 PIC X(66) VALUE "VON      BIS       TAGE
-     "IF      BETRAG  ABT   KL   GR".

 01   DRUCK-AUFBAU-TEXT-1.
      03  DRUCKAUFBAUTEXT-1A                    PIC X(42).
      03  DRUCKAUFBAUTEXT-1B                    PIC X(12).
      03  DRUCKAUFBAUTEXT-1C                    PIC X(12).

 01   DRUCK-AUFBAU-TEXT-2.
      03  DRUCKAUFBAUTEXT-2A                    PIC X(19).
      03  DRUCKAUFBAUTEXT-2B                    PIC X(47).

 01   POSTEN-ZEILE.
      03  EINWEIS-DATUM.
          05 EINWEIS-TAG                        PIC X(2).
          05 PUNKT-1                            PIC X(1) VALUE ".".
          05 EINWEIS-MON                        PIC X(2).
          05 PUNKT-2                            PIC X(1) VALUE ".".
          05 EINWEIS-JAHR                       PIC X(2).
      03  FILLER                                PIC X(1) VALUE SPACES
      03  ENTL-DATUM.
          05 ENTL-TAG                           PIC X(2).
          05 PUNKT-1                            PIC X(1) VALUE ".".
          05 ENTL-MON                           PIC X(2).
          05 PUNKT-2                            PIC X(1) VALUE ".".
          05 ENTL-JAHR                          PIC X(2).
      03  FILLER                                PIC X(2) VALUE SPACES
      03  RE-TAGE                               PIC ZZZ9.
      03  FILLER                                PIC X(2) VALUE SPACES
      03  TARIF                                 PIC 9(3).99.
```

```
           03  FILLER                           PIC X(2) VALUE SPACES.
           03  BETRAG-PO                        PIC ZZZZZ9.99 VALUE ZEROS.
           03  FILLER                           PIC X(2) VALUE SPACES.
           03  ABT                              PIC X(1) VALUE SPACES.
           03  FILLER                           PIC X(5) VALUE SPACES.
           03  KLINIK                           PIC X(2).
           03  FILLER                           PIC X(3) VALUE SPACES.
           03  GRUPPE                           PIC X(2).

       01  SUMMENZEILE.
           03  FILLER                           PIC X(25).
           03  TEXT-1                           PIC X(14).
           03  GESAMTBETRAG                     PIC Z(5)9.99.

      *------------------------------------------------------------------
      *DATEN ZUR KOMMUNIKATION MIT MODUL LOGFAK UND DATDIF
      *------------------------------------------------------------------

       01  LOG-SATZ.
           03  PAT-AUFNAHME-NR.
               05  PAT-AUFNAHME-JAHR             PIC 9(1).
               05  PAT-LAUFENDE-NR               PIC 9(5).
           03  PAT-NAME.
               05  PAT-ZUNAME                    PIC X(20).
               05  PAT-VORNAME                   PIC X(15).
           03  PAT-VERS-NAME.
               05  PAT-VERS-ZUNAME               PIC X(20).
               05  PAT-VERS-VORNAME              PIC X(15).
           03  PAT-VERSICHERUNGS-NR.
               05  PAT-KASS-NR                   PIC X(5).
               05  PAT-PAT-NR                    PIC X(7).
           03  PAT-ENTLASSUNGSDATEN.
               05  PAT-ENTLASSG-DATUM.
                   07  PAT-ENTLASSG-TAG          PIC 99.
                   07  PAT-ENTLASSG-MON          PIC 99.
                   07  PAT-ENTLASSG-JAHR         PIC 99.
               05  PAT-ENTLASSG-ZEIT             PIC 9(4).
           03  PAT-AUFENTHALT.
               05  PAT-AUFENT OCCURS 4 TIMES.
                   07  PAT-EINWEIS-DAT.
                       09  PAT-EINWEIS-TAG       PIC 99.
                       09  PAT-EINWEIS-MON       PIC 99.
                       09  PAT-EINWEIS-JAHR      PIC 99.
                   07  PAT-STOCKWERK            PIC XX.
                   07  PAT-KLINIK               PIC X.
                   07  PAT-GRUPPE               PIC X.

           03  KASS-KEY.
               05  KASS-NR                      PIC X(5).
               05  FILLER                       PIC X(7).
           03  KASS-NAME                        PIC X(30).
           03  KASS-STRASSE                     PIC X(20).
           03  KASS-PLZ-ORT                     PIC X(25).
```

```
 01  DATDIF-PARAMETER.
     03  DATDIF-PRF-FEHLER-FLAG            PIC 9(1) VALUE 0.
             88  DATDIF-PRF-FEHLER         VALUE 1.
     03  ENTLASS-DATEN-UEBERGABE.
         05  PAT-ENTLASSG-TAG              PIC 9(2).
         05  PAT-ENTLASSG-MON              PIC 9(2).
         05  PAT-ENTLASSG-JAHR             PIC 9(2).
     03  PAT-AUFENT-UEBERGABE-TAB OCCURS 4 TIMES.
         05  PAT-EINWEIS-TAG               PIC 9(2).
         05  PAT-EINWEIS-MON               PIC 9(2).
         05  PAT-EINWEIS-JAHR              PIC 9(2).
     03  ERGEBNIS-TAB OCCURS 4 TIMES.
         05  PAT-EINWEIS-DATUM.
             07  PAT-EINWEIS-TAG           PIC X(2).
             07  PAT-EINWEIS-MON           PIC X(2).
             07  PAT-EINWEIS-JAHR          PIC X(2).
         05  PAT-VERLEG-DATUM.
             07  PAT-VERLEG-TAG            PIC X(2).
             07  PAT-VERLEG-MON            PIC X(2).
             07  PAT-VERLEG-JAHR           PIC X(2).
             07  TAGESDIFFERENZ                  PIC 9(5).

*++++++++++++++++++++
 PROCEDURE DIVISION.
*++++++++++++++++++++


 HAUPSTEUERUNG.
     PERFORM ANFANG.
     PERFORM VERARBEITEN UNTIL LOG-SATZ-EOF.
     PERFORM ABSCHLIESSEN.
     STOP RUN.

 ANFANG.
     OPEN OUTPUT RECH-DRUCK-DATEI.
     CALL "OPNDZD".
     MOVE CURRENT-DATE TO RECHNUNGS-DATUM.
     PERFORM LOESCHEN-0.

 VERARBEITEN.
     MOVE NEIN TO LOG-SATZ-GEF-FLAG.
     CALL "LOGSAZ" USING LOG-SATZ,
                         LOG-SATZ-GEF-FLAG,
                         LOG-SATZ-EOF-FLAG.
     IF LOG-SATZ-EOF
        THEN DISPLAY "FAKKRA, VERARBEITEN,: LOG-SATZ-EOF"
        ELSE IF LOG-SATZ-GEF
                THEN MOVE PAT-ENTLASSG-DATUM
                       TO ENTLASS-DATEN-UEBERGABE
                     MOVE PAT-EINWEIS-DAT (1)
                       TO PAT-AUFENT-UEBERGABE-TAB (1)
```

```
                          MOVE PAT-EINWEIS-DAT (2)
                            TO PAT-AUFENT-UEBERGABE-TAB (2)
                          MOVE PAT-EINWEIS-DAT (3)
                            TO PAT-AUFENT-UEBERGABE-TAB (3)
                          MOVE PAT-EINWEIS-DAT (4)
                            TO PAT-AUFENT-UEBERGABE-TAB (4)
                          PERFORM KALENDER-RECHNUNG
                    ELSE DISPLAY "FAKKRA, VERARBEITEN +++ LOG-SATZ
-                         "NICHT GEFUNDEN +++ WARNUNG +++ ".


 KALENDER-RECHNUNG.
      CALL "DATDIF" USING DATDIF-PARAMETER.
      IF NOT DATDIF-PRF-FEHLER
         THEN PERFORM RECHNUNGS-KOPF-TEIL
              PERFORM RECHNUNGS-ADRESS-TEIL
              PERFORM RECHNUNGS-REST-TEIL
         ELSE DISPLAY "FAKKRA, KALENDER-RECHNUNG
-                        "FEHLER IN DATDIF +++ WARNUNG +++".

 ABSCHLIESSEN.
     CALL "RWSADR".
     CALL "CLSDZD".
     CLOSE RECH-DRUCK-DATEI.


 RECHNUNGS-KOPF-TEIL.
     PERFORM LOESCHEN-1.
     MOVE RECHNUNGSKOPF-1 TO RECH-DRUCK-TEXT.
     PERFORM SCHREIBEN-1.
     PERFORM LOESCHEN-1.
     MOVE ALL "-" TO RECH-DRUCK-TEXT.
     PERFORM SCHREIBEN-2.
     PERFORM LOESCHEN-1.
     MOVE RECHNUNGSKOPF-2 TO RECH-DRUCK-TEXT.
     PERFORM SCHREIBEN-1.
     PERFORM LOESCHEN-1.
     MOVE RECHNUNGSKOPF-3 TO RECH-DRUCK-TEXT.
     PERFORM SCHREIBEN-1.
     PERFORM LOESCHEN-1.
     MOVE RECHNUNGSKOPF-4 TO RECH-DRUCK-TEXT.
     PERFORM SCHREIBEN-1.
     PERFORM LOESCHEN-1.
     MOVE RECHNUNGSKOPF-5 TO RECH-DRUCK-TEXT.
     PERFORM SCHREIBEN-1.
     PERFORM LOESCHEN-1.
     MOVE RECHNUNGSKOPF-6 TO RECH-DRUCK-TEXT.
     PERFORM SCHREIBEN-1.
     PERFORM LOESCHEN-1.
     MOVE ALL "-" TO RECH-DRUCK-TEXT.
     PERFORM SCHREIBEN-3.
     PERFORM LOESCHEN-1.
```

```
RECHNUNGS-ADRESS-TEIL.
    MOVE "AN" TO DRUCKAUFBAUTEXT-1A.
    MOVE "DATUM      : " TO DRUCKAUFBAUTEXT-1B.
    MOVE RECHNUNGS-DATUM TO DRUCKAUFBAUTEXT-1C.
    MOVE DRUCK-AUFBAU-TEXT-1 TO RECH-DRUCK-TEXT.
    PERFORM SCHREIBEN-2.
    PERFORM LOESCHEN-2.
    MOVE "RECHNGSNR.: " TO DRUCKAUFBAUTEXT-1B.
    ADD 1 TO RECHNUNGS-NUMMER.
    MOVE RECHNUNGS-NUMMER TO DRUCKAUFBAUTEXT-1C.
    MOVE DRUCK-AUFBAU-TEXT-1 TO RECH-DRUCK-TEXT.
    PERFORM SCHREIBEN-1.
    PERFORM LOESCHEN-2.
    MOVE KASS-NAME TO DRUCK-AUFBAU-TEXT-1.
    MOVE DRUCK-AUFBAU-TEXT-1 TO RECH-DRUCK-TEXT.
    PERFORM SCHREIBEN-1.
    PERFORM LOESCHEN-2.
    MOVE KASS-STRASSE TO DRUCK-AUFBAU-TEXT-1.
    MOVE DRUCK-AUFBAU-TEXT-1 TO RECH-DRUCK-TEXT.
    PERFORM SCHREIBEN-1.
    PERFORM LOESCHEN-2.
    MOVE KASS-PLZ-ORT TO DRUCK-AUFBAU-TEXT-1.
    MOVE DRUCK-AUFBAU-TEXT-1 TO RECH-DRUCK-TEXT.
    PERFORM SCHREIBEN-1.
    PERFORM LOESCHEN-2.
    MOVE "*** PATIENTENANGABEN ***" TO RECH-DRUCK-TEXT.
    PERFORM SCHREIBEN-3.
    PERFORM LOESCHEN-2.
    MOVE ALL "-" TO RECH-DRUCK-TEXT.
    PERFORM SCHREIBEN-2.
    PERFORM LOESCHEN-2.
    MOVE "AUFNAHME-NR.      : " TO DRUCKAUFBAUTEXT-2A.
    MOVE PAT-AUFNAHME-NR TO DRUCKAUFBAUTEXT-2B.
    MOVE DRUCK-AUFBAU-TEXT-2 TO RECH-DRUCK-TEXT.
    PERFORM SCHREIBEN-2.
    PERFORM LOESCHEN-3.
    MOVE "VERSICHERUNGS-NR.: " TO DRUCKAUFBAUTEXT-2A.
    MOVE KASS-KEY TO DRUCKAUFBAUTEXT-2B.
    MOVE DRUCK-AUFBAU-TEXT-2 TO RECH-DRUCK-TEXT.
    PERFORM SCHREIBEN-1.
    PERFORM LOESCHEN-3.
    MOVE "PATIENT           : " TO DRUCKAUFBAUTEXT-2A.
    MOVE PAT-NAME TO DRUCKAUFBAUTEXT-2B.
    MOVE DRUCK-AUFBAU-TEXT-2 TO RECH-DRUCK-TEXT.
    PERFORM SCHREIBEN-2.
    PERFORM LOESCHEN-3.
    MOVE "HAUPTVERSICHERTER: " TO DRUCKAUFBAUTEXT-2A.
    MOVE PAT-VERS-NAME TO DRUCKAUFBAUTEXT-2B.
    MOVE DRUCK-AUFBAU-TEXT-2 TO RECH-DRUCK-TEXT.
    PERFORM SCHREIBEN-1.
    PERFORM LOESCHEN-3.
```

```
    MOVE "*** ABRECHNUNG ***" TO RECH-DRUCK-TEXT.
    PERFORM SCHREIBEN-3.
    PERFORM LOESCHEN-2.
    MOVE ALL "-" TO RECH-DRUCK-TEXT.
    PERFORM SCHREIBEN-1.
    PERFORM LOESCHEN-2.

RECHNUNGS-REST-TEIL.
    MOVE RECHNUNGSKOPF-7 TO RECH-DRUCK-TEXT.
    PERFORM SCHREIBEN-3.
    PERFORM LOESCHEN-1.
    MOVE ALL "-" TO RECH-DRUCK-TEXT.
    PERFORM SCHREIBEN-1.
    PERFORM LOESCHEN-1.
    PERFORM POSTENZEILEN UNTIL
            VERLEG-TAB-EOF.
    MOVE NEIN TO VERLEG-TAB-EOF-FLAG.
    PERFORM SUMMEN-ZEILE.


POSTENZEILEN.
     IF ERGEBNIS-TAB (PAT-AUFENT-IND) NOT
        = ZEROES OR PAT-AUFENT-IND > 4
        THEN COMPUTE RE-BETRAG = TAGESDIFFERENZ
                     (PAT-AUFENT-IND) * TARIF-1
             ADD RE-BETRAG TO ZWISCHEN-SUMME
             MOVE RE-BETRAG TO BETRAG-PO
             MOVE PAT-EINWEIS-TAG OF ERGEBNIS-TAB
               (PAT-AUFENT-IND) TO EINWEIS-TAG
             MOVE PAT-EINWEIS-MON OF ERGEBNIS-TAB
               (PAT-AUFENT-IND) TO EINWEIS-MON
             MOVE PAT-EINWEIS-JAHR OF ERGEBNIS-TAB
               (PAT-AUFENT-IND) TO EINWEIS-JAHR
             MOVE PAT-VERLEG-TAG (PAT-AUFENT-IND)
               TO ENTL-TAG
             MOVE PAT-VERLEG-MON (PAT-AUFENT-IND)
               TO ENTL-MON
             MOVE PAT-VERLEG-JAHR (PAT-AUFENT-IND)
               TO ENTL-JAHR
             MOVE TAGESDIFFERENZ (PAT-AUFENT-IND) TO RE-TAGE
             MOVE "." TO PUNKT-1 OF ENTL-DATUM
                         PUNKT-2 OF ENTL-DATUM
                         PUNKT-1 OF EINWEIS-DATUM
                         PUNKT-2 OF EINWEIS-DATUM
             MOVE TARIF-1 TO TARIF
             MOVE PAT-KLINIK (PAT-AUFENT-IND) TO KLINIK
             MOVE PAT-GRUPPE (PAT-AUFENT-IND) TO GRUPPE
             MOVE POSTEN-ZEILE TO RECH-DRUCK-TEXT
             PERFORM SCHREIBEN-1
             PERFORM LOESCHEN-4
             ADD 1 TO PAT-AUFENT-IND
      ELSE   MOVE JA TO VERLEG-TAB-EOF-FLAG
             MOVE 1 TO PAT-AUFENT-IND.
```

```
SUMMEN-ZEILE.

    MOVE ALL "-" TO RECH-DRUCK-TEXT.
         PERFORM SCHREIBEN-2.
    PERFORM LOESCHEN-1.
    PERFORM LOESCHEN-5.
    MOVE "GESAMTBETRAG: " TO TEXT-1 OF SUMMENZEILE.
    MOVE ZWISCHEN-SUMME TO GESAMTBETRAG OF SUMMENZEILE.
    MOVE SUMMENZEILE TO RECH-DRUCK-SATZ.
    PERFORM SCHREIBEN-2.
    PERFORM LOESCHEN-5.
    PERFORM LOESCHEN-0.
    CALL "ADRKOR".
LOESCHEN-0.
    MOVE SPACES TO LOG-SATZ.
    MOVE NEIN TO LOG-SATZ-EOF-FLAG.

LOESCHEN-1.
    MOVE SPACES TO RECH-DRUCK-SATZ.

LOESCHEN-2.
    MOVE SPACES TO DRUCK-AUFBAU-TEXT-1,
                   RECH-DRUCK-SATZ.

LOESCHEN-3.
    MOVE SPACES TO DRUCK-AUFBAU-TEXT-2,
                  RECH-DRUCK-SATZ.

LOESCHEN-4.
    MOVE SPACES TO POSTEN-ZEILE,
                   RECH-DRUCK-SATZ.

LOESCHEN-5.
    MOVE SPACES TO SUMMENZEILE,
                   RECH-DRUCK-SATZ.

SCHREIBEN-1.
    WRITE RECH-DRUCK-SATZ AFTER
          ADVANCING 1 LINES.

SCHREIBEN-2.
    WRITE RECH-DRUCK-SATZ AFTER
          ADVANCING 2 LINES.

SCHREIBEN-3.
    WRITE RECH-DRUCK-SATZ AFTER
          ADVANCING 3 LINES.
```

```
*++++++++++++++++++++++++
 IDENTIFICATION DIVISION.
*++++++++++++++++++++++++

 PROGRAM-ID.        DATDIF.
 AUTHOR.            BG*PE*GI
 DATE-WRITTEN.      08/01/78
 DATE-COMPILED.


*-----------------------------------------------------------------
*
*                         MODUL    DATDIF.
*                         ---------------
*
* BEZEICHNUNG:
*     DATUMSDIFFERENZRECHNUNG
* BESCHREIBUNG:
*     DIESES MODUL ERRRECHNET ZWISCHEN ZWEI DATEN DIE DIFFERENZ
*     AN TAGEN. BEISPIEL:
*          01.JANUAR   1976   = 010176
*          18.DEZEMBER 1988   = 181288
*          DIFFERENZ AN TAGEN = ......
*     DIE VON FAKKRA UEBERGEBENEN DATEN WERDEN IN DIE
*     ERGEBNISTABELLE EINSORTIERT UND AUF FALSCHE INHALTE
*     UEBERPRUEFT. LIEGEN KEINE FALSCHEN DATEN VOR, BEGINNT
*     DIE ABARBEITUNG DER TABELLE.  DIE JEWEILS GEFUNDENE
*     DATUMSDIFFERENZ WIRD AUCH IN DIE TABELLE EINGETRAGEN.
* BEGRUENDUNG DES VORGEHENS:
*     DURCH VERELGUNGEN IM KRANKENHAUS KANN DIE BERECHNUNG
*     MEHRERER DATUMSDIFFERENZEN FUER EINE RECHNUNG NOTWENDIG
*     WERDEN. ES IST OPPORTUN, DIE JEWEILIGEN WERTE ZUERST EINAND
*     ZUZUORDNEN, SIE AUF IHRE ZULAESSIGKEIT ZU PRUEFEN,
*     UM DANN DIE BRECHNETEN DIFFERENZEN IN DIE TABELLE
*     EINZUTRAGEN. DIE TABELLE KANN DANN IN 'FAKKRA' VERWENDET
*     WERDEN.
* SCHNITTSTELLEN:
*     USING DATDIF-PARAMETER
*           (STRUKTUR SIEHE LINKAGE SECTION
*           ANHANG 4 FALLASTUDIE A)
*   EINGABE:
*            ENTLASS-DATEN-UEBERGABE
*            PAT-AUFENT-UEBERGABE-TAB 4 MAL
*   AUSGABE:
*            DATDIF-PRF-FEHLER-FLAG
*            ERGEBNIS-TAB OCCURS 4 TIMES
* SYSTEMEMELDUNGEN:
*     1. EINGABE NICHT NUMERISCH
*     2. MONATSZAHL GROESSER 12, KLEINER 1
*     3. TAGESZAHL VON ZUGEORDNETEM MONAT IST UNMOEGLICH
*     4. EINWEISDATUM KLEINER VERLEG- BZW ENTLASSUNGSDATUM.
*-----------------------------------------------------------------
```

```
*++++++++++++++++++++++
 ENVIRONMENT DIVISION.
*++++++++++++++++++++++

 CONFIGURATION SECTION.
*----------------------

 SOURCE-COMPUTER.   IBM-370-158.
 OBJECT-COMPUTER.   IBM-370-158.

 INPUT-OUTPUT SECTION.
*---------------------

 FILE-CONTROL.
*------------

*++++++++++++++
 DATA DIVISION.
*++++++++++++++

 FILE SECTION.
*------------

 WORKING-STORAGE SECTION.
*------------------------

*BOOLESCHE KONSTANTE
*-------------------

 77  JA                                          PIC 9(1) VALUE 1.
 77  NEIN                                        PIC 9(1) VALUE 0.

*-------------------------------------------------------------------
*DATEN DES MODULS DATDIF
*-------------------------------------------------------------------

*BOOLESCHE VARIABLE
*------------------

 77  SCHALTJAHR-FLAG                             PIC 9(1).
     88 SCHALTJAHR                               VALUE 1.
 77  ERG-TAB-EOF-FLAG                            PIC 9(1) VALUE 0.
     88 ERG-TAB-EOF                              VALUE 1.

*WEITERE DATEN
*-------------

 77  INDEX-MONAT                                 PIC 9(2).
 77  INDEX-SCHALTJAHR                            PIC 9(1).
 77  ERG-TAB-IND-1                               PIC 9(1) VALUE 0.
 77  ERG-TAB-IND-2                               PIC 9(1) VALUE 0.
 77  BASISJAHR                                   PIC 9(2) VALUE 68.
```

```
77  X                                       PIC 9(5).
77  BASISDIFF                               PIC 9(5).
77  TAG1                                    PIC X(12) VALUE SPACES.
77  TAG2                                    PIC X(12) VALUE SPACES.
77  REST                                    PIC 99.

01  MONATE.
    03  MONAT-TAGE.
        05  JANUAR                          PIC 9(2) VALUE 31.
        05  FEBRUAR                         PIC 9(2) VALUE 28.
        05  MAERZ                           PIC 9(2) VALUE 31.
        05  APRIL                           PIC 9(2) VALUE 30.
        05  MAI                             PIC 9(2) VALUE 31.
        05  JUNI                            PIC 9(2) VALUE 30.
        05  JULI                            PIC 9(2) VALUE 31.
        05  AUGUST                          PIC 9(2) VALUE 31.
        05  SEPTEMBER                       PIC 9(2) VALUE 30.
        05  OKTOBER                         PIC 9(2) VALUE 31.
        05  NOVEMBER                        PIC 9(2) VALUE 30.
        05  DEZEMBER                        PIC 9(2) VALUE 31.
    03  MONAT-TAB REDEFINES MONAT-TAGE      PIC 9(2) OCCURS 12.

01  SUMME-DATUM-1                           PIC 9(5).
01  SUMME-DATUM-2                           PIC 9(5).
01  ZWI-SUMME                               PIC 9(5).

01  BASISJAHR-ZAEHLER                       PIC 9(2).
01  ZWI-DATUM.
    03  ZWI-TAG                             PIC 9(2).
    03  ZWI-MONAT                           PIC 9(2).
    03  ZWI-JAHR                            PIC 9(2).
    03  DATUM-1.
        05  JAHR-1                          PIC 9(2).
        05  MONAT-1                         PIC 9(2).
        05  TAG-1                           PIC 9(2).
    03  DATUM-2.
        05  JAHR-2                          PIC 9(2).
        05  MONAT-2                         PIC 9(2).
        05  TAG-2                           PIC 9(2).

*-----------------------------------------------------------------
*DATEN ZUR KOMMUNIKATION MIT MODUL FAKKRA
*-----------------------------------------------------------------

 LINKAGE SECTION.
*----------------

 01  DATDIF-PARAMETER.
     03  DATDIF-PRF-FEHLER-FLAG              PIC 9(1).
         88  DATDIF-PRF-FEHLER               VALUE 1.
     03  ENTLASS-DATEN-UEBERGABE.
         05  PAT-ENTLASSG-TAG                PIC 9(2).
```

```
          05  PAT-ENTLASSG-MON                   PIC 9(2).
          05  PAT-ENTLASSG-JAHR                  PIC 9(2).
      03  PAT-AUFENT-UEBERGABE-TAB OCCURS 4 TIMES.
          05  PAT-EINWEIS-TAG                    PIC 9(2).
          05  PAT-EINWEIS-MON                    PIC 9(2).
          05  PAT-EINWEIS-JAHR                   PIC 9(2).
      03  ERGEBNIS-TAB OCCURS 4 TIMES.
          05  PAT-EINWEIS-DATUM.
              07  PAT-EINWEIS-TAG                PIC X(2).
              07  PAT-EINWEIS-MON                PIC X(2).
              07  PAT-EINWEIS-JAHR               PIC X(2).
          05  PAT-VERLEG-DATUM.
              07  PAT-VERLEG-TAG                 PIC X(2).
              07  PAT-VERLEG-MON                 PIC X(2).
              07  PAT-VERLEG-JAHR                PIC X(2).
              07  TAGESDIFFERENZ                 PIC 9(5).

*++++++++++++++++++++++++++++++++++++++++++++
 PROCEDURE DIVISION USING DATDIF-PARAMETER.
*++++++++++++++++++++++++++++++++++++++++++++

 STEUERUNG.
     PERFORM ANFANG.
     PERFORM PAT-ERGEBNIS-TAB-FUELLEN UNTIL ERG-TAB-EOF.
     MOVE NEIN TO ERG-TAB-EOF-FLAG.
     PERFORM DATEN-PRUEFEN UNTIL ERG-TAB-EOF.
     IF NOT DATDIF-PRF-FEHLER
        THEN MOVE NEIN TO ERG-TAB-EOF-FLAG
             PERFORM BERECHNUNG UNTIL ERG-TAB-EOF
             PERFORM RUECKSPRUNG
        ELSE PERFORM RUECKSPRUNG.

 ANFANG.
     MOVE NEIN TO ERG-TAB-EOF-FLAG.
     MOVE ZEROES TO ERGEBNIS-TAB (1).
     MOVE ZEROES TO ERGEBNIS-TAB (2).
     MOVE ZEROES TO ERGEBNIS-TAB (3).
     MOVE ZEROES TO ERGEBNIS-TAB (4).
     MOVE NEIN TO DATDIF-PRF-FEHLER-FLAG.
     MOVE 1 TO ERG-TAB-IND-1.
     MOVE 2 TO ERG-TAB-IND-2.

 PAT-ERGEBNIS-TAB-FUELLEN.
     MOVE PAT-AUFENT-UEBERGABE-TAB (ERG-TAB-IND-1)
          TO PAT-EINWEIS-DATUM OF ERGEBNIS-TAB (ERG-TAB-IND-1
     IF PAT-AUFENT-UEBERGABE-TAB (ERG-TAB-IND-2)
        = ZERO OR ERG-TAB-IND-2 > 4
        THEN MOVE ENTLASS-DATEN-UEBERGABE
                  TO PAT-VERLEG-DATUM (ERG-TAB-IND-1)
             MOVE JA TO ERG-TAB-EOF-FLAG
             MOVE 1 TO ERG-TAB-IND-1
             MOVE 2 TO ERG-TAB-IND-2
```

```
        ELSE MOVE PAT-AUFENT-UEBERGABE-TAB (ERG-TAB-IND-2)
                  TO PAT-VERLEG-DATUM (ERG-TAB-IND-1)
             ADD 1 TO ERG-TAB-IND-1,
                      ERG-TAB-IND-2.

DATEN-PRUEFEN.
    IF ERGEBNIS-TAB (ERG-TAB-IND-1)
       = ZEROES OR ERG-TAB-IND-1 > 4
       THEN PERFORM ERG-TABELLE-EOF
       ELSE MOVE PAT-EINWEIS-TAG
                 OF ERGEBNIS-TAB (ERG-TAB-IND-1) TO TAG-2
            MOVE PAT-EINWEIS-MON
                 OF ERGEBNIS-TAB (ERG-TAB-IND-1) TO MONAT-2
            MOVE PAT-EINWEIS-JAHR
                 OF ERGEBNIS-TAB (ERG-TAB-IND-1) TO JAHR-2
            MOVE PAT-VERLEG-TAG
                 OF ERGEBNIS-TAB (ERG-TAB-IND-1) TO TAG-1
            MOVE PAT-VERLEG-MON
                 OF ERGEBNIS-TAB (ERG-TAB-IND-1) TO MONAT-1
            MOVE PAT-VERLEG-JAHR
                 OF ERGEBNIS-TAB (ERG-TAB-IND-1) TO JAHR-1
            PERFORM IST-EINGABE-NUMERISCH
            IF NOT DATDIF-PRF-FEHLER
               THEN PERFORM IST-MONAT-MOEGLICH
                    PERFORM IST-TAGESZAHL-MOEGLICH
                    PERFORM IST-DATUM-1-GT-DATUM-2
                    PERFORM IST-DATUM-2-GT-BASISDATUM
                    ADD 1 TO ERG-TAB-IND-1
               ELSE PERFORM ERG-TABELLE-EOF.

ERG-TABELLE-EOF.
    MOVE JA TO ERG-TAB-EOF-FLAG.
    MOVE 1 TO ERG-TAB-IND-1.

BERECHNUNG.
    IF ERGEBNIS-TAB (ERG-TAB-IND-1) NOT
       = ZEROES OR ERG-TAB-IND-1 > 4
       THEN MOVE PAT-VERLEG-DATUM (ERG-TAB-IND-1) TO ZWI-DATUM
            PERFORM TAG-KUMMULATION
            MOVE ZWI-SUMME TO SUMME-DATUM-1
            MOVE PAT-EINWEIS-DATUM (ERG-TAB-IND-1) TO ZWI-DATUM
            PERFORM TAG-KUMMULATION
            MOVE ZWI-SUMME TO SUMME-DATUM-2
            PERFORM DAT-DIFFERENZ
            ADD 1 TO ERG-TAB-IND-1
       ELSE MOVE JA TO ERG-TAB-EOF-FLAG
            MOVE 1 TO ERG-TAB-IND-1.


IST-EINGABE-NUMERISCH.
    IF DATUM-1 NOT NUMERIC OR DATUM-2 NOT NUMERIC
       THEN MOVE JA TO DATDIF-PRF-FEHLER-FLAG
            PERFORM FEHLERM-NUM.
```

```
IST-MONAT-MOEGLICH.
    IF     MONAT-1 > 12
       OR MONAT-1 < 1
       OR MONAT-2 > 12
       OR MONAT-2 < 1
       THEN MOVE JA TO DATDIF-PRF-FEHLER-FLAG
            PERFORM FEHLERM-MONAT.

 IST-TAGESZAHL-MOEGLICH.
     PERFORM IST-DAT-1-29-FEBR-SCHALTJ
     PERFORM IST-DAT-2-29-FEBR-SCHALTJ
     IF TAG1 NOT = "29-2-SCHALTJ"
        THEN PERFORM IST-TAG-1-MOEGLICH.
     IF TAG2 NOT = "29-2-SCHALTJ"
        THEN PERFORM IST-TAG-2-MOEGLICH.

 IST-DAT-1-29-FEBR-SCHALTJ.
     IF MONAT-1 = 2 AND TAG-1 = 29
        THEN COMPUTE BASISDIFF = JAHR-1 - BASISJAHR
             DIVIDE 4 INTO BASISDIFF GIVING X REMAINDER REST
             IF REST = 0
                THEN MOVE "29-2-SCHALTJ" TO TAG1.

 IST-DAT-2-29-FEBR-SCHALTJ.
     IF MONAT-2 = 2 AND TAG-2 = 29
        THEN COMPUTE BASISDIFF = JAHR-2 - BASISJAHR
             DIVIDE 4 INTO BASISDIFF GIVING X REMAINDER REST
             IF REST = 0
                THEN MOVE "29-2-SCHALTJ" TO TAG2.

 IST-TAG-1-MOEGLICH.
     IF TAG-1 > MONAT-TAB (MONAT-1)
        OR TAG-1 < 1
        THEN MOVE JA TO DATDIF-PRF-FEHLER-FLAG
             PERFORM FEHLERM-TAG1.

 IST-TAG-2-MOEGLICH.
     IF TAG-2 > MONAT-TAB (MONAT-2)
        OR TAG-2 < 1
        THEN MOVE JA TO DATDIF-PRF-FEHLER-FLAG
             PERFORM FEHLERM-TAG2.


 IST-DATUM-1-GT-DATUM-2.
     IF JAHR-1 < JAHR-2
        THEN PERFORM FEHLERM-REIHENF
             MOVE JA TO DATDIF-PRF-FEHLER-FLAG
        ELSE IF JAHR-1 = JAHR-2
                THEN PERFORM MONAT-PRUEFEN.

 MONAT-PRUEFEN.
     IF MONAT-1 < MONAT-2
```

```
          THEN PERFORM FEHLERM-REIHENF
               MOVE JA TO DATDIF-PRF-FEHLER-FLAG
          ELSE IF MONAT-1 = MONAT-2
                 THEN PERFORM TAG-PRUEFEN.

 TAG-PRUEFEN.
      IF TAG-1 < TAG-2
          THEN PERFORM FEHLERM-REIHENF
               MOVE JA TO DATDIF-PRF-FEHLER-FLAG .

 IST-DATUM-2-GT-BASISDATUM.
      IF BASISJAHR > JAHR-2
          THEN PERFORM FEHLERM-BASISJ
               MOVE JA TO DATDIF-PRF-FEHLER-FLAG.

****************************************************************
* BEGINN DES EIGENTLICHEN KALENDERALGORITHMUS
****************************************************************

 TAG-KUMMULATION.
     MOVE ZERO TO ZWI-SUMME.
     MOVE 4 TO INDEX-SCHALTJAHR.
     PERFORM JAHRES-KUMMULIERUNG
             VARYING BASISJAHR-ZAEHLER
             FROM BASISJAHR BY 1
             UNTIL BASISJAHR-ZAEHLER = ZWI-JAHR.
     IF ZWI-MONAT > 1
         THEN PERFORM MONAT-RECHNUNG
              VARYING INDEX-MONAT
              FROM 1 BY 1
              UNTIL INDEX-MONAT = ZWI-MONAT.
     ADD ZWI-TAG TO ZWI-SUMME.
     IF INDEX-SCHALTJAHR = 4 AND ZWI-MONAT > 2
        THEN ADD 1 TO ZWI-SUMME.


 JAHRES-KUMMULIERUNG.
     ADD 365 TO ZWI-SUMME.
     IF INDEX-SCHALTJAHR = 4
         THEN ADD 1 TO ZWI-SUMME
              MOVE 0 TO INDEX-SCHALTJAHR.
     ADD 1 TO INDEX-SCHALTJAHR.

 MONAT-RECHNUNG.
     ADD MONAT-TAB (INDEX-MONAT) TO ZWI-SUMME.


 DAT-DIFFERENZ.
     COMPUTE TAGESDIFFERENZ (ERG-TAB-IND-1) =
             SUMME-DATUM-1 - SUMME-DATUM-2.

****************************************************************
*ENDE DES KALENDERALGORITHMUS
****************************************************************
```

```
FEHLERM-NUM.
    DISPLAY "DIE EINGABE IST NICHT NUMERISCH".

FEHLERM-MONAT.
    DISPLAY "MONAT UNMOEGLICH".

FEHLERM-TAG1.
    DISPLAY "TAG-1 GIBT ES DIESEN MONAT NICHT".

FEHLERM-TAG2.
    DISPLAY "TAG-2 GIBT ES DIESEN MONAT NICHT".

FEHLERM-REIHENF.
    DISPLAY "ENTLASSUNGSDAT. VOR EINLIEFERUNGSDAT".

FEHLERM-BASISJ.
    DISPLAY "DATUM VOR BASISJAHR".

RUECKSPRUNG.
    GOBACK.
```

Fall B: EDV im Fertigungsbetrieb (Stücklistenverarbeitung)

1. Vorstudie

Ein Mittelbetrieb der Maschinenbaubranche, die GETRIEBE KG, fertigt nach Bestellungen in Einzel- und Kleinserienfertigung Getriebe, vorwiegend für Werkzeugmaschinen. Trotz guter Kapazitätsauslastung (90 %) und als ausreichend zu betrachtender Gewinnspannen ist die Erlössituation des Unternehmens unbefriedigend. Die nachfolgende knappe Vorstudie soll die Ursachen aufdecken.

1.1 Systembeschreibung

Der Betrieb ist folgendermaßen gegliedert:

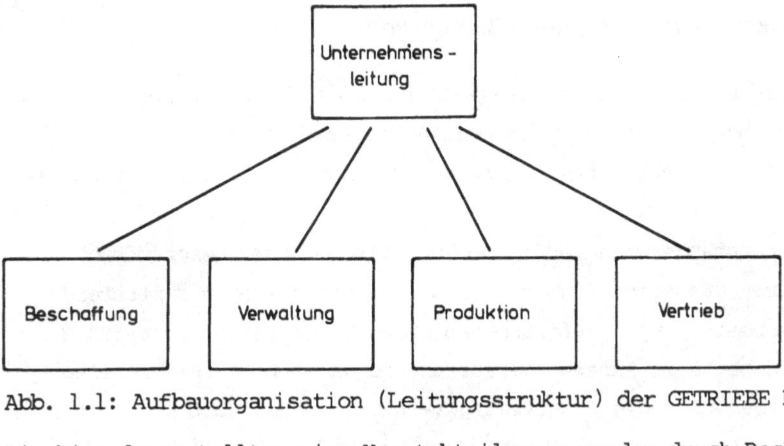

Abb. 1.1: Aufbauorganisation (Leitungsstruktur) der GETRIEBE KG

Die hier dargestellten vier Hauptabteilungen werden durch Ressortchefs geleitet, die der Unternehmensleitung unterstellt sind.

Die Umwelt des Systems GETRIEBE KG bilden Kunden, die Produkte und Ersatzteile bestellen, sowie Lieferanten, die Rohmaterial und Halbfabrikate liefern.

Wichtigste Ressource der Firma außer den Gebäuden und Produktionseinrichtungen ist eine EDV-Anlage aus den späten 60er Jahren. Über sie werden die Lohn- und Gehaltsabrechnungen sowie Teile der Buchhaltung und des Materialwesens abgewickelt.

1.2 Ziel der Untersuchung

Ziel der Unternehmensleitung ist es, die Erlössituation so zu verbessern, daß auch bei einem Rückgang der Beschäftigung bis 65 % noch keine Verluste entstehen.

Randbedingungen einer Sollkonzeption sind:

- Die Durchlaufzeiten in der Produktion dürfen nicht erhöht werden, eine Verminderung ist wünschenswert; (davon hängt die Lieferbereitschaft des Unternehmens ab);
- die Materialbestände dürfen wegen der damit verbundenen Kapitalbindung nicht erhöht werden.

1.3 Problembeschreibung und Alternativen

Eine Analyse der letzten Jahresabschlüsse der Firma ergibt, daß das Umlaufvermögen in den vergangenen Jahren stark zugenommen hat.
Es werden also recht hohe Lagerbestände an Roh- und Halbfabrikaten geführt.
Die Lagerbestände waren auf Anordnung des Leiters "Beschaffung" vor zwei Jahren drastisch erhöht worden, als immer wieder auftretende Produktionsstockungen aufgrund fehlenden Materials aufgetreten waren. Dies hatte zu Auftragsverlusten und Nacharbeit bei Einzelfertigungen geführt, die anderweitig verkauft werden mußten.

Am Fertigungsdurchlauf kann nichts Auffälliges entdeckt werden; die Durchlaufzeiten erscheinen nicht überhöht.

Die Prüfung der Materialbeschaffung (Einkauf) führt zu dem Ergebnis, daß die Einkaufspreise und -konditionen nicht als ungünstig bezeichnet werden können.

Von den Alternativen

- Lagerbestände
- Materialdisposition
- Durchlaufzeiten
- Einkaufsbedingungen

scheinen also die ersten beiden weiter betrachtenswert.

1.4 Schwachstellenanalyse

Die Quelle fehlenden Materials vor Erhöhung der Lagerbestände schien nicht die eigentliche Bestellung gewesen zu sein, sondern die Ermittlung des notwendigen Bedarfs. Die·Bedarfsermittlung wird auf der betriebseigenen EDV-Anlage oft mit erheblichen Verzögerungen ausgeführt. Sie ist ohnehin nur alle 14 Tage möglich, da das Bedarfsrechnungsprogramm hohe Laufzeiten hat.
So muß immer wieder improvisiert werden, um Bestellungen rechtzeitig auszulösen.
Das der Bedarfsermittlung zugrundeliegende Stücklistenwesen mit Lochkarten ist schwerfällig und häufig nicht auf dem letzten Stand. Dadurch kommt es immer wieder zu Fehlbestellungen.

1.5 Vorentscheidung

Die Betriebsleitung beschließt, das Stücklistenwesen mit EDV einer genauen Analyse zu unterziehen.
Ziel der Analyse soll die Umstellung des Stücklistenwesens auf ein Datenbanksystem[1] sein, wie es bereits vielfach in anderen Betrieben zu Zwecken der Fertigungssteuerung verwendet wird.

---

1) Eine Datenbank oder auch Datenbasis ist ein nach bestimmten festen Regeln aufgebauter Datenbestand, der in einem Computer gespeichert ist. Er ist als System miteinander verknüpfter Gruppen von Datenelementen aufgebaut, auf die nur nach bestimmten Kriterien mittels spezieller Funktionen zugegriffen werden kann.

Lesehinweis: Man lese jetzt Teil II, Kap. 1 (II.1).

1.6 Aufgabe zur Systemanalyse SyB 1

Problem: Es soll eine schematische Zusammenfassung der Vorstudie erstellt werden.

Aufgabe: 1. Zählen Sie die Elemente, Umwelt und Ressourcen der Getriebe KG auf. Gestalten Sie die Aufzählung als Blockdiagramm, wie es sich als Abb. 1.1 in Teil II findet.

2.

2.1 Welche Beziehungen bestehen zwischen den Elementen des Systems? Zählen Sie einige mögliche auf.

2.2 Welche Beziehung ist für unsere Betrachtung die wichtigste?

3. Welche Ziele außer den in 1.2 aufgeführten könnten Sie noch nennen, um eine Betriebsuntersuchung zu rechtfertigen?

2. Hauptstudie

Die Hauptstudie kann aus Platzgründen nur die wesentlichsten Aspekte einer realen Systemuntersuchung berücksichtigen.
Da das zu verwendende Datenbanksystem nicht entwickelt, sondern ein fertiges übernommen wird, wird es in diesem Abschnitt erläutert.
Das in seiner Entwicklung dargestellte EDV-Programm ist ein Anwendungsprogramm, das mit Hilfe der Datenbank verwirklicht wird.

2.1 Istanalyse

Die Istanalyse stellt den zu untersuchenden Bereich bezüglich der wichtigsten Arbeitsabläufe, verwendeten Daten und Hilfsmittel (Ressourcen) dar.
Danach wird eine Systemdarstellung bezüglich der wesentlichsten Ablaufelemente jedes Systems gegeben.: Material und Information. Ziel jeder Systemgestaltung ist die Übereinstimmung von Material- und Informationsfluß. Daher werden die Informationsbeziehungen des von uns weiter zu betrachtenden Teilbereiches stärker herausgestellt.
Die Darstellung ist aus räumlichen Gründen sehr knapp gehalten[1].

2.1.1 Arbeitsabläufe

Der Arbeitsablauf einer Bedarfsermittlung läßt sich folgendermaßen beschreiben:

> Der Sachbearbeiter bekommt von der Fertigungsplanung Lieferanfragen, den sogenannten Primärbedarf.
> Er prüft, ob die Produkte im Fertigfabrikatelager verfügbar sind. Wenn nicht, legt er die Formulare auf einen Stapel "Bedarfsrechnung". Dieser wird 14-tägig wie folgt bearbeitet:
> Zusammenfassen der Primärbedarfe gleicher Produkte. Ablochen der Bedarfe, Prüfen und Eingabe in das EDV-Programm "Stücklistenauflösung-Bedarfsrechnung".

Lesehinweis: Man lese jetzt II.2.1 bis II.2.5.2

1) Fallstudie A arbeitet diesen wichtigen Aspekt des Material- und Informationsflusses ausführlich heraus.

Das dem EDV-Programm zugrundeliegende Verfahren sei kurz skizziert:

Für jeden eingegebenen Primärbedarf muß der entsprechende Erzeugnisstrukturbaum aufgelöst werden, um den Bedarf an Baugruppen und Einzelteilen (= Sekundärbedarf) festzustellen.

Beispiel:

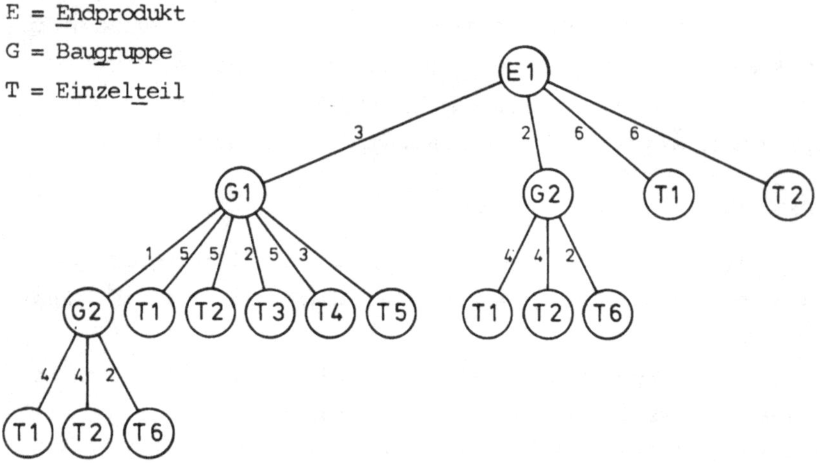

Abb. 2.1: Erzeugnisstrukturbaum

Die Knoten stellen teilespezifische Daten dar, die Kanten die Einbaumenge. So wird etwa für 3 x E1 3 x 3 x 5 T4 = 45 T4 benötigt.

Besteht Primärbedarf für mehrere Produkte, müssen die Sekundärbedarfe insgesamt ausgewiesen werden, da sie auch als ganzes beschafft werden müssen.

Die Stücklisten der GETRIEBE KG wurden bei der Anschaffung der EDV-Anlage von Karteikarten auf Lochkarten übernommen. Diese Teilestammdatei wird vor jedem Programmlauf auf Magnetband kopiert, da die Datei häufig von Anfang an neu durchsucht werden muß, was mit Lochkarten maschinell nicht möglich ist. Außerdem ist die Lesegeschwindigkeit beim Magnetband höher als bei einem Lochkartenstapel.
Die Speicherung erfolgt baukastenweise:

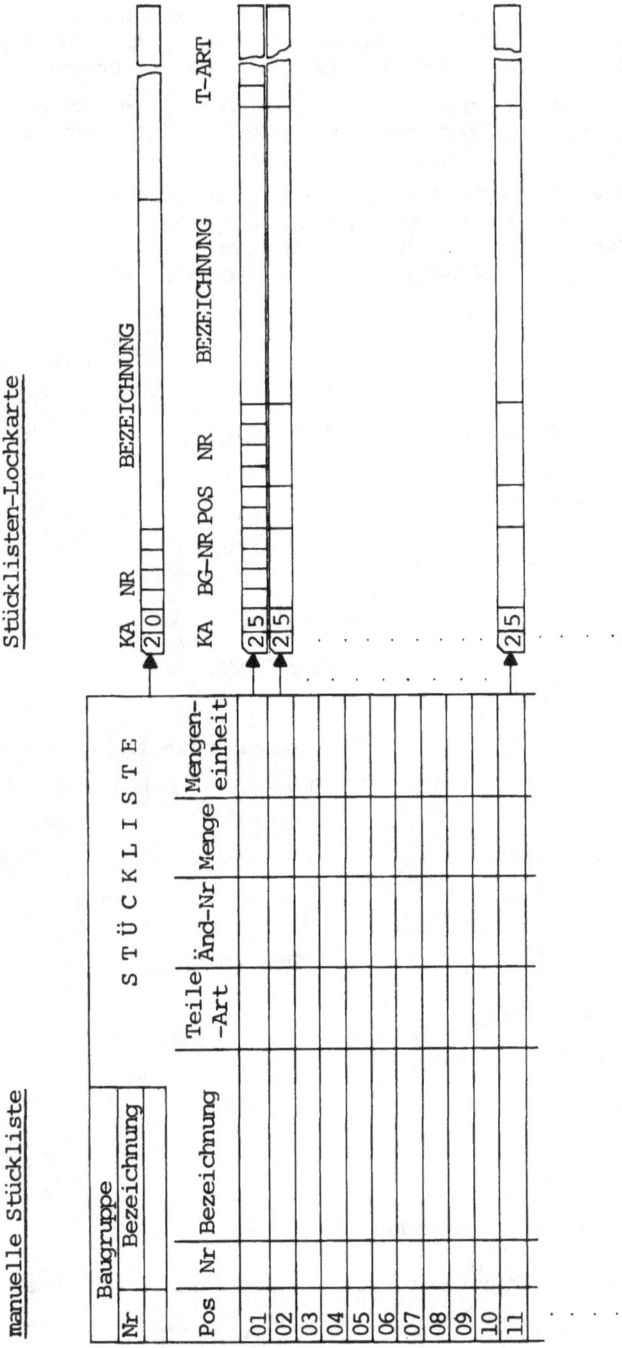

Abb. 2.2: Teilestammdatei auf Lochkarten

In der EDV-Anlage muß also jeder Satz (≙ 1 Lochkarte) anhand seiner Kartenart (KA) daraufhin identifiziert werden, ob er eine Baugruppen-Karte (KA = 20) oder eine Teile-Karte (KA = 25) darstellt.

Wiederholteile sind so oft in der Datei gespeichert, wie sie als Knoten im Erzeugnisstrukturbaum vorkommen. Dies macht Änderungen schwierig.

Nach Abschluß eines EDV-Laufes bekommt der Sachbearbeiter eine Liste des EDV-Druckers mit den Sekundärbedarfen je Teil-Nr. Er kontrolliert dann den vorhandenen Lagerbestand telefonisch durch Rückfrage im Lager und veranlaßt, wenn dieser nicht ausreicht, eine Bestellung.

2.1.2 Ressourcen

Die Rechenanlage der GETRIEBE KG hat folgende Konfiguration (= Zusammensetzung aus verschiedenen Geräten):

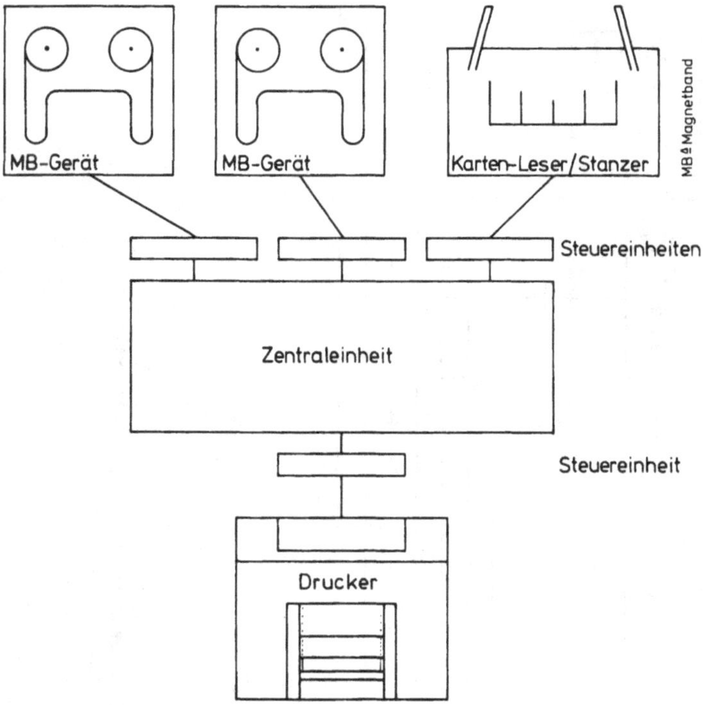

Abb. 2.3: Konfiguration der vorhandenen EDV-Anlage

Auf dieser Anlage kann immer nur ein Programm zur Zeit laufen. Sie erlaubt nur Stapelverarbeitung ('batch processing'), d.h. ein Pro-

gramm läuft ohne Unterbrechungsmöglichkeit für den Benutzer automatisch von Anfang bis Ende ab.
Eine interaktive Benutzung (= Dialogverarbeitung) der Anlage ist nicht möglich, also auch keine Abfragen auf bestimmte Daten des Materialbereichs.
Die Programme, die auf der Anlage laufen, sind in den 60er Jahren geschrieben worden und in einer maschinennahen Programmiersprache abgefaßt. Änderungen in den äußeren Randbedingungen des Unternehmens, z.B. neue Tarifabschlüsse, ziehen umfangreiche und langwierige Umprogrammierungen nach sich.

2.1.3 Material- und Informationsfluß

Der Materialbereich läßt sich in folgender Übersicht darstellen:

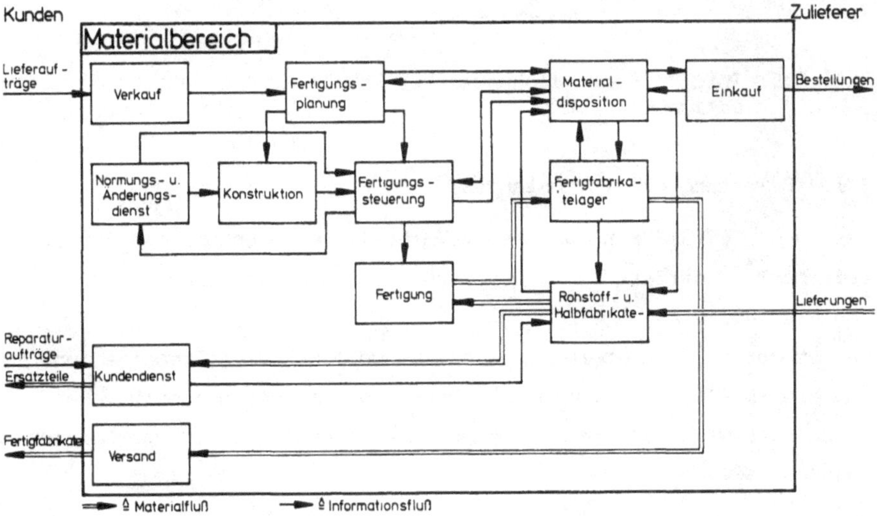

Abb. 2.4: Das Subsystem Materialbereich

Die Arbeitsgruppe Materialdisposition läßt sich als Informationsknoten herausgehoben folgendermaßen darstellen:

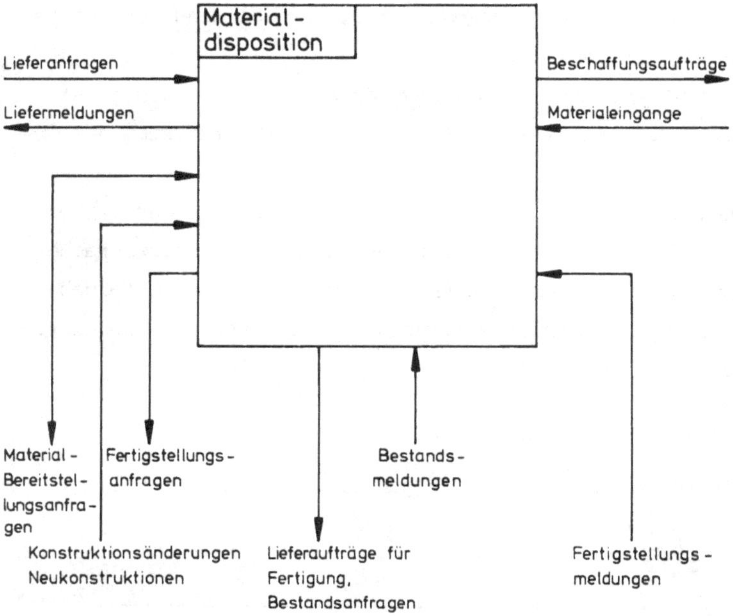

Abb. 2.5: Informationsbeziehungen der Arbeitsgruppe Materialdisposition

2.1.4 Bewertung des Istzustandes

Das in der GETRIEBE KG verwendete Stücklistenwesen und das darauf aufgebaute Bedarfsrechnungsverfahren ist zu umständlich und zu fehleranfällig.
Es ist durch bloße Übernahme einer manuellen Kartei-Organisation auf die EDV-Anlage entstanden, ohne vorherige Neukonzeption. Das Stücklistenwesen ist bedingt durch die Technologie der verwendeten Rechenanlage.

Durch die Schwerfälligkeit der Stapelverarbeitung, die der Organisation sachfremde Zyklen bei der Bearbeitung ihrer Aufgaben aufzwingt, müssen zusätzlich zu den Datenbeständen der EDV (Dateien) manuell verarbeitbare parallele Karteien gehalten werden. Sie stimmen selten genau mit den Dateien überein, da Änderungen häufig nicht alle Stellen erreichen.

Das sich aus den vielschichtigen Informationsbeziehungen ergebende Belegwesen ist zu umfangreich und daher zu unübersichtlich.

Die Programme der EDV-Abteilung sind nur noch schwer wartbar, da sie durch vielfältige Änderungen im Laufe der Jahre immer unübersichtlicher und komplizierter geworden sind. Sie sind wenig variabel gegenüber äußeren Randbedingungen, da sie viele fest eingebaute Konstanten enthalten.

Die verwendeten Lochkarten-Dateien (80 Zeichen pro Karte) ziehen eine schwerfällige Datenorganisation nach sich, die auf Kartenarten aufgebaut werden muß.

Eine Sicherung der Dateien gegen Zerstörung durch Programmfehler ist nicht möglich.

Lesehinweis: Man lese jetzt II.2.5.3 bis II.2.7 und II.3. Im Zuge des Durcharbeitens dieser Abschnitte bearbeite man auch entsprechend den Hinweisen in II.2 die beiden Aufgaben Alg 1 und Alg 2.

2.2 Sollkonzept

Das Sollkonzept zielt darauf ab, mit Hilfe einer modernen Rechenanlage ein Datenbanksystem des Materialbereichs einzusetzen, das flexibler ist als die Lochkarten- bzw. Magnetbanddateien.

Mit Hilfe der Datenbank sollen Benutzerprogramme, z.B. eine Bedarfsrechnung, realisiert werden.

2.2.1 Anforderungen an das Sollkonzept

1. Technologische Anforderungen
   Die Datenbestände müssen auf schnellen Speichermedien mit der Möglichkeit des direkten Zugriffs untergebracht werden.
2. Anforderungen an die Datenorganisation
   (1) Identische Daten dürfen nur einmal gespeichert werden (Redundanzfreiheit).

(2) Alle Stücklistenarten (Mengenübersichten, Teileverwendungsnachweise, Strukturstücklisten u.a.) müssen sich aus der Datenbasis erstellen lassen (Flexibilität).

(3) Auswertungen, die nicht in die Materialplanung fallen (Materialwirtschaft), sondern in die Terminplanung (Zeitwirtschaft) oder andere betriebliche Aufgabenbereiche, müssen mit der Datenbasis durchführbar sein.

2.2.2 Konfiguration der EDV-Anlage

Eine Konfiguration, die obigen Technologie-Anforderungen genügt, hat folgendes Aussehen:

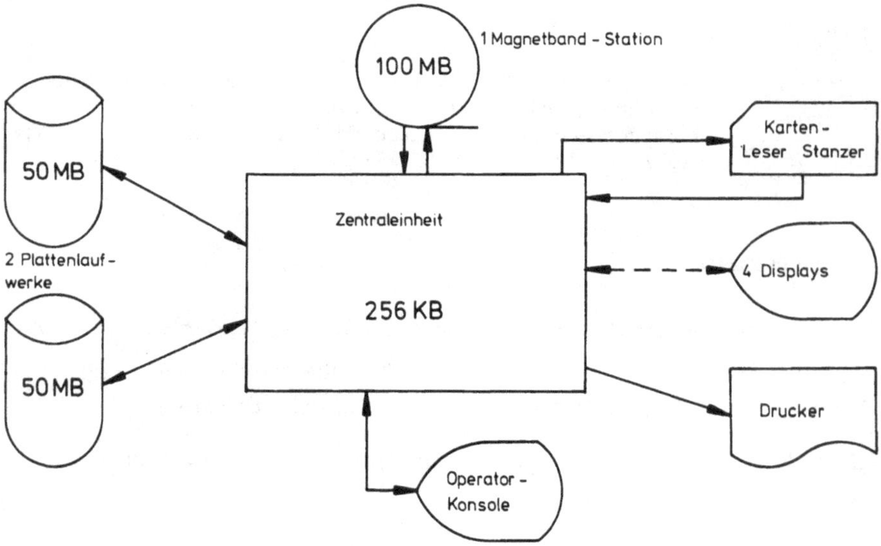

Abb. 2.6 Konfiguration des benötigten Rechners

Dies ist eine Anlage, die über eine erhebliche Kapazität an externem Speicherplatz für direkten Zugriff verfügt. Der externe Speicher Magnetband wird hauptsächlich zur Datensicherung verwendet.

Die Anlage kann im Dialog Mensch - Maschine über 4 Display-Terminals (= Bildschirmgeräte) angesprochen werden (Dialogbetrieb).
Der Internspeicher hat eine Kapazität von 256 KB (KB = Kilobytes).

Davon stehen für Anwendersoftware (222 KB) zur Verfügung. Die Systemsoftware belegt 32 KB.

Die Anlage ist maximal ausbaubar auf:

Internspeicher:	1 MB (MB = Megabyte = 4 x 256 KB)
Platten :	6 Laufwerke
Bänder :	2 Laufwerke
Terminals :	12
Drucker :	2

In einer ersten Ausbaustufe werden nur 2 Terminals installiert. Eines steht der Software-Abteilung zur Verfügung, das zweite dient zur Erfassung der im Lager eingehenden Rohmaterialien und "Kaufteile".

2.2.3 Fertigungssteuerungs-Datenbasis

Ein Datenbankkonzept, das obige Anforderungen erfüllt und auf der abgebildeten Konfiguration einsetzbar ist, wird in der Praxis seit vielen Jahren eingesetzt. Wir wollen es FST-DB nennen.

Zentrale Frage eines solchen Konzeptes ist:

Wie kann man eine Erzeugnisstruktur gem. Abb. 2.1 abspeichern, damit die Datenbank den Anforderungen aus 2.2.1 genügt?

Die Lösung der FST-DB:

Alle teilespezifischen Daten, die nicht nur zur Erstellung von Stücklisten und zur Bedarfsermittlung, sondern für viele andere betriebliche Aufgaben benötigt werden, sollen nur einmal gespeichert werden. Dies erreicht man am einfachsten durch Trennung der teilespezifischen und der erzeugnisstrukturspezifischen Daten.

In der <u>Teilestammdatei</u> TSD werden die <u>Knoten</u> eines Strukturbaumes, in der <u>Erzeugnisstrukturdatei</u> ESD die <u>Kanten</u> gespeichert (vgl. Abb. 2.1).

Auf die TSD greifen die verschiedensten Abteilungen des Betriebes zu, z.B.

- Betriebsabrechnung
- Verkauf
- Fertigungsvorbereitung
- u.a.

Sie finden dort die sie interessierenden Daten über Roh-, Halb- und Fertigfabrikate (= Rohstoffe, Einzelteile, Baugruppen, Endprodukte).

Auf die ESD greifen nur diejenigen Abteilungen zu, die Strukturdaten der Erzeugnisse benötigen.

Die Teilestammdatei dient wegen ihrer zentralen Bedeutung als Leitdatei der FST-DB. Diese enthält außer der ESD noch eine Reihe anderer Dateien (Beispiele):

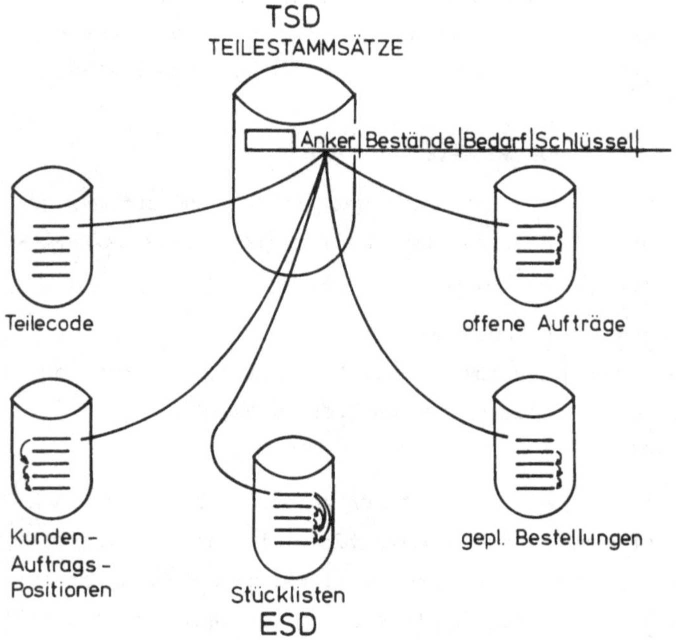

Abb. 2.7: Struktur einer FST-DB (Beispiele). (vgl. Kernler, S. 157)

Lesehinweis: Man lese jetzt noch einmal II.3.4

Wir betrachten im folgenden nur TSD und ESD.

Die Speicherung der Erzeugnisstrukturen in der ESD erfolgt in Form von Baukastenstücklisten (= einstufige Bäume), aus denen sich leicht Strukturstücklisten (= mehrstufige Bäume) u.ä. erzeugen lassen.

Ein Baukasten läßt sich dann grafisch so darstellen:

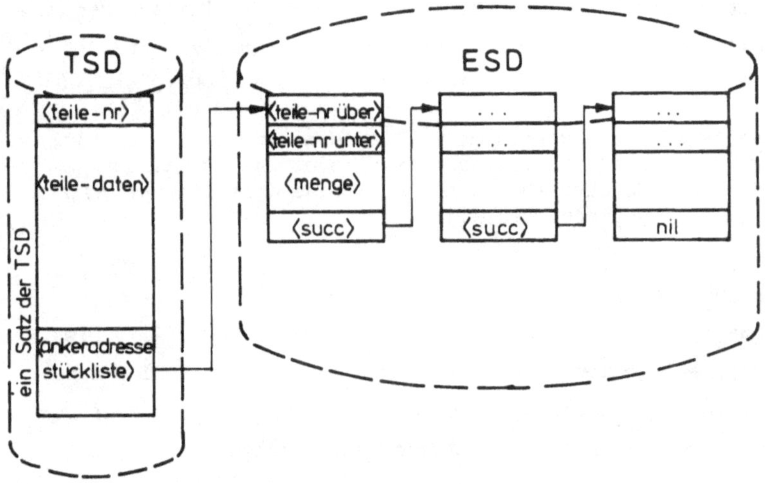

Abb. 2.8: Speicherung von Baukästen über getrennte Dateien.

In jedem Satz der TSD (Teilestammsatz) wird also die Ankeradresse für eine andere Datei, die ESD, gespeichert. Gehört der Stammsatz zu einem Einzelteil, gibt es keinen Baukasten. Dann enthält das Feld NIL, dargestellt durch die Zeichenkette '9999'.

2.2.4 Aufgabe zur Datenbasis Alg 3-B

Algorithmus Baukastenstückliste

1. Problem

Zur Erprobung einer Testversion der Fertigungssteuerungs-Datenbank (FST-DB) sollen aus der Datenbasis einstufige Baukastenstücklisten gedruckt werden.

2. Aufgabe

Entwickeln Sie einen Algorithmus, der zu jeder beliebigen Baugruppe (bzw. Endprodukt) eine einstufige Baukastenstückliste erstellt. Gegeben sind die Teilestammdatei (TSD) und die Erzeugnisstrukturdatei (ESD) mit den in Abb. 2.8 dargestellten Verkettungen. Sie befinden sich auf Magnetplatten und sind direkt adressierbar.

Die Ausgabe erfolgt auf dem Schnelldrucker.

Eingabe: Der Benutzer gibt mit einem "Kommando" die Teilenummer desjenigen Teiles an, von dem eine Stückliste zu erstellen ist. Der Algorithmus soll beliebig viele solcher Kommandos verarbeiten können.

Fehlerbehandlung: Der Algorithmus soll auch bei fehlerhaften "Kommandos" richtig arbeiten, indem er das falsche Kommando übergeht. Dabei soll eine geeignete Meldung ausgegeben werden.

3. Lösungshinweise:

Man verwende beiliegende Testdaten der Datenbasis (vgl. 4.). Die "Kommandos" überlege man sich selbst. Die wichtigsten Fehler sind: 'Teil nicht in TSD' und 'Eingabe eines Einzelteils'. Zum Lesen von der Platte verwende man den Teil-Algorithmus *suchen-direkt* aus II.3.3.2.

Eine Beispiellösung findet sich auf S. 164 ff.

4. Testdaten:

***** TSD AUF PLATTE:

ADR	TEIL-NR	ANKER-SL	TEIL-DATEN
0001	E1	0001	GETRIEBE-A
0002	E2	0005	GETRIEBE-B
0003	G1	0009	GETRIEBESATZ
0004	G2	0015	MONTAGESATZ
0005	G3	0018	GETRIEBESATZ-2
0006	T1	9999	ZAHNRAD 32 Z
0007	T2	9999	ZAHNRAD 64 Z
0008	T3	9999	ZAHNRAD 56 Z
0009	T4	9999	ZAHNRAD 96 Z
0010	T5	9999	SCHRAUBE
0011	T6	9999	MUTTER
0012	T7	9999	BOLZEN
0013	T8	9999	MONTAGEPLATTE-1
0014	T9	9999	MONTAGEPLATTE-2

***** ESD AUF PLATTE:

ADR	TEIL-NR -UEBER	TEIL-NR -UNTER	SUCC-ES	MENGE
0001	E1	G1	0002	0003
0002	E1	G2	0003	0002
0003	E1	T5	0004	0006
0004	E1	T6	9999	0006
0005	E2	G2	0006	0002
0006	E2	G3	0007	0002
0007	E2	T5	0008	0008
0008	E2	T6	9999	0008
0009	G1	G2	0010	0001
0010	G1	T1	0011	0001
0011	G1	T2	0012	0002
0012	G1	T5	0013	0002
0013	G1	T6	0014	0005
0014	G1	T7	9999	0003
0015	G2	T5	0016	0004
0016	G2	T6	0017	0004
0017	G2	T8	9999	0002
0018	G3	T3	0019	0001
0019	G3	T4	0020	0001
0020	G3	T5	0021	0006
0021	G3	T6	0022	0008
0022	G3	T7	0023	0002
0023	G3	T9	9999	0002

2.2.5 Erzeugnisstrukturen in der Datenbasis

Wir müssen jetzt das Verkettungsschema zwischen TSD und ESD erweitern, um die Erzeugnisstrukturen als mehrstufige Bäume darstellen zu können (vgl. II.3.4.2).

Die Erweiterung des Verkettungsschemas geschieht in einfachster Weise:
Wie aus Abb. 2.8 zu ersehen, erfolgt die Abbildung einer Kante des Baumes durch Speicherung des Paares

- übergeordnete Teile-Nr
- untergeordnete Teile-Nr.

Z.B. wird (E1)——(G1) zu | E1 | G1 | .

Es liegt nahe, außer den Teilenummern auch die dazugehörigen Adressen in der TSD zu speichern.
Dann aber kann man durch "Rückgriff" auf den Teilestammsatz des untergeordneten Teils in der TSD feststellen, ob dieses eine Baugruppe ist oder ein Einzelteil.

Der Teilestammsatz einer Baugruppe ist daran erkennbar, daß er eine neue Ankeradresse für einen Baukasten enthält und nicht NIL.

Ein Erzeugnisstruktur-Baum wird in der FST-DB folgendermaßen abgebildet:

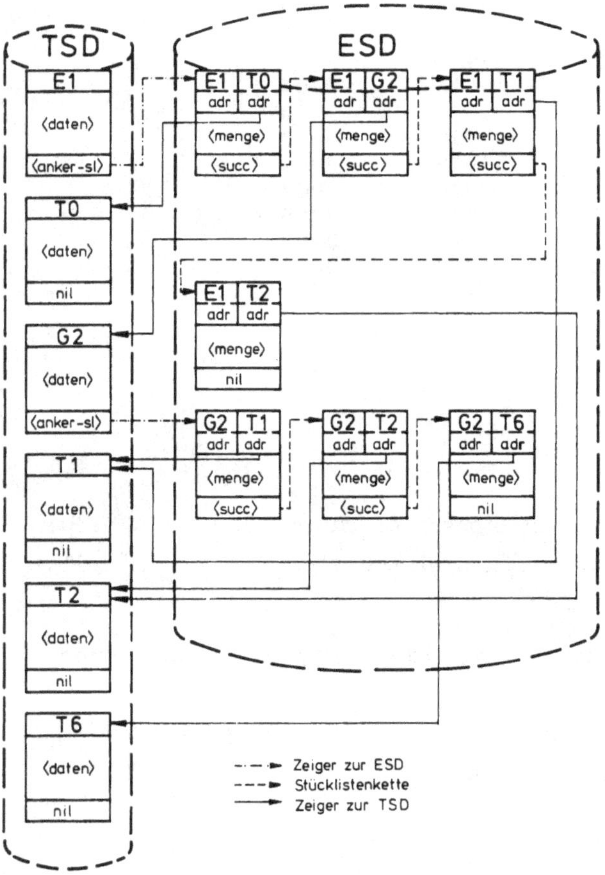

Abb. 2.9: Verkettungen zwischen TSD und ESD und innerhalb von ESD in einer Fertigungs-Datenbank.

Aufgabe: Zeichnen Sie den hier dargestellten Baum gemäß Abb. 2.1 auf.

Für Zwecke der Materialwirtschaft (z.B. bei Konstruktionsänderungen) gibt es noch eine zusätzliche Adreßkette, die Kette der Teileverwendung. Durch sie können Problemstellungen mit folgender Suchfrage beantwortet werden:

In welche Endprodukte und Baugruppen geht ein Einzelteil ein?

Diese Kette wurde hier der Übersicht wegen weggelassen.

Teilestammsatz und Erzeugnisstruktursatz sind dann folgendermaßen deklariert:

```
DATEIEN KAPITEL.
DATEI tsd.
 tss.
  adresse                                 NUM    5 ST.
  zeiger.
   anker-adr-sl                           NUM    5 ST.
   andere-zeiger                          NUM   20 ST.
  info.
   teilnr                                 NUM    5 ST.
   restliche-daten                   ALPH-NUM  115 ST.

DATEI esd.
 ess.
  adresse                                 NUM    5 ST.
  zeiger.
   adr-oben-ts                            NUM    5 ST.
   adr-unten-ts                           NUM    5 ST.
   adr-succ-es                            NUM    5 ST.
   andere-zeiger                          NUM    6 ST.
  info.
   menge                                  NUM    4 ST.
   restliche-daten                   ALPH-NUM   50 ST.
```

Die Teilenummern aus Abb. 2.8 und 2.9 im ESD wurden weggelassen, da sie unnötig sind und nur Speicherplatz verbrauchen würden.

2.2.6 Erster Entwurf eines Benutzerprogramms zur Stücklistenauflösung

Im folgenden soll anhand der für eine Bedarfsermittlung zentralen "Stücklistenauflösung" gezeigt werden, wie man auf der Datenbasis operieren kann.

Die Stücklistenauflösung ist die Abarbeitung (= Traversierung) der Erzeugnisstruktur-Bäume aller Endprodukte und Baugruppen.

Der Algorithmus:

Stufe 1:

```
stuecklistenaufloesung.

der algorithmus 'stuecklistenaufloesung' geht in der
stuecklisten-datenbasis eine gewuenschte stueckliste
durch und stellt dabei die in den teilestammsaetzen
gespeicherten daten von baugruppen und einzelteilen
der erzeugnisstruktur zur verfuegung.
die struktur wird baukastenweise abgearbeitet.
stoesst man dabei auf eine baugruppe, wird deren zu-
griffsschluessel zwischengespeichert, damit dieser
baukasten spaeter abgearbeitet werden kann.
```

Stufe 2:

```
stuecklistenaufloesung.

    teilnr lesen und gewuenschten tss suchen.
    stueckliste-abgearbeitet auf FALSCH setzen.
    MACHE stueckliste-aufloesen
       BIS stueckliste-abgearbeitet.
    BEENDE AUSFUEHRUNG.

 stueckliste-aufloesen.
    UEBERTRAGE anker-sl NACH es-key.
    MACHE baukasten-abarbeiten
       BIS baukasten-zuende.
    baugruppe aus zwischenspeicher holen (= pop)
    WENN zwischenspeicher leer
      DANN stueckliste-abgearbeitet auf FALSCH setzen.

 baukasten-abarbeiten.
    erzeugnisstruktur-satz lesen.
    UEBERTRAGE adr-unten-ts NACH ts-key.
    teilestammsatz lesen.
    ts-daten ausdrucken.
    WENN baugruppe vorliegt
      DANN baugruppe in zwischenspeicher tun (= push).
    UEBERTRAGE adr-succ-es NACH es-key.
```

Alg 4: Stücklistenauflösung

Aufgabe: Da dieser Algorithmus verhältnismäßig komplex ist, spiele man ihn unbedingt m.H. von Abb. 2.1 und 2.9 durch, indem man die Erzeugnisstruktur E1 abarbeitet.
Den Zwischenspeicher lege man so an (z.B. als Tabelle), daß sowohl einspeichern ('push') als auch ausspeichern ('pop') immer in derselben Weise vor sich gehen.

Frage:
- Welches Datum muß im Zwischenspeicher gespeichert werden (*teilestammsatz*, *einbaumenge*, *anker-adr-sl* ?).
- Wie oft wird G1, wie oft G2 in den Zwischenspeicher eingespeichert?

Wir verzichten auf die Darstellung von Stufe 3 mit Deklaration der Daten, da wir diesen Ansatz nicht implementieren wollen.

Wir werden vielmehr zeigen, wie sich das Benutzerprogramm vereinfachen läßt, wenn man entsprechend den in II.4.2 dargestellten Prinzipien das Problem modularisiert.
Die Vereinfachung und auch Erhöhung der Datensicherheit wird durch die Schaffung einer Basismaschine (vgl. II.2.5) erreicht, die auf der Datenbasis operiert.
Die Benutzermaschine des Anwenders wird dann auf dieser Basismaschine realisiert.

Lesehinweis: Man lese und bearbeite jetzt II.4, insbesondere II.4.3.

2.2.7 Zugriffe auf die Datenbasis

Auf die in 2.2.5 deklarierten Dateien TSD und ESD könnte m.H. der Befehle *LIES* (READ) und *ZURUECKSCHREIBE* (REWRITE) zugegriffen werden.

Dies ist jedoch aus Gründen der Datensicherheit nicht sinnvoll:
Der Anwendungsprogrammierer könnte beim Zurückschreiben auch Adreßfelder ('pointer') verändern, die die Struktur der Datenbasis bestimmen. Hierzu darf jedoch nur ein Systemprogrammierer befugt werden.
Daher werden dem Benutzer Zugriffsprimitiven zur Verfügung gestellt, die diejenigen Daten vor ihm "verstecken", die er nicht benötigt und daher auch nicht "sehen" sollte.
Ebenso werden ihm Module als Teil der Datenbasis zur Verfügung gestellt, die auf miteinander logisch zusammenhängenden 'Sätzen' ope-

rieren, z.B. dem Benutzer Baukästen liefern.

Alle diese Module zusammen mit den Dateien TSD und ESD bilden die Basismaschine des Anwendungsprogrammierers.

2.2.7.1 Module für elementare Dateizugriffe

Nachfolgend werden die Schnittstellen des Moduls TSMB (= Teilestammaschine-Benutzer) gezeigt, das alle elementaren Dateizugriffe auf TSD in sich vereinigt, die dem Benutzer erlaubt sind.

Man lese hierzu noch einmal genau II.4.3/4.4! Insbesondere mache man sich mit der Syntax für Reihenfolgebedingungen vertraut!

<u>Modul-Schnittstellenbeschreibung:</u>

```
*----------------------------------------------------------------
*----------------------------------------------------------------
*                   +++  T S M B  +++
*              (TEILESTAMM-MASCHINE-BENUTZER)
* FUNKTION: STELLT ALLE FUER DEN BENUTZER NOTWENDIGEN ZUGRIFF
*           AUF DIE STUECKLISTEN-DATENBASIS (TSD - ESD) ZUR V
*           FUEGUNG. SIE LIEFERN NUR PROBLEMBEZOGENE DATEN.
* INTERFACE:        GIVING OPEN-TB;     -OEFFNEN-
*                          GET-TB;      -LESEN/DIREKT-
*                          PUT-TB;      -ZURUECKSCHREIBEN-
*                          LOAD-TB;     -LESEN/SEQUENTIELL-
*                          RESET-TB;    -ZURUECKSETZEN-
*                          CLOSE-TB.    -SCHLIESSEN-
* VORAUSS.:    DATENBASIS MIT DATEIEN  TSD , ESD  VORHANDEN.
* REIHENFOLGE:   TSMB:(OPEN-TB;
*                    ( (((LOAD-TB;PUT-TB)..., (LOAD-TB...))
*                         UNTIL 'EOF; RESET-TB)...,
*                       ((GET-TB;PUT-TB)..., GET-TB...) );
*                      CLOSE-TB) .
*                PRAEDIKAT 'EOF: END-OF-FILE ERREICHT.
* BESCHREIBUNG: DIE TEILESTAMM-MASCHINE-BENUTZER (TSMB) REALI
*               DIE FUER DEN BENUTZER ERFORDERLICHEN ZUGRIFF
*               EINE STUECKLISTEN-DATENBASIS.
*               DIESE ZUGRIFFE SIND:
*                  - LESEN IN DEN VERSCHIEDENSTEN VARIANTEN
*                       (SUCHEN, SEQU./DIREKT LESEN),
*                  - ZURUECKSCHREIBEN BENUTZERSPEZIFISCHER DA
*               DA DIE TSMB NICHT SELBST AUF DIE DATENBAIS ZU
*               GREIFT, SONDERN SICH DER MASCHINE TSMS BEDIEN
*               IST TSMB VON DER REALISIERUNG DER DATENBASIS
*               UNABHAENGIG.
* FEHLER:       AUF REIHENFOLGEFEHLER WIRD NACH ENTSPRECHENDE
*               FEHLERMELDUNG MIT ABBRUCH REAGIERT.
*----------------------------------------------------------------
*----------------------------------------------------------------
```

Funktionen-Schnittstellenbeschreibungen:

```
*-----------------------------------------------------------------------
     ENTRY 'OPEN-TB'.
* FUNKTION: OEFFNEN DER DATEI TSD  DER STUECKLISTEN-DATENBASIS.
* INTERFACE:   -
* VORAUSS.:    -
*-----------------------------------------------------------------------

*-----------------------------------------------------------------------
     ENTRY 'GET-TB' USING FOUND-OR-NOT, TS-INFO.
* FUNKTION: LESEN DES TEILESTAMMSATZES, DESSEN TEILNR IN TS-INFO
*           UEBERGEBEN WIRD.
* INTERFACE:
*      RESULT: 77 FOUND-OR-NOT       PIC X(5).
*                88 FOUND    VALUE 'TRUE'.
*              01 TS-INFO.
*                03 TEILNR           PIC 9(5).
*      RESULT:   03 DISP-STUFE       PIC 9.
*      RESULT:   03 LOSGROESSE       PIC 9(5).
*      RESULT:   03 RESTLICHE-DATEN  PIC X(209).
* VORAUSS.:  OPEN-TB
*-----------------------------------------------------------------------

*-----------------------------------------------------------------------
     ENTRY 'PUT-TB' USING TS-INFO.
* FUNKTION: ZURUECKSCHREIBEN (REWRITE) VON DATEN IN DEN
*           ZUVOR GELESENEN TEILESTAMMSATZ.
* INTERFACE:   01 TS-INFO.
*                03 TEILNR           PIC 9(5).
*                03 DISP-STUFE       PIC 9.
*                03 LOSGROESSE       PIC 9(5).
*                03 RESTLICHE-DATEN  PIC X(209).
* VORAUSS.:  GET-TB , LOAD-TB  .
* FEHLER  :  ABBRUCH, WENN VERSUCHT WIRD, ANDEREN ALS DEN
*            GELESENEN  TSS  ZURUECKZUSCHREIBEN.
*-----------------------------------------------------------------------

*-----------------------------------------------------------------------
     ENTRY 'LOAD-TB' USING EOF-OR-NOT, TS-INFO.
* FUNKTION: LADEN DES NAECHSTEN TEILESTAMMSATZES (=SEQUENTIELLES
*           LESEN).
* INTERFACE:
*     RESULT:  77 EOF-OR-NOT         PIC X(5).
*                88 TSD-END    VALUE 'TRUE'.
*     RESULT:  01 TS-INFO         VGL GET-TB.
* VORAUSS.:  OPEN-TB
*-----------------------------------------------------------------------
```

```
*------------------------------------------------------------
      ENTRY 'RESET-TB'.
* FUNKTION: ZURUECKSETZEN DER TSD AN DEN ANFANG ZUM ERNEUTEN
*           SEQUENTIELLEN LESEN.
* INTERFACE:  -
* VORAUSS.:   OPEN-TB
*------------------------------------------------------------

*------------------------------------------------------------
      ENTRY 'CLOSE-TB'.
* FUNKTION: SCHLIESSEN DER DATEI TSD DER STUECKLISTEN-DATENBA
* INTERFACE:  -
* VORAUSS.:   OPEN-TB
*------------------------------------------------------------
```

Die Dateizugriffe werden benutzt wie die entsprechenden COBOL-Befehle (zu 'reset' gibt es keine COBOL-Entsprechung!). Der entscheidende Unterschied liegt in der Übergabe der Parameter und der damit gewonnenen Sicherheit.

Beispiel: Ein Teilestammsatz soll sequentiell gelesen und mit geänderten Benutzerdaten zurückgeschrieben werden.

Statt

```
READ TSD
   AT END MOVE 'TRUE' TO EOF-OR-NOT.
:
: } uebertragen von Benutzerdaten in TSS
:

REWRITE TSS
   INVALID KEY PERFORM FEHLERMELDUNG.
```

schreibt man

```
CALL 'LOAD-TB' USING EOF-OR-NOT, TS-INFO.
:
: } s.o.
:
CALL 'PUT-TB' USING TS-INFO.
```

Der Gewinn an Sicherheit ist offenkundig. Die für den Benutzer nicht notwendigen oder erlaubten Daten werden nicht gelesen und vor allem nicht zurückgeschrieben. In den Programmen zu 2.2.5.2 und 2.2.5.3 finden sich weitere Beispiele.

Um die Codierung der Funktionen von TSMB zu verdeutlichen, geben wir ein Beispiel von PUT-TB, das auch die internen Prüfungen von TSMB zeigt. Diesen Code bekommt der Benutzer natürlich normalerweise nicht zu sehen, sondern nur die Schnittstelle von S. 122 f.

```
 ENVIRONMENT DIVISION.
*----------------------
 INPUT-OUTPUT SECTION.
  FILE-CONTROL.
      SELECT TSD ASSIGN TO DA-2314-R-TSDAT
                 ACCESS IS RANDOM
                 NOMINAL KEY IS TSD-KEY.
 DATA DIVISION.
*--------------
 FILE SECTION.
 FD   TSD   LABEL RECORD STANDARD.
 01   TSS.
      02 POINTERS.
       03 ADRESSE                        PIC 9(5).
       03 OTHER-POINTERS                 PIC X(25).
      02 INFO.
       03 TNR                            PIC 9(5).
       03 FILLER                         PIC X(6).
       03 DATEN                          PIC X(209).

 WORKING-STORAGE SECTION.
 77   TSD-KEY                            PIC 9(8).
 77   TSD-OPENED-OR-NOT                  PIC X(5) VALUE 'FALSE'.
      88 TSD-ALREADY-OPENED   VALUE 'TRUE'.
 01   TS-COMMUNICATION-AREA.
      02 POINTERS.
       03 ADRESSE                        PIC 9(5).
       03 OTHER-POINTERS                 PIC X(25).
      02 INFO.
       03 TNR                            PIC 9(5).
       03 FILLER                         PIC X(6).
       03 DATEN                          PIC X(209).

 LINKAGE SECTION.
 01   TS-INFO.
       03 TNR                            PIC 9(5).
       03 FILLER                         PIC X(6).
       03 DATEN                          PIC X(209).
```

```
 PROCEDURE DIVISION.
*--------------------
     ENTRY 'PUT-TB' USING TS-INFO.
 PUT-TB.
      IF TNR OF TS-INFO = TNR OF TSS
       THEN MOVE TS-INFO TO INFO OF TS-COMMUNICATION-AREA;
            PERFORM DPUT;
            GOBACK;
       ELSE DISPLAY '***PUT-TB:  YOU TRIED TO REWRITE '
                    'ANOTHER RECORD THAN READ';
            PERFORM BREAKDOWN.
  DPUT.
      IF TSD-ALREADY-OPENED
         THEN IF ADRESSE OF TS-COMMUNICATION-AREA = ADRESSE O
                 THEN MOVE DATEN OF TS-COMMUNICATION-AREA TO
                           DATEN OF TSS
                           PERFORM TSS-ZURUECKSCHREIBEN
                 ELSE DISPLAY '*** TSMS.DPUT-TS: REWRITE',
                              ' NOT ALLOWED, TNR: ',
                              TNR OF TS-COMMUNICATION-AREA,
                              ' TNR INCONSIDERATELY CHANGED ?
                      PERFORM BREAKDOWN
         ELSE DISPLAY '*** TSM.DPUT-TS: TSD NON OPENED !'
              PERFORM BREAKDOWN.
 TSS-ZURUECKSCHREIBEN.
       REWRITE TSS INVALID KEY
                   DISPLAY '+++TSM.DPUT-TS: ',
                           'INVALID KEY BEI REWRITE *********
 BREAKDOWN.
      DISPLAY '-FATAL-';  STOP RUN.
```

Erläuterung:

Die interne Prozedur DPUT wird auch von anderen Funktionen von TSM benutzt; daher auch die TS-COMMUNICATION-AREA.

Aufgabe:

Bearbeiten Sie jetzt drei Implementierungsaufgaben: Implementieren Sie die von Ihnen entwickelten drei Algorithmen Alg 1 aus II.2.6.3, Alg 2 aus II.2.7.2 und Alg 3-B aus I.B.2.2.4 in COBOL.

Die Lösungen finden Sie auf folgenden Seiten:

COB 1: 330 ff.

COB 2: 337 ff.

COB 3-B: 165 ff.

2.2.7.2 Modul für einstufige Bäume: TREE

Wie aus II.3 und Abb. 2.8 bekannt, läßt sich ein Baukasten als einstufiger Baum auffassen. Es liegt also nahe, ein Modul zu formulieren, das einen solchen Baum zur Verfügung stellt, indem es benutzerspezifische Knoten- und Kanteninformationen (Teilestammdaten und Einbaumenge) zu einer gegebenen Baugruppe liefert.
Dies leistet das Modul TREE.

Im folgenden Programmtext lese man zuerst die Schnittstellenbeschreibung und dann den COBOL-Code "Prozeduren".
(Der Prozeduren-Code dient nur der Information und als Beispiel für die Benutzung der Zugriffe auf die Datenbasis aus 2.2.6.1. Seine Kenntnis ist für den Entwurf des Benutzerprogramms zur Bedarfsermittlung <u>nicht</u> erforderlich!)

```
*++++++++++++++++++++++++
 IDENTIFICATION DIVISION.
*++++++++++++++++++++++++
  PROGRAM-ID. TREE.
  AUTHOR. EDV2-P SS 77: SPITTA.
  DATE-WRITTEN. 15.6.77.          LAST-CHANGE.   15.12.77.
  DATE-COMPILED.
  REMARKS.
*-----------------------------------------------------------------
*-----------------------------------------------------------------
*                    +++ T R E E +++
* FUNKTION: STELLT EINSTUFIGE BAEUME AUS EINER DATENBASIS ZUR
*           VERFUEGUNG.  DIE BAEUME BESTEHEN AUS EINER WURZEL
*           (ROOT) UND BELIEBIG VIELEN KNOTEN (NODE).
* INTERFACE:     USING TSM (TSMS), ESMS.
*                GIVING ROOT-TR;
*                      NODE-TR.
* VORAUSS.:  -
* REIHENFOLGE: TREE:(ROOT-TR;IF NOT'LAST-NODE
*                    NODE-TR...UNTIL 'LAST-NODE).
*              PRAEDIKAT 'LAST-NODE: NODE-TR HAT LETZTEN KNOTEN
*              GELIEFERT.
*
* BESCHREIBUNG: ROOT ERMOEGLICHT DEN ZUGRIFF AUF DIE KNOTEN EINES
*               EINSTUFIGEN BAUMES ODER MELDET, DASS DIE WURZEL
*               ENDKNOTEN IST.
*.              UM DAS OEFFNEN VON DATEIEN BRAUCHT SICH DER BE-
*               NUTZER DIESES MODULS NICHT ZU KUEMMERN.
*               NODE STELLT DIE KNOTEN- UND KANTENINFORMATIONEN
*               ZUR VERFUEGUNG UND MELDET GGF. DASS EIN KNOTEN
*               DER LETZTE IST.
```

```
* FEHLER:          REIHENFOLGEFEHLER, DER VERSUCH, NACH DEM LETZ
*                  AUF EINEN KNOTEN ZUZUGREIFEN, UND MEHR ALS 3C
*                  MALIGER AUFRUF VON ROOT MIT ENDKNOTEN IN EINE
*                  LAUF FUEHREN ZUM ABBRUCH. MELDUNGEN AUF FILE
*                  SYSOUT.
*-----------------------------------------------------------------
*-----------------------------------------------------------------

*++++++++++++++++++++++++
 ENVIRONMENT DIVISION.
*++++++++++++++++++++++++
 CONFIGURATION SECTION.
  SOURCE-COMPUTER. IBM-370-158.
  OBJECT-COMPUTER. IBM-370-158.

*+++++++++++++++
 DATA DIVISION.
*+++++++++++++++
 WORKING-STORAGE SECTION.
*KONSTANTEN
 77  TREE-END-ADR                   PIC 9(5) VALUE 0.
 77  WARNING-LIMIT                  PIC 99   VALUE 30.
*VARIABLEN
 77  ROOT-EXISTS-OR-NOT             PIC X(5) VALUE 'FALSE'.
    88 ROOT-EXISTS           VALUE 'TRUE'.
 77  TS-ENDE                        PIC X(5).
 77  FOUND-OR-NOT                   PIC X(5).
   88 FOUND                  VALUE 'TRUE'.
 77  ES-OPEN-OR-NOT                    PIC X(5) VALUE 'FALSE'.
    88 ES-OPEN                VALUE 'TRUE'.
 77  TS-OPEN-OR-NOT                    PIC X(5) VALUE 'FALSE'.
    88 TS-OPEN                VALUE 'TRUE'.
 77  WARNING-COUNTER                 PIC 99   VALUE 0.

*TEILESTAMMSATZ
 01  TSS.
   02 POINTERS-PERM.
     03 TS-KEY                       PIC 9(5).
     03 ANKER-ADR-SL                 PIC 9(5).
     03 FILLER                       PIC X(10).
   02 POINTERS-INT                   PIC X(10).
   02 INFO.
        05 TEILNR                    PIC 9(5).
        05 FILLER                    PIC X(215).
```

```
*ERZEUGNISSTRUKTURSATZ
  01 ESS.
      03 ES-KEY                         PIC 9(5).
      03 ADR-OBEN                       PIC 9(5).
      03 ADR-UNTEN                      PIC 9(5).
      03 FOLGE-ADR-SL                   PIC 9(5).
      03 FILLER                         PIC X(5).
      03 ES-MENGE                       PIC 9(5).
      03 FILLER                         PIC X(50).

 LINKAGE SECTION.
  77 TREE-END                           PIC X(5).
*ERZEUGNISSTRUKTUR
  77 STRUKTURINFO                       PIC 9(5).
*TEILESTAMM
 01  TS-B-REC                           PIC X(220).

*+++++++++++++++++++
 PROCEDURE DIVISION.
*+++++++++++++++++++
 TREE-MODULE.
*------------
*-----------------------------------------------------------------------
      ENTRY 'ROOT-TR' USING  TS-B-REC, TREE-END.
* FUNKTION: ERMOEGLICHT ZUGRIFF AUF DIE WURZEL EINES EINSTUFIGEN
*           BAUMES ODER MELDET, DASS AUFRUF FUER ENDKNOTEN.
* INTERFACE:  USING TS-SEARCH , OPEN-REQU-TS .
*     RESULT: 01 TS-B-REC        PIC X(220).
*     RESULT: 77 TREE-END        PIC X(5).
*                 88 NO-NODE   VALUE 'TRUE'.
* VORAUSS.:   -
*-----------------------------------------------------------------------
 ROOT-TR.
      IF NOT TS-OPEN
        THEN CALL 'OPEN-REQU-TS' USING TS-OPEN-OR-NOT.
      MOVE TS-B-REC  TO  INFO OF TSS;
      MOVE 0 TO TS-KEY, ANKER-ADR-SL.
      CALL 'TS-SEARCH' USING FOUND-OR-NOT, TSS.
      IF NOT FOUND
        THEN DISPLAY '+++TREE.ROOT: TSS NOT FOUND! ';
        ELSE PERFORM ROOT;
             MOVE INFO OF TSS TO TS-B-REC.
      GOBACK.
  ROOT.
      IF NOT ES-OPEN
        THEN CALL 'ESS-OPEN';
             MOVE 'TRUE' TO ES-OPEN-OR-NOT.
```

```
    IF ANKER-ADR-SL = TREE-END-ADR
     THEN DISPLAY '+++ROOT-TR: KEIN BAUKASTEN, DA EINZEL-'
                  'TEIL. TEILNR= ', TEILNR;
          PERFORM WARNING-REGISTRATION;
          MOVE 'TRUE' TO TREE-END;
     ELSE MOVE 'TRUE' TO ROOT-EXISTS-OR-NOT;
          MOVE 'FALS' TO TREE-END;
          MOVE ANKER-ADR-SL TO ES-KEY.

*------------------------------------------------------------------
    ENTRY 'NODE-TR' USING TS-B-REC, STRUKTURINFO, TREE-END.
* FUNKTION: STELLT KNOTENINFORMATION UND KANTENINFORMATION DE
*           JEWEILS NAECHSTEN KNOTENS EINES EINSTUFIGEN BAUME
*           ZUR VERFUEGUNG UND MELDET ENDE DES BAUMES, WENN
*           LETZTES ELEMENT.
*           BEISPIEL: KNOTEN = TEILESTAMMSATZ, KANTE = EINBAU

* INTERFACE:  USING  DLOAD-TS, ESS-DLOAD.
*      RESULT: 01 TS-B-REC          PIC X(220).
*      RESULT: 01 STRUKTURINFO      PIC 9(5).
*      RESULT: 77 TREE-END          PIC X(5).
*                 88 LAST-NODE          VALUE 'TRUE'.
* VORAUSS.: ROOT-TR .
*------------------------------------------------------------------
 NODE-TR.
    IF ROOT-EXISTS
     THEN CALL 'ESS-DLOAD' USING ESS;
          MOVE ES-MENGE TO STRUKTURINFO;
          MOVE ADR-UNTEN TO TS-KEY;
          CALL 'DLOAD-TS' USING FOUND-OR-NOT, TSS;
          IF NOT FOUND
            THEN DISPLAY '+++TREE.NODE: TSS NOT FOUND';
            ELSE IF FOLGE-ADR-SL = TREE-END-ADR
                 THEN MOVE 'TRUE' TO TREE-END;
                      MOVE 'FALS' TO ROOT-EXISTS-OR-NOT;
                 ELSE MOVE FOLGE-ADR-SL TO ES-KEY;
     ELSE DISPLAY '***NODE-TR: NO PREVIOUS CALL OF '
                  '  ROOT-TR ,  -FATAL- ';
          STOP RUN.
    MOVE INFO OF TSS  TO  TS-B-REC.
    GOBACK.

*GLOBALE PROZEDUREN
*-----------------
 WARNING-REGISTRATION.
    ADD 1 TO WARNING-COUNTER.
    IF WARNING-COUNTER > WARNING-LIMIT
      THEN DISPLAY '***TREE: YOU EXCEEDED THE WARNING-LIMIT.
                   ' EXAMINE YOUR APPLICATION ALGORITHM !!!'
           DISPLAY '-FATAL-';
           STOP RUN.
    DISPLAY '+++TREE.ROOT: WARNING-REGISTRATION-NO '
            WARNING-COUNTER.
```

2.2.7.3 Modul für Zwischenspeicher: STACK

Im Entwurf von 2.2.5 hatten wir den "Zwischenspeicher" nicht näher ausgeführt. Dies soll jetzt erfolgen.

Anforderungen an den Zwischenspeicher:

(1) Zu ihm gehören zwei Funktionen
- einspeichern ('push')
- ausspeichern ('pop').

(2) Push und pop müssen in immer gleichbleibender Weise erfolgen, damit alle eingespeicherten Daten auch wieder ausgespeichert werden. Andernfalls würde ein Baum nicht korrekt traversiert. Dies erreicht man am besten durch Anwendung einer Prioritätsregel (Bsp: LIFO = last in first out, FIFO = first in first out).

Ein solcher Zwischenspeicher ist ebenso wie ein Baum eine Datenstruktur, die nicht durch die Programmiersprache vorgegeben ist[1], sondern vom Programmierer entworfen und mit Hilfe der gegebenen Datenstrukturen der Programmiersprache realisiert wird (sog. <u>höhere Datenstruktur</u> vgl. II.3.4). Gemäß II.4.2.8 eignet sie sich als Modul für ein Programmsystem.

Wir wählen als Datenstruktur einen sog. <u>Keller</u> ('<u>stack</u>'), der nach der LIFO-Prioritätsregel aufgebaut ist.

Ebenso möglich wäre eine Warteschlange ('queue'), die nach dem FIFO-Prinzip arbeitet.

<u>Aufgabe:</u> Der Leser überlege sich, warum die gewählte Lösung 'stack' die einfachere ist!
(Hinweis: Speicherplatzausnutzung, Zeigerverwaltung)

Das folgende Modul realisiert die Datenstruktur "Zwischenspeicher" als Tabelle im Internspeicher. Wir unterstellen, daß keine Erzeugnisstruktur mehr als 100 Baugruppen umfaßt.

<u>Aufgabe:</u> Bearbeiten Sie die Aufgabe auf S. 121 noch einmal, indem Sie das folgende Modul verwenden. (Hinweis: Sie brauchen <u>nur</u> die Schnittstellenspezifikation zu benutzen!)

---

1) Dies muß nicht so sein. Die Sprache SIMULA z.B. stellt lineare Listen als Datenstruktur zur Verfügung.

```
*++++++++++++++++++++++++
 IDENTIFICATION DIVISION.
*++++++++++++++++++++++++
  PROGRAM-ID.   STACK.
  AUTHOR.       SPITTA.
  DATE-WRITTEN. FEBR. '78
  DATE-COMPILED.
  REMARKS.
*------------------------------------------------------------------
*------------------------------------------------------------------
*                    +++ S T A C K +++
* FUNKTION: REALISIERT EINEN ZWISCHENSPEICHER FUER 2 NUMERISC
*           DATENELEMENTE ALS STACK (=KELLER).
* INTERFACE:   GIVING  INIT-ST;
*                      PUSH;
*                      POP;
*                      END-ST.
* VORAUSS.:  -
* REIHENFOLGE:  STACK: (INIT-ST;
*                      ((PUSH...;POP...UNTIL 'STACK-EMPTY),
*                       (PUSH;PCP)...UNTIL 'STACK-EMPTY);END-
* RESTRIKTIONEN: KAPAZITAET DES STACK: 100 ELEMENTE.
* BESCHREIBUNG: M.H. VON PUSH WIRD IN DEN ZWISCHENSPEICHER EI
*               SPEICHERT, M.H. VCN PCP AUSGESPEICHERT.
*               PUSH UND POP KOENNEN IN BELIEBIGER REIHENFCLG
*               AUFGERUFEN WERDEN, SOLANGE NICHT DAS PRAEDIKA
*               'STACK-EMPTY WAHR WIRD.
* FEHLER:       BEI VERLETZEN VON REIHENFCLGEBEDINGUNGEN ERFC
*               ABBRUCH. MELDUNGEN AUF FILE SYSOUT.
*------------------------------------------------------------------
*------------------------------------------------------------------


*++++++++++++++
 DATA DIVISION.
*++++++++++++++
 WORKING-STORAGE SECTION.
 77  STACKPOINT                    PIC 99 VALUE 0.
     88 STACK-EMPTY         VALUE  0.
     88 STACK-FULL          VALUE 99.
 77  INIT-FLAG                    PIC X VALUE 'N'.
     88 INIT-HAPPENED          VALUE 'Y'.
 77  EMPTY-FLAG                   PIC 9 VALUE 0.
 01  STACK-ARRAY.
     02 STACK-ELEMENT   OCCURS 99 INDEXED BY POINT.
        03 ELEMENT-1                 PIC 9(5).
        03 ELEMENT-2                 PIC 9(5).
 LINKAGE SECTION.
 77  STACK-EMPTY-OR-NOT          PIC X(5).
 01  TOP-ELEMENT.
     03 ELEMENT1                 PIC 9(5).
     03 ELEMENT2                 PIC 9(5).
```

```
*++++++++++++++++++++
 PROCEDURE DIVISION.
*++++++++++++++++++++
 STACK-MODULE.
*-------------
*------------------------------------------------------------------
     ENTRY 'INIT-ST' USING STACK-EMPTY-CR-NCT.
* FUNKTION: INITIALISIEREN DES STACK.
* INTERFACE:
*     RESULT: 77 STACK-EMPTY-OR-NOT     PIC X(5).
*                88 STACK-EMPTY  VALUE 'TRUE'.
* VORAUSS.:  INIT-ST NOCH NICHT AUFGERUFEN.
*------------------------------------------------------------------
 INIT-ST.
    IF NOT INIT-HAPPENED
       THEN SET POINT TO 0;
            MCVE 'Y' TC INIT-FLAG;
            MOVE 'FALS' TO STACK-EMPTY-CR-NOT;
       ELSE DISPLAY '***STACK.INIT: MUITIPLE INIT ';
            PERFORM BREAKDOWN.
     GOBACK.

*------------------------------------------------------------------
     ENTRY 'PUSH' USING TOP-ELEMENT.
* FUNKTION: EINSPEICHERN DER ELEMENTE VON TOP EINES STACK.
* INTERFACE:  01 TOP-ELEMENT.
*               03 ELEMENT1         PIC 9(5).
*               03 ELEMENT2         PIC 9(5).
* VORAUSS.:  INIT-ST.
*------------------------------------------------------------------
 PUSH.
     IF INIT-HAPPENED
       THEN IF NOT STACK-FULL  AND  EMPTY-FLAG = 0
            THEN SET POINT UP BY 1;
                 MCVE ELEMENT1 CF TOP-ELEMENT TO ELEMENT-1 (POINT)
                 MOVE ELEMENT2 CF TOP-ELEMENT TC ELEMENT-2 (FCINT)
                  SET STACKPCINT TO PCINT;
            ELSE DISPLAY '***STACK.PUSH: STACK OVERFLOW OR '
                         'STACK EMPTY';
                 PERFORM BREAKDCWN;
       ELSE DISPLAY '***STACK.PUSH: NO INIT OF STACK';
            PERFORM BREAKDOWN.
     GOBACK.
```

```
*-------------------------------------------------------------------
     ENTRY 'POP' USING STACK-EMPTY-OR-NOT, TOP-ELEMENT.
* FUNKTION: AUSSPEICHERN DES OBERSTEN ELEMENTES EINES STACK.
* INTERFACE:
*     RESULT: 77 STACK-EMPTY-OR-NOT      PIC X(5).
*                88 STACK-EMPTY  VALUE 'TRUE'.
*     RESULT: 01 TOP-ELEMENT.
*                03 ELEMENT1        PIC 9(5).
*                03 ELEMENT2        PIC 9(5).
* VORAUSS.: PUSH.
* FEHLER.:  MEHR ALS EINMALIGER AUFRUF VON POP MIT LEEREM STA
*           FUEHRT ZUM ABBRUCH.
*-------------------------------------------------------------------
  POP.
      IF INIT-HAPPENED
        THEN IF NOT STACK-EMPTY
           THEN MOVE ELEMENT-1 (POINT) TO ELEMENT1 OF TOP-ELE
                MOVE ELEMENT-2 (POINT) TO ELEMENT2 OF TOP-ELE
                SET POINT DOWN BY 1; SET STACKPOINT TO POINT;
           ELSE IF EMPTY-FLAG > 0
                  THEN DISPLAY '***STACK.POP: STACK UNDERFLOW
                       ' YOU TRIED TO POP EMPTY STACK TWICE';
                       PERFORM BREAKDOWN;
                  ELSE MOVE 'TRUE' TO STACK-EMPTY-OR-NOT;
                       MOVE 0 TO ELEMENT1, ELEMENT2;
                       ADD 1 TO EMPTY-FLAG;
       ELSE DISPLAY '***STACK.POP: NO INIT OF STACK';
            PERFORM BREAKDOWN.
   GOBACK.

*-------------------------------------------------------------------
      ENTRY 'END-ST'.
* FUNKTION: ERMOEGLICHEN ERNEUTER VERWENDUNG DES STACK IN EIN
*          PROGRAMMLAUF.
* INTERFACE: -
* VORAUSS.: INIT-ST .
*-------------------------------------------------------------------
 END-ST.
     MOVE 'N' TO INIT-FLAG; MOVE 0 TO EMPTY-FLAG.
     GOBACK.

    BREAKDOWN.
      DISPLAY '-FATAL-';  STOP RUN.
```

2.2.8 Spezifikationsrahmen des Benutzerprogramms

Mit dem folgenden Spezifikationsrahmen legen wir das zu entwickelnde Benutzerprogramm fest. Aus Platzgründen erfolgt vor der Softwareentwicklung keine weitergehende Spezifikation mehr.

2.2.8.1 Basismaschine

Die Basismaschine sind die in 2.2.6 ausführlich dargestellten Zugriffe auf die Datenbasis.
Wir zeigen sie noch einmal in einer grafischen Übersicht:

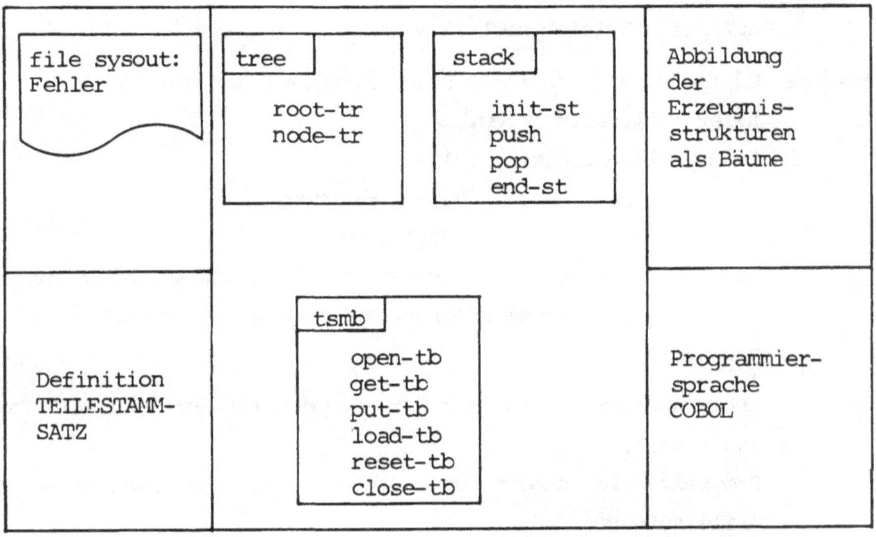

Abb. 2.10: Basismaschine für Anwendungsprogramme zur Bedarfsermittlung mit Hilfe der FST-DB

2.2.8.2 Benutzermaschine

1. Systemziele:

Mit Hilfe eines Programms BRUTTOBEDARF soll der Bruttobedarf für ein eingegebenes Produktionsprogramm ermittelt werden.
Das Programm soll Grundlage für eine schnellere und exaktere Materialdisposition sein, wodurch

- Lagerbestände verringert,

- Produktionsstockungen aufgrund fehlenden Materials verhindert,
- Eilbestellungen mit kleinen Losen vermieden werden.

2. Anforderungen:

Eingabe: Primärbedarf (Endprodukte oder Ersatzteile an Baugruppen) wird auf Lochkarten (oder vom Terminal) eingegeben. Je Bedarf gibt es eine Lochkarte (Eingabezeile) mit Teil-Nr. und Bedarfsmenge. Der Bedarf für eine Teil-Nr. kann mehrmals in der Eingabe auftauchen. Die Reihenfolge ist beliebig.

Zunächst soll eine Version für stapelweise Benutzung mit Lochkarten realisiert werden. Diese muß auf einfache Weise auf Dialogbetrieb umstellbar sein.

Ausgabe: Es ist eine Liste (bzw. Bildschirm) mit dem Bruttobedarf aller Teile auszugeben.
Jede Zeile enthält:
- Teil-Nr
- Teil-Bezeichnung
- Bedarfsmenge

Der auszugebende Sekundärbedarf pro Teil bezieht sich auf das gesamte in einem Programmlauf eingegebene Produktionsprogramm.

Fehler: Fehlerhafte Eingaben sind dem Anwender auf der Bedarfsliste anzuzeigen.
Programmfehler sind davon zu trennen (vgl. Basismaschine: 'file sysout').

3. Benutzermodell:

Vorgesehener Benutzer des Programms ist der Sachbearbeiter der Arbeitsgruppe Materialdisposition.
Er erstellt die Eingabe und interpretiert die Ausgabe.

Das Vorbereiten und Durchführen des Laufenlassens des Programms BRUTTOBEDARF ist bei der Stapelversion Aufgabe eines Operators.

Hieraus ergibt sich folgender Überblick für die Benutzermaschine:

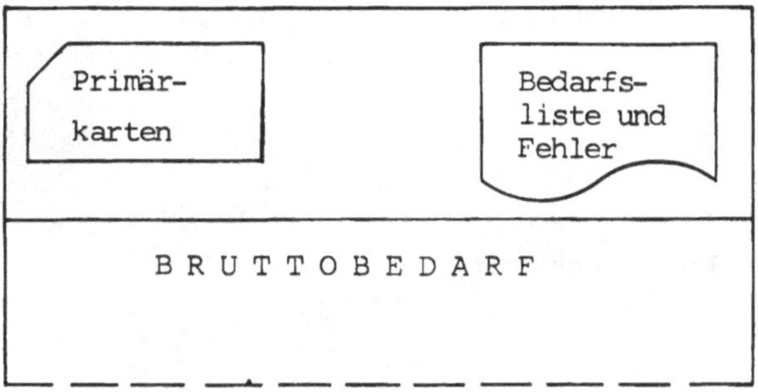

Abb. 2.11: Benutzermaschine zur Bruttobedarfsermittlung

Der Anwender erhält folgende Schnittstelle für das Programm:

```
*-------------------------------------------------------
*-------------------------------------------------------
*          +++ B R U T T O B E D A R F +++
*
* Schnittstelle Anwender:
* =======================
*
* Funktion: Bruttobedarfsermittlung mit Stuecklisten-
*           aufloesung aufgrund eingegebenen Primaer-
*           bedarfs. Ausgabe teilespezifischer Daten
*           der Teilestammdatei mit eingegebenem Pri-
*           maer- und errechnetem Sekundaerbedarf.
* Eingabe: Lochkarten mit Primaerbedarf pro Teilnummer
*    Feld:    teilnr    menge
*   Spalte:   1 - 5     6 - 10
*          Reihenfolge der Karten beliebig;
*          dieselbe Teilnummer kann mehrmals vorkommen.
* Restriktionen: Erzeugnisstrukturen duerfen nicht mehr
*                als 99 Baugruppen auf einer Fertigungs
*                stufe enthalten.
* Ausgabe: Liste mit folgenden Angaben:
*              teilnr / teil-bezeichnung / dispositions
*             stufe / losgroesse / bruttobedarf
*             (primaer und sekundaer) je teil.
* Fehler:  Meldungen bei:
*            Eingabe falscher Teilnummer,
*            Bestellmenge nicht numerisch (in diesem
*            Fall ist aus programmtechnischen Gruenden
*            die ausgegebene Teil-Art = 9, statt 1,2,3)
*-------------------------------------------------------
*-------------------------------------------------------
```

Die Bedienerschnittstelle für Operator, Systemprogrammierer o.ä. ist in JOB-Control auszudrücken (vgl. Anhang 4). Die Belegung der

Platten ergibt sich aus der Datenbasis.
Diese Schnittstelle ist im Programmcode (3.2) enthalten.

2.2.8.3 Systemübersicht

Nachstehend ist das Gesamtsystem noch einmal als Hierarchie aufeinander zugreifender COBOL-Module gezeigt:

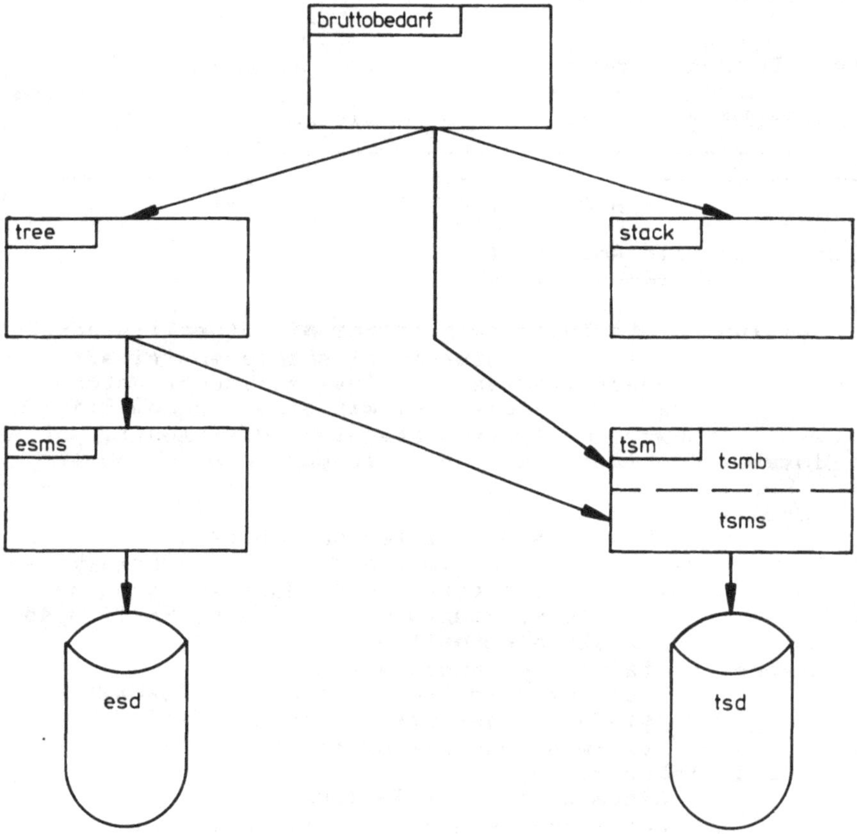

Abb. 2.12: Zugriffshierarchie der FST-DB mit Benutzermodul BRUTTOBEDARF

3. Softwareentwicklung

3.1 Algorithmischer Entwurf

Um den algorithmischen Entwurf für das Programm BRUTTOBEDARF erstellen zu können, muß man folgende Fragen klären:

- Wie läuft die Stücklistenauflösung ab?
- Wie werden die Bedarfsmengen errechnet und wie während eines Programmlaufes zwischengespeichert?

Der Algorithmus zur Stücklistenauflösung wurde bereits im Groben entwickelt (Alg 4, 2.2.6).

Aufgabe: Man wiederhole die Stücklistenauflösung und errechne dabei (mit Bleistift und Papier) aus angenommenem Primärbedarf den Sekundärbedarf an Baugruppen und Einzelteilen für E1 (Abb. 2.1).

Bei der Bearbeitung dieses Problems ergeben sich folgende ineinander geschachtelte Teilschritte (Vorgehen von oben nach unten):

```
Bearbeitung des gesamten Primaerbedarfs
    Aufloesung einer Stueckliste
    (fuer  e i n e  Bedarfskarte),
        Berechnung des Bedarfs einer Bau-
        gruppe bzw. ihrer Elemente

        BIS baugruppe-abgearbeitet,
    BIS stueckliste-abgearbeitet,
BIS kein-primaerbedarf-mehr.
```

Der erste Schritt ist die wiederholte Anwendung der Auflösung einer Stückliste, die bereits entwickelt wurde (Alg 4). Es fehlt noch die Bedarfsrechnung und die Einarbeitung dieses Schrittes in die Stücklistenauflösung.

Stufe 1: (Benutzermodell; Vorentwurf)

```
bruttobedarf.

der algorithmus 'bruttobedarf' liest beliebig viele
karten mit primaerbedarf.
fuer jede karte fuehrt er eine stuecklistenaufloesung
durch. dabei berechnet er aus dem primaerbedarf suk-
zessive den sekundaerbedarf an baugruppen und einzel-
teilen.
die stuecklistenaufloesung erfolgt baukastenweise unter
zuhilfenahme der module TREE und STACK der stuecklisten
datenbasis.
nach bearbeitung aller primaerkarten wird der sekundaer
bedarf (bruttobedarf) fuer jedes teil der datenbasis
ausgegeben.
bei eingabe nicht in der datenbasis gespeicherter teile
wird eine fehlermeldung ausgegeben.
```

Stufe 2: (Grobentwurf)

```
bruttobedarf

    initialisieren.
    primaerkarte lesen.
    MACHE primaerbedarf-verarbeiten
       BIS kein-primaerbedarf-mehr.
    sekundaerbedarf-ausgeben.
    BEENDE AUSFUEHRUNG.
 primaerbedarf-verarbeiten.
    stueckliste aufloesen.
    primaerkarte lesen.
```

Wir greifen jetzt Alg 4 auf und modifizieren ihn entsprechend der vorgegebenen Basismaschine, indem wir die Module TREE und STACK benutzen.

Außerdem arbeiten wir die Bedarfsrechnung ein. Hierzu sind jedoch noch einige Überlegungen notwendig:

- Wie wird der Bedarf errechnet?
  (Wir brauchen ein allgemeines Lösungsschema!)
- Wie wird zwischengespeichert?
  (Durch nachfolgende Primärbedarfe erhöht sich der Sekundärbedarf eines Teils bei der folgenden Stücklistenauflösung!)

Der Bedarf der Teile einer Baubruppe G_x wird folgendermaßen errechnet:

$teilebedarf_i := vorheriger\ teilebedarf_i + baugruppenbedarf_j * menge_i$

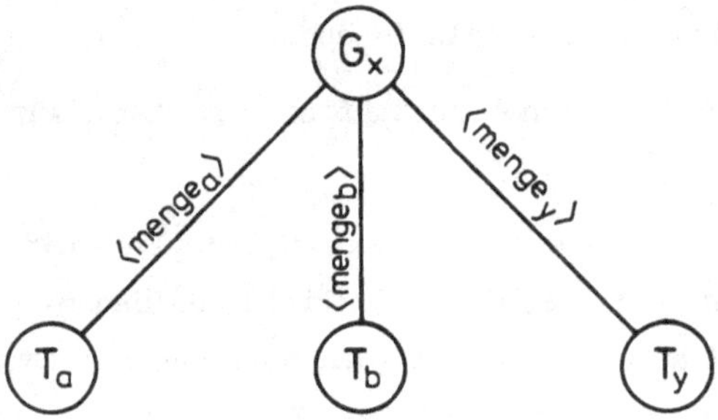

mit: i = (a,b,y) , j = x

menge wird von TREE zur Verfügung gestellt.

Für den *teilebedarf* bestehen 2 Möglichkeiten:

(1) Einrichten einer Tabelle im Internspeicher für alle von der Bedarfsrechnung erfaßten Teile (wieviele sind das?),

(2) speichern dieses Bedarfs im TSS des jeweiligen Teils (wieviele Plattenzugriffe sind dann notwendig?).

Im Fall (1) steht *baugruppenbedarf* im Internspeicher zur Verfügung, im Fall (2) muß

- entweder für jedes Teil einer Baugruppe auf den TSS zugegriffen werden,
- oder ein Hilfsfeld im Internspeicher deklariert werden.

Ganz sicher ist nur das Hilfsfeld sinnvoll.

Um zwischen Fall (1) und (2) entscheiden zu können, muß man quantitative Überlegungen anstellen.
Ein mittlerer Fertigungsbetrieb hat ca. 50 000 Teilestammsätze zu verwalten, davon mindestens 10 000 "lebende Teile".

Bei einer Bedarfsrechnung werden ca. 30 - 70 % der lebenden Teile angesprochen. Ein Bedarfsprogramm muß demzufolge mindestens 7000 Felder für Fall (1) im Internspeicher reservieren. Bereits bei 7001 Teilen arbeitet das Programm nicht mehr richtig; manuelle Zusatzarbeiten sind notwendig.

Von diesen 7000 Feldern bleiben im Durchschnitt ca. die Hälfte ungenutzt. Dies ergibt sich aus der hierfür notwendigen Datenstruktur Tabelle.

Fall (1) scheidet damit für kleinere EDV-Anlagen aus.

Fall (2) muß erkauft werden durch eine höhere Laufzeit, bietet aber große Flexibilität.

Wir brauchen keine Tabelle im Internspeicher, sondern lediglich ein Bedarfsfeld in jedem Teilestammsatz. Bei der Stücklistenauflösung können wir mit dem Bedarfsfeld arbeiten, da wir den Satz ohnehin im Zugriff haben. Wir müssen jedoch den Satz nach der Berechnung des Teilebedarfs zurückschreiben (ca. 50 msec/Zugriff).
Außerdem müssen wir zum *sekundaerbedarf-ausgeben* auf alle angesprochenen Sätze noch einmal zugreifen, um die Mengen zu lesen.

Wenn wir die internen Zugriffe (Tabelle im Internspeicher) als nahe 0 msec/Zugriff ansetzen und annehmen, daß jeder Satz bei der Stücklistenauflösung durchschnittlich zweimal angesprochen wird (Wiederholbaugruppen!), so erhalten wir gegenüber Fall (1) eine Erhöhung der Laufzeit von

pro Teil	2 * 50 msec	Stücklistenauflösung
	+ 1 * 50 msec	Ausgabe Sekundärbedarf
	150 msec	gesamt
pro Lauf	5000 * 150 msec	(durchschnittl. 5000 angesprochene Teile)
	= 750 000 msec	= 750 sec = 12,5 min

Wir haben also eine gute Ausnutzung des Internspeichers und eine höhere Flexibilität des Systems durch eine höhere Laufzeit von ca. 12,5 min je Lauf erkauft. Dies erscheint angesichts der Vorteile tragbar.

Auf diesen Überlegungen aufgebaut, können wir den Feinentwurf des Algorithmus *bruttobedarf* formulieren:

Stufe 3: (Feinentwurf)

Bruttobedarf

```
DATENTEIL.
DATEIEN KAPITEL.
DATEI primaerkarten.
 primaer-satz.
   teilnr                      NUM 5 ST.
   bestellmenge                NUM 5 ST.
ARBEITSSPEICHER KAPITEL.
 kein-primaerbedarf-mehr     BOOL 2 ST WERT 'tr'.
 baukasten-ende              BOOL 2 ST WERT 'tr'.
 stueckliste-ende            BOOL 2 ST WERT 'tr'.
 stack-leer                  BOOL 4 ST WERT 'true'.
 tsd-ende                    BOOL 2 ST WERT 'tr'.
 baugrp-bed                   NUM 5 ST.
 einbaumenge                  NUM 5 ST.
 teilestamm.
  teilnr                      NUM 5 ST.
  brutto-bed                  NUM 5 ST.
  weitere-daten         ALPH-NUM 210 ST.

PROZEDURTEIL.
bruttobedarf.                          /* ebene 1 */
    initialisieren.
    MACHE primaerkarte-lesen.
    MACHE primaerbedarf-verarbeiten
       BIS kein-primaerbedarf-mehr.
    RUFE 'reset-tb'.
    RUFE 'load-tb' MIT tsd-ende, teilestamm.
    MACHE sekundaerbedarf-ausgeben
       BIS tsd-ende.
    BEENDE AUSFUEHRUNG.

 primaerbedarf-verarbeiten.            /* ebene 2 */
    bestellte teilnr in teilestamm uebertragen.
    RUFE 'root-tr' MIT teilestamm, baukasten-ende.
    bestellmenge nach baugrp-bed uebertragen,
     zu brutto-bed VON teilestamm addieren und
     teilestamm zurueckschreiben.
    RUFE 'init-st' MIT stack-leer.
    UEBERTRAGE stack-leer NACH stueckliste-ende.
    /* stack-leer hat den wert FALSCH */
    stueckliste-ende auf FALSCH setzen.
    MACHE stueckliste-aufloesen
       BIS stueckliste-ende.
    RUFE 'end-st'.
    MACHE primaerkarte-lesen.
```

```
primaerkarte-lesen.
   LIES primaerkarten
      AM ENDE setze kein-primaerbedarf-mehr auf WAHR.

stueckliste-aufloesen.               /* ebene 3 */
   baukasten-ende auf FALSCH setzen.
   MACHE baukasten-abarbeiten
      BIS baukasten-ende.
   RUFE 'pop' MIT teilnr VON teilestamm, bausrp-bed,
                  stack-leer.
   WENN stack-leer
      DANN setze stueckliste-ende auf WAHR
      SONST
       RUFE 'root-tr' MIT teilestamm, baukasten-ende.

baukasten-abarbeiten.                /* ebene 4 */
   RUFE 'node-tr' MIT teilestamm, einbaumenge,
                      baukasten-ende.
   MACHE sekundaerbedarf-berechnen.
   WENN teil eine bausruppe ist
     DANN RUFE 'push' MIT teilnr,
                          einbaumenge * bausrp-bed.
   RUFE 'put-tb' MIT teilestamm.

sekundaerbedarf-berechnen.           /* ebene 5 */
   BERECHNE
   brutto-bed = brutto-bed + bausrp-bed * einbaumenge.
--------------------------------------------------------
sekundaerbedarf-aussegeben.          /* ebene 2 */
   auszugebende daten vom teilestamm in ausgabebereich
   uebertragen und schreiben.
   RUFE 'load-tb' MIT tsd-ende, teilestamm.
```

Alg. 5: Bruttobedarfsermittlung

3.2 Implementierung in COBOL

```
*++++++++++++++++++++++++
 IDENTIFICATION DIVISION.
*++++++++++++++++++++++++

 PROGRAM-ID. BRUTTOBED.
 AUTHOR.      SPITTA;  NACH VORARBEITEN VON BERGER/STERNBERG.
 DATE-WRITTEN. 31.10.76.   LAST CHANGE: 28.2.78.
 DATE-COMPILED.
 REMARKS.
*----------------------------------------------------------------
*----------------------------------------------------------------
*             +++ B R U T T O B E D A R F +++
*
* SCHNITTSTELLE OPERATOR:
* =======================
*
* FUNKTION: BRUTTOBEDARFSERMITTLUNG MIT STUECKLISTENAUFLOESUNG
*           AUFGRUND EINGEGEBENEN PRIMAERBEDARFS.
*           AUSGABE TEILESPEZIFISCHER DATEN DER TEILESTAMMDATEI
*           MIT EINGEGEBENEM PRIMAER- UND ERRECHNETEM SEKUNDAER-
*           BEDARF.
* INTERFACE:   USING  TREE , STACK , TSM (TSMB) .
*
* VORAUSS.: STUECKLISTEN-DATENBASIS MIT TSD UND ESD.
* BETRIEBSMITTEL: CORE: 10K
*              PLATTEN: CMS001, CMS002.
*           VIRT. LESER: FILE SYSIN,
*         VIRT. DRUCKER: FILE BEDLIST   ERGEBNISSE USER
*                        FILE SYSOUT    FEHLER EDV-ABTLG
*----------------------------------------------------------------
*----------------------------------------------------------------


*+++++++++++++++++++++
 ENVIRONMENT DIVISION.
*+++++++++++++++++++++

 CONFIGURATION SECTION.
*---------------------

 SOURCE-COMPUTER. IBM-370-158.
 OBJECT-COMPUTER. IBM-370-158.

 INPUT-OUTPUT SECTION.
*---------------------

 FILE-CONTROL.
     SELECT PRIMAER-BED-D ASSIGN TO UR-2540R-S-SYSIN.
     SELECT LISTEN-D      ASSIGN TO UR-1403-S-BEDLIST.
```

```
*++++++++++++++
 DATA DIVISION.
*++++++++++++++

* VERWENDETE ABKUERZUNGEN BEI DATENNAMEN:
* ========================================
*DATENORGANISATIONSBEZOGENE ABKUERZUNGEN:
*     D   = DATEI;                    S    = SATZ;
*PROBLEMBEZOGENE ABKUERZUNGEN:
*     BED = BEDARF;                    BEST = BESTAND
*     TS  = TEILESTAMM;                ES   =  ERZEUGNISSTRUKTUR;
*     SL  = STUECKLISTE;               T    = TEIL;

 FILE SECTION.
*-------------

 FD  PRIMAER-BED-D LABEL RECORD OMITTED;
                   RECORD CONTAINS 80 CHARACTERS.
  01 PRIMAER-S.
     03 TEILNR.
        05 T-ART                            PIC 9.
        05 T-ID                             PIC 9(4).
     03 BESTELLMENGE                        PIC 9(5).
     03 FILLER                              PIC X(70).

 FD  LISTEN-D LABEL RECORD OMITTED;
                   RECORD CONTAINS 120 CHARACTERS.
 01  LISTEN-S.
     03 TEILNR                          PIC 9(5)B.
     03 BEZEICHNUNG                     PIC BX(30)B.
     03 DISP-STUFE                      PIC B9B.
     03 LOSGROESSE                      PIC BZ(4)9BB.
     03 BRUTTO-B.
       05 PRIMAER-BED                   PIC BZ(3)9.
       05 SEKUNDAER-BED                 PIC BZ(6)9.
     03 FILLER                          PIC X(57).

 01  FEHLER-S.
     03 TEILNR                              PIC Z(5)B.
     03 FEHLER-TEXT                         PIC X(126).

 01  MELDUNG-S.
     03 MELDG-TEXT                          PIC X(28).
     03 MELDG-ZAHL                          PIC BZ(4)9.
     03 MELDG-REST                          PIC X(98).
```

```
 WORKING-STORAGE SECTION.
*------------------------

*BOOLESCHE VARIABLEN:
 77  PRIMAER-B-ENDE-OR-NOT              PIC X(5) VALUE 'FALSE'.
     88 KEIN-PRIMAERBEDARF-MEHR     VALUE 'TRUE '.
 77  TSD-ENDE-OR-NOT                    PIC X(5).
     88 TSD-ENDE                    VALUE 'TRUE '.
 77  TS-GEFUNDEN-OR-NOT                 PIC X(5).
     88 TS-GEFUNDEN                 VALUE 'TRUE '.
 77  STACK-EMPTY-OR-NOT                 PIC X(5).
     88 STACK-EMPTY                 VALUE 'TRUE '.
     88 STUECKLISTE-ENDE            VALUE 'TRUE'.
 77  BAUKASTEN-ENDE-OR-NOT              PIC X(5).
     88 BAUKASTEN-ENDE              VALUE 'TRUE'.
     88 EINZELTEIL-ODER-KEIN-STAMMSATZ  VALUE 'TRUE'.
 77  FEHLER-OR-NOT                      PIC X(4) VALUE 'FALS'.
     88 FEHLER                      VALUE 'TRUE'.

*ZWISCHENSPEICHER:
 77  EINBAUMENGE                        PIC 9(5).
 77  BAUGRP-BED                         PIC 9(5).
 77  KARTENZAEHLER                      PIC 9(5) VALUE 0.
 77  FALSCHKARTENZAEHLER                PIC 9(5) VALUE 0.

*TEILESTAMMSATZ
 01  TEILESTAMM.
         03 TEILNR.
            05 TEILART                  PIC 9.
               88 ENDPRODUKT        VALUE 1.
               88 BAUGRUPPE         VALUE 2.
               88 EINZELTEIL        VALUE 3.
            05 TEIL-ID                  PIC 9(4).
         03 DISP-STUFE                  PIC 9.
         03 LOSGROESSE                  PIC 9(5).
         03 BEZEICHNUNG                 PIC X(30).
         03 LAGER-BEST                  PIC 9(5).
         03 PRIMAER-BED                 PIC 9(5).
         03 SEKUNDAER-BED.
            05 BRUTTO-BED               PIC 9(5).
            05 NETTO-BED                PIC 9(5).
         03 PERIODENDATEN  OCCURS 7 INDEXED BY P-I
                                      PIC 9(10).
         03 WEITERE-DATEN               PIC X(89).

*STACK-ELEMENT
 01  TOP-ELEMENT.
     03 TEILNR                          PIC 9(5).
     03 MENGE                           PIC 9(5).
```

```
  01 UEBERSCHRIFT.
     03 ZEILE-1                                  PIC X(120) VALUE
       'TEIL-     TEIL-                                  DISP- LOS-  BRUT
-      'DARF'.
     03 ZEILE-2                                   PIC X(120) VALUE
       'NR.       BEZEICHNUNG                            STUFE GR.  PRIMA
-      'KUNDAER'.


*+++++++++++++++++++
 PROCEDURE DIVISION.
*+++++++++++++++++++

*STEUERUNG SECTION.          /* EBENE 1 */
*===================

 BEDARFSRECHNUNG.

     PERFORM OEFFNEN.

     PERFORM PRIMAERBEDARF-LESEN.
     PERFORM PRIMAERBEDARF-VERARBEITEN
             UNTIL KEIN-PRIMAERBEDARF-MEHR.

     PERFORM UEBERSCHRIFT-SCHREIBEN.
     CALL 'RESET-TB'.
     CALL 'LOAD-TB' USING TSD-ENDE-OR-NOT, TEILESTAMM.
     PERFORM BEDARFSZEILE-DRUCKEN
             UNTIL TSD-ENDE.
     PERFORM ABSCHLUSSMELDUNG.
     PERFORM SCHLIESSEN.

     STOP RUN.


*PROBLEMLOESUNG SECTION.       /* EBENE 2 */
*========================

*PRIMAERBEDARF .
*--------------

 PRIMAERBEDARF-VERARBEITEN.
     MOVE TEILNR OF PRIMAER-S TO TEILNR OF TEILESTAMM.
     CALL 'ROOT-TR' USING TEILESTAMM, BAUKASTEN-ENDE-OR-NOT.
     IF EINZELTEIL-ODER-KEIN-STAMMSATZ
        THEN PERFORM FEHLERMELDUNG;
        ELSE PERFORM PRIMAERBEDARF-EINTRAGEN;
             CALL 'INIT-ST' USING STACK-EMPTY-OR-NOT;
*            STACK-EMPTY IST JETZT 'FALSCH'
*            UND DAMIT STUECKLISTE-ENDE !
             PERFORM STUECKLISTE-AUFLOESEN
                     UNTIL STUECKLISTE-ENDE;
             CALL 'END-ST'.
     PERFORM PRIMAERBEDARF-LESEN.
```

```
 PRIMAERBEDARF-EINTRAGEN.
     MOVE BESTELLMENGE TO BAUGRP-BED.
     ADD BESTELLMENGE TO BRUTTO-BED, PRIMAER-BED OF TEILESTAMM.
     CALL 'PUT-TB' USING TEILESTAMM.

*SEKUNDAERBEDARF .
*------------------

 STUECKLISTE-AUFLOESEN.
     MOVE 'FALS' TO BAUKASTEN-ENDE-OR-NOT.
     PERFORM BAUKASTEN-ABARBEITEN
             UNTIL BAUKASTEN-ENDE.
     CALL 'POP' USING STACK-EMPTY-OR-NOT, TOP-ELEMENT.
     IF NOT STACK-EMPTY
       THEN MOVE MENGE OF TOP-ELEMENT TO BAUGRP-BED;
            MOVE TEILNR OF TOP-ELEMENT TO TEILNR OF TEILESTAMM;
           CALL 'ROOT-TR' USING TEILESTAMM, BAUKASTEN-ENDE-OR-NOT;
*      SONST IST STUECKLISTE-ENDE  'WAHR' !


 BAUKASTEN-ABARBEITEN.
     CALL 'NODE-TR' USING TEILESTAMM, EINBAUMENGE,
                                      BAUKASTEN-ENDE-OR-NOT.
     PERFORM SEKUNDAERBEDARF-BERECHNEN.
     IF NOT EINZELTEIL
        THEN MOVE TEILNR OF TEILESTAMM TO TEILNR OF TOP-ELEMENT;
             COMPUTE
             MENGE OF TOP-ELEMENT = BAUGRP-BED * EINBAUMENGE;
             CALL 'PUSH' USING TOP-ELEMENT.
     CALL 'PUT-TB' USING TEILESTAMM.

 SEKUNDAERBEDARF-BERECHNEN.
     IF BAUGRP-BED NOT = 0
        THEN COMPUTE
             BRUTTO-BED = BRUTTO-BED + BAUGRP-BED * EINBAUMENGE.


*PRIMITIVEN SECTION.          /* EBENE 3 */
*====================

 PRIMAERBEDARF-LESEN.
     ADD 1 TO KARTENZAEHLER.
     READ PRIMAER-BED-D
          AT END MOVE 'TRUE ' TO PRIMAER-B-ENDE-OR-NOT;
                 SUBTRACT 1 FROM KARTENZAEHLER.
     IF BESTELLMENGE NOT NUMERIC
       THEN MOVE 9 TO T-ART OF PRIMAER-S;
            MOVE 'BESTELLMENGE NICHT NUMERISCH:' TO FEHLER-TEXT;
            WRITE FEHLER-S; MOVE SPACES TO FEHLER-S.
```

```
UEBERSCHRIFT-SCHREIBEN.
    PERFORM LEERZEILE 2 TIMES.
    PERFORM EINGABEMELDUNG.
    WRITE LISTEN-S FROM ZEILE-1; MOVE SPACES TO LISTEN-S.
    WRITE LISTEN-S FROM ZEILE-2; MOVE SPACES TO LISTEN-S.
    PERFORM LEERZEILE.

 LEERZEILE.
    MOVE SPACES TO LISTEN-S; WRITE LISTEN-S;
    MOVE SPACES TO LISTEN-S.

BEDARFSZEILE-DRUCKEN.
    MOVE CORRESPONDING TEILESTAMM TO LISTEN-S.
    MOVE PRIMAER-BED OF TEILESTAMM TO PRIMAER-BED OF LISTEN-S.
    MOVE BRUTTO-BED TO SEKUNDAER-BED OF LISTEN-S.
    WRITE LISTEN-S.
    CALL 'LOAD-TB' USING TSD-ENDE-OR-NOT, TEILESTAMM.

 EINGABEMELDUNG.
    MOVE 'GELESENE PRIMAERKARTEN: ' TO MELDG-TEXT;
    MOVE KARTENZAEHLER TO MELDG-ZAHL;
    MOVE SPACES TO MELDG-REST;
    WRITE MELDUNG-S.
    MOVE '  DAVON FEHLERHAFT: ' TO MELDG-TEXT;
    MOVE FALSCHKARTENZAEHLER TO MELDG-ZAHL;
    MOVE SPACES TO MELDG-REST;
    WRITE MELDUNG-S; MOVE SPACES TO MELDUNG-S;
    PERFORM LEERZEILE 2 TIMES.

 FEHLERMELDUNG.
    IF NOT FEHLER
      THEN MOVE 'EINGABEFEHLER: ' TO FEHLER-TEXT;
           MOVE 0 TO TEILNR OF FEHLER-S;
           WRITE LISTEN-S;
           PERFORM LEERZEILE;
           MOVE 'TRUE' TO FEHLER-OR-NOT.
    ADD 1 TO FALSCHKARTENZAEHLER.
    MOVE TEILNR OF PRIMAER-S TO TEILNR OF FEHLER-S.
    MOVE ' EINGEGEBENES TEIL NICHT IM TEILESTAMM ENTHALTEN '
         TO FEHLER-TEXT.
    WRITE FEHLER-S; MOVE SPACES TO FEHLER-S;
    PERFORM LEERZEILE.
```

```
ABSCHLUSSMELDUNG.
    PERFORM LEERZEILE 2 TIMES.
    MOVE ZEROES TO TEILNR OF FEHLER-S;
    MOVE 'ALLE EINGEGEBENEN TEILNUMMERN WURDEN BEARBEITET'
        TO FEHLER-TEXT;
    WRITE FEHLER-S.
    PERFORM LEERZEILE;
    MOVE ZEROES TO TEILNR OF FEHLER-S;
    MOVE 'PROGRAMM BRUTTOBEDARF NORMAL BEENDET ' TO FEHLER-TEXT;
    WRITE FEHLER-S.

OEFFNEN.
    OPEN INPUT PRIMAER-BED-D, OUTPUT LISTEN-D.
    CALL 'OPEN-TB'.

SCHLIESSEN.
    CLOSE PRIMAER-BED-D, LISTEN-D.
    CALL 'CLOSE-TB'.
```

3.3 Programmtest

Das Testen eines Programms ist das Laufenlassen des Programms mit Daten, die möglichst alle Eingabefälle enthalten und von denen man die Ausgaben, die sie liefern müssen, vorher manuell oder durch Hilfsprogramme ermittelt hat.

Da ein Programm tausende möglicher Konstellationen von Eingabedaten hat, die man nicht alle ermitteln kann, ist es nicht möglich, durch Testen die Korrektheit eines Programmes nachzuweisen.

Man schließt aus der Plausibilitätsprüfung der Module und Teilalgorithmen und daraus, daß man keine Fehler mehr findet auf die Richtigkeit des Programms (vgl. dazu II.2.6.5/4.2.3/4.2.8).

Während die Plausibilitätsprüfungen implizit bei der Algorithmenentwicklung vorgenommen wurden (Welche Voraussetzungen führen zu welchen Konsequenzen?), wird jetzt die Testphase bezüglich Eingabe und Ausgabe gezeigt.

3.3.1 Testdaten

Die Stücklisten-Datenbasis wurde für zwei Schneckengetriebe E 1 und E 2 generiert, wobei E 2 eine Variante von E 1 darstellt.

Nachfolgend die Erzeugnisstrukturen mit Teilenummern und Einbaumengen. Die Bezeichnungen finden sich im Ausdruck des Ergebnisses.

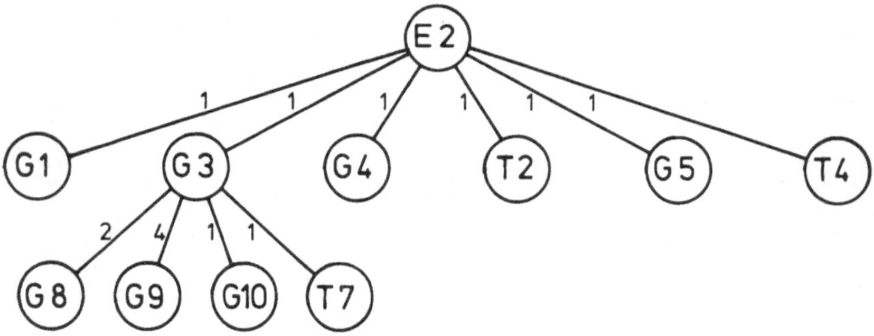

Abb. 2.13: Erzeugnisstruktur von E 2

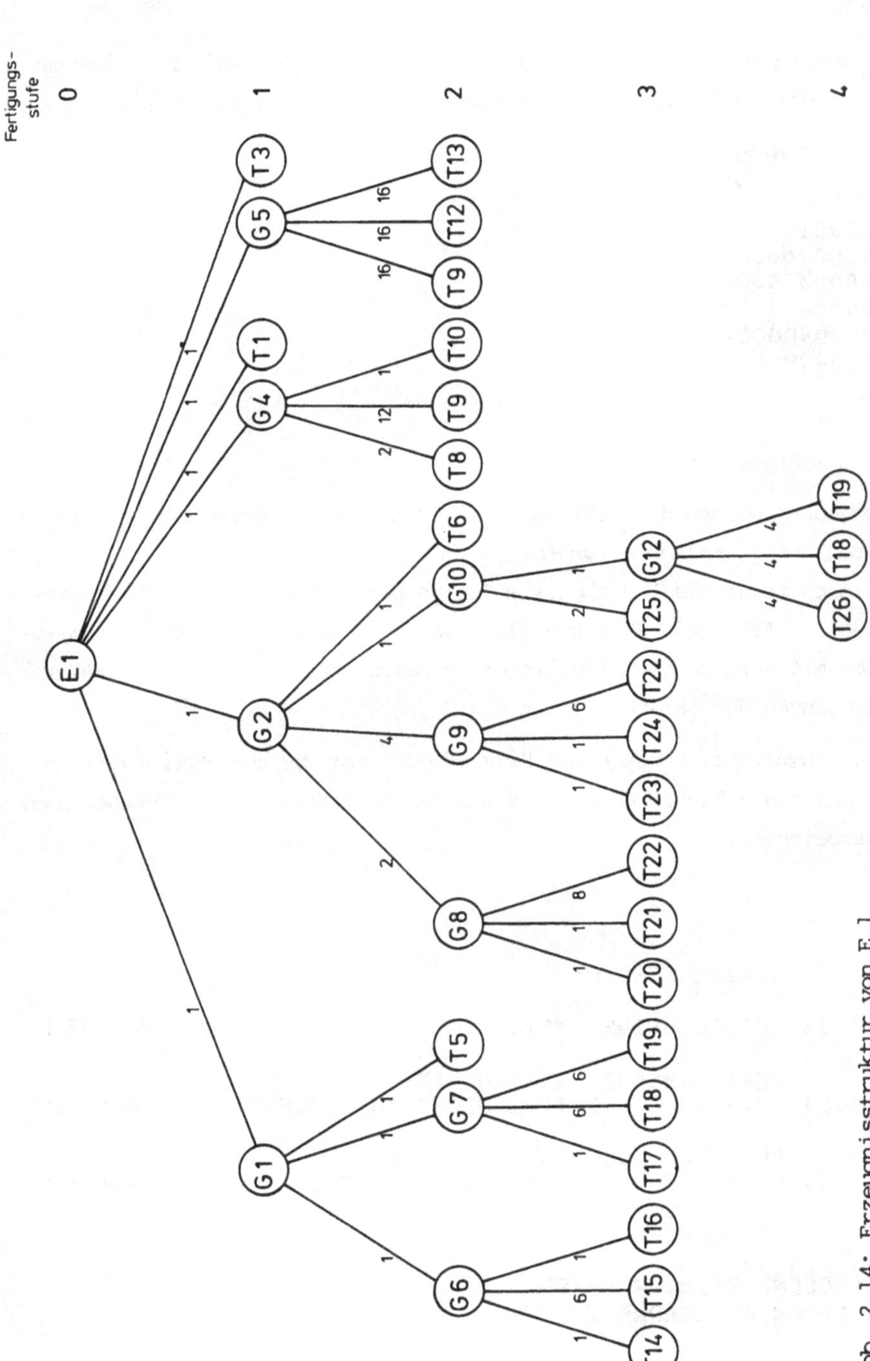

Abb. 2.14: Erzeugnisstruktur von E 1

Die Eingabedaten für BRUTTOBEDARF (Karten mit Primärbedarf) werden von einer auf Magnetplatte kopierten Lochkartendatei eingegeben:

```
1000100005
2000300005
2000400002
1000100002
2000400003
1000300001
20004    2
2000400004
1000200003
```

3.3.2 Ergebnisse

Zunächst werden die fehlerhaften Eingabekarten aufgelistet, die vom Programm "überlesen" wurden.
Danach folgt die Ausgabeliste der gespeicherten TSD. Die "Dispositionsstufe" (vgl. 3.4) und die Losgröße sind aus den Teilestammsätzen mit ausgedruckt. Sie liefern Ansatzpunkte für weitergehende Anwendungen der FST-DB.

Der kumulierte eingegebene Primärbedarf ist vor der Spalte des errechneten Sekundärbedarfs mit ausgedruckt. Er wurde im TSS zwischengespeichert.

```
      EINGABEFEHLER:

10003  EINGEGEBENES TEIL NICHT IM TEILESTAMM ENTHALTEN

      BESTELLMENGE NICHT NUMERISCH:
90004  EINGEGEBENES TEIL NICHT IM TEILESTAMM ENTHALTEN

      BESTELLMENGE NICHT NUMERISCH:
90004  EINGEGEBENES TEIL NICHT IM TEILESTAMM ENTHALTEN


GELESENE PRIMAERKARTEN:          9
  DAVON FEHLERHAFT:              3
```

TEIL-NR.	TEIL-BEZEICHNUNG	DISP-STUFE	LOS-GR.	BRUTTO-BEDARF PRIMAER	SEKUNDAER
10001	SCHNECKENGETRIEBE-SEILTRIEB	0	5	7	7
10002	SCHNECKENGETRIEBE-ZAHNTRIEB	0	5	3	3
20001	GEHAEUSE-ABTRIEB	1	5	0	10
20002	GEHAEUSE-ANTRIEB-S	1	5	0	7
20003	GEHAEUSE-ANTRIEB-Z	1	5	5	8
20004	SCHNECKENRADWELLE	1	7	5	15
20005	ABTRIEB	1	5	0	10
20006	DECKEL-AUSSEN-ABTRIEB	2	5	0	10
20007	DECKEL-INNEN-ABTRIEB	2	5	0	10
20008	DECKEL-LAGER-ANTRIEB	2	5	0	30
20009	DECKEL-GEHAEUSEOEFFNUNGEN-ANTR	2	5	0	60
20010	SCHNECKENZUBEHOER	2	7	0	15
20012	KUPPLUNG	3	6	0	15
30001	SCHNECKENRADKRANZ-62-Z	1	10	0	7
30002	SCHNECKENRADKRANZ-87-Z	1	10	0	3
30003	SEILTROMMEL	1	7	0	7
30004	ZAHNKRANZ-98-Z	1	10	0	3
30005	LAGERBOCK	2	5	0	10
30006	SCHNECKE-MIT-WELLE-S	2	10	0	7
30007	SCHNECKE-MIT-WELLE-Z	2	10	0	8
30008	PENDELROLLENLAGER-40D DIN 635	2	100	0	30
30009	BOLZEN M22 X 7 DIN 931	2	500	0	340
30010	WELLE	2	7	0	15
30012	FEDERRING A22 DIN 127	2	10000	0	160
30013	MUTTER M22 DIN 555	2	10000	0	160
30014	DECKEL	3	5	0	10
30015	BOLZEN M12 X 130 DIN 931	3	200	0	60
30016	STOPFEN 18" T9 DIN 2950	3	50	0	10
30017	DECKEL	3	5	0	10
30018	MUTTER M12 DIN 555	4	20000	0	120
30019	FEDERRING A12 DIN 127	4	20000	0	120
30020	DECKEL	3	5	0	30
30021	DICHTUNG	3	5	0	30
30022	BOLZEN M12 X 25 DIN 558	3	4000	0	600
30023	DECKEL	3	5	0	60
30024	DICHTUNG	3	5	0	60
30025	ROLLENLAGER 30D DIN 635	3	150	0	30
30026	BOLZEN M12 X 50 DIN 558	4	3000	0	60

ALLE EINGEGEBENEN TEILNUMMERN WURDEN BEARBEITET

PROGRAMM BRUTTOBEDARF NORMAL BEENDET

Das Protokoll des Programmlaufs und den entsprechenden Anweisungen an das Betriebssystem (hier CMS auf IBM 370/158) findet sich im Anhang dieser Fallstudie.

3.4 Einschränkungen und Erweiterungen

Der Algorithmus *bruttobedarf* enthält noch eine Vereinfachung, die man für den praktischen Einsatz nicht akzeptieren könnte, die jedoch aus didaktischen Gründen bestehen bleiben soll:
Gemäß den Anforderungen kann dieselbe *teilnr* mehrmals an beliebiger Stelle in der Eingabe auftauchen. Dann wird das entsprechende Erzeugnis oder Ersatzteil jedesmal als Stückliste neu aufgelöst. Dies ist offensichtlich ein erheblicher zeitlicher Mehraufwand. Ihn zu vermeiden, würde jedoch zu einer erheblichen Verkomplizierung des Algorithmus führen. Daher wird hier davon abgesehen.

Notwendig wäre es, alle Bedarfe gleicher *teilnr* vor der Stücklistenauflösung zusammenzufassen. Dies erfolgt z.B. mit Hilfe des sogenannten Dispositionsstufen-Verfahrens, bei dem gleiche Teile innerhalb des Erzeugnisstruktur-Spektrums auf der niedrigsten Fertigungsstufe geführt werden, auf der sie vorkommen. Auf dieser werden sie auch "disponiert". (Näheres hierzu bei Grupp, vgl. auch Spitta et.al. 1977)

Hat man z.B. alle durch einen Lauf der Bedarfsermittlung angesprochenen Teile der TSD durch eine Adreßkette miteinander verbunden, kann man auch gezielt Ergebnisse für diese Teile ausdrucken und muß nicht die gesamte TSD durchgehen, wie es in unserem Beispiel geschieht.
Zu prüfen ist noch die Umarbeitungs-Möglichkeit des Programms auf Dialogbetrieb:
An der Ausgabe ändert sich logisch gar nichts. Die Bedarfsliste wird auf dem Bildschirm statt auf dem Drucker ausgegeben.

Die Eingabe muß im Dialogfall auf jeden Fall von der eigentlichen Verarbeitung, der Stücklistenauflösung, getrennt sein, da sonst Wartezeiten am Bildschirm entstehen. Die Dialogversion setzt also die Anwendung des eben erwähnten Dispositionsstufen- oder eines ähnlichen Verfahrens voraus, das es erlaubt, vor der Auflösung der ersten Stückliste erst alle Primärbedarfe einzugeben.
In der Dialogversion können dann Eingabefehler unmittelbar vom Be-

nutzer korrigert werden.

Nachstehend sei an einer algorithmischen Skizze gezeigt, daß die Umarbeitung ohne nennenswerte Eingriffe von Alg 5 durch eine bloße Ergänzung möglich ist.

```
bruttobedarf-dialog.

    initialisieren.                    /* ebene 1 */
    MACHE dispositionskette-aufbauen
       BIS kein-primaerbedarf-mehr.
    MACHE primaerbedarf-verarbeiten
       BIS dispositionskette-ende.

    dispositionskette-ende auf FALSCH setzen
     und auf kettenanfang zugreifen.
    MACHE disp-kette-abarbeiten-loeschen
       BIS dispositionskette-ende.
    BEENDE AUSFUEHRUNG.

 dispositionskette-aufbauen.       /* ebene 2 */
    UEBERTRAGE bestellte teilnr NACH teilnr
       VON teilestamm.
    RUFE 'get-tb' MIT gefunden, teilestamm.
    ADDIERE bestellmenge zu bruttobed.
    fuege teilestamm entsprechend seiner
     disp-stufe in dispositionskette ein.
    teilestamm zurueckschreiben.
    MACHE primaerkarte-lesen.

 primaerbedarf-verarbeiten.
    entnimm teilestamm aus dispositionskette.
    RUFE 'root-tr' MIT teilestamm, baukasten-ende.
    UEBERTRAGE brutto-bed NACH baugrp-bed.
       .
       .   wie ALG 5
       .
    WENN teilestamm letztes kettenelement ist
      DANN dispositionskette-ende auf WAHR setzen.
```

```
primaerkarte-lesen.
   GIB AUS entsprechende bildschirmmaske.
   NIMM AUF primaerkarte.
   pruefung der eingabe, ggf. ausgabe einer
    korrektur-aufforderung mit erneuter aufnahme;
    bei eingabe eines endekriteriums
    kein-primaerbedarf-mehr auf WAHR setzen.
        .
        .    wie ALG 5
        .
disp-kette-abarbeiten-loeschen.     /* ebene 2 */
   entnimm teilestamm aus disp-kette und
    loesche verweis in der kette.
   RUFE 'get-tb' MIT gefunden, teilestamm.
   WENN gefunden
     DANN MACHE sekundaerbedarf-ausgeben.
   WENN teilestamm letztes kettenelement ist
     DANN dispositionskette-ende auf WAHR setzen.

sekundaerbedarf-ausgeben.
   auszugebende daten vom teilestamm in ausgabe-
    bereich uebertragen und schreiben.
```

Alg 6: Bruttobedarfsermittlung als Dialogversion unter Verwendung des Dispositionsstufen-Verfahrens.

Andere Erweiterungen seien hier nur noch aufgezählt:

- Nettobedarfsrechnung (d.h. Einbeziehung von Lagerbeständen),
- mehrperiodige Rechnung,
- Berücksichtigung reservierten Bedarfs.

4. Systemeinführung

Die Einführung des Programms BRUTTOBEDARF wirkt sich aus auf

- Arbeitsinhalte,
- Qualifikations-Anforderungen,

d.h. auf die Beschäftigten der Arbeitsgruppe Materialdisposition.

In der Stapelversion mit Lochkarten sind die Auswirkungen auf die Beschäftigten gering: Lediglich das manuelle Zusammenfassen der Primärbedarfe gleicher Produkte entfällt. Ansonsten liegen die Vorteile des Programms in einer verringerten Laufzeit der Rechenanlage gegenüber der alten Magnetband-Version (vgl. 2.1.1/2.1.2).

Die Änderungsfreundlichkeit des Programms wurde in 3.4 gezeigt.

Bei einer Umstellung der Materialdisposition auf Dialogbetrieb ergeben sich tiefgreifende Änderungen durch den Bildschirm am Arbeitsplatz:

- er erlaubt einerseits ein ständiges Arbeiten mit dem Rechner ohne die Beachtung sachfremder Perioden ("Bedarfsrechnung 14-tägig"),
- andererseits läßt er sich auch zur Überwachung des Mitarbeiters mißbrauchen, indem Programme bei der Benutzung des Bildschirms mitlaufen, von denen der Beschäftigte nichts bemerkt (sog. Monitor-Programme),
- das Ablochen von Karten entfällt, die Eingabe in den Computer übernimmt der Sachbearbeiter selbst,
- der direkte Umgang mit dem Rechner verlangt eine intensive Schulung, ein Umdenken der Mitarbeiter.

Da sich eine Erweiterung des Programms auf Nettobedarfsrechnung anbietet, entfallen dann auch die Informationswege vom und zum Lager. Sie werden durch die automatische Bestandsführung eines Programms übernommen.

Wenn also mißbräuchliche Verwendungen des Rechners ausgeschlossen werden können, wirkt sich die Systemeinführung bei Programmen im Materialbereich günstig auf die Arbeitsplatzsituation aus:

Der Mitarbeiter bekommt aktuelle Informationen, ohne auf umständliche Rückfragen angewiesen zu sein, er wird von manuellen bürokratischen Arbeitsinhalten entlastet und kann dafür mehr dispositiv tätig sein, z.B. bei der Lieferantenauswahl.

Andererseits besteht im Materialbereich keine Gefahr, daß Arbeitsplätze durch Ausbau der EDV-Anwendungen gefährdet werden (dies ist in anderen betrieblichen Bereichen durchaus nicht so!).

Weiterführende und benutzte Literatur:

Grupp, B.
Modularprogramme für die Fertigungsindustrie
Berlin - New York 1973

Kernler, K. H.
Fertigungssteuerung mit EDV
Köln - Braunsfeld 1972

Spitta, Th., Matthesius, M., Mönckemeyer, M.
Mehrperiodige Nettobedarfsermittlung mittels einer Stücklisten - Datenbasis
Informatik-Forschungsbericht 78-05
TU Berlin 1978

Anhänge zu Fallstudie B

Anhang 1: Consolprotokoll zum Testlauf

```
VM/370 ONLINE
!

.l spitta
ENTER PASSWORD:
.[redacted]
LOGMSG - 16:17:13 MEZ WEDNESDAY 07/05/78
*****
*
* VON MONTAG (10.7.) BIS MITTWOCH (12.7.) IST KEIN RECHNERBETIE
* BAU- UND UMBAUTARBEITEN IM KLIMA- UND STROMBEREICH
*
*****
RECONNECTED AT 21:42:34 MEZ WEDNESDAY 07/05/78
!
 $SLEEP NORMAL EXIT
R; T=0.03/0.14 21:42:47

.type file sysin d

1000100005
2000300005
2000400002
1000100002
2000400003
1000300001
20004    2
2000400004
1000200003

R; T=0.02/0.11 21:43:04

.type bedlso exec d

SET PROTECT OFF
GLOBAL TXTLIB COBLIB
FILEDEF TSDAT DISK FILE TSDAT D (PERM
FILEDEF ESDAT DISK FILE ESDAT D (PERM
FILEDEF TSADAT DISK FILE TSADAT D (PERM
FILEDEF SYSIN DISK FILE SYSIN  D (PERM
FILEDEF SYSOUT DISK
LOAD &1 TSM ESMS TREE STACK  ( CLEAR
START *

R; T=0.02/0.15 21:43:35
```

```
.type cleartsd exec d

SET PROTECT OFF
GLOBAL TXTLIB COBLIB
FILEDEF TSDAT DISK FILE TSDAT D (PERM
LOAD NULLEN TSM ESMS (CLEAR
START *

R; T=0.01/0.10 21:43:53

.cleartsd
EXECUTION BEGINS...
R; T=0.75/2.29 21:44:12

.bedlso bruttobed
EXECUTION BEGINS...
+2SEC++2SEC+R; T=3.56/8.81 21:45:25

.type file bedlist
    .
    .
    .  }      siehe Seite 154 f.
    .
    .
R; T=0.10/0.81 21:47:34

.$sleep
DISCONNECT AT 21:48:06 MEZ WEDNESDAY 07/05/78

VM/370 ONLINE
```

Anhang 2: Beispiellösungen

Beispiellösung zu Aufgabe SyB1:

Zu 1: System GETRIEBE KG

Elemente: Leitung, Beschaffung, Verwaltung, Produktion, Vertrieb

Umwelt: Kunden, Lieferanten

Ressourcen: Gebäude, Produktionseinrichtungen, Grundstücke, EDV-Anlage, Büroeinrichtungen, Zeichnungen, Lizenzen, Patente.

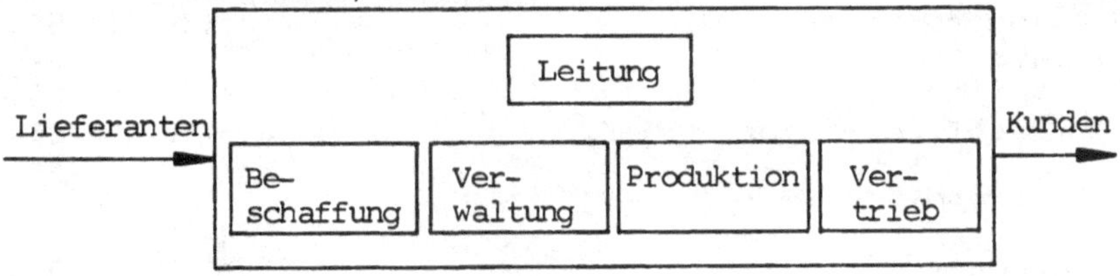

Zu 2:

2.1: - Weisungsgebundenheit
- Zusammenarbeit
- Kommunikation
- Weisungsbefugnis
- Informationsfluß
- Materialfluß

2.2: Information/Informationsfluß/Belegfluß

2.3: - Flexibilität gegenüber Auftragsänderungen
- Modernisierung der EDV-Anlage
- Personaleinsparungen
- Prestige
- Verringerung der Materialbestände
- übersichtliches Zeichnungswesen
- Flexibilität des Zeichnungsprozesses gegenüber Konstruktionsänderungen
- automatische Analyse der Produkte auf standardisierbare Einzelteile und Baugruppen (sog. "Teilefamilien").

Beispiellösung zu Alg 3-B/COB 3-B:

1. Algorithmus

```
baukasten-ausgeben

DATENTEIL.
DATEIEN KAPITEL.
DATEI tsd.
 tss.
  adresse                                NUM   5 ST.
  zeiger.
   anker-adr-sl                          NUM   5 ST.
   andere-zeiger                         NUM  20 ST.
  info.
   teilnr                                NUM   5 ST.
   restliche-daten                  ALPH-NUM 115 ST.

DATEI esd.
 ess.
  adresse                                NUM   5 ST.
  zeiger.
   adr-oben-ts                           NUM   5 ST.
   adr-unten-ts                          NUM   5 ST.
   adr-succ-es                           NUM   5 ST.
   andere-zeiger                         NUM   6 ST.
  info.
   menge                                 NUM   4 ST.
   restliche-daten                  ALPH-NUM  50 ST.

ARBEITSSPEICHER KAPITEL.
 gewuenschter-baukasten           NUM  5 ST.
 es-key                           NUM  5 ST.
 ts-key                           NUM  5 ST.
 teil-nicht-vorhanden             BOOL 2 ST WERT 'tr'.


PROZEDURTEIL.
baukasten-ausgeben.
    initialisierung.
    NIMM AUF gewuenschter-baukasten.
    MACHE kommandos-verarbeiten
       BIS gewuenschter-baukasten = endekriterium.
    BEENDE AUSFUEHRUNG.

kommandos-verarbeiten.
    MACHE tsd-sequ-lesen
       BIS ts-teilnr = gewuenschter-baukasten
           ODER teil-nicht-vorhanden.
    WENN teil-nicht-vorhanden
      DANN teil-nicht-vorhanden auf FALSCH setzen
```

```
      SONST ueberschrift mit  gewuenschter-baukasten
            schreiben
           WENN anker-adr-sl = 0
             DANN GIB AUS 'einzelteil ' teilnr of tss
             SONST UEBERTRAGE anker-adr-sl NACH es-key
                   MACHE baukasten-durchgehen
                     BIS es-key = NIL.
    UEBERTRAGE 0 NACH ts-key.
    NIMM AUF gewuenschter-baukasten.

 tsd-sequ-lesen.
    ADDIERE 1 ZU ts-key.
    LIES tsd;
     FALSCHER SCHLUESSEL
     GIB AUS 'teil nicht in tsd' gewuenschter-baukasten
     teil-nicht-vorhanden auf WAHR setzen.

baukasten-durchgehen.
    erzeugnisstruktur-satz lesen.
    UEBERTRAGE adr-unten-ts NACH ts-key.
    teilestamm-satz lesen.
    ts-daten ausgeben.
    UEBERTRAGE adr-succ-es NACH es-key.
```

2. COBOL-Programm

```
 IDENTIFICATION DIVISION.
*+++++++++++++++++++++++++
 PROGRAM-ID. ALG3.
 AUTHOR.     MATTHESIUS.
 DATE-WRITTEN. 08/14/78
 DATE-COMPILED.
*---------------------------------------------------------------
*
*                        ALG3
*                        ----
* BEZEICHNUNG: ALGORITHMUS 3:   BAUKASTEN-STUECKLISTE
* FUNKTION:
*    DAS PROGRAMM DRUCKT AUS EINER VERKETTETEN STUECKLISTEN-
*    DATENBASIS MIT  TSD  UND  ESD  BAUKASTEN-STUECKLISTEN
*    AUFGRUND DER EINGABE DER TEILE-NR EINES BAUKASTENS AUS.
*    ES KOENNEN BELIEBIG VIELE TEILE-NUMMERN NACHEINANDER
*    BEARBEITET WERDEN, BIS DIE ZEICHENKETTE '90000' LINKS-
*    BUENDIG EINGEGEBEN WIRD.
* LOESUNGSWEG:
*    DAS UEBERGEORDNETE TEIL WIRD AUS DER TSD DURCH SEQUEN-
*    TIELLE SUCHE (HERAUFZAEHLEN DES TS-KEY) HERAUSGEFUNDEN
*    UND AUSGEDRUCKT. ANSCHLIESSEND WERDEN UEBER DIE ADRESS-
*    KETTE IN DER  ESD  DIE UNTERGEORDNETEN TEILE AUFGELISTET.
* VORAUSS.:  TSD  UND  ESD VORHANDEN.
```

```
* RESTRIKTIONEN:
* FEHLER:
*    1. IST DIE IM KOMMANDO ANGEGEBENE TEILE-NR NICHT IN DER
*       TSD ENTHALTEN, ERFOLGT DIE MELDUNG 'TEIL NICHT IN TSD'
*    2. KENNZEICHNET DIE EINGABE EIN EINZELTEIL, ERFOLGT DIE
*       MELDUNG 'EINZELTEIL'.
*    3. BEI EINEM VERKETTUNGSFEHLER IN DER DATENBASIS WIRD DA
*       PROGRAMM MIT EINER ENTSPRECHENDEN MELDUNG ABGEBROCHEN
*       DIESER FALL IST SEHR UNWAHRSCHEINLICH.
*------------------------------------------------------------

*++++++++++++++++++++++
 ENVIRONMENT DIVISION.
*++++++++++++++++++++++
 CONFIGURATION SECTION.
*----------------------
    SOURCE-COMPUTER.  IBM-370-158.
    OBJECT-COMPUTER.  IBM-370-158.
 INPUT-OUTPUT SECTION.
*---------------------
    FILE-CONTROL.
       SELECT TSD ASSIGN TO DA-2314-R-TSDAT
                  ORGANIZATION RELATIVE
                  ACCESS RANDOM
                  NOMINAL KEY IS TS-KEY.
       SELECT ESD ASSIGN TO DA-2314-R-ESDAT
                  ORGANIZATION RELATIVE
                  ACCESS RANDOM
                  NOMINAL KEY IS ES-KEY.

*+++++++++++++++++
 DATA DIVISION.
*+++++++++++++++++
 FILE SECTION.
*-------------
 FD  TSD LABEL RECORD STANDARD;
               RECORD CONTAINS 250 CHARACTERS.
 01  TSS.
     02 ADRESSE                    PIC 9(5).
     02 ZEIGER.
       03 ANKER-ADR-SL             PIC 9(5).
       03 ANDERE-ZEIGER            PIC X(20).
     02 INFO.
       03 TEILNR                   PIC 9(5).
       03 FILLER                   PIC X(6).
       03 BEZEICHNUNG              PIC X(30).
       03 RESTLICHE-DATEN          PIC X(179).

 FD  ESD LABEL RECORD STANDARD;
               RECORD CONTAINS 80 CHARACTERS.
```

```
 01  ESS.
     02 ADRESSE                       PIC 9(5).
     02 ZEIGER.
        03 ADR-OBEN-TS                PIC 9(5).
        03 ADR-UNTEN-TS               PIC 9(5).
        03 ADR-SUCC-ES                PIC 9(5).
        03 ANDERE-ZEIGER              PIC 9(6).
     02 INFO.
        03 MENGE                      PIC 9(4).
        03 RESTLICHE-DATEN            PIC X(50).

 WORKING-STORAGE SECTION.
*-----------------------
*KONSTANTEN
 77  ENDEKRITERIUM                    PIC 9(5)  VALUE 90000.
 77  NIL                              PIC 9(8)  VALUE 0.
*VARIABLEN
 77  GEWUENSCHTER-BAUKASTEN           PIC 9(5).
 77  TS-KEY                           PIC S9(8)  COMP SYNC.
 77  ES-KEY                           PIC S9(8)  COMP SYNC.
 77  TEIL-UNBEKANNT                   PIC X(8).
     88 TEIL-NICHT-VORHANDEN          VALUE 'EX-NICHT'.
 01  UEBERSCHRIFT.
     03 UE-TEXT                       PIC X(8)  VALUE 'BG VON: '.
     03 TEILNR                        PIC BBB9(5)BB.
     03 BEZEICHNUNG                   PIC X(30).

*+++++++++++++++++++++
 PROCEDURE DIVISION.
*+++++++++++++++++++++
 BAUKASTEN-AUSDRUCKEN.
     PERFORM INITIALISIERUNG.
     OPEN INPUT TSD, ESD.
     PERFORM EINGABE.
     PERFORM KOMMANDOS-VERARBEITEN
         UNTIL GEWUENSCHTER-BAUKASTEN = ENDEKRITERIUM.
     CLOSE TSD, ESD.
     STOP RUN.

 INITIALISIERUNG.
     MOVE 0 TO TEILNR OF TSS, TS-KEY;
     MOVE SPACE TO TEIL-UNBEKANNT;
     DISPLAY 'INTERAKTIVES PROGRAMM BAUKASTENSTUECKLISTE';
     DISPLAY '                     --------------------';
     DISPLAY 'AUF EINGABE EINER TEILE-NR LINKSBUENDIG WIRD';
     DISPLAY 'DER ZUGEHOERIGE BAUKASTEN AUSGEDRUCKT.';
     DISPLAY 'ENDEKRITERIUM LINKSBUENDIG: ' ENDEKRITERIUM;
     DISPLAY SPACES.
```

```
 KOMMANDOS-VERARBEITEN.
*     VORAUSS.: GELESENE EINGABEZEILE
      PERFORM TSD-SEQU-LESEN
          UNTIL TEILNR OF TSS = GEWUENSCHTER-BAUKASTEN
             OR TEIL-NICHT-VORHANDEN.
      IF TEIL-NICHT-VORHANDEN
        THEN MOVE SPACE TO TEIL-UNBEKANNT;
        ELSE PERFORM UEBERSCHRIFT-AUSGEBEN;
             IF ANKER-ADR-SL = NIL
              THEN DISPLAY 'EINZELTEIL !! :  '
                      GEWUENSCHTER-BAUKASTEN;
              ELSE MOVE ANKER-ADR-SL TO ES-KEY;
                   PERFORM BAUKASTEN-DURCHGEHEN
                      UNTIL ES-KEY = NIL.
      MOVE 0 TO TS-KEY.
      PERFORM EINGABE.

 TSD-SEQU-LESEN.
      ADD 1 TO TS-KEY.
      READ TSD;
        INVALID KEY DISPLAY 'TEIL NICHT IN TSD: '
                                  GEWUENSCHTER-BAUKASTEN;
                     MOVE 'EX-NICHT' TO TEIL-UNBEKANNT.
 UEBERSCHRIFT-AUSGEBEN.
      DISPLAY SPACES.
      MOVE TEILNR OF TSS TO TEILNR OF UEBERSCHRIFT;
      MOVE BEZEICHNUNG OF TSS TO BEZEICHNUNG OF UEBERSCHRIFT;
      DISPLAY UEBERSCHRIFT.

 BAUKASTEN-DURCHGEHEN.
*      VORAUSS.: IN ES-KEY STEHT EINE GUELTIGE ADRESSE
*      MAN BEACHTE DEN UNTERSCHIED ZUR UEBLICHEN LESE-
*      SCHLEIFE. HIER WIRD AM ANFANG DER PROZEDUR GELE-
*      SEN, DA DAS ABBRUCHKRITERIUM  I M  LETZTEN GUELTI-
*      GEN SATZ STEHT.
      PERFORM ESD-DIREKT-LESEN.
      MOVE ADR-UNTEN-TS TO TS-KEY.
      PERFORM TSD-DIREKT-LESEN.
      PERFORM TEILEDATEN-AUSGEBEN.
      MOVE ADR-SUCC-ES TO ES-KEY.

 TEILEDATEN-AUSGEBEN.
      DISPLAY '   TEIL:     ' TEILNR OF TSS
              '  ' BEZEICHNUNG OF TSS.

 EINGABE.
      DISPLAY SPACES.
      DISPLAY '._____<--TEILNR EINGEBEN!'
      ACCEPT GEWUENSCHTER-BAUKASTEN.
 ESD-DIREKT-LESEN.
      READ ESD;
```

```
        INVALID KEY DISPLAY 'VERKETTUNGSFEHLER ESD';
                    STOP RUN.
 TSD-DIREKT-LESEN.
      READ TSD;
        INVALID KEY DISPLAY 'VERKETTUNGSFEHLER ESD-TSD';
                    STOP RUN.
```

3. Ergebnis (Beispielsitzung im Dialog)

```
.filedef sysin terminal
R;

.filedef sysout terminal
R;

.load als3 (start clear
EXECUTION BEGINS...
INTERAKTIVES PROGRAMM BAUKASTENSTUECKLISTE
                      --------------------

AUF EINGABE EINER TEILE-NR LINKSBUENDIG WIRD
DER ZUGEHOERIGE BAUKASTEN AUSGEDRUCKT.
ENDEKRITERIUM LINKSBUENDIG: 90000


._____<--TEILNR EINGEBEN!
.10002

BG VON:    10002  SCHNECKENGETRIEBE-ZAHNTRIEB
   TEIL:    30004  ZAHNKRANZ-98-Z
   TEIL:    30002  SCHNECKENRADKRANZ-87-Z
   TEIL:    20005  ABTRIEB
   TEIL:    20004  SCHNECKENRADWELLE
   TEIL:    20003  GEHAEUSE-ANTRIEB-Z
   TEIL:    20001  GEHAEUSE-ABTRIEB

._____<--TEILNR EINGEBEN!
.20011
TEIL NICHT IN TSD: 20011

._____<--TEILNR EINGEBEN!
.20005

BG VON:    20005  ABTRIEB
   TEIL:    30013  MUTTER M22 DIN 555
   TEIL:    30012  FEDERRING A22 DIN 127
   TEIL:    30009  BOLZEN M22 X 7 DIN 931
```

```
._____<--TEILNR EINGEBEN!
.30022

BG VON:     30022  BOLZEN M12 X 25 DIN 558
EINZELTEIL !! :  30022

._____<--TEILNR EINGEBEN!
.20004

BG VON:     20004  SCHNECKENRADWELLE
   TEIL:     30010  WELLE
   TEIL:     30009  BOLZEN M22 X 7 DIN 931
   TEIL:     30008  PENDELROLLENLAGER-40D DIN 635

._____<--TEILNR EINGEBEN!
.90000
R;
```

Teil II: Grundlagen

1. Systemanalyse

In diesem Kapitel wird die Methodik der Systemanalyse entwickelt. Sie ist ein Instrument, mit dem die Vielfalt des Wissens, das notwendig ist, um zufriedenstellende Lösungen betrieblicher Probleme mit Hilfe der elektronischen Datenverarbeitung (EDV) zu erreichen, geordnet und im Hinblick auf die verfolgten Ziele koordiniert werden kann.

Nach einem kurzen Abschnitt über die Entwicklung des Systemansatzes werden Ziele, Umwelt, Ressourcen, Komponenten und Management als die wesentlichen Aspekte von Systemen besprochen. Dabei soll deutlich werden, daß die Aktivitäten eines Systems geordnet und beurteilt werden müssen in Bezug auf die vom System verfolgten Ziele. Diese Ziele müssen dabei oft erst herausgefunden, bewußt gemacht und kontrovers mit den in den Betrieben vorhandenen Interessengruppen diskutiert werden. Für diese Ziele muß festgelegt werden, wie man den Grad der Zielerreichung messen will.
Die Abgrenzung von System und Umwelt und der in ihnen zu berücksichtigenden Elemente und Beziehungen liegt nicht schon quasi natürlich vor, sondern hängt ab von den Zielen, die die Relevanz der vorliegenden Elemente und Beziehungen bestimmen, und den Möglichkeiten (und dem Willen) des Systems, bestimmte Elemente und Beziehungen zu beeinflussen.
Im Anschluß daran werden einige im Zusammenhang mit der Systembetrachtung immer wieder auftauchende Begriffe erörtert.

Von den Darstellungstechniken werden nur die gebräuchlichsten genannt, Graphen und Entscheidungstabellen.

Nach der Behandlung der Konzeption des Systemansatzes wird deren Umsetzung in eine Vorgehensweise erforderlich. Dabei wird die Analyse und Entwicklung von Systemen aufgefaßt als eine Menge von Problemlösungsprozessen, die innerhalb einer zeitlichen Struktur ablaufen und das Gesamtproblem durch schrittweises Verfeinern der Pro-

blemstellungen und deren Bearbeitung zu lösen versuchen. Analyse- und Entwicklungsprozesse müssen so geplant werden, daß man sie abbrechen kann, wenn sie zu aufwendig werden oder die gesteckten Ziele nicht erreicht werden können.
Zur laufenden Kontrolle werden daher Abschnitte im Bearbeitungsprozeß festgelegt, an deren Ende spezifiziert wird, was mit welchem Aufwand erreicht worden ist und was mit welchem Aufwand und in welcher Zeit in der Zukunft erreicht werden soll.
Der Abschnitt über die Entwicklungsschritte geht insbesondere ein auf solche Systemanalysen, deren Ergebnisse auf die Einführung oder Verbesserung der EDV hinauslaufen.

1.1 Konzeption des Systemansatzes

1.1.1 Entstehung des Systemansatzes

Der Systemansatz hat sich während des 2. Weltkrieges entwickelt, als zunächst die britische und dann die amerikanische Armee hochqualifizierte Mathematiker und Physiker heranzog, um Probleme der militärischen Operationen zu lösen. (Daraus entstand dann das Fachgebiet "Operations Research".)

Die Wissenschaftler brachten über ihr Fachgebiet den Problemlösungsansatz herein, der hochentwickelt in den Naturwissenschaften vorhanden, für militärische Probleme jedoch bisher nicht angewendet worden war. Dieser Problemlösungsansatz kann folgendermaßen zusammengefaßt werden:

1. Beobachte systematisch das vorliegende System (z.B. deutsche Bomberflüge nach England und das Radarwarnsystem der Engländer).

2. Konstruiere aus diesen spezifischen Beobachtungen ein allgemeineres Modell, das sowohl für die spezifischen Beobachtungen paßt, als auch angeben kann, was passiert, wenn sich das System in bestimmter Weise ändert.

3. Leite von diesem Modell das Verhalten ab, das sich ergibt, wenn man das System ändern würde.

4. Teste schließlich das Modell durch ein Experiment mit dem realen System, um die Vorhersagen zu prüfen.

Dieser Ansatz hatte Erfolg und verbreitete sich rasch. Bis zum Ende der 50er Jahre wurden allerdings vorwiegend Probleme betrachtet, die sich mit mechanischen Systemen beschäftigten. Als man danach versuchte, Probleme zu bearbeiten, in denen menschliche Wahlhandlungen eine wesentliche Rolle spielen, kam es zu vielen Enttäuschungen. Im wesentlichen lag es daran, daß das menschliche Verhalten in seiner Variabilität nicht einbezogen, sondern meistens als unverändert oder völlig manipulierbar angesehen wurde.

Beispiel:
In den USA muß an großen Brücken oft ein Brückenzoll entrichtet werden. Bei starkem Verkehr behindert die Entrichtung des Zolls den Verkehr, und es bilden sich Warteschlangen. Dies ist ein besonderes Problem, wenn es sich um den Berufsverkehr handelt. Mit Hilfe der Warteschlangentheorie kann nun bei angenommener Verkehrsdichte und tolerabler Schlangenlänge die notwendige Anzahl der Stände errechnet werden, um den Brückenzoll zu kassieren. Sieht man das Problem auch als ein Problem des menschlichen Wählens und bedenkt, daß die Zahl der Insassen eines Autos selten größer als 2 ist, könnte man über eine gestaffelte Preisregelung die Anzahl der Autos reduzieren: man gibt eine um so höhere Preisermäßigung, je mehr Personen in den Autos sitzen. Damit wird ein Anreiz geschaffen, Autopools zu bilden. In San Francisco hat ein Vorgehen entsprechend dieser Betrachtung wesentlich zu einer Reduktion des Verkehrs beigetragen.

Sehr viel hängt also davon ab, wie man ein Problem überhaupt begreift. Dies ist ein der Anwendung der im Zusammenhang mit dem Systemansatz entwickelten Theorien und Methoden vorgelagerter Schritt. Obwohl dieser Bereich ebenfalls in den Systemansatz einzubeziehen ist, wird er oft vernachlässigt. Dabei ist dieser Bereich so grundlegend für die Beschreibung und Lösung von Problemen, daß hier auftretende Fehler meist nur folgenschwer korrigiert werden können. Es soll daher versucht werden, besonders wichtige Aspekte der Problemformulierung in Organisationen herauszuarbeiten und den Zusammenhang zwischen sehr EDV-bezogenen Problemformulierungen mit den Problemen der gesamten Organisation darzustellen.

Im Zusammenhang mit dem Systemansatz sind eine Reihe von Theorien und Methoden entwickelt worden.
Hierzu gehören die exakten Methoden des Operations Research, der Statistik und der Ökonometrie, aber auch Verfahren, die die besondere

Urteilsfähigkeit von Experten (z.B. Delphi-Methode) und subjektive Schätzungen in den Problembearbeitungsprozeß miteinbeziehen. Ebenso wichtig sind die Erhebungstechniken für die Analyse der bestehenden Organisation, die Verfahren der Kosten-Nutzen-Analyse, der Unterstützung der Kreativität bei der Entwicklung neuer Lösungsalternativen (z.B. Brainstorming, Rollenspiele) und des Projektmanagements für die Ausführung von Handlungsalternativen.

Diese Theorien und Methoden können in diesem Buch nicht besprochen werden. Nur an einigen Stellen wird auf die mögliche Anwendung einiger der oben genannten Verfahren hingewiesen.

1.1.2 Systembegriff

Bis jetzt wurde noch nichts darüber gesagt, wie der Begriff "System" eigentlich definiert ist.
Unter System soll im folgenden eine Menge von direkt oder indirekt miteinander verbundenen Elementen verstanden werden, bei denen keine Teilmengen von Elementen ohne Beziehung zu einer anderen Teilmenge von Elementen ist. Ein System in diesem Sinne kann daher zwar Teil eines größeren Systems sein, aber selbst nicht in voneinander unabhängige Teilsysteme aufgeteilt werden.

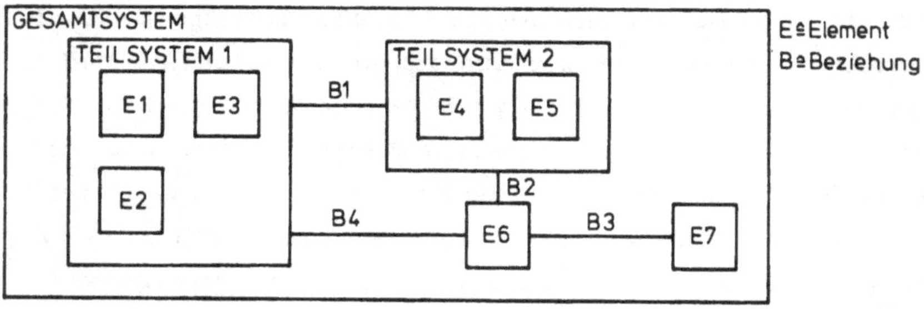

Abb. 1.1: Beispiel eines Systems

Wir betrachten in diesem Buch Organisationen wie z.B. Betriebe als sozio-technische Systeme, in denen Menschen und ihre Werkzeuge (hier insbesondere die EDV-Anlage) als Elemente auftauchen.

Bei der Betrachtung sozio-technischer Systeme haben sich folgende

Aspekte als fruchtbar herausgestellt:

1. Die Frage nach den Zielen des gesamten Systems, insbesondere auch nach einem Maßstab für den Erfolg der Zielerreichung durch die ausgeführten Handlungen.
2. Die Frage der Festlegung der Umwelt eines Systems, daß heißt der Grenzziehung.
3. Die Frage nach den Ressourcen des Systems.
4. Die Frage nach den Komponenten des Systems und ihrer Separierbarkeit.
5. Die Frage nach dem Management eines Systems.

Dadurch, daß der Systemansatz nicht schon das Geklärtsein dieser Fragen voraussetzt und das Antworten auf diese Fragen problematisiert, unterscheidet er sich vom Operations Research.

1.1.3 Ziele

Die Frage nach den Zielen solcher Systeme wie Organisationen ist fast immer schwer zu beantworten. Auf der einen Seite werden häufig Erklärungen über die Ziele von Organisationen abgegeben, z.B. in Universitätsgesetzen oder -satzungen, in Aktionärsversammlungen, vor Bundestagsausschüssen, von Politikern über öffentliche Betriebe. Auf der anderen Seite sind solche Erklärungen häufig nichts weiter als Rechtfertigungen für Getanes oder Mittel, Ressourcen für das eigene System zu erhalten.

Äußerungen wie Gewinnmaximierung, Bedürfnisbefriedigung der Konsumenten oder Dienst am Bürger sind überdies auch zu unpräzise, als daß sie als Maßstab für das Handeln der Organisation dienen könnten.

Die Antwort auf die Frage nach den Zielen des Systems soll die tatsächlichen Ziele liefern und einen möglichst präzisen Maßstab für die Zielerreichung. Das ist leichter gesagt als getan. Häufig sind die Ziele nur schwer operationalisierbar. Oder es gibt mehrere Ziele verschiedener Interessengruppen, die zueinander in Konflikt stehen. Wichtige Anhaltspunkte für den Versuch, die tatsächlichen Ziele herauszufinden, erhält man, wenn man beobachtet, inwieweit ein System bereit ist, etwas für ein bestimmtes Ziel zu opfern.

Wenn z.B. die Bildungsausgaben drastisch gekürzt werden, während gleichzeitig viel Geld in die Entwicklung neuer kostspieliger Waffensysteme gesteckt wird, wären Äußerungen des Systems zu relativieren, die der Bildung die größte Bedeutung beimessen.

Bei der Beurteilung der beobachteten Handlungen kommt es auch darauf an, wie umfassend das zu untersuchende System betrachtet wird (zur Grenzziehung siehe weiter unten). Zum Beispiel haben in vielen Entwicklungsländern medizinische Hilfen zwar zur Reduzierung der Säuglingssterblichkeit beigetragen, jedoch anschließend, unter sonst gleichen Bedingungen, wegen der Bevölkerungsvermehrung zu Hungersnöten geführt. Das heißt bei einer - z.B. zeitlichen - Ausweitung des Systems können sich Ziele von Maßnahmen in ihr Gegenteil umkehren. Zur Zielerreichung werden zusätzliche oder andere Maßnahmen nötig.
Dieses Begrenzen des zu untersuchenden Systems braucht nicht immer unüberlegt zu erfolgen, es kann auch bewußt geschehen.

So kann das Ausbauen eines kapitalintensiven Kundenservice einiger Pharmagroßhändler wohl - wie immer und fast ausschließlich behauptet - ein Beitrag zur schnellen Versorgung der Bevölkerung mit Arzneimitteln sein, langfristig jedoch durchaus dazu führen, kleinere, nicht so potente Großhändler und damit Konkurrenz vom Markt zu verdrängen.

Der Anwender des Systemansatzes hat also möglichst alle relevanten Konsequenzen der System-Aktivitäten herauszufinden, um einen guten Maßstab für die Zielerreichung bestimmen zu können.

Im Zusammenhang mit der Einführung oder des Ausbaus der EDV in Organisationen wird häufig deutlich, daß die Organisation aus unterschiedlichen Interessengruppen mit entsprechend unterschiedlichen Zielen besteht: Der Arbeitgeber hat vorrangig Interesse, billiger zu produzieren, zu rationalisieren, gegebenenfalls Personal durch Kapital zu ersetzen. Der Arbeitnehmer hat selten Verständnis dafür, wenn der auch durch ihn erarbeitete Überschuß dazu benutzt wird, Maschinen zu verwenden, deren Anschaffen z.B. eine schlechtere Entlohnung (durch Umsetzung auf einen niedriger bewerteten Arbeitsplatz), schlechtere Arbeitsbedingungen oder gar Entlassung bewirkt. Dieser Konflikt wird immer dann besonders deutlich, wenn die Organisation nicht in der Lage ist, durch Ausweiten ihrer Funktionen diese Folgen zu vermeiden, oder wenn wegen einer generell schlechten Arbeitsmarktlage die Verringerung von Arbeitsplätzen besonders problematisch ist.

Die Betrachtung dieser unterschiedlichen Interessenlagen ist - unabhängig von ihrer Bewertung - wichtig.

Ohne einigermaßen vertrauensvolle Zusammenarbeit zwischen den Arbeitnehmern bzw. ihrer Vertretung in Betriebs- und Personalräten und Systemanalytikern bzw. Arbeitgebern kommt es zwangsläufig zu Schwierigkeiten sowohl bei der Informationsgewinnung als auch bei der Einführung der Rationalisierungsmaßnahmen. Langfristig kann die Vernachlässigung der Arbeitnehmerinteressen negative Effekte auf die Motivation und Leistungsfähigkeit der Arbeitnehmer, Organisationsklima und die Stellung der Organisation auf dem Arbeitsmarkt haben.

Der Gesetzgeber ist im Betriebsverfassungsgesetz und Personalvertretungsgesetz auf diesen Konflikt eingegangen und hat Prozeduren zu dessen Austragung festgelegt (siehe auch 1.1.4).

1.1.4 Umwelt

Wenn ein Maßstab für die Zielerreichung mit einigem Erfolg gefunden wurde, kann man den Aspekt der <u>Grenzziehung</u> betrachten: was gehört zum System, was gehört nicht dazu, ist also Umwelt des Systems?

Zunächst scheint alles ganz klar zu sein: Was außerhalb des z.B. Werkgeländes liegt, ist Umwelt. Allerdings, wenn z.B. Mitarbeiter des Systems auch Mitglieder politischer Parteien sind, wodurch sie vielleicht in der Lage sind, für das System günstige Gesetze durchzusetzen, gehören ihre Aktivitäten sicherlich zum System.

Zur Bestimmung, ob ein Ding zur Umwelt eines Systems gehört, sind zwei Fragen zu beantworten:

1. Ist das Ding relevant für meine Ziele?

2. Bin ich in der Lage, das Ding zu beeinflussen?

Die Beantwortung der ersten Frage unterscheidet erst einmal die relevanten von den irrelevanten Dingen. Dinge, die nicht relevant für die Ziele des Systems sind, werden nicht weiter betrachtet. Sie sind irrelevant für die Analyse des Systems und seiner Umwelt. Man kann sie zum irrelevanten Teil der Umwelt rechnen. Die Beschaffenheit der Straßenbeleuchtung z.B. ist wahrscheinlich nicht relevant für die Zielerreichung eines Waschmittelkonzerns.

Relevant sind für ihn die Konsumenten, die potentiellen Käufer seines Produktes. Ob diese jedoch zu seiner relevanten Umwelt rechnen oder zum System gehören, hängt von der Beantwortung der zweiten Frage ab. Ist er nicht in der Lage, die Verbraucher zu beeinflussen, gehören diese zur Umwelt[1]; kann er sie beeinflussen, sollten sie zum System "Waschmittelkonzern" gezählt werden; denn:
zwar kann er nicht beeinflussen, daß Verbraucher überhaupt vorhanden sind - insofern gehören sie zur Umwelt - aber er kann durch z.B. Werbung ihr Kaufverhalten verändern.

Die Frage der Grenzziehung hängt also auch davon ab, ob man überhaupt für das System eine Möglichkeit zur Beeinflussung sieht und eine Einflußnahme auch will. Systemgrenzen liegen meistens nicht quasi natürlich vor, sondern werden aufgrund von Entscheidungen und damit in Abhängigkeit von den Zielen der Entscheider gezogen. Entscheidet man sich gegen eine Beeinflussung, hat man das Objekt der Beeinflussung der Umwelt zuzuordnen.

Einen wichtigen Teil der relevanten Umwelt stellen die auf den vorhandenen Problembereich bezogenen Gesetze dar, z.B. Vorschriften des

- Handelsgesetzbuches oder Aktiengesetzes über die Buchführung, der Gewinn- und Verlustrechnung oder der Bilanzierung
- Betriebsverfassungsgesetzes oder der Personalvertretungsgesetze über Informations-, Mitwirkungs- und Mitbestimmungsrechte der Betriebs- bzw. Personalräte
- Bundesdatenschutzgesetzes über die Beschränkung der Speicherung und Weitergabe personenbezogener Daten.

---

1) Hier und im folgenden wird unter "Umwelt" nur noch die für die Ziele des Systems relevante Umwelt verstanden.

1.1.5 Ressourcen

Ressourcen sind die Mittel, mit denen das System arbeitet, um seine Ziele zu verfolgen. Es sind im wesentlichen Sachmittel, Finanzierungsmöglichkeiten und Personal. Ressourcen sind dadurch gekennzeichnet, daß das System sie innerhalb bestimmter Grenzen nach Belieben verändern und gebrauchen kann.

Zu den Ressourcen gehören aber auch das Niveau der eingesetzten Technologie und der Bildung des Personals, beides Dinge, die eine immer größere Bedeutung gewinnen. Ebenso dazuzurechnen sind natürlich die Möglichkeiten und Anstrengungen, die Ressourcen zu verbessern, z.B. durch Forschung und Ausbildung.
Neben der Frage, welche und wieviel Ressourcen überhaupt dem System zur Verfügung stehen, steht die Frage im Vordergrund, mit welcher Güte - im Sinne der gewählten Maßstäbe für die Zielerreichung - die Ressourcen bisher verwendet wurden und für welche Aktivitäten sie in der Zukunft eingesetzt werden sollen. Dabei ist immer zu bedenken, welche anderen Verwendungsmöglichkeiten mit welchen Beiträgen zur Zielerreichung vorlagen bzw. vorliegen.

1.1.6 Komponenten

Unter Komponenten eines Systems versteht man die Teilsysteme (Subsysteme) und Elemente eines Systems. Über die Komponenten werden die Arbeiten des Systems ausgeführt. Die Untergliederung des Systems in Subsysteme oder Komponenten erleichtert seine Analyse, die Festlegung der Reihenfolge von Systemtätigkeiten und ihre Änderung. Das System bei allen Dingen als Ganzes anzugehen ist zwar wünschenswert, aber vom Arbeitsaufwand her nicht vertretbar. Die wichtige Frage, die sich dabei stellt, ist die Frage, wie das System denn nun in welche Komponenten untergliedert werden soll.

Traditionell werden z.B. Unternehmungen etwa in Lagerhaltung, Einkauf, Produktion, Verkauf und Finanzen untergliedert.
Das Mangelhafte einer solchen Gliederung liegt nach dem Systeman-

satz darin, daß die Komponenten ihre Beziehung zu den Systemzielen nur unvollkommen widerspiegeln.

Mit dem Ziel, eine bestimmte Ware möglichst teuer am Markt zu verkaufen, hat nicht nur die Verkaufsabteilung zu tun. Diese kann nicht erfolgreich sein, wenn die Abteilung Produktion die Ware liederlich herstellt. Die Abteilung Produktion kann nicht effizient arbeiten, wenn sie durch eine zu knappe Lagerhaltungspolitik des Lagers immer wieder gezwungen wird, ihre Arbeit wegen fehlender Rohstoffe zu unterbrechen.

Der Systemansatz will demgegenüber die gegenseitige Abhängigkeit der Komponenten in bezug auf das Systemziel herausstellen. Er faßt daher alle diejenigen Aktivitäten zu einer Aufgabe zusammen, die sich mit der Erfüllung eines bestimmten Systemziels befassen. Zum Beispiel würde das Systemziel Lieferbereitschaft bei einem Pharmagroßhändler nicht nur vom Lager erarbeitet werden, sondern es hängt genauso von der Einkaufsabteilung und deren Auswahl lieferbereiter Hersteller und der Finanzabteilung und deren Bereitschaft kostengünstiger Kredite ab. Bestimmte Aktivitäten dieser Abteilungen würden dann der Aufgabe Lieferbereitschaft zugeordnet werden. Der Vorteil einer solchen Zuordnung liegt darin, daß der Beitrag einzelner Aktivitäten zur Zielerfüllung des Gesamtsystems deutlich wird. Bei einer Abteilungsgliederung ist das schwieriger, denn die Zuordnung einer Abteilung zu mehreren Zielen macht die Abschätzung ihres Beitrages schwierig und unzuverlässig.
Hauptziel einer Gliederung entsprechend dem Systemansatz ist es denn auch, den Zusammenhang zwischen den Zielerfüllungsmaßen der einzelnen Aufgaben und dem Zielerfüllungsmaß des gesamten Systems so zu entwickeln, daß eine Verbesserung des Zielerfüllungsmaßes zur Verbesserung der Zielerfüllung des Gesamtsystems führt.

1.1.7 Management

Diese Überlegungen führen direkt zum Management des Systems. Das Management befaßt sich mit all den Dingen, die oben besprochen wurden.

Es setzt die Ziele der Komponenten und des Gesamtsystems und die Umwelt fest, verteilt die Ressourcen und kontrolliert die Zielerfüllung. Dafür werden Pläne aufgestellt, deren Erfüllung laufend überwacht werden muß. Kontrolle ist somit eine Hauptaufgabe des Managements.

Dabei ist jedoch eines zu beachten:
Ziele, Umwelt, Ressourcen, Komponenten sind nie ganz exakt und für immer befriedigend festzulegen. Pläne müssen daher geändert werden. Das Planen von Planveränderungen gehört damit zu den wesentlichen Aufgaben des Management. Zur Kontrolle der Planerfüllung sind Informationen erforderlich. Wird von Planwerten abgewichen, muß das Management herausfinden, warum dies so war und wie reagiert werden soll. Dies kann als Rückkoppelungsprozeß ('feedback loop') angesehen werden.

1.2 Begriffe

Im Zusammenhang mit dem Systemansatz haben sich eine Reihe von Begriffen zur Beschreibung und Klassifikation von Systemen entwickelt. Einige wichtige werden im folgenden kurz dargestellt.

1. Input, Output, Transformationsfunktion

Aus der Interpretation der Beziehungen zwischen den Elementen eines Systems als Ströme (insbesondere materielle - z.B. Waren - und informelle - z.B. Benachrichtigung über den Eingang einer Ware -) hat sich der Begriff <u>Input</u> für alle auf das Element gerichteten Beziehungen und der Begriff <u>Output</u> für alle vom Element ausgehenden Beziehungen ergeben. Meistens verändert sich der Output in Abhängigkeit vom Input.

Hat z.B. ein Element (Mensch oder Computer) zu entscheiden, ob ein Apotheker aufgrund seiner jährlichen Bestellung ein guter oder ein schlechter Kunde des Pharmaziegroßhändlers ist und liegt die Grenze bei 10.000,- DM Jahresumsatz, so kann der Output in verschiedener

Weise variieren:

(1) keine veränderte Reaktion, wenn wie im Vorjahr der Input (die Jahresumsatzzahlen kleiner als 10.000,- DM ist (Output: "schlechter Kunde") oder gleich oder größer 10.000,- DM ist (Output: "guter Kunde");
(2) veränderte Reaktion, wenn der Input von Jahr zu Jahr zwischen Zahlen kleiner und gleich oder größer 10.000,- DM schwankt;
(3) Fehlermeldung, wenn als Input statt der Umsatzzahlen das Geburtsdatum oder die Anschrift des betreffenden Apothekers eingegeben wird (Output z.B.: "falsche Eingabe").

Die Funktion, die angibt, wie sich der Output aufgrund eines bestimmten Inputs verhält, wird als Transformationsfunktion bezeichnet.

Abb. 1.2: Transformationsfunktion: T_1: $Input_1 \rightarrow Output_1$

Haben die Transformationsfunktionen bestimmte Eigenschaften (z.B. linear) und sind die Beziehungen quantifizierbar, so ist es häufig möglich, mathematische Theorien anzuwenden und mit ihrer Hilfe das Verhalten auch sehr komplexer Systeme vorauszusagen.

2. Offene, relativ geschlossene, geschlossene Systeme

Werden Systeme so betrachtet, daß sie Beziehungen mit der Umwelt aufweisen, insbesondere auch zufällige und undefinierte Inputs von der Umwelt empfangen, bezeichnet man sie als offene Systeme.
Beispiele sind Systeme wie Tiere und Menschen oder Betriebe.

Gelingt es, Systeme so abzugrenzen, daß nur kontrollierte und wohldefinierte Inputs und Outputs vorliegen, bezeichnet man sie als relativ geschlossene Systeme.
Als Beispiele können Werkzeugmaschinen oder Computerprogramme gelten.

Definiert man Systeme so, daß sie keine Beziehungen zu ihrer Umwelt aufweisen, bezeichnet man sie als geschlossene Systeme.

3. Statische, dynamische Systeme

Stellt man die Folge von Systemzuständen (definiert über die Eigenschaften der Elemente und der Beziehung der Elemente untereinander und gegebenenfalls zur Umwelt des Systems) als abhängig von der Zeit dar, handelt es sich um ein dynamisches System. Wichtige Hilfsmittel zur Darstellung der Dynamik sind Ablaufdiagramme (vgl. 1.1.9.1).

Statische Systeme werden als unabhängig von der Zeit betrachtet.

4. Abstrakte, konkrete, soziale, Mensch-Maschine-Systeme

Abstrakte Systeme beziehen sich auf Systeme mit nicht-physischen Elementen, z.B. die Boolesche Algebra (nach dem englischen Mathematiker G. Boole) oder natürliche Sprachen.

Konkrete Systeme haben physische Elemente.

Sind mindestens zwei der Elemente eines Systems Menschen, handelt es sich um soziale Systeme.
Soziale Systeme haben meistens auch nicht-menschliche Elemente. Eine besondere Rolle spielen dabei die Werkzeuge des Menschen wie Maschinen (z.B. auch Computer).
Wenn man den Zusammenhang zwischen Mensch und Maschine deutlich machen will, spricht man von Mensch-Maschine-Systemen.

1.3 Darstellungstechniken

Zur Beschreibung von Systemen gibt es eine Vielzahl von Möglichkeiten. Wedekind nennt als Sprache die natürliche Sprache, Programmsprache, mathematische Sprache und als sprachliche Hilfsmittel Diagramme, Formulare und Tabellen, Koordinatendarstellungen und Technische Zeichnungen. Ein wichtiges Kriterium für die Wahl einer Möglichkeit ist die Vertrautheit des Lesers mit dieser Möglichkeit. Für unsere Zwecke erweisen sich Graphen und Entscheidungstabellen als ausreichend.

1.3.1 Graphen

Unter einem Graph versteht man eine Menge von Elementen (Knoten oder Ecken genannt), die über eine Menge von Beziehungen (Kanten genannt) miteinander verbunden sind. Dabei können mehrere oder keine Beziehungen zwischen zwei Elementen herrschen. Ein Element kann auch nur zu sich selbst eine Beziehung haben.

Die Elemente werden dargestellt in Form von Punkten, Kästchen, Kreisen u.a., die Beziehungen durch Verbindungslinien, wenn kein Richtungssinn angegeben ist (ungerichteter Graph), oder Pfeile, wenn man der Beziehung eine Richtung zuweist (gerichteter Graph). Bei einem gerichteten Graphen kann man Vorgänger (die Knoten, von denen die Pfeile zum Knoten X führen) und Nachfolger (die Knoten, zu denen die Pfeile des Knotens X hinzeigen) unterscheiden.

Einige wichtige Formen von Graphen sind:

(1) Bäume: sie sind gerichtete Graphen mit folgenden Eigenschaften:

1. Sie sind azyklisch, d.h. wenn man den Pfeilen folgt, gibt es keine Möglichkeit demselben Knoten zweimal zu begegnen;
2. Genau ein Knoten hat keinen Vorgänger (diesen Knoten nennt man Wurzel des Baumes);
3. Jeder andere Knoten hat genau einen Vorgänger.

Knoten ohne Nachfolger werden als Blätter bezeichnet. Jeder Knoten hat ein Niveau, das sich ergibt aus der Zahl der Kanten zwischen der Wurzel und diesem Knoten. Die Stufenzahl eines Baumes entspricht dem höchsten bei seinen Knoten auftauchenden Niveau.

Ein n-närer ($n \geqslant 1$) Baum ist ein Baum, in dem jeder Knoten nur höchstens n Nachfolger hat.

Bäume werden meistens "umgekehrt" dargestellt: die Wurzel erscheint oben.

Bäume tauchen z.B. als Erzeugnisstrukturen (vgl. Kapitel 3, 3.4.2) oder als Darstellungen von Organisationsstrukturen auf, in denen z.B. "Stelleninhaber" die Knoten bilden und "Weisungsbefugnis" die dargestellte Beziehung ist.

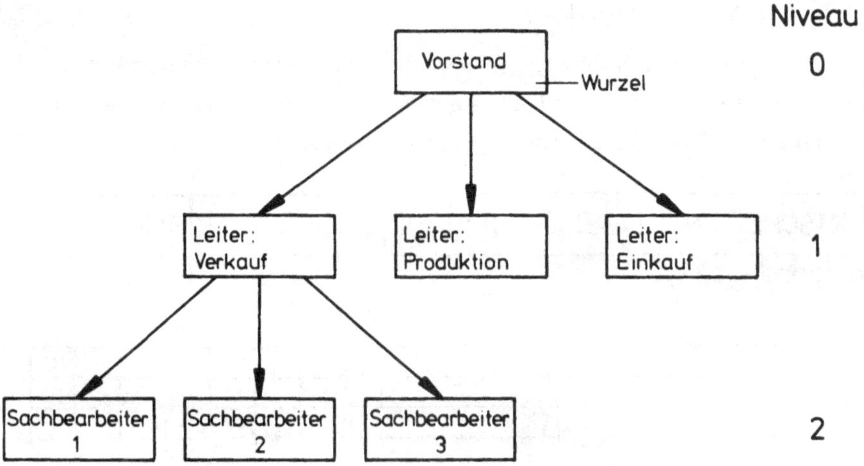

Abb. 1.3: Organisationsstruktur: 2-stufiger 3-ärer (ternärer) Baum

(2) Ablaufdiagramme, in denen Funktionen, Tätigkeiten, Zustände oder Informationen als Knoten und zeitliche Reihenfolge, Informations-, Material- oder Energieflüsse als Beziehung dargestellt werden. Für die unterschiedlichen Knoten- und Kantenarten verwendet man unterschiedliche Symbole (z.B. Rechtecke für Funktionen, Kreise für Zustände). Verschiedene Formen von Ablaufdiagrammen sind Datenflußpläne, Tätigkeitsflußpläne, Programmablaufpläne. Für die Darstellung ihrer Elemente haben sich jeweils unterschiedliche Symbole herausgebildet (z.B. DIN 66001 und American National Standard Institute (ANSI) für Programmablaufpläne).

(3) Netzpläne, die man erhält, wenn in den Tätigkeitsflußplänen angegeben wird, wieviel Zeit man für die einzelnen Tätigkeiten benötigt. Sie sind besonders geeignet, ein komplexes Projekt zu dokumentieren, zeitlich abzuschätzen und zu steuern. Wir wollen sie hier nicht näher behandeln, sondern verweisen auf die Literatur.

(4) Präzedenzgraphen, deren Kanten angeben, welche Teilsysteme (Knoten) als Voraussetzungen für andere Teilsysteme notwendig sind.

1.3.2 Entscheidungstabellen

Entscheidungstabellen legen die Beziehungen zwischen bestimmten Bedingungskonstellationen und Aktionen fest. In der Regel werden Entscheidungstabellen in folgender Form dargestellt:

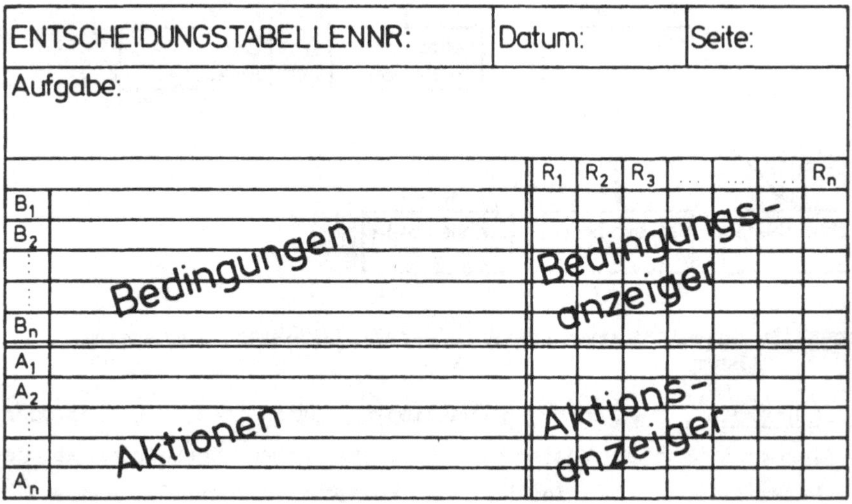

Abb. 1.4: Form einer Entscheidungstabelle

Sie beantworten die Frage, welche Aktionen aus der Menge der Aktionen $A_1 \ldots A_n$ durchzuführen sind, wenn eine bestimmte Entscheidungsregel aus der Menge der Entscheidungsregeln $R_1 \ldots R_m$ anwendbar ist. Eine Entscheidungsregel stellt eine bestimmte Kombination von erfüllten, nicht erfüllten oder irrelevanten Bedingungen aus der Menge der Bedingungen $B_1 \ldots B_l$ dar.

Die Bedingungsanzeiger (j, n oder -) werden gesetzt:

"j", wenn eine Bedingung erfüllt ist,

"n", wenn eine Bedingung nicht erfüllt ist,

"-", wenn eine Bedingung irrelevant für die Entscheidungsregel R_i ist.

Die Aktionsanzeiger geben an, ob eine Aktion auszuführen ist (X) oder nicht (-). Werden nur diese Zeichen verwendet, spricht man von einer begrenzten Entscheidungstabelle. Werden außer diesen Zeichen weitere Zeichen als Anzeiger verwendet (z.B. Ziffern oder mathematische Formeln) werden die Entscheidungstabellen erweiterte Entscheidungstabellen genannt.

Die Reihenfolge der auszuführenden Aktionen bestimmt sich aus der Reihenfolge der Darstellung in der Tabelle A_1 ... vor A_n.

Um dies für alle Entscheidungsregeln durchzuhalten, müssen häufig einige Aktionen mehrfach eingetragen werden. Man vermeidet das, indem man statt "X" eine Ziffer einträgt, die die Reihenfolge der Abarbeitung angibt. Eine Aktion kann auch im Aufruf einer weiteren Entscheidungstabelle bestehen.
Bei einer größeren Anzahl von Bedingungen wäre die kombinatorisch mögliche Anzahl der Entscheidungsregeln sehr hoch (bei n Bedingungen 2^n Entscheidungsregeln).
In solchen Fällen erweist es sich als zweckmäßig, nur die aufgrund von problembezogenen Überlegungen als vernünftig anzusehenden Bedingungskonstellationen anzugeben. Dann sollte allerdings eine sogenannte "else" oder "sonst" Regel sich auf alle unvernünftigen Kombinationen beziehen und eine Fehlerprozedur als entsprechende Aktion gewählt werden (vgl. Beispiel weiter unten).
Entscheidungstabellen können relativ einfach auf logische Widersprüche und Redundanzen geprüft werden.

Beispiel zu Entscheidungstabellen

Beispiel:
Ein Pharmaziegroßhändler möchte seine Reaktionen auf Artikelbestellungen seiner Kunden systematisieren. Seine Bemühungen, die Kundenwünsche zu erfüllen, sollen davon abhängig gemacht werden, ob ein guter oder ein schlechter Kunde bestellt. Folgende Regeln werden festgelegt:

R1: Wenn: (Bedingung)		der bestellte Artikel in geforderter Menge vorhanden ist,
dann: (Aktion)		buche die bestellte Menge vom Lagerbestand ab und liefere sie aus.
R2: Wenn: (Bedingung)	1.	der bestellte Artikel nicht in geforderter Menge vorhanden ist und
	2.	der bestellte Artikel nur teilweise in geforderter Menge vorhanden ist und
	3.	der Kunde nicht mit einer Teillieferung einverstanden ist und
	4.	es sich um einen guten Kunden handelt,

<u>dann:</u> (Aktion) 1. buche die vorhandene Teilmenge vom Lagerbestand ab,
2. besorge die fehlende Menge bei der Konkurrenz,
3. liefere die gesamte Menge aus.

R3: <u>Wenn</u>: (Bedingung) 1. der bestellte Artikel nicht in der geforderten Menge vorhanden ist <u>und</u>
2. der bestellte Artikel nur teilweise in der geforderten Menge vorhanden ist, <u>und</u>
3. der Kunde mit einer Teillieferung einverstanden ist,

<u>dann</u>: (Aktion) 1. buche die vorhandene Teilmenge vom Lagerbestand ab,
2. liefere die vorhandene Teilmenge aus.

R4: <u>Wenn:</u> (Bedingung) 1. der bestellte Artikel nicht in der geforderten Menge vorhanden ist <u>und</u>
2. der bestellte Artikel nur teilweise in der geforderten Menge vorhanden ist <u>und</u>
3. der Kunde mit der Teillieferung nicht einverstanden ist <u>und</u>
4. es sich um einen schlechten Kunden handelt,

<u>dann</u>: (Aktion) lehne die sofortige Belieferung ab.

R5: <u>Wenn</u>: (Bedingung) 1. der bestellte Artikel nicht in der geforderten Menge vorhanden ist <u>und</u>
2. der bestellte Artikel auch teilweise nicht in der geforderten Menge vorhanden ist <u>und</u>
3. es sich um einen guten Kunden handelt,

<u>dann</u>: (Aktion) 1. besorge die fehlende Menge bei der Konkurrenz,
2. liefere die gesamte Menge aus.

R6: <u>Wenn</u>: (Bedingung) 1. der bestellte Artikel nicht in der geforderten Menge vorhanden ist <u>und</u>
2. der bestellte Artikel auch nicht teilweise in der geforderten Menge vorhanden ist <u>und</u>
3. es sich um einen schlechten Kunden handelt,

<u>dann</u>: (Aktion) lehne die sofortige Belieferung ab.

R7: <u>Wenn</u>: (Bedingung) Bedingungskombinationen auftreten, die unter R1 bis R6 nicht subsummierbar sind,

<u>dann</u>: (Aktion) suche nach dem Fehler.

ENTSCHEIDUNGSTABELLENNR: 5	Datum: 1.3.78	Seite: 1

Aufgabe: Behandlung einer Artikelbestellung eines Kunden
verwendet in: Entscheidungstabellennr 2 : Auftragsannahme

		R1	R2	R3	R4	R5	R6	R7
B1	Artikel in geforderter Menge vorhanden	j	n	n	n	n	n	irgendeine Kombination, anders als R1 bis R6
B2	-"- nur teilweise vorhanden	-	j	j	j	n	n	
B3	Kunde mit Teillieferung einverstanden	-	n	j	n	-	-	
B4	guter Kunde	-	j	-	n	j	n	
A1	abbuchen der gesamten Menge	x						
A2	abbuchen der Teilmenge		x	x				
A3	ausliefern der Teilmenge			x				
A4	besorgen der fehlenden Menge bei Konkurrenz		x			x		
A5	ausliefern der gesamten Menge	x	x			x		
A6	ablehnen der sofortigen Belieferung				x		x	
A7	Fehlersuche							x

Abb. 1.5: Beispiel einer Entscheidungstabelle

Entscheidungstabellen werden auch für die Darstellung der Ablaufsteuerung von Computerprogrammen verwendet. Zur Umwandlung solcher Entscheidungstabellen in für die EDV-Anlage verständliche Anweisungen werden eine Reihe von Programmsystemen angeboten.

1.4 Entwicklungslogik

Für die praktische Problembearbeitung ist es notwendig, neben der Kenntnis der Konzeption des Systemansatzes, der Begriffe und Darstellungstechniken auch eine klare Vorstellung über die Struktur und den Ablauf der Bearbeitungsprozesse selbst zu haben.

Es hat sich dafür als zweckmäßig erwiesen, von 3 Aspekten auszugehen:

1. dem Problemlösungsprozeß, dessen Systematik auf jede problematische Situation anwendbar ist,
2. dem schrittweise Verfeinern, bei dem man von einer relativ groben Systembeschreibung schrittweise - solange wie zur Problemlösung nötig - zu immer detaillierteren Beschreibungen vorgeht,
3. einer zeitlichen Strukturierung des Systemanalyseprozesses.

1.4.1 Problemlösungsprozeß

Die der Einführung oder Weiterentwicklung der EDV zugrundeliegenden Überlegungen können auch als Problemlösungsprozesse begriffen werden; denn die EDV wird in privaten oder öffentlichen Betrieben nicht um ihrer selbst willen angewendet. Dahinter stehen Probleme, die man mit Hilfe der EDV zu lösen versucht.

Man kann den Problemlösungsprozeß formal einteilen in unterschiedliche Schwerpunkte:

1. Erkennen von Zuständen, mit denen man unzufrieden ist: Problem als Ausgangspunkt.

   Das Wahrnehmen von unbefriedigenden Zuständen und der Wille, diese unbefriedigenden Zustände zu beseitigen, ist der Ausgangspunkt eines Problemlösungsprozesses. Zum frühzeitigen Erkennen solcher Zustände ist es insbesondere erforderlich, Betriebsblindheit abzulegen und die augenblicklichen und zukünftigen Möglichkeiten der systeminternen und -externen Entwicklung bei der Beobachtung und Bewertung von Zuständen einzubeziehen. Dabei ist die Wahrnehmung abhängig von der Interessenlage der Beobachter (während z.B. die Betriebsleitung in erster Linie an der Rationalisierung und deren Auswirkungen auf Kosten und Gewinne interessiert ist, werden Betriebs- bzw. Personalräte die Folgen der Rationalisierung im Hinblick auf Arbeitsinhalte und Struktur und Wegfall von Arbeitsplätzen analysieren).

Die Beschreibung dieser Zustände kann dabei zunächst sehr vage sein: z.B. stagnierender Umsatz oder Gewinn gegenüber steigendem Umsatz und Gewinnen bei den Konkurrenten; unzufriedene Kunden. Sie liefern häufig gleichzeitig schon vage Vorstellungen über die Ziele: höherer Gewinn oder Umsatz, zufriedene Kunden.

Um sowohl die Ursachen der unbefriedigenden Zustände festzustellen als auch die Ziele genauer festzulegen, ist eine Analyse des bestehenden Systems notwendig, die Istanalyse.

2. Untersuchung der Ursachen für die unbefriedigenden Zustände: Analyse des bestehenden Systems.

   Bei der Istanalyse geht es darum, die in 1.1 dargestellte Systembetrachtung auf das bestehende System anzuwenden. Es sind demnach Ziele, Umwelt, Ressourcen, Komponenten und deren Beziehungen untereinander und zur Umwelt und das Management zu bestimmen.

   Dabei ist die Analyse nicht nur auf das bestehende System zu beschränken, sondern es sind zukünftige Entwicklungen des Systems unter Einbeziehung möglicher Einwirkungen zu berücksichtigen.

   Das Augenmerk wird insbesondere auch auf die Entdeckung solcher Funktionen oder Zustände gerichtet, die überflüssig sind oder nur unzureichend den augenblicklichen oder möglichen zukünftigen Zielen dienen (Schwachstellenanalyse).

   Um die notwendigen Informationen zu erhalten, wendet man bestimmte Erhebungstechniken an, wie z.B. Beobachtungen, Interviews, Fragebogen, Schätzungen, Experimente, Literatursuche. Checklisten erhöhen die Sicherheit, nichts Wesentliches zu vergessen.

Zur übersichtlichen Darstellung, insbesondere der Komponenten und ihrer Relationen, haben sich eine Vielzahl von Darstellungsmitteln entwickelt, von denen einige in 1.3 besprochen worden sind.

3. Zielfestlegung für das zu entwickelnde, befriedigende System.

   Sind aufgrund der Istanalyse die Ursachen für das erkannte Problem herausgearbeitet worden und die für die Problembearbeitung zur Verfügung stehenden Ressourcen bekannt, können nun auch die Ziele für das zu entwickelnde, befriedigende System präzisiert werden. Ohne Zielvorgabe wird die Entwicklung eines Sollsystems unkontrollierbar und sinnlos.

   Auch diejenigen Ziele und Indikatoren für die Zielerreichung, die sich nicht quantitativ angeben lassen, müssen formuliert werden. Die Entwicklung des Sollsystems würde verzerrt werden, flössen nur noch die quantifizierbaren Ziele und Indikatoren ein.

4. Entwickeln von Systemen, die in der Lage sind, ausgehend vom bestehenden System, die festgelegten Ziele zu erreichen.

   Hierbei wird wiederum die in 1.1 beschriebene Systematik angewendet, und zwar jetzt auf die zu entwickelnden Systeme (<u>Sollsysteme</u>). Während dieses Entwicklungsprozesses können sich auch die Ziele verändern, wenn z.B. die Voraussetzungen, die zu einem Zielkompromiß führten, nicht mehr gelten, Zeitbeschränkungen nicht mehr eingehalten werden können oder durch das intensivere Kennen der Lösungsmöglichkeiten neue Zielerreichungsindikatoren notwendig werden.

5. Bewertung der erarbeiteten Lösungsmöglichkeiten und Auswahl der besten.

   Ist es gelungen, mehrere prinzipiell befriedigende Lösungsvorschläge zu erarbeiten, müssen sie bewertet werden im Hinblick auf ihren Beitrag zur Erfüllung der festgelegten Ziele. Erst danach kann derjenige Lösungsvorschlag ausgewählt werden, der von den erarbeiteten den größten Beitrag liefert.

Häufig treten Zielkonflikte auf, lassen sich Bewertungen nur qualitativ angeben, sind zukünftige Ereignisse nur unsicher zu bestimmen oder kommen verschiedene Interessengruppen zu anderen Beurteilungen.

Zur Unterstützung der so sehr komplizierten Bewertungs- und Auswahlverfahren gibt es daher eine Reihe von Verfahren, die versuchen, diese zu formalisieren. Ein besonders wichtiges Verfahren ist die Nutzwertanalyse (vgl. Zangemeister, 1973).

6. Durchführung der ausgewählten Lösungsmöglichkeiten: Implementierung.

   Die ausgewählte Lösungsmöglichkeit muß auch implementiert werden. Dabei kann "Implementierung" je nach Problemstellung etwas anderes bedeuten. Die Implementierung eines geplanten EDV-Programmsystems bezeichnet das Umsetzen des Programmentwurfs in ein den Anforderungen genügendes Computerprogramm. Wenn das Einsetzen des fertigen Computerprogramms jedoch Änderungen in dem übergeordneten sozio-technischen System voraussetzt, bedeutet Implementierung auch z.B. Veränderung der Arbeitsabläufe, Sicherstellung des Übergangs vom alten zum neuen System, Schulung und Motivierung der Mitarbeiter, das entwickelte System zu benutzen.
   Viele Problemlösungen mit Hilfe des Operations Research oder der EDV sind hauptsächlich deswegen gescheitert, weil man sich nicht genug Gedanken über die möglichen Schwierigkeiten einer praktischen Durchführung gemacht hat.
   Implementierungsüberlegungen müssen daher schon in den Entwurf des Sollsystems eingehen.

Diese 6 Schwerpunkte ergeben eine Systematik des Problemlösungsprozesses, die auf die Bearbeitung jeder problematischen Situation im Rahmen einer Systemanalyse angewendet werden kann.
Diese problematischen Situationen können aus unterschiedlichen Wissensbereichen (z.B. Organisation, Planung oder EDV) stammen, verschiedene Schwerpunkte der Systematik betreffen (z.B. die Zielfest-

legung oder die Istanalyse) oder sich auch auf die in 1.5 behandelten Entwicklungsschritte beziehen: Erarbeitung der Vorstudie, der Hauptstudie, Softwareentwicklung.

Es ist auch wichtig zu erkennen, daß die Systematik nicht als starre Abfolge aufgefaßt werden soll, sondern es sich häufig als notwendig erweist, sie zur Problemlösung auch desselben Problems ganz oder teilweise mehrfach zu durchlaufen.

1.4.2 Schrittweises Verfeinern

Beim schrittweisen Verfeinern wird begonnen mit einer Betrachtung der Beziehung zwischen dem Gesamtsystem und seiner Umwelt, ohne auf die Struktur des Gesamtsystems selbst einzugehen. Dies wird zunächst als "black box" begriffen. Erst wenn Interesse besteht, das Zustandekommen der Transformationsfunktion zu analysieren, gliedert man das Gesamtsystem in Subsysteme auf und behandelt diese wie ursprünglich das Gesamtsystem.

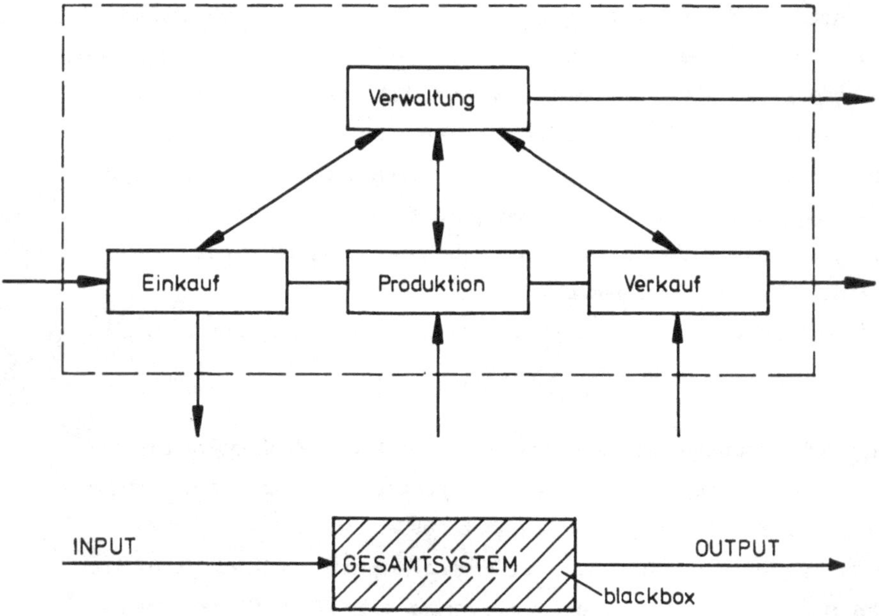

Abb. 1.6: Prinzip des schrittweisen Verfeinerns

Dabei wird jeweils die in 1.1 und 1.4.1 beschriebene Betrachtungsweise angewendet.
Sowohl bei der Istanalyse als auch beim Erarbeiten von Lösungsalternativen wird nach dem Prinzip des schrittweisen Verfeinerns vorgegangen.
Da auf jeder Stufe versucht werden muß, möglichst mehrere Lösungsalternativen zu entwickeln, kommt man in der Praxis sehr schnell an die Grenze der Analysekapazität, wollte man alle sich daraus ergebenden Kombinationsmöglichkeiten im Hinblick auf ihre Konsequenzen untersuchen.
Daher wird auf jeder Stufe eine Entscheidung getroffen, welche der Lösungsalternativen man in der tieferen Ebene weiter verfolgen will. Wieviele Lösungsalternativen man durch alle Ebenen "mitschleppt", hängt vom Risiko der Festlegung auf eine Alternative und vom Aufwand ab.

Die Methode des schrittweisen Verfeinerns legt eine Bearbeitungsrichtung nahe, die in der Systementwicklung häufig als <u>'top-down'-Ansatz</u> oder <u>'outside-in'-Ansatz</u> bezeichnet wird. Hierbei wird mit der Festlegung der Beziehungen zwischen dem betrachteten System und seiner Umwelt begonnen und anschließend das System und seine Komponenten (z.B. Funktionen oder Informationen bzw. Daten) so lange schrittweise verfeinert, bis die einzelnen Komponenten so konkret bestimmt sind, daß ihre Realisierung, sei es in Gestalt von Organisationsanweisungen oder in Gestalt von Computerprogrammen, unzweideutig vorgenommen werden kann.
Der Vorteil dieser Vorgehensweise besteht vor allem darin, daß die Integration der einzelnen Komponenten zu einem Gesamtsystem übersichtlich erhalten bleibt, und daß Abgrenzungen und Beziehungen (Schnittstellen) zwischen den Komponenten eine dauernde Aufmerksamkeit erfahren.

Man hat allerdings auf einer höheren Abstraktionsstufe häufig noch nicht den Überblick, um beurteilen zu können, ob eine geplante - in ihrem Gehalt nur sehr abstrakt feststehende - Komponente auch tatsächlich realisiert werden kann. Daher kommt es vor, daß man Entscheidungen einer höheren Stufe revidieren und von dort neu beginnen muß, wenn auf einer tieferen Stufe unvorhergesehene Erkenntnisse auftauchen. Dabei ist klar, daß mit zunehmendem Fortschreiben des Systemanalyse- und entwicklungsprozesses es meistens mit hohen Kosten verbunden sein wird, eine Entscheidung auf einer hohen Stufe umzustoßen.

Um **dieser** Schwierigkeit aus dem Wege zu gehen, wird häufig der 'bottom-up'- oder 'inside-out-Ansatz' vorgeschlagen. Bei dieser Vorgehensweise wird "unten" begonnen, auf der konkreten Stufe also, auf der man genau weiß, ob und wie die einzelnen Komponenten realisierbar sind. Die Schwierigkeit bei diesem Ansatz besteht jedoch darin, daß nicht sicher ist, ob eine Integration der einzelnen Komponenten zu dem gewollten Gesamtsystem auch gelingt und möglicherweise gleiche Teilkomponenten in verschiedenen Komponenten nicht erkannt und daher nicht zusammengefaßt werden können.

In der Praxis hat sich daher eine Kombination beider Ansätze bewährt, bei der prinzipiell der top-down-Ansatz verfolgt wird. An unklaren, kritischen Punkten - wenn z.B. keine Erfahrung in bestimmten Systementwicklungsbereichen vorliegen oder neue Technologien verwendet werden sollen - wird dabei jedoch stark bis zu Realisierungsüberlegungen verfeinert, um dann aufgrund der gewonnenen Erfahrungen auf der höheren Ebene erneut mit der Verfeinerung zu beginnen. Diese Vorgehensweise wird häufig als jo-jo-Ansatz oder als hybrider-Ansatz bezeichnet.

Es hat sich dabei als vorteilhaft herausgestellt, regelmäßig oder an bestimmten kritischen Punkten sogenannte 'systems reviews' einzuplanen, an denen dann die Konsistenz aller Entscheidungen und Realisierungen überprüft werden.

1.4.3 Zeitstruktur

Man kann die Schwerpunkte des Problemlösungsprozesses - Problemerkennung, Istanalyse, Zielfestlegung, Sollsystementwicklung, Alternativenbewertung, Implementierung - in dieser Reihenfolge auch als groben Anhalt für eine zeitliche Struktur des Systemanalyseprozesses auffassen.

Eine genaue Angabe ist nicht möglich, weil die Zeitstruktur nicht linear ist. So kann es durchaus vorkommen, daß es innerhalb eines Schwerpunktes (z.B. der Sollsystementwicklung) notwendig wird, einen nach dieser Grobstruktur zeitlich davorliegenden Schwerpunkt (z.B. die Istanalyse) zu erweitern oder zu verfeinern.

Da die Systemanalyse meistens innerhalb eines bestimmten zeitlichen Rahmens und eines bestimmten Kostenrahmens abgeschlossen werden muß, muß sie geplant und kontrolliert werden. Daher werden entlang dieser zeitlichen Grobstruktur und entlang von Verfeinerungsstufen Zeitpunkte (Meilensteine) festgelegt, zu denen ein bestimmter Problemlösungsfortschritt erreicht sein soll und zu denen auch 'systems reviews' geplant werden können. Je nach Komplexität des Problems und der in diesem Zusammenhang vorhandenen Erfahrung werden mehr oder weniger solcher Meilensteine angegeben.

1.5 Entwicklungsschritte

1.5.1 Vorstudie

Werden bestimmte unbefriedigende Situationen so ernst genommen, daß eine Abhilfe notwendig erscheint und liegt eine wohldurchdachte Lösungsmöglichkeit nicht vor, beginnt man mit einer Vorstudie dieser Problemsituation.
Ihr Ziel ist, nach ihrer Durchführung zu entscheiden,

1. welche Ziele bei der Entwicklung einer Problemlösung im Vordergrund zu stehen haben und mit Hilfe welcher Größen man den Grad ihrer Erreichung messen will;
2. welche Lösungsalternativen möglich sind, welche wirtschaftlichen, sozialen und politischen Konsequenzen sie haben (auch unter der Annahme eines Fehlschlages);
3. welche Lösungsalternative die erfolgsversprechendste ist;
4. ob eine Weiterbearbeitung des Problems wünschenswert ist.

Die Vorstudie hat daher zu enthalten:

1. Ziele und Indikatoren zu deren Erreichung;
2. Eine grobe Istanalyse und Schwachstellenbeurteilung;
3. Lösungsalternativen.

Für jede Lösungsalternative sollte angegeben werden:

1. eine grobe Beschreibung der Lösungsvorstellungen und ihrer Durchführbarkeit (organisatorische Veränderungen, Notwendigkeit, Umfang und Art der erforderlichen EDV (z.B. Stapel-, Dialog- oder Realzeitverarbeitung), Eigenentwicklung des Sollsystems oder Fremdvergabe der Entwicklung, Einschätzung der für die Eigenentwicklung zur Verfügung stehenden Ressourcen, Beschreibung der bei Fremdvergabe käuflichen Produkte, vorherzusehende Schwierigkeiten);
2. wirtschaftliche, soziale und politische Konsequenzen (Kosten und Nutzen), z.B. Entwicklungs- bzw. Kauf- und Anpassungskosten, Schulungskosten, Betriebskosten, Rationalisierungsgewinne, schnellere und bessere Informationen, Veränderungen der Stellenstruktur, Veränderungen in dem Verhältnis zu Mitarbeitern und dem Betriebs- bzw. Personalrat.
3. Angabe des notwendigen Budgets und eines groben Zeitplanes.

Die Vorstudie wird durchgeführt, indem die in 1.4 beschriebene Entwicklungslogik zusammen mit der in 1.1 dargestellten Konzeption des Systemansatzes vollzogen wird.
Das bedeutet insbesondere auch, daß der Blickwinkel auf die Organisation als Ganze und ihre Umwelt ausgeweitet werden muß, auch wenn zunächst angenommen wird, daß die unbefriedigenden Situationen und Lösungsvorschläge innerhalb von mehr oder weniger engen Teilsystemen betrachtet werden können.

Der Zusammenhang des angenommenen Nutzens, der Kosten und der Risiken mit den Zielen der Gesamtorganisation muß hergestellt sein. Anders ist auch nicht zu überprüfen, ob die Investition in anderen Bereichen der Organisation nicht sinnvoller ist.

Die Vorstudie hat die Gegenwart, aber auch mögliche Entwicklungen in der Zukunft einzubeziehen. Dabei ist auch auf Veränderungen in den Bereichen der vorgeschlagenen Lösungen einzugehen (z.B. Technologie- und Preisveränderungen in der EDV).

Entscheidet man sich, das Problem zu bearbeiten und eine Lösungsalternative zu verfolgen, wird eine Hauptstudie angefertigt: eine schrittweise Verfeinerung im Rahmen der gewählten Lösungsalternative der Vorstudie. Die Grenze zwischen Vorstudie und Hauptstudie ist nicht genau zu ziehen, weil das Kriterium "Entscheidung für eine Lösungsalternative" auch in späteren Verfeinerungsstufen aufgrund der Erkenntnisse noch abgeändert werden kann. Auch das häufig herangezogene Kriterium "Verfeinerungsstufe" greift nicht immer. So kann es durchaus vorkommen, daß für Teilsysteme einer auf bestimmter Verfeinerungsstufe vorliegenden Vorstudie keine Erfahrungen vorliegen. Diese Teilsysteme sind dann schon in der Vorstudie mit großer Sorgfalt und detailliert zu untersuchen. Beinhaltet z.B. eine Lösungsalternative die Einführung, bzw. Weiterentwicklung der EDV und liegen für den Problemlösungsbereich keine realisierten und heranziehbaren Konzepte in anderen Betrieben vor, so muß besonders genau auf die Möglichkeiten und Risiken, solche Konzepte erstmalig zu realisieren, geachtet werden.

Es kommt auf eine genaue Unterscheidung zwischen Vor- und Hauptstudie auch nicht an, sofern man während der gesamten Entwicklung immer wieder Abschnitte festlegt, vor, bzw. nach denen über die Weiterführung der Projekte entschieden wird. Dabei wird sich die Abschnittseinteilung häufig daran orientieren, wann besonders schwer rückgängig zu machende Entscheidungen getroffen werden müssen oder hohe Ausgaben notwendig werden.

1.5.2 Hauptstudie

Im Rahmen dieses Buches interessieren uns nur solche Hauptstudien, denen die Einführung oder Weiterentwicklung der EDV in öffentlichen oder privaten Betrieben als in der Vorstudie gewählte Lösungsalternative zugrundeliegen.

Ziel der Hauptstudie ist es, diesen Lösungsvorschlag innerhalb des vorgegebenen Zeit- und Kostenrahmens so auszuarbeiten, daß

1. das betriebliche Sollsystem bis auf das Teilsystem 'EDV' so genau festliegt, daß es in die Praxis umgesetzt werden könnte (das Teilsystem 'EDV' ist noch 'black box'),

2. die Anforderungen des betrieblichen Sollsystems an das Teilsystem 'EDV', d.h. die Beziehungen zwischen Teilsystem 'EDV' und den übrigen Teilen des betrieblichen Sollsystems als seiner Umwelt, spezifiziert sind,

3. für das Teilsystem 'EDV' entschieden werden kann,
   - welche Konfiguration (Quantität und Qualität der Geräte, die zusammen die EDV-Anlage bilden) zur Realisierung der Anforderungen vorhanden sein muß,
   - welche Software (Programme zur Steuerung der EDV-Anlage; näheres in Kap. 2.5) notwendig ist,
   - ob die dem Betrieb nicht zur Verfügung stehende Software im eigenen Betrieb oder durch Fremdvergabe erstellt werden soll,

4. die wirtschaftlichen und sozialen Konsequenzen der geplanten Veränderungen in ihren Vor- und Nachteilen so vorliegen, daß über die Weiterführung der Problembearbeitung entschieden werden kann.

Die prinzipielle Vorgehensweise in der Hauptstudie bestimmt sich wie bei der Vorstudie aus der Kombination der in 1.1 dargestellten Konzeption des Systemansatzes mit der in 1.4 beschriebenen Entwicklungslogik.
Angereichert werden muß diese prinzipielle Vorgehensweise einerseits mit Kenntnissen aus dem Bereich der Organisationslehre, die sich mit der Analyse und Entwicklung betrieblicher Aufbau- und Ablauforganisationen beschäftigt. Andererseits sind inhaltliche Kenntnisse aus dem spezifischen Problembereich (z.B. Buchhaltung, Finanzierung, Kostenrechnung) erforderlich. Bezüglich dieser Kenntnisbereiche kann

hier nur auf einige Literatur verwiesen werden (z.B. Grochla, Kosiol).

Hervorgehoben werden sollen allerdings spezielle Schwerpunkte, die sich bei den hier betrachteten Hauptstudien als besonders wichtig herausgestellt haben und in der hier vorgeschlagenen prinzipiellen Vorgehensweise nicht explizit angesprochen wurden.
Diese sind:

1. Betonung der Anwendungsprobleme,
2. Akzeptanz durch die Beschäftigten,
3. Verfeinernde Informationsanalyse,
4. Bildung eines Benutzermodells,
5. Erarbeitung von Spezifikationsrahmen,
6. Informationsbeschaffung über vorhandene EDV-Systeme.

Zu 1: Die Einführung und die Weiterentwicklung der EDV in einem Betrieb sollte immer als betriebliches Problem verstanden werden. Die ausschließliche Konzentration auf EDV-Technologie und die Vernachlässigung der Abstimmung zwischen notwendigen betrieblichen Abläufen und der EDV führt in der Regel zu erheblichen Fehlentwicklungen.

Zu 2: Die erfolgreiche Einführung eines EDV-orientierten Lösungsvorschlages in den Betrieb hängt wesentlich von seiner Akzeptanz durch die Beschäftigten ab. Sie rechtzeitig von den Planungen zu unterrichten und in die Planungen einzubeziehen fördert diese Akzeptanz.

Gesetzlich besteht eine umfassende Unterrichtungspflicht u.a. nach den §§ 106 und 111 Betriebsverfassungsgesetz und § 68 Personalvertretungsgesetz. Ihr sollte spätestens zu Beginn der Hauptstudie nachgekommen werden.
Bezüglich der meistens mit den Lösungsvorschlägen verbundenen Rationalisierungsfolgen bestehen fast immer gegensätzliche Auffassungen zwischen Arbeitgeber und Arbeitnehmer. Um einen möglichst frühzeitigen Interessenausgleich zwischen Arbeitgeber und Arbeitnehmer zu erreichen, sollte der Betriebsrat bzw. der Personalrat an den Planungen beteiligt werden. Dadurch können die Probleme der Beschäftigten besser berücksichtigt werden mit entsprechend positiven Auswirkungen

auf das Betriebsklima und der reibungslosen Einführung des ausgearbeiteten Lösungsvorschlages in den Betrieb. Es können aber auch Konflikte frühzeitig erkannt und durch entsprechend vergrößerten Planungshorizont eventuell besser gelöst werden (z.B. durch längerfristige Personalplanung).
Außerdem werden die Beschäftigten eher bereit sein, ihr spezifisches Wissen um Arbeitsabläufe und für Außenstehende schwer erkennbare Sonderfälle in die Ausarbeitung der Hauptstudie einzubringen.

Zu 3: Es besteht die Tendenz, die schrittweise Verfeinerung nur auf die betrieblichen Funktionen und Aufgaben und die zu ihrer Erfüllung notwendigen Aktivitäten anzuwenden. Sie ist jedoch genauso für die Informationen durchzuführen. Sie hilft, die betrieblichen Probleme vom Aspekt der notwendigen Informationen zu durchdenken und die Ergebnisse der Aktivitätenanalyse zu kontrollieren.

Dazu ist auszugehen von den Input- und Outputinformationen der gebildeten Teilsysteme. Für jede Outputinformation ist dann anzugeben, welche Inputinformationen in welcher Reihenfolge für ihre Produktion notwendig sind (Erstellen eines Präzedenzgraphen). Eine Verfeinerung hat dann zu zeigen, durch welche Manipulationen die Outputinformationen aus den im Präzedenzgraphen angegebenen Inputinformationen erzeugt werden.
Jetzt können auch die Informationen und ihre Komponenten detailliert beschrieben werden. Dabei kann es durchaus vorkommen, daß eine Information die Komponente einer anderen Information ist, d.h. aus mehreren Informations"elementen" größere Informationseinheiten zusammengestellt werden (z.B. mag die Information "Rechnung" aus den Informationselementen "Rechnungsnummer", "Kundenanschrift", "Rechnungsposten" und "Rechnungsbetrag" bestehen).

Die detaillierte Beschreibung der Informationen ist wichtig, weil darüber exakte Anforderungen an die informationsbeschaffenden und informationsverarbeitenden Teilsysteme gestellt werden können. Zur detaillierten Beschreibung einer Information gehören

- Benennung der jeweiligen Informationsart (z.B. Kundenrechnung); sie bezeichnet eine Menge von Einzelinformationen (z.B. einzelne Kundenrechnungen)
- Angabe eines oder mehrerer Kriterien (Schlüssel, Suchbegriffe), aufgrund derer man bestimmte Elemente der jeweiligen Informationsart identifizieren soll (z.B. Rechnungsnummer)
- gegebenenfalls die Angabe von Komponenten
- Angabe von Eigenschaften und Eigenschaftsausprägungen der zu beschreibenden Informationsart oder ihrer Komponenten. Wichtige Eigenschaften können z.B. sein:
  - Art des Mediums, durch das die Weitergabe erfolgt (Ausprägung: z.B. "Papier", "Bildschirm", "Laute");
  - Anordnung der Information auf dem Informationsmedium (Ausprägung: z.B. ein bestimmtes Rechnungslayout);
  - maximale Häufigkeit der Anforderung der Information (Ausprägung: z.B. 1000 mal pro Tag);
  - Schnelligkeit der Bereitstellung der Information (Ausprägung: z.B. "durchschnittlich 3 sec");
  - erforderliche Sicherung gegen Zerstörung oder ungewollte Veränderung der Informationsinhalte (Ausprägung: z.B. "laufendes Halten einer Kopie der Information");
  - erforderlicher Schutz der Informationsinhalte vor dem Zugriff Unberechtigter: "Datenschutz" (Ausprägung: z.B. "Zugriff nur durch Direktoren erlaubt");
  - Angaben darüber, wie die Informationen beschafft werden (Ausprägung: z.B. " gültige Preisliste");
- gegebenenfalls Angabe der zeitlichen Gültigkeit der Eigenschaftsausprägungen (Ausprägung: z.B. "1000 mal pro Tag"(maximale Häufigkeit der Anforderung der Information) tritt nur montags auf).

Zu 4: Die Mitarbeiter verrichten die Arbeit, empfangen Informationen oder geben sie weiter. Es ist daher wichtig, die Arbeitsprozesse, Leistungsfähigkeit und Wünsche der Mitarbeiter soweit möglich aufeinander abzustimmen. Ab einer bestimmten Verfeinerungsebene ist es daher notwendig, auch die einzelnen Mitarbeiter oder Mitarbeitergruppen in die Analyse einzubeziehen. Das wird zunächst eher global geschehen, aber mit zunehmender Verfeinerung der Hauptstudie muß auch die Beschreibung der Mitarbeiter detaillierter werden. Die detaillierte Beschreibung der mit einem (Teil-)System kommunizierenden Menschen zusammen mit den Input- und Outputinformationen, die sie vom (Teil-)System empfangen bzw. in das (Teil-)System eingeben wollen bzw. sollen, bezeichnet man als Benutzermodell bezüglich des (Teil-)Systems.

Der Begriff "Benutzermodell" hat sich insbesondere bezüglich des Teilsystems "EDV" eingebürgert. Ein detailliertes Benutzermodell sollte die Benutzer zumindest klassifizieren nach

- ihren Aufgaben unter Berücksichtigung zukünftiger Veränderungen;
- ihren Fachkenntnissen in bezug auf die von ihnen zu bearbeitenden betrieblichen Probleme;
- ihren EDV-bezogenen Kenntnissen;
- den für sie zu beachtenden Arbeitsbedingungen (z.B. vorgesehener Umfang der Arbeit an Bildschirmgeräten, maximale Antwortzeit der EDV-Anlage auf eine Anfrage des Benutzers hin);
- den auf sie wirkenden Vorschriften (z.B. ihr Entscheidungsspielraum, Zugriffseinschränkungen bezüglich bestimmter Informationen, gesetzliche Vorschriften wie das Bundesdatenschutzgesetz);
- ihren primären Interessen (z.B. abwechslungsreiche Arbeit, Verstehen der Arbeitsabläufe).

Die gemäß diesen Merkmalen ähnlichen Benutzer werden in Benutzerklassen eingeteilt. Im Zusammenhang mit der kommerziellen EDV-Anwendung häufig auftretende Benutzerklassen sind Auftraggeber (z.B. Top-Management), Fachabteilungsleiter, Sachbearbeiter in den Fachabteilungen, Anlernling, Anwendungsprogrammierer, Wartungsprogrammierer, EDV-Anlagen-Bediener (Operateur).

Zu 5: Wichtig für den Erfolg der Problemlösung ist eine gute Dokumentation des Arbeitsfortschrittes mit entsprechenden Erfolgskontrollen.
Für jede Verfeinerungsstufe sollte daher ein Spezifikationsrahmen formuliert werden. Er dokumentiert den bisherigen Bearbeitungsfortschritt und ist verbindlicher Ausgangspunkt für den folgenden Verfeinerungsschritt.

Über die so entstehende Hierarchie von Spezifikationsrahmen kann auch die Kommunikation der Bearbeiter mit den betroffenen Mitgliedern der verschiedenen Benutzerklassen erfolgen. Der durch die unterschiedlichen Verfeinerungsebenen variierende Abstraktionsgrad erleichtert diese Kommunikation, da sich die Mitglieder die für sie interessante Detaillierung der Dokumentation herausgreifen können. Übersichtliche und relativ einfach gehaltene grafische Darstellungen können diese Kommunikation weiter verbessern.

Folgende Kapitelübersicht hat sich für die Spezifikationsrahmen bewährt. Die Kapitelinhalte bestimmen sich dabei aus der jeweils vorhandenen Verfeinerung in der Systementwicklung.

Spezifikationsrahmen

1. Inhaltsverzeichnis
2. Systemziele

   Zusammenfassung der Systemziele, Maßstäbe für die Zielerreichung, längerfristige Veränderungsmöglichkeiten der Ziele, Umweltbedingungen und anderer Einflußfaktoren
3. Benutzermodell

   vgl. oben
4. Einschränkungen der Zielerreichung

   bisher noch nicht erfüllte Ziele, Abweichungen vom Zeit- und Kostenplan
5. Systemübersicht

   Grobbeschreibung des Systems und seiner Leistungsfähigkeit
6. Komponentenbeschreibung

   entsprechend der Verfeinerungsstufe detaillierte Beschreibung der vorhandenen Teilsysteme, ihrer Leistungsfähigkeit, ihrer Beziehungen untereinander und zur Umwelt
7. Ausblick

   notwendige weitere Arbeiten mit Termin- und Kostenvorstellungen
8. Anhänge

   z.B. für die Problembearbeitung verbindliche Begriffsdefinitionen, Literaturverzeichnis, nur für bestimmte Benutzer wichtige Unterlagen.

Zu 6: Um die Realisierungsmöglichkeit der dem Teilsystem "EDV" im Sollsystem zugewiesenen Aufgaben abschätzen zu können, müssen Informationen über vorhandene (möglicherweise auch über erst herauskommende) EDV-Anlagen bzw. Software beschafft werden. Zu beachten sind dabei insbesondere

- Leistungsfähigkeit (z.B. Speicherkapazität (näheres s. Kap. 2 und 3), Übertragungsgeschwindigkeiten, Druckerleistung, Betriebsverhalten bei verschiedenen Belastungen, Quantität und Qualität der zur Verfügung gestellten Funktionen)
- Erweiterbarkeit
- Benutzerfreundlichkeit
- Kompatibilität mit vorhandenen Lösungen und Geräten
- Abdeckung gesetzlicher Anforderungen (z.B. Datenschutz)
- Service (z.B. Wartung, Schulung, Dokumentation)
- Erfahrung und Zuverlässigkeit des Verkäufers (z.B. Anzahl der verkauften Produkte, Zufriedenheit der Käufer)
- Preise (bei Kauf, Miete, Mietkauf), Zahlungsbedingungen
- Gewährleistung
- Laufzeit und Kündigungsfristen von Verträgen.

Die Bearbeitung der Hauptstudie unter besonderer Berücksichtigung der genannten 6 Schwerpunkte mündet in ein abschließendes Entwicklungsdokument. Es wird <u>Spezifikation</u>, häufig auch <u>Pflichtenheft</u> genannt. Ist das zu bearbeitende Problem sehr umfangreich, werden häufig auch für die einzelnen zu entwickelnden Programmbausteine gesonderte Spezifikationen entworfen.

Dieses wichtigste Ergebnis der Hauptstudie beschreibt alle Aspekte der zu erstellenden Software (Anforderungen der Benutzer, Informationselemente usw.) so genau, daß Softwareentwickler mit weniger ausgeprägten Problemkenntnissen einen Programmentwurf erstellen können. Die genaue Definition der zu erfüllenden Programmieraufgabe als Spezifikation legt fest, welche Anforderungen des betrieblichen Sollsystems auf welcher EDV-Anlage mit welcher Konfiguration und in welcher zu ihrer Bedienung notwendigen (Programmier-)Sprache realisiert werden sollen.

Dazu gehört auch eine Angabe der von den betrieblichen Problemen her notwendigen Verfahren (z.B. Mehrwertsteuerberechnung, Buchungsvorschriften, Kostenrechnungsverfahren). Die Spezifikation dient der Aufgabenstellung an den Softwareentwickler. Angaben, wie diese Aufgaben softwaremäßig gelöst werden sollen, gehören nur dann in die Spezifikation, wenn der Auftraggeber die Verwendung dieser Lösungsverfahren ausdrücklich wünscht.

Folgende Kapiteleinteilung hat sich für die Spezifikation bewährt.

Spezifikation

1. Inhaltsverzeichnis
2. Systemziele

   Zusammenfassung der Systemziele und Gliederung gemäß ihrer Bedeutung, Maßstäbe für die Zielerreichung, längerfristige Veränderungsmöglichkeiten der Ziele, Umweltbedingungen und anderer Einflußfaktoren
3. Benutzermodell

   verfeinerte Darstellung des Benutzermodells aus dem Spezifikationsrahmen
4. Einschränkungen der Zielerreichung

   bisher noch nicht erfüllte Ziele
5. Systemübersicht

   Grobbeschreibung des Systems, seiner Leistungsfähigkeit und Komponenten
6. Konfiguration

   EDV-Anlage und zu benutzende Programmiersprache(n)
7. Aufgabenbeschreibung

   für die verschiedenen Aufgaben und Benutzer jeweils
   - Bedienungsbeschreibung
   - detaillierte Beschreibung der Input- und Outputinformationen (s.o.)
   - Beschreibung des Verhaltens des Teilsystems "EDV" unter Normal-, Ausnahme- und Fehlerbedingungen
   - zu benutzende Datenendgeräte
   - Leistungsbeschreibung
8. Erweiterungsmöglichkeiten

   Möglichkeit der Unterstützung und Umstellung der Software, insbesondere im Hinblick auf die längerfristigen Veränderungsmöglichkeiten der Ziele, Umweltbedingungen und anderer Einflußfaktoren
9. Programmaufbau

   grober Überblick über logische Struktur der zu erstellenden Software, soweit an dieser Stelle überhaupt schon möglich

10. Kostenvorstellung und Terminplanung
11. Aufgabenerfüllung

    Angabe der Testbedingungen, unter denen die Aufgabenerfüllung der Software geprüft wird.
12. Dokumentation

    Art und Umfang der zu erstellenden Dokumentation
13. Anhänge

    z.B. detaillierte technische Beschreibung der EDV-Anlage, verbindliche Begriffsdefinitionen, Literaturverzeichnis

Entwicklungslogisch folgt nach dem Abschluß der Hauptstudie die Verfeinerung des Teilsystems "EDV". Dieser Verfeinerungsschritt ist sehr einschneidend, da er einhergeht mit einer Verschiebung des zur Problembearbeitung notwendigen Wissens. Stand während der Hauptstudie das Wissen um die betrieblichen Probleme im Vordergrund, so ist danach in erster Linie EDV-spezifisches Wissen erforderlich. Die weitere Verfeinerung - die Softwareentwicklung - wird von Software-Ingenieuren oder Programmierern durchgeführt. Sie haben selten Kenntnisse in beiden Wissensbereichen.
Deshalb ist eine genaue Definition der von ihnen zu erfüllenden Programmieraufgabe wichtig:
Es muß kontrolliert werden können, ob das von ihnen entwickelte Teilsystem "EDV" genau die Funktionen erfüllt, die aufgrund der Analyse der betrieblichen Probleme in der Hauptstudie gefordert wurden.
In Form der Spezifikation haben die Softwareentwickler eine genaue Vorgabe, die Rückfragen und Veränderungswünsche gering hält. Noch wichtiger werden diese Faktoren, wenn die Softwareentwicklung an einen fremden Betrieb vergeben wird.

1.5.3 Softwareentwicklung

Die EDV-Anlage muß so programmiert werden, daß sie die dem Teilsystem "EDV" in der Hauptstudie zugewiesenen Aufgaben erfüllt. Dies geschieht durch die Softwareentwicklung, die auf den Ergebnissen der Hauptstudie aufbaut, insbesondere der Spezifikation.

Die Softwareentwicklung erfolgt wie Vor- und Hauptstudie nach der in 1.1 und 1.4 beschriebenen Systemkonzeption und Entwicklungslogik, verlangt jedoch ein erhebliches Repertoire an Wissen und Fertigkeiten aus dem Bereich der EDV-Technologie.

So spielen die Methode der schrittweisen Verfeinerung, die Beschreibung von Informationen (Daten), die Erfassung von Prozessen in und zwischen Funktionen eine große Rolle, also Aktivitäten, die in Vor- und Hauptstudie ebenfalls sehr wesentlich waren.

Mit der Vermittlung des für die Softwareentwicklung notwendigen EDV-Wissens und der Einübung dazugehöriger Fertigkeiten befassen sich die folgenden Kapitel 2.3 und 4.

Weiterführende und benutzte Literatur:

Churchman, C.W.
Einführung in die Systemanalyse
München 197o

Grochla, E.
Betriebliche Planung und Informationssysteme
Reinbek b. Hamburg 1975

Kosiol, E.
Organisation der Unternehmung
2. Aufl., Wiesbaden 1976

Meyhak, H.
Entscheidungstabellentechnik
Heidelberg 1975

Schnupp, P., Floyd, Ch.
Software
Berlin - New York 1976

Thumb, H.
Grundlagen und Praxis der Netzplantechnik
München 1968

Wedekind, H.
Systemanalyse
2. Aufl., München - Wien 1976

Zangemeister, C.
Nutzwertanalyse in der Systemtechnik
4. Aufl., München 1976

2. Daten und Algorithmen

In der Phase der Realisierung eines Entwurfs für ein EDV-System geht es vor der endgültigen Programmierung um zwei untrennbar miteinander verbundene Dinge:

- Festlegung von Daten über das System
- Operationen auf diesen Daten, die der Computer ausführen soll.

Hiermit befaßt sich dieses Kapitel.

Die Operationen auf den Daten bilden im Zeitablauf einen Prozeß, den ein Algorithmus beschreibt.
Der Algorithmus ist Vorstufe und gleichzeitig wichtigster Teil eines Computerprogramms. Wir können Algorithmus zunächst mit Handlungs- oder Gebrauchsanleitung, Kochrezept o.ä. gleichsetzen (näheres unter 2.6.5).

Der Algorithmus ist in Details weniger festgelegt als das spätere Programm. Dadurch zeigt er deutlicher dessen logische Vorgehensweise. Um von den vielen für den Algorithmus unwesentlichen Einzelheiten der Programmiersprache COBOL zu abstrahieren, verwenden wir zum Entwurf von Algorithmen eine COBOL ähnliche vereinfachte Sprache, eine sogenannte Notationssprache (kurz: NtS). Dies ist eine Kunstsprache zur Formulierung von Grundfunktionen der Datenverarbeitung.

Am Ende von Kapitel 2 werden wir zeigen, wie man schrittweise von einer allgemeinen Problembeschreibung bis hin zu einer speziellen in COBOL übertragbaren Problemlösung Algorithmen entwirft. Dies ist eine konkrete Anwendung der Methode der schrittweisen Verfeinerung.

2.1 Informationen und Daten

Im alltäglichen Gebrauch sprechen wir von Datenverarbeitung, verwenden jedoch ebenfalls den Begriff Informationsverarbeitung.
Wie stehen die Begriffe Daten und Informationen zueinander?

In DIN 44300 mit dem Titel "Informationsverarbeitung, Begriffe" wird eben der Begriff Information nicht definiert. Dies erfolgt aus gutem Grunde, da es je nach Wissenschaftsgebiet, Betriebswirtschaftslehre, Informations- und Kommunikationstheorie, Informatik (= Computerwissenschaft), verschiedene Sichtweisen und Interpretationsversuche gibt.

Wir unterlassen daher einen Definitionsversuch und begreifen Information im Sinne des umgangssprachlichen Gebrauchs, wie etwa

- jemanden eine Neuigkeit mitteilen,
- jemanden eine Nachricht oder Botschaft überbringen
- sich informieren,

usw.

Information muß für einen Empfänger einen Sinn haben. Demgegenüber sind Daten losgelöst vom Sinngehalt und sollen nur Information unbestimmter Weise darstellen.

DIN 44300 definiert:

Daten: Durch Zeichen ... aufgrund bekannter oder unterstellter Abmachungen dargestellte Information.

Die "Abmachungen" werden immer von einer bestimmten Zielrichtung geprägt sein, die mit der Verarbeitung von Daten verfolgt wird.
Bei veränderter Zielrichtung kann eine andere Form der Informationsdarstellung erforderlich sein, also andere Daten. Man spricht von einer Repräsentation, die die Daten haben.
Die Darstellung von Daten ist also von ihrer beabsichtigten Verarbeitung nicht zu trennen. Diese kann manuell geschehen oder durch einen Automaten, der die Repräsentation "versteht".
Ziel dieser Verarbeitung ist die ökonomische Bereitstellung relevanter Information unter Berücksichtigung technischer und sozialer Gegebenheiten.

Die Repräsentation von Daten erfolgt auf einem Datenträger (Papier, magnetische Schicht, geometrisches Gebilde u.ä.).
Für unsere Zwecke wollen wir Daten eingeschränkt verwenden, denn wir betrachten nur digitale (= durch Zeichen dargestellte) Daten. Der Ge-

gensatz wäre: *analoge* Daten. Analoge Daten sind kontinuierliche Darstellungen kontinuierlich anfallender Informationen.

Beispiel: Eine Uhr kann die Zeit digital durch Ziffern darstellen oder analog durch die Stellung von Zeigern über einer Zeitskala.

Es bleibt eine Erläuterung von Zeichen. DIN 44300 definiert:

Zeichen: Ein Element aus einer vereinbarten endlichen Menge ... . Die Menge wird *Zeichenvorrat* ('character set') genannt.

Bekannte und für uns wichtige Zeichenvorräte sind

- die Menge der Dezimalziffern:
  {0,1,2,3,4,5,6,7,8,9}
- die Menge der Buchstaben:
  {A,B,C,....Z, a,b,c,....z}
- die Menge der Dualziffern:
  {0,1}

und eine Reihe von Sonderzeichen (z.B., ,<,>, =, -,_, usw.).

Ist ein Zeichenvorrat A *geordnet*, so nennt DIN 44300 ihn ein *Alphabet*.

$$A = Z_1,\ Z_2,\ Z_3,\ \ldots,\ Zi,\ \ldots,\ Zn$$
$$\text{mit: } Z_1 < Z_2 < Z_3 < \ldots < Zi < \ldots < Zn.$$

Hierdurch wird jedem Zeichen innerhalb des Alphabets ein Wert zugeordnet, der seine Position eindeutig bestimmt. Es ist eine *Sortierfolge* festgelegt.

Die oben beschriebene Menge der Dezimalziffern ist ein solches Alphabet. Das Telefonbuch ist nach dem Alphabet der Großbuchstaben geordnet.

Die von uns betrachteten digitalen Daten liegen immer in *codierter* (= verschlüsselter) Form vor, etwa die Lochkombinationen auf dem Datenträger Lochkarte.

In einem Computer werden Zeichen mit Hilfe zweier möglicher Zustände (= binär) codiert. Kleinstes Speicherelement ist das *bit* (= 'binary digit').

Die Menge der Dezimalziffern (10 Zeichen) läßt sich in 4 bit (2^4 = 16 mögliche Zustände) verschlüsseln.
In 8 bit (2^8 = 256 mögliche Zustände) lassen sich alle für unsere Schrift notwendigen Zeichen verschlüsseln. 8 bit heißen 1 byte. Während uns das bit als Benutzer des Computers nicht mehr begegnen wird, werden wir das byte als Maß häufiger gebrauchen.

2.2 Elementare Daten

Über die Eigenschaften von Daten ist jetzt im Detail zu sprechen. Wir betrachten den Auszug aus einer Personalkartei:

PERSONALKARTEI

Pers.-Nr.	Name	Vorname	Geb.-Dat.			...
0 4 7 1 1	Meyer,	Franz	27	02	40	...

Abb. 2.1. Auszug aus einer Personalkartei

Die Daten stehen in Feldern, die eine bestimmte Ausdehnung haben. Jedes Feld hat einen Namen (z.B. Geb.-Dat.) und einen Wert (27 02 40).

Weniger evident ist die letzte, allerdings sehr wesentliche Eigenschaft von Daten:
Jedes Datum hat einen Datentyp. Er gibt an, aus welchen Zeichen sich die Werte bestimmter Felder zusammensetzen dürfen. Von welchem Typ ein Datum im konkreten Fall ist, hängt von seinem Verwendungszweck ab.
Wir unterscheiden folgende elementare Datentypen[1]:

---

1) Diese Aufzählung ist an den Möglichkeiten der Sprache COBOL und den wichtigsten Operationen im kommerziellen Bereich orientiert. In weiteren Anwendungsbereichen der EDV sind andere einfache Datentypben üblich, entsprechend den dort vorherrschenden Operationen auf Daten. Zum Beispiel kennt die Sprache ALGOL 60 keinen Typ numerisch, sondern zwei getrennte Typen integer (= ganze Zahl) und real (= reelle Zahl).

- numerisch < ganzzahlig / nicht ganzzahlig (Dezimalzahl)
- alphanumerisch
- boolesch (Wahrheitswert oder logischer Wert)

Auf einem bestimmten Datentyp sind nur ganz bestimmte Operationen (näheres unter 2.6) erlaubt, z.B. darf man auf numerischen Daten nur rechnen oder Werte alphanumerischer Datentypen nicht addieren.
Die notwendigen Eigenschaften von Daten seien noch einmal im Zusammenhang dargestellt. Zum Verständnis des Formalismus lese man Anhang 1.

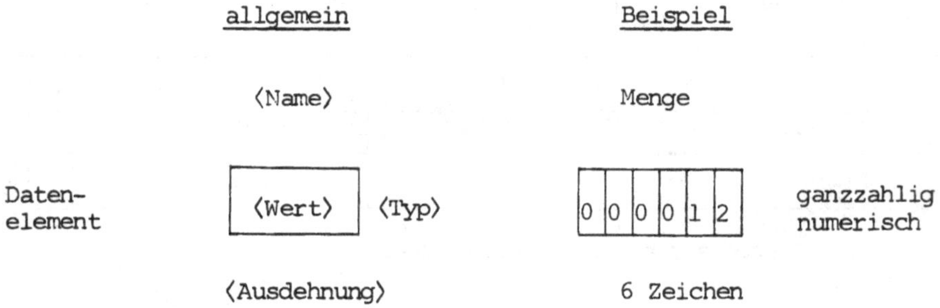

Abb. 2.2. Allgemeine Darstellung von Datenelementen mit Beispiel

Daten, die ihren Wert nach der Ausführung von Operationen auf ihnen ändern können, heißen <u>Variable</u>. Sie werden mit ihrem Namen angesprochen.

Daten, die ihren Wert während eines Verarbeitungsprozesses <u>nicht</u> ändern, heißen <u>Konstante</u>. Sie werden i.a. mit ihrem Namen angesprochen, können jedoch auch direkt mit ihrem Wert angesprochen werden. Konstanten der letzten Art heißen <u>Literale</u>.
(Bsp: 1,0, Space (= Leerzeichen), 'ALT' (= ein alphanumerisches Literal hat den Wert ALT)).

Zusammenfassung:

<u>Informationen</u> werden als <u>Daten</u> dargestellt, damit auf ihnen bestimm-

te Operationen ausgeführt werden können. Elementare Daten sind gekennzeichnet durch einen Namen, einen Typ, einen Wert und eine Ausdehnung. Sie erscheinen als Variable oder Konstante.

2.3 Datenstrukturen

Häufig ist es unzweckmäßig, nur mit elementaren Daten zu arbeiten. Man will mit größeren Einheiten von Daten operieren, die nach logischen Gesichtspunkten zusammengefaßt sind. Solche Zusammenfassungen können unterteilt werden in drei Typen von Datenstrukturen oder auch strukturierten Datentypen:

1. Zusammenfassung elementarer Daten
   v e r s c h i e d e n e n Typs:
   Strukturart Satz (= 'record'),
2. Zusammenfassung elementarer Daten g l e i c h e n Typs:
   Strukturart Tabelle (= 'array'),
3. Zusammenfassung einer Menge von Datenstrukturen 1., 2. oder Mischformen zu größeren Einheiten:
   Strukturart Datei (= 'file').

2.3.1 Die Strukturart Satz ('record')

Bevor der Benutzer irgendeine Operation mit einer "Pers.-Nr." (vgl. Abb. 2.1) vornehmen kann, muß er die Personalkarte aus der Personalkartei heraussuchen.

Die Karte entspricht einem Datensatz (= Satz), die Kartei einer Datei. Die elementaren Daten können innerhalb des Satzes in Datengruppen zusammengefaßt werden. Eine Datengruppe kann wiederum aus ihr untergeordneten Gruppen bestehen. Die Datengruppe Adresse besteht aus den Datenelementen Plz, Ort, Strasse Nr. Der Typ der Datenelemente in einer Datengruppe oder einem Datensatz ist beliebig.

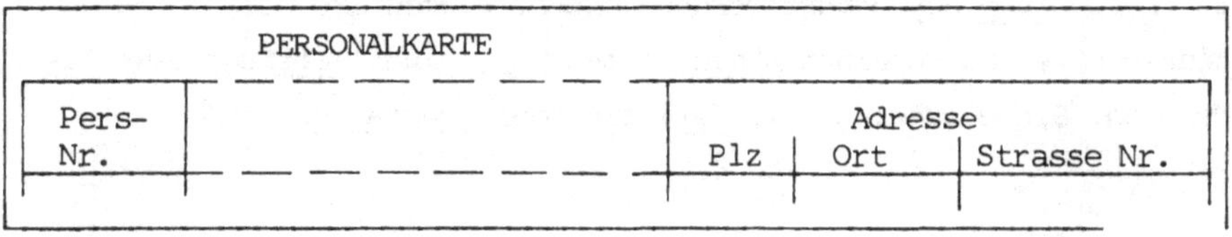

Abb. 2.3. Beispiel einer Datengruppe

allgemein		Beispiel
Datensatz	('record')	PERSONALKARTE
Datengruppe	('group')	Adresse
Datenelement	('item')[1]	Ort

2.3.2 Die Strukturart Tabelle ('array')

Ist eine bestimmte Anzahl von Datenelementen gleichen Typs zu einer größeren Einheit zusammengefaßt, so spricht man von einer Tabelle. Nehmen wir an, in der Personalkartei soll für jede Person nicht nur die Anzahl der Kinder, sondern auch deren Geburtsdatum festgehalten werden. Alle anzugebenden Kindergeburtsdaten sind vom gleichen Typ: Ihre Zusammenfassung unter dem Namen Kinder-Geb-Dat ergibt eine Tabelle. Es entsteht folgende Karte.

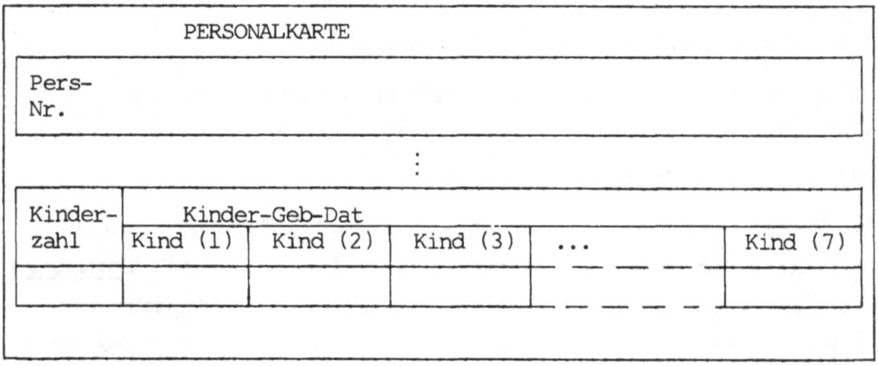

Abb. 2.4. Beispiel einer Tabelle (= 'array')

1) Wir gebrauchen Satz/Datensatz, Gruppe/Datengruppe, Element/Datenelement synonym. Je nach Zusammenhang verwenden wir die kurze oder die lange Form.

Das Problem liegt hier bei der Festlegung der Anzahl der Tabellenelemente. Man wird diese Zahl so groß wählen, daß für fast alle Fälle (z.B. 98 %) genügend Felder vorgesehen sind:
Hat ein Mitarbeiter mehr als 7 Kinder, muß dieser Fall gesondert behandelt werden.

Die Elemente, also die einzelnen Kindergeburtsdaten, sind über einen Index (oder auch 'subscript') ansprechbar. K_i oder auch K (i) bezeichnet das i-te Element von K.

Der Index kann eine Konstante sein, z.B. K_3 bzw. Kind (3), oder eine Variable, z.B. K_i bzw. Kind (Kind-Nr).
(Indices sind hier: 3, i, Kind-Nr).

Hat Kind-Nr den Wert 2 so ist mit

Kind (Kind-Nr)

das zweite Feld der Tabelle Kinder-Geb-Dat angesprochen. Nach der Anweisung

Kind-Nr := Kind-Nr + 3[1)]

ist mit Kind (Kind-Nr) das fünfte Element angesprochen.

Wird diese Anweisung wiederholt und versucht, auf das daraus resultierende Datenelement mit Kind (Kind-Nr) zuzugreifen, haben wir es mit einer Operation zu tun, die auf der beschriebenen Datenstruktur nicht definiert ist.

Frage: Warum ist diese Operation undefiniert?

Die Variable Kind-Nr ist ebenso wie das einzelne Datenelement der Art "Kind" ein Datenelement, jedoch "von der Art" Index.

Da ein Index immer nur im Zusammenhang mit einer Tabelle auftaucht, ist er nicht bei den elementaren Datentypen enthalten (vgl. 2.2).

Die Tabelle Kinder-Geb-Dat aus Abb. 2.4 ist eindimensional.

---

1) lies: Kind-Nr wird zu Kind-Nr alter Wert + 3.

Mehrdimensionale Tabellen entstehen, wenn die Elemente einer Tabelle wieder Tabellen sind.[1)]

Will man z.B. die monatlichen Verkäufe der letzten 5 Jahre in einer Tabelle zusammenfassen, so entsteht folgendes Bild:

Umsätze der .... Filiale (Umsätze in DM)							
Monat / Jahr	1	2	3	...	11	12	Summe
1	U (1,1)	U (1,2)	..		..	U (1,12)	
2	U (2,1)	..	..		..	U (2,12)	
⋮	⋮					⋮	
5	U (5,1)	..	..		..	U (5,12)	
Summe							

Abb. 2.5. Beispiel einer zweidimensionalen Tabelle

Mit Umsatz (Jahr, Monat) ist dann ein bestimmtes Element angesprochen, je nach Wert der Indices "Monat" und "Jahr".

2.3.3 Die Strukturart Datei ('file')

'record' und 'array' dienen einer problemadäquaten Datenmanipulation, also einer systematischen Veränderung der Datenwerte im Zeitablauf. Zur Aufbewahrung von Daten, die nach 1. oder 2. oder Mischformen

1) COBOL läßt höchstens 3-dimensionale Tabellen zu, andere Programmsprachen lassen n-dimensionale Tabellen zu.

(vgl. Abb. 2.4) strukturiert sind, dient die Strukturart "Datei" (= 'file').

Die Menge der Personalkarten etwa wird in einer Kartei untergebracht. Für Zwecke der automatisierten Datenverarbeitung spricht man analog von einer Datei.

Mit Dateien sind grundsätzlich andere Operationen auszuführen als mit 'records', 'arrays' und den darin enthaltenen Datenelementen. Sie werden in 2.5.5 behandelt.

Die Elemente einer Datei werden immer, seien sie als 'array' oder als 'record' aufgebaut, als "Satz" bezeichnet.

2.3.4 Zusammenfassung

Typen von Datenstrukturen sind

- Satz } Mischform = Satz
- Tabelle }
- Datei

Jede Datenstruktur hat, wie ein elementares Datum, einen Namen. Von Wert und Ausdehnung spricht man i.a. bei Datenstrukturen nicht. Diese Attribute ergeben nur einen Sinn, wenn man die Datenstruktur als Menge ihrer Datenelemente auffaßt.

2.4 Datenbeschreibungen

1. Elementare Daten (= einfache Datentypen) beschreiben wir in einer Zeile mit ihrem Namen, Typ, Ausdehnung. Dieses "Beschreiben" nennt man auch vereinbaren oder auch deklarieren:

```
<element-vereinbarung>::= <datenname>     <typ> <ausdehnung>
                <typ>::=   NUM ! ALPH-NUM ! BOOL
         <ausdehnung>::= <ganzzahl> ST ! <dezimalzahl> ST !
                         <ganzzahl> ST WERT '<wert>' 1)
```

1) Zur formalen Beschreibung vgl. Anhang 1

Zur Zuordnung von Typen und Ausdehnungsattributen:

Typ			Ausdehnung	Bsp. (s.u.)
NUM	numerisch	ganzzahl	⟨ganzzahl⟩ ST	(1)
		nicht ganzz.	⟨dezimalzahl⟩ST	(2)
ALPH-NUM	alphanumerisch		⟨ganzzahl⟩ ST	(3)
BOOL	boolesch		⟨ganzzahl⟩ ST WERT '⟨wert⟩'	(4)

Abb. 2.6. Zuordnung von Typen und Ausdehnungsattributen einfacher Datentypen

Beispiele:

```
(1) kinderzahl               NUM      1 ST.
(2) umsatz-summe             NUM    5,2 ST.
(3) pers-nr              ALPH-NUM     8 ST.
(4) letzte-karte            BOOL      2 ST WERT 'ja'.
```

<u>Erläuterungen:</u>

zu(2): Die dezimalzahl bedeutet: 3 Stellen (= ST) vor dem Komma, 2 dahinter, also insgesamt 5.

zu(4): WERT ' wert ' bedeutet: Wenn die Variable *letzte-karte* den hinter WERT genannten Wert hat, wird sie als <u>wahr</u> interpretiert, bei allen anderen Inhalten als <u>falsch</u>.[1)]

2. <u>Datenstrukturen</u> (= strukturierte Datentypen) werden folgendermaßen beschrieben:

a) Sätze: Satznamen, Gruppennamen ohne weitere Attribute. Danach Element-Vereinbarungen direkt hinter die zugehörige Gruppe:

```
<satz-vereinbarung>::= <satzname>.
                       <element-vereinbarung-liste>.|
                       <satzname>.
                       <gruppenname-liste>.
                       <element-vereinbarung-liste>.
```

1) Diese Interpretation weicht bewußt von der schwer verständlichen von COBOL ab!

Satz-, Gruppen- und Elementnamen werden gegeneinander eingerückt, um die hierarchische Zuordnung zu zeigen:

Beispiele:

```
(1) personalkarte.
      name-vorname              ALPH-NUM 30 ST.

(2) personalkarte.
      name.
       vorname                  ALPH-NUM 10 ST.
       nachname                 ALPH-NUM 20 ST.
```

b) Tabellen: Hinter den Namen der Tabellenspalte/-zeile unter den Tabellennamen schreiben wir die Tabellengrenze als ganze Zahl, dahinter die Indexvereinbarung.

```
<tabellen-vereinbarung>::= <tabellenname>.
                           <array-vereinbarung-liste>.
   <array-vereinbarung>::= <gruppenname>
                           <array-attribute>.
                           <element-vereinbarung-liste>. |
                           <element-vereinbarung>
                           <array-attribute>.
      <array-attribute>::= <ganzzahl> MAL
                                   <index-vereinbarung>.
   <index-vereinbarung>::= INDIZIERT DURCH <indexname>

Die <array-vereinbarung-liste> darf maximal nur 3mal
    <array-vereinbarung> enthalten.
```

Beispiele:

```
(1) monatsloehne.
     monatslohn  12 MAL INDIZIERT DURCH mon.
      lohn             NUM     4,2 ST.
      steuer           NUM     3,2 ST.

(2) kinder-geb-dat.
     kind              ALPH-NUM  6 ST
           7 MAL  INDIZIERT DURCH kind-nr.

(3) jahresumsaetze.
     jahr  5 MAL  INDIZIERT DURCH j.
      monat 12 MAL INDIZIERT DURCH m.
       umsatz          NUM    12,2 ST.
```

c) Dateien: Vor den Dateinamen schreiben wir das Wort DATEI. Dahinter folgen eine oder mehrere Satzvereinbarungen:

```
<datei-vereinbarung>::= DATEI <dateiname>.
                        <satz-vereinbarung-liste>.
```

Beispiel:

```
DATEI personaldatei.
 personalkarte.
   pers-nr        NUM       5 ST.
      .
      .
 lohnkarte.
      .
DATEI arbeitsplatzdatei.
 maschinen-satz.
      .

      .
 handarbeitsplatz-satz.
      .
```

2.5 Der COBOL-Computer

Wir haben schon mehrfach von "Manipulation", "Operationen auf Daten" u.ä. gesprochen, dies jedoch nicht näher erläutert. Das soll jetzt geschehen, indem dargelegt wird, wie dem Computer Anweisungen gegeben werden können.

2.5.1 Grobskizze eines Computers

Daten werden über eine Eingabeeinheit in einen Speicher eingegeben (vgl. Abb. 2.8, S. 226). Auf diesen Daten im Speicher operiert eine Verarbeitungseinheit, der Prozessor. Der Prozessor manipuliert die Daten mit Hilfe von Befehlen, welche ebenfalls im Speicher stehen. Mittels spezieller Befehle gibt der Computer die Ergebnisse der Manipulationen auf einer Ausgabeeinheit aus.
Der Speicher, auf dem der Prozessor operiert, heißt Internspeicher. Er kann ergänzt werden durch externe Speicher (vgl. im einzelnen Kapitel 3). Da Daten auf externen Speichern vom Prozessor nicht ma-

nipuliert werden können, müssen sie zum Zwecke der Verarbeitung vom externen in den internen Speicher übertragen werden.
Eine Folge von Befehlen an den Prozessor einschließlich aller erforderlichen Datenvereinbarungen heißt Programm (sinngemäß nach DIN 44300).
Es wird, wie die Daten, über eine Eingabeeinheit in den Internspeicher gegeben.

Den Internspeicher stellen wir uns wie folgt vor:
Er besteht aus Zellen (≙ bit)[1], diese sind in Gruppen zusammengefaßt zu Worten. Zellen sind zwar physikalisch unterscheidbar, in der Regel jedoch nicht "adressierbar", d.h. durch Befehle ansprechbar. Worte dagegen besitzen eine Adresse, unter der sie ansprechbar sind. In den Worten sind Daten oder Befehle gespeichert.

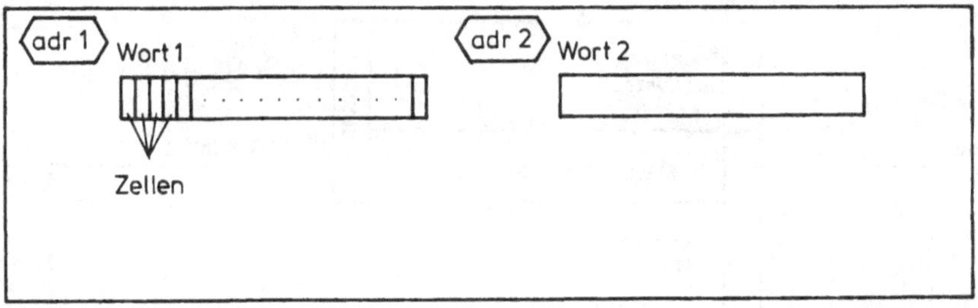

Abb. 2.7. Adresse, Wort Zelle im Internspeicher

Die Wortlänge eines Computers wird meist nicht in bit angegeben, sondern in byte (8 bit = 1 byte). Üblich sind 4 - 8 byte pro Wort.

Die Befehle eines Programms im Interspeicher werden in aufsteigender Reihenfolge ihrer Adressen abgearbeitet. Ausnahmen bilden Befehle, die eine Verzweigung zu einer anderen als der Folgeadresse bewirken. In 2.6 werden wir uns mit dem Ablauf eines Programms noch ausführlicher befassen.

Ein Programm kann auch aufgefaßt werden als eine Vorschrift zum Ablauf eines Prozesses, den der Prozessor auf den Daten zu bewirken

1) ≙ lies: entspricht

hat. Der Prozeß ist eine Folge von Zuständen, die die Daten im Zeitablauf einnehmen. Die Zustände entsprechen Werten von Daten.

Die Programme im Computer nennt man Software, alle physisch faßbaren Teile des Computers Hardware.

Die Hardware muß durch ein sogenanntes Betriebssystem gesteuert werden. Das Betriebssystem besteht aus Programmen, die vom Hersteller des Computers geliefert werden. Das Betriebssystem ist also Software (= Systemsoftware).

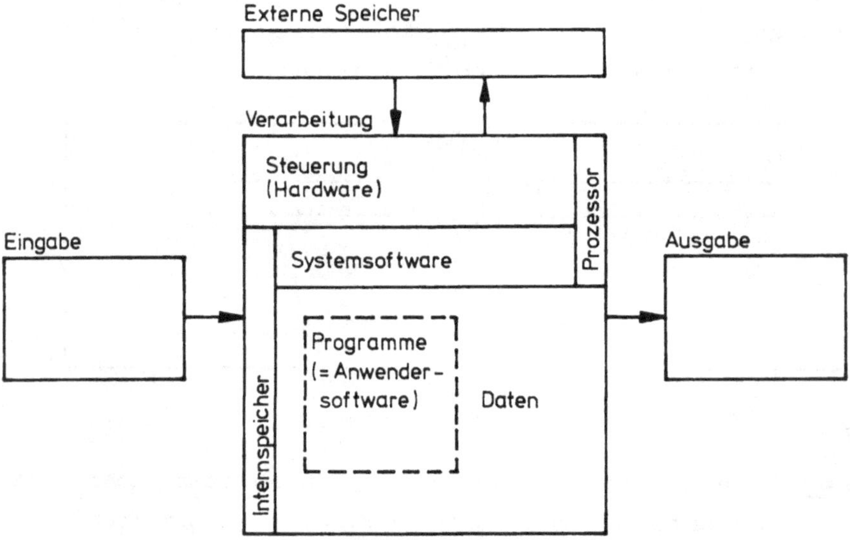

Abb. 2.8. Modell eines realen Computers

2.5.2 Programmiersprache und virtuelle Maschine

Programme werden in einer genau definierten Sprache abgefaßt. Diese Sprache "versteht" der Prozessor und kann sie in gerätetechnische Anweisungen umsetzen.

Wie für die "natürliche Sprache" (zB. Deutsch, Englisch, ...) ist für eine Programmiersprache eine

- Syntax (= formale Schreibregeln)
- Semantik (= Bedeutung der Sprachelemente)
- Pragmatik (= Anwendungszusammenhang)

zu unterscheiden (vgl. Anhang 1).

Die Pragmatik soll uns in diesem Zusammenhang nicht interessieren. Die Semantik von Elementen der Programmiersprache dagegen müssen wir lernen, sonst können wir nicht programmieren, ebenso die Syntax.

Im Gegensatz zur natürlichen Sprache muß in einem Programm die Syntax ganz genau bis ins letzte Detail beachtet werden. Einen Satz, in dem ein Punkt fehlt oder ein Wort falsch geschrieben ist, "versteht" der Prozessor nicht.

Da die Einteilung in Worte, die Befehle und viele andere Details von der Technik des jeweiligen Computers abhängen, außerdem wenig der Problemlösungsmethode der Anwendungsbereiche angepaßt sind, andererseits Problemlösungen der realen Welt von einem Computer auf einen anderen übertragbar sein sollen, hat man sogenannte "höhere Programmiersprachen" geschaffen.

Der Computer tritt uns dabei nur vermittelt über die Programmiersprache gegenüber. Für uns als Anwender ist nur der Teil des Computers wichtig, der von der Programmiersprache benötigt wird, um die Probleme des Anwendungsbereiches zu lösen. Weil vom realen Computer abstrahiert wird, nennen wir diesen Teil abstrakte oder auch virtuelle (= gedankliche, vorgestellte) Maschine.[1)]

Wir arbeiten mit der Programmiersprache COBOL.[2)]

Da wir mit Hilfe eines Programms auf der virtuellen Maschine COBOL

---

1) Man kann eine Maschine (z.B. Waschmaschine, Auto o.ä.) durch folgende Merkmale beschreiben:
- Eingabemöglichkeiten
- Erfüllung bestimmter Aufgaben
- Lieferung von Ergebnissen
- wohldefinierte Zustände zu jedem Zeitpunkt.

Diese Merkmale gelten auch für einen Computer.

2) COBOL = Common Business Oriented Language, entwickelt 1959.

eine weitere virtuelle Maschine, das Anwenderprogramm, realisieren, sprechen wir auch von Basismaschine (= COBOL) und Benutzermaschine (= Anwendungsprogramm). COBOL wiederum ist Benutzermaschine für kommerzielle Anwendungen auf der Basismaschine realer Computer.
Durch ein spezielles Übersetzungsprogramm (= Compiler), das zum Betriebssystem des realen Computers gehört, wird ein in der Programmiersprache geschriebenes Programm für die Maschine ausführbar gemacht, indem es in ein Maschinenprogramm übersetzt wird. Das in der höheren Programmiersprache geschriebene Programm nennt man auch Quellprogramm, das Maschinenprogramm, das Ergebnis der Übersetzung ist, Objektprogramm. Dieser zweistufige Prozeß von Übersetzung und (Anwender-)Programmausführung läßt sich in folgendem Bild darstellen:

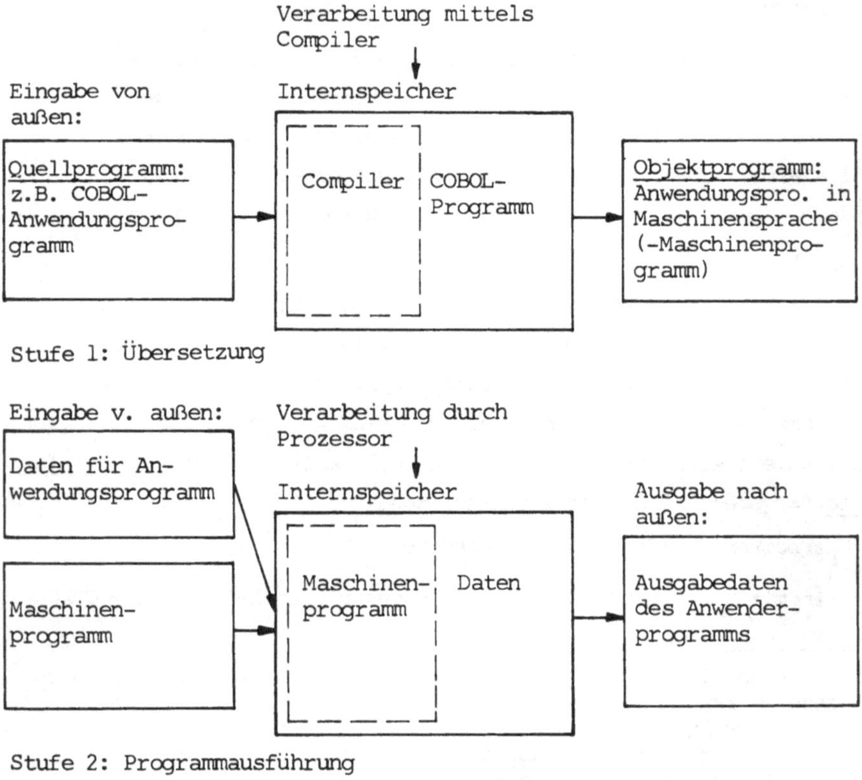

Abb. 2.9. Übersetzungs- und Ausführungsphase eines Programms, geschrieben in einer höheren Programmiersprache.

Nachstehend noch einmal eine Hierarchie von Basis- und Benutzermaschinen in einem Bild, das die Einordnung von COBOL zeigt.

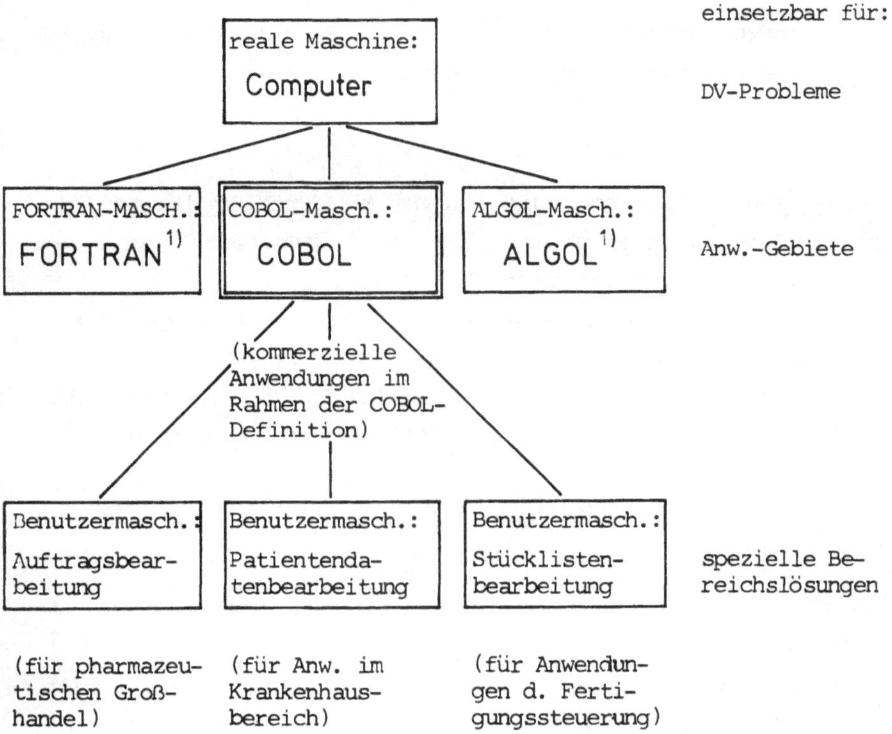

Abb. 2.10. Einordnung des COBOL-Rechners als Basismaschine für kommerzielle DV-Anwendungen.

Die hier Benutzermaschine genannten Programmsysteme können wiederum als Basismaschine für darauf aufbauende Benutzermaschinen dienen. Dies wird in den Fallstudien auch getan.

1) FORTRAN = formula translator
ALGOL = algorithmic language
werden hier nicht weiter besprochen.

Den COBOL-Rechner als Basismaschine für kommerzielle DV werden wir im folgenden erklären.

2.5.3 Grundmodell der COBOL-Maschine

Im folgenden werden wir die wichtigsten Befehle der COBOL-Maschine und ihre Wirkung auf Daten im Interspeicher erklären.

2.5.3.1 Felder und Daten

Die Zustände der Basismaschine erkennen wir durch Inhalte von Feldern im Internspeicher. Diese Felder werden im realen Computer durch ein oder mehrere Worte dargestellt.
Durch einen Datennamen sprechen wir das erste dieser Folge von Worten als Adresse an (vgl. Abb. 2.7).
Ein Speicher bewahrt Daten auf. Wir wollen zunächst nur eine COBOL-Maschine betrachten, die lediglich über einen internen Speicher verfügt.

2.5.3.2 Der (Intern-)Speicher

Den Gebrauch und die Funktion des Speichers erläutern wir an einem Beispiel.
Wir wollen zunächst Daten aus Personallochkarten sowie einige Hilfsfelder im Speicher abbilden, um sie danach bearbeiten zu können, etwa eine Liste drucken:

```
DATENTEIL.
   personalkarte                    ALPH-NUM  80 ST.
   merkfeld                         ALPH-NUM   4 ST.
   personalzeile                    ALPH-NUM 120 ST.
   sortiertabelle.
      sortierfeld                   NUM        4 ST
                           10 MAL  INDIZIERT DURCH i.
```

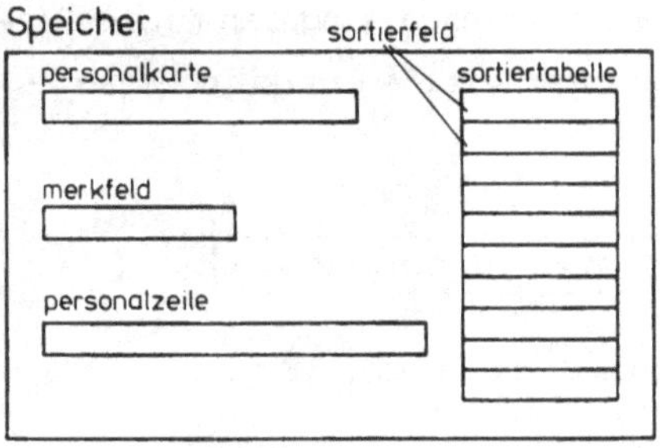

Abb. 2.11. Die Beziehung zwischen Vereinbarung von Daten und Feldern im Speicher.

Wir haben also durch Vereinbarung (= Deklaration) von Daten Speicherplätze festgelegt, die wir über den Datennamen ansprechen können. Der Vereinbarungsteil heißt *DATENTEIL*.

Zustände dieser Maschine können wir noch nicht benennen. Dazu müßten wir erst Operationen auf den Daten im Speicher kennenlernen. Diese werden in einem *PROZEDURTEIL* beschrieben.

2.5.3.3 Operationen auf dem Internspeicher

Nachstehend werden folgende Funktionen der Maschine erläutert, die wir durch Befehle (= elementare Anweisungen) bewirken:

Nr.	Funktion	Befehl: Notationssprache	Befehl: COBOL
(1)	FI* von außen mit Werten versehen	*NIMM AUF*	ACCEPT
(2)	FI nach außen mitteilen	*GIB AUS*	DISPLAY
(3)	FI in andere Felder übertragen	*UEBERTRAGE*	MOVE
(4)	FI vergleichen	*WENN* ⟨*bedingung*⟩	IF ⟨condition⟩
(5)	FI arithmetisch verändern	*ADDIERE* *SUBTRAHIERE* *BERECHNE*	ADD SUBTRACT COMPUTE
	* FI = Feldinhalte		

Abb. 2.12. Die 5 Grundbefehle für Operationen.

Die folgenden Erklärungen zu den Befehlen bringen eingerahmt die Syntax in der Notationssprache (NtS), darunter die Semantik in Umgangssprache.

zu (1): `<eingabe-befehl>::= NIMM AUF <datenname>.`

überträgt einen Wert von außen über ein Eingabegerät (Kartenleser oder Datensichtgerät) in den Speicher.

zu (2): `<ausgabe-befehl>::= GIB AUS <datenname-liste>.`

überträgt einen oder mehrere Feldinhalte aus dem Speicher nach außen auf ein geeignetes Medium (Drucker oder Datensichtgerät).

Wir können jetzt bereits eine einfache Befehlsfolge formulieren, die es uns ermöglicht, eine Personalkarte und drei Zahlen von je einer Lochkarte auf eine Liste zu bringen.

```
PROZEDURTEIL.
eingeben-ausgeben.
     NIMM AUF personalkarte.
     NIMM AUF sortierfeld(1).
     NIMM AUF sortierfeld(2).
     NIMM AUF sortierfeld(3).

     GIB AUS personalkarte.
     GIB AUS sortierfeld(1), sortierfeld(2),
             sortierfeld(3).
```

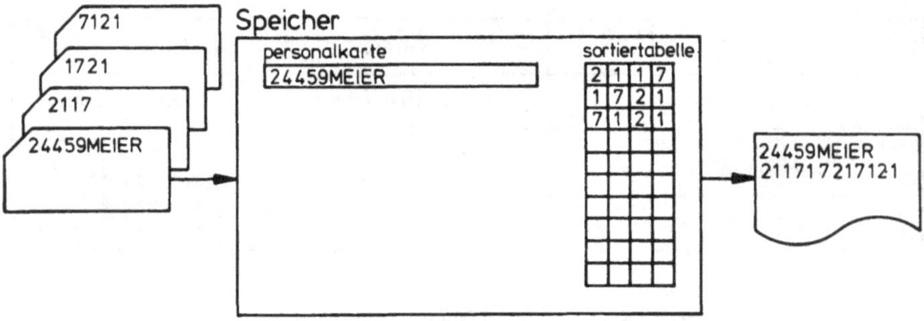

Abb. 2.13. Einfache Ein- und Ausgabe.

Abbildung 2.13 ist ein Zustandsbild nach Ausführung aller Befehle. Dies sind noch keine Operationen im Sinne von (3), (4), (5) aus Abb. 2.12. (Insbesondere ist es noch nicht möglich, die eingegebenen Zahlen zu sortieren, da eine Vergleichsfunktion noch nicht benutzt wurde.)

Dazu beschreiben wir jetzt die Befehle (3) und (4) und erweitern dann das Beispiel.

zu (3):

```
<uebertragungs-befehl>::= UEBERTRAGE <datenname-1>
                                NACH <datenname-2>.
```

überträgt einen Feldinhalt (Wert) innerhalb des Speichers von einem Feld in ein anderes.
Das Feld *datenname-2* wird mit dem Inhalt von *datenname-1* überschrieben;
der alte Inhalt von *datenname-1* bleibt dort stehen.

Merke: Lesen von Feldinhalten läßt diese unverändert;
Schreiben in Felder löscht die alten Inhalte.

Bei *UEBERTRAGE* wird *datenname-1* gelesen, *datenname-2* überschrieben.

zu (4):

```
<alternativ-befehl>::= WENN <bedingung>
                         DANN <anweisungen-1, falls
                               bedingung erfuellt>
                        [SONST <anweisungen-2, falls
                                bedingung nicht erfuellt>].
         <bedingung>::= <einfache bed.> |
                        <zusammengesetzte bed.>
<einfache bedingung>::= [NICHT] <boolesche variable> |
                        <datenname-1> [NICHT]
                        <vergleichsoperator> <datenname-2>
     <datenname-1,-2>::= <nicht boolesche variable oder
                         konstante>
<vergleichsoperator>::=  > | = | <
<zusammengesetzte bed.>::= <einf. bed.> <boolescher
                              operator> <einf. bed.>
  <boolescher operator>::= UND | ODER
```

Der *WENN*-Befehl ist im Gegensatz zu den unbedingten Befehlen (1),(2), (3) und auch (5) ein bedingter Befehl.

Der *SONST*-Teil kann fehlen. Der *WENN*-Befehl gehorcht folgendem Programmablauf:

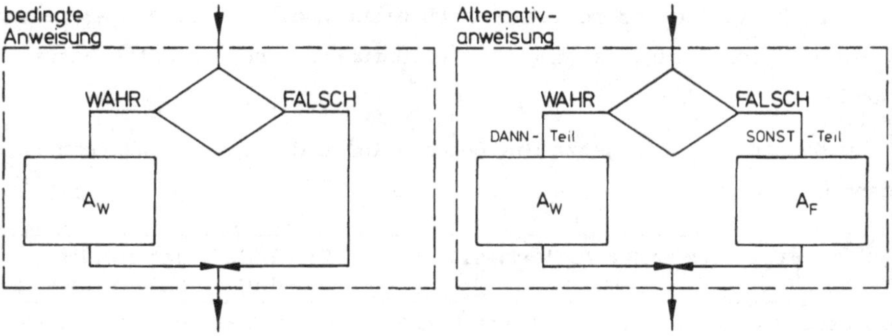

Abb. 2.14. Programmablauf zu *WENN*.

Die hinter *WENN* geprüfte Bedingung ist entweder erfüllt, wenn eine boolesche Variable *WAHR* oder ein Vergleich zwischen Variablen *WAHR* ist.

Beispiele:

```
(1) WENN kartenende
     DANN tue dies
     SONST tue das.

(2) WENN sortierfeld(1) > sortierfeld(2)
     DANN tue dieses
     SONST tue jenes.

(3) WENN NICHT kartenende ODER x < y
     DANN tue das eine
     SONST tue das andere.
```

Wir können jetzt das Beispiel zu Abb. 2.13 ausbauen und die eingegebenen Zahlen (2117, 1721, 7121) in aufsteigender Folge sortieren. Um beim Sortieren Feldinhalte vertauschen zu können, müssen wir noch ein Hilfsfeld einführen.

Weiterhin wird der Ausgabebefehl etwas erweitert, um die gedruckten Zahlen voneinander zu trennen:

Eine ausgegebene Konstante *SPACE* (= Literal, vgl. 2.2) erzeugt ein Leerzeichen.

Die Skizze zeigt den Zustand nach Prozeßablauf.

```
DATENTEIL.
    .
    .
  hilfsfeld                  ALPH-NUM 5 ST.

PROZEDURTEIL.
 drei-zahlen-sortieren.
     .
     .
    NIMM AUF sortierfeld(3).
    WENN sortierfeld(1) > sortierfeld(2)
      DANN UEBERTRAGE sortierfeld(1) NACH hilfsfeld
           UEBERTRAGE sortierfeld(2) NACH sortierfeld(1)
           UEBERTRAGE hilfsfeld NACH sortierfeld(2)
      SONST WENN sortierfeld(2) > sortierfeld(3)
              DANN UEBERTRAGE sortierfeld(2)
                              NACH hilfsfeld
                   UEBERTRAGE sortierfeld(3)
                              NACH sortierfeld(2)
                   UEBERTRAGE hilfsfeld
                              NACH sortierfeld(3).
    GIB AUS sortierfeld(1), SPACE, sortierfeld(2), SPACE,
            sortierfeld(3).
```

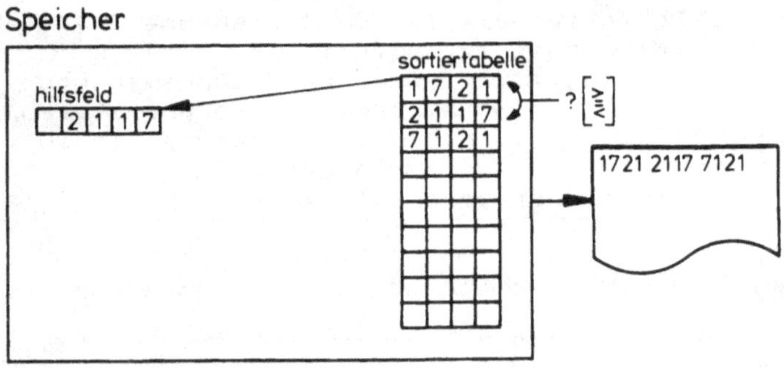

Abb. 2.15. Übertragen und Vergleichen

Ebenfalls sortiert würde (durch den *SONST*-Zweig) die Folge (1721, 7121, 2117).
Der *SONST*-Zweig demonstriert, wie man die bedingte Anweisung *WENN* schachteln kann. Die Schachtelungstiefe ist beliebig.

Hinweis: Das Beispiel hat n u r die Aufgabe, das Übertragen und Vergleichen zu verdeutlichen. Es ermöglicht nicht, eine allgemeine Zahlenfolge zu sortieren.

Zur Erläuterung der arithmetischen Operationen bedienen wir uns eines neuen Beispiels:

Es sind vorgegeben zwei Zahlen

$$a = 7, \ b = 12.$$

Folgende Berechnungen sind durchzuführen:

$\hat{b} = a + b$ ($\hat{b}$ ist ein anderer Zustand

$c = b - \hat{b}$ von b

$d = (a + \hat{b}) \cdot a$ vorher: $b = 12$

$e = (d - 82)^2$ nachher: $b = \hat{b} = 19$)

Die Ergebnisse ermittle man selbst!

Wir erklären jetzt die arithmetischen Operationen formal und zeigen dann ihre Anwendung an obigem Beispiel:

zu (5):

```
<arithmetische-befehle>::=
         ADDIERE <datenname-1> ZU <datenname-2>.
         SUBTRAHIERE <datenname-1> VON <datenname-2>.
         BERECHNE <datenname-1> = <formel>.
                  <formel>::= <folge von datennamen und
                              <arithmetischen operatoren>
                              mit klammersetzung wie in
                              der algebra>
               <arithm.operatoren>::= + | - | * | / | **
```

ADDIERE / SUBTRAHIERE addiert / subtrahiert den Wert von *datenname-1* zum/ vom Wert von *datenname-2*; das Ergebnis steht im zweiten Feld. *BERECHNE* wertet eine Formel aus gemäß den Gesetzen der Algebra ("Punkt (.,:) vor Strich ($\pm$)", "hoch vor Punkt", u.ä.) und schreibt das Ergebnis in das Feld vor dem **Gleichheitszeichen.**

Es bedeutet:

Operator	Bedeutung
+	plus
-	minus
*	mal (·)
/	dividiert durch (:)
**	hoch (Exponentiation)

Beispiel:

```
DATENTEIL.
  var-a          NUM 1 ST.
  var-b          NUM 2 ST.
  var-c          NUM 2 ST.
  var-d          NUM 3 ST.
  var-e          NUM 5 ST.

PROZEDURTEIL.
rechnen.
    NIMM AUF var-a.
    NIMM AUF var-b.
    UEBERTRAGE bar-b NACH var-c.
    ADDIERE var-a ZU var-b.
    GIB AUS var-b, var-c.
    SUBTRAHIERE var-b VON var-c.
    GIB AUS var-c.
    BERECHNE var-d = (var-a + var-b) * var-a.
    GIB AUS var-d.
    BERECHNE var-e = (var-d - 82) ** 2.
    GIB AUS var-e.
```

Zustandsbild nach Beendigung des Prozesses:

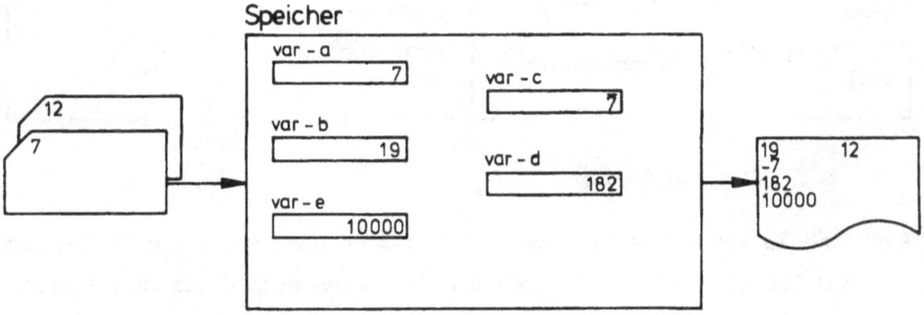

Abb. 2.16. Arithmetische Operationen.

Man beachte, daß das Feld *var-c* den Wert -7 hat.

Frage: Werden in obigem Beispiel Konstanten verwendet, wenn ja, welche?

2.5.4 Erweitertes Modell für eine leistungsfähige Ein-/ Ausgabe

Für die Bearbeitung kommerzieller Probleme, bei denen große Datenmengen dem Rechner in möglichst kurzer Zeit zur Verfügung gestellt werden sollen, ist das in 2.5.3 vorgestellte Modell noch nicht ausreichend. Insbesondere sind die Befehle *NIMM AUF/GIB AUS* für die Ein- und Ausgabe von Sätzen von Dateien ungeeignet. Das Modell muß daher um externe Speicher und Operationen auf ihnen erweitert werden.

2.5.4.1 Arten von Externspeichern

Wir unterschieden folgende Speichermedien:

Gerät	Speichermedium	Zugriffs-eigenschaft	Symbol
Kartenleser	Lochkarte	nur Lesen	
Zeilendrucker	Druckerpapier (endlos)	nur Schreiben	
Magnetband-gerät	Magnetband	Lesen oder Schreiben	
Platten-Lauf-werk	Magnetplatte	Lesen und Schreiben	

Abb. 2.17. Externe Speicher

Die Symbole werden häufig sowohl für das entsprechende Gerät als auch für das Speichermedium als auch für den Datenbestand auf dem Medium verwendet.

Wir legen folgendes fest:
Auf Speichermedien befinden sich Datenbestände in Form von Dateien ('files'). Wir verwenden für jede Datei ein Speichersymbol, unabhängig davon, ob sich mehrere Dateien auf demselben Medium befinden oder eine Datei sich über mehrere physische Medien erstreckt.
Ausnahme: Werden mehrere Lochkarten als Symbol verwendet (vgl. z.B. Abb. 2.13, 2.16), stellt die einzelne Karte einen Satz dar;

alle Karten zusammen die Kartei.
Die Medien Magnetband und -platte werden in Kapitel 3 ausführlich behandelt. Dort werden wir auch die Zugriffseigenschaften näher beleuchten.

2.5.4.2 Aufteilung des Internspeichers

Der COBOL-Rechner soll Daten aus Dateien lesen, bzw. in Dateien schreiben. Zu diesem Zweck wird der bisherige "Speicher" (= Internspeicher) in 2 Bereiche aufgeteilt. Der eine, der für die Kommunikation mit Dateien zuständig ist, der andere, der für den internen Verarbeitungsprozeß dient.

Diese Bereiche heißen:

- Pufferbereiche (für Sätze von Dateien): *DATEIEN KAPITEL*
- Arbeitsbereiche (dies ist der "Speicher" aus Abb. 2.1): *ARBEITSSPEICHER KAPITEL*

Die oben genannten *KAPITEL* sind Unterabschnitte des *DATENTEILs*.

Wir erhalten so das statische Modell des COBOL-Rechners. Dabei sind alle Dateien zu einem gedachten Externspeicher zusammengefaßt. Obwohl ein Puffer für eine Datei im Modell nur jeweils einen Satz der Datei aufnehmen kann, wird er mit demselben Namen bezeichnet wie die Datei selbst (vgl. Beispiel Abb. 2.19).

Merke: Es gilt immer:

dateiname = name-pufferbereich-fuer-datei

Im realen Rechner kann der Puffer mehrere Sätze aufnehmen (= 1 Block). Das Betriebssystem verwaltet jedoch diesen Puffer für den COBOL-Rechner so, daß der Benutzer so arbeiten kann, als befände sich nur jeweils ein Satz im Puffer.

Modell

NtS

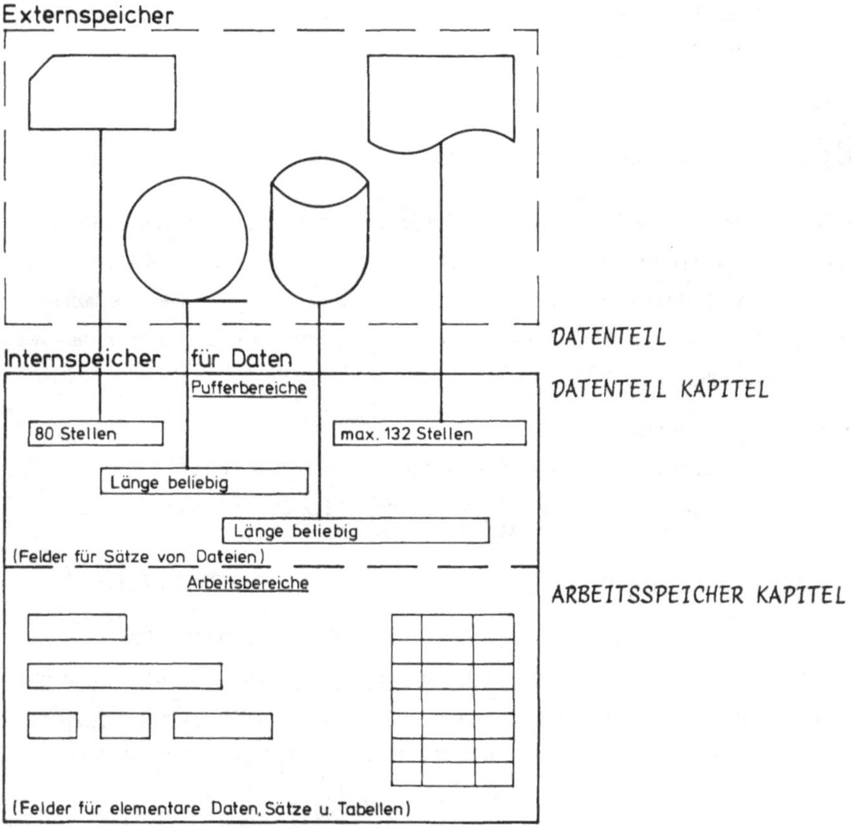

Abb. 2.18. Statisches Modell des COBOL-Rechners.

Beispiel: Personalstammdaten befinden sich auf Magnetband. Neue Mitarbeiter kommen hinzu, die Sätze ausscheidender werden gelöscht.
Die Änderungen werden über Lochkarten eingegeben. Dazu wird das Magnetband (= Stammdatei-alt) gelesen. Die geänderte Stammdatei wird auf ein neues Magnetband geschrieben. Im Protokoll (über Schnelldrucker) werden die ausgeführten Schritte dokumentiert.

Wir zeigen die dafür erforderliche Speicheraufteilung:

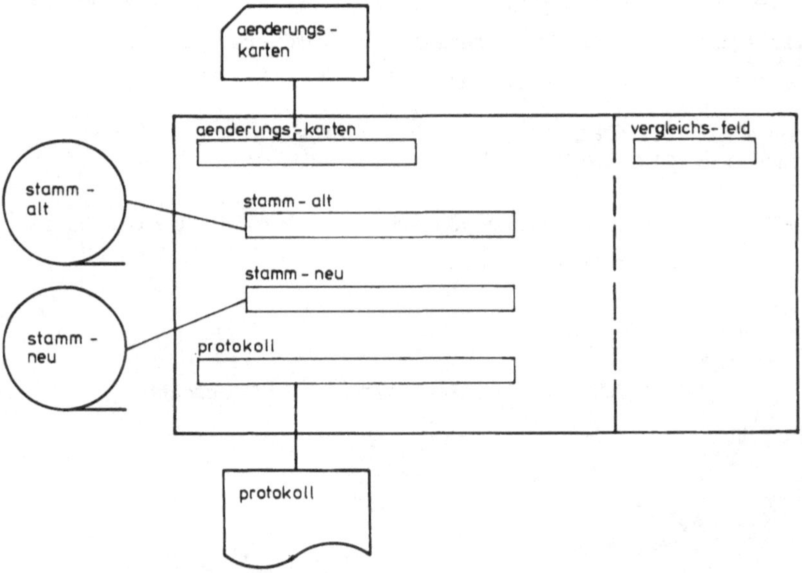

Abb. 2.19. Beispiel für die Verwendung von Pufferbereichen.

2.5.5 Operationen, bezogen auf externe Speicher

Durch die Erweiterung des Rechnermodells wurden zwar externe Speicher respektive Dateien mit dem Internspeicher verbunden, jedoch noch nicht erläutert, wie der Datentransfer im Zeitablauf erfolgt.
Dies geschieht mit Hilfe der Befehle

LIES und *SCHREIBE*

die wir noch erläutern.

Damit jedoch kein fehlerhaftes Bild einer COBOL-Basismaschine entsteht, ist zunächst im Vorgriff auf Kapitel 4 ein Exkurs auf zwei COBOL-Befehle notwendig, die wir aus Vereinfachungsgründen nicht in die NtS aufgenommen haben.

2.5.5.1 Öffnen und Schließen von Dateien in COBOL

Vor einem erstmaligen READ (≙ *LIES*) oder WRITE (≙ *SCHREIBE*) müssen hierzu Voraussetzungen geschaffen und auch die Richtung des Datenflusses festgelegt werden (COBOL-Anweisung OPEN). Dieses Öffnen einer Datei entspricht dem Heraussuchen eines Ordners aus einer Registratur, bevor man darin lesen kann.

```
<oeffnen>     ::= OPEN <<richtung><dateiname> -liste>.
   <richtung>::= INPUT | OUTPUT | INPUT-OUTPUT 1)
```

Durch OPEN bekommen die Striche aus Abb. 2.18 Pfeile, die die Richtung des Datenflusses kennzeichnen.

Beispiel:

```
OEFFNEN
    OPEN  INPUT eingabe, I-O stamm, OUTPUT ausgabe.
```

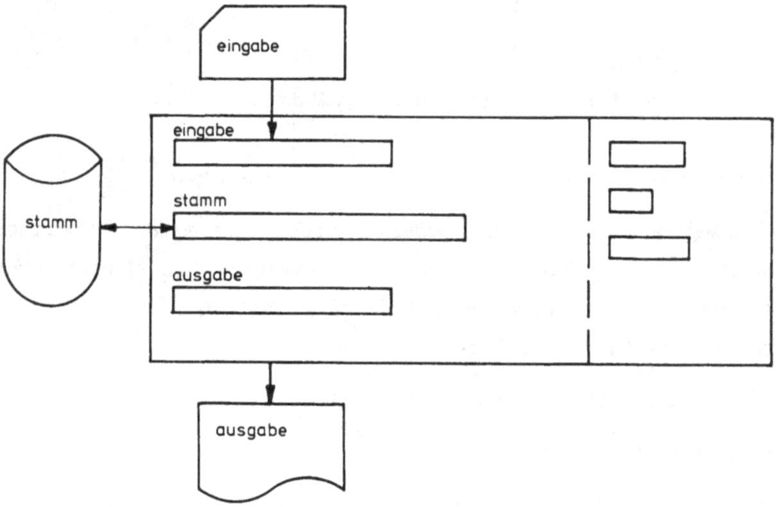

Abb. 2.20. Wirkung des Befehls OPEN

1) abgekürzt: I-O

Durch OPEN hergestellte Verbindungen werden gelöst durch den Befehl CLOSE.

`<schliessen> ::= CLOSE <dateiname-liste>.`

Beispiel: CLOSE eingabe, stamm, ausgabe.

Zwischen OPEN und CLOSE können entweder READ oder WRITE oder READ und REWRITE (= *ZURUECKSCHREIBE*) (näheres dazu in Kapitel 3) auf der Datei angewandt werden.

Ein READ ohne vorheriges OPEN ist eine undefinierte Operation. Wir lassen OPEN und CLOSE jedoch bei den folgenden Überlegungen weg und fügen sie zu Beginn bzw. am Ende der Algorithmen ein, wenn wir unsere Entwürfe in der NtS in COBOL-Programme umsetzen.

2.5.5.2 Lesen und Schreiben von Dateien

Nachdem durch OPEN eine Richtung des Datenflusses festgelegt wurde, kann die eigentliche Datenübertragung durch *LIES* und *SCHREIBE* beginnen.
Man nennt diese Befehle auch Ein-/Ausgabebefehle (E/A-Befehle, I/O-Befehle).

Dabei wurde durch OPEN bereits festgelegt, welcher E/A-Befehl verwendet werden darf:

nach OPEN INPUT dateiname nur *LIES dateiname* (READ),
nach OPEN OUTPUT dateiname nur *SCHREIBE satzname* (WRITE).

Ein OPEN I-O (vgl. 2.5.5.1) bedarf noch weiterer Maßnahmen, die wir hier nicht behandeln wollen (näheres dazu in Kapitel 3).

1. Lesen

```
<lese-befehl>::= LIES <filename> SATZ
                         AM ENDE <unbedingte befehle>.
```

Jedesmal, wenn im Programmablauf ein Befehl *LIES* Eingabedatei zur Ausführung kommt, wird ein Datensatz aus der Datei in den Pufferbereich übertragen. Dabei wird der alte Inhalt des Puffers überschrieben (diese Wirkung von *LIES* gleicht der von *UEBERTRAGE!*).

Außerdem rückt ein vom Prozessor verwalteter Zeiger für die Datei zum nächsten Datensatz vor, so daß beim nächsten *LIES* dieser Satz gelesen wird, der Zeiger wieder vorrückt usf.

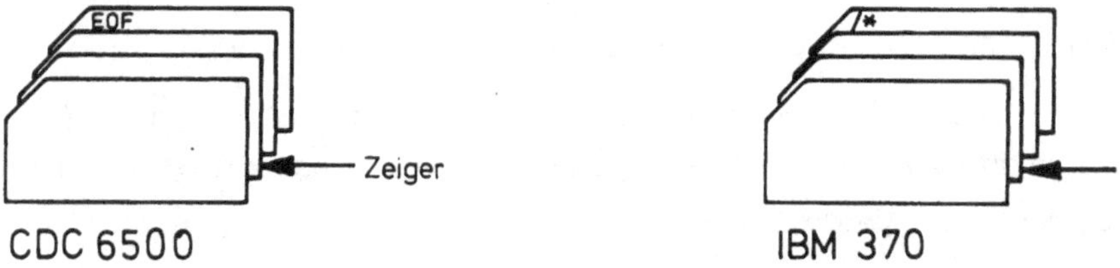

Abb. 2.21. Zustand einer sequentiellen Datei (hier Kartendatei) nach OPEN und erstem *LIES* -Befehl.

Da irgendwann jede Datei zu Ende ist, wird dann ein "Nicht-Satz" gelesen. Der Prozessor erkennt ihn - auch wenn wir physisch keine spezielle Karte eingegeben hatten - als end of file-Marke.

Hier vorgegebene Karten sind z.B.:

Rechenanlage CDC 6500: EOF-Karte

Rechenanlage IBM 370: /* -Kontrollkarte

Diesen Fall muß der Programmierer berücksichtigt haben, da ein weiterer Leseversuch zum Programmabbruch (undefinierte Operation) führen müßte.

Was der Prozessor in diesem Fall tun soll, ist hinter *AM ENDE* beschrieben.

AM ENDE steht also für die Bedingung

⟨satzinhalt = end of file-marke⟩.

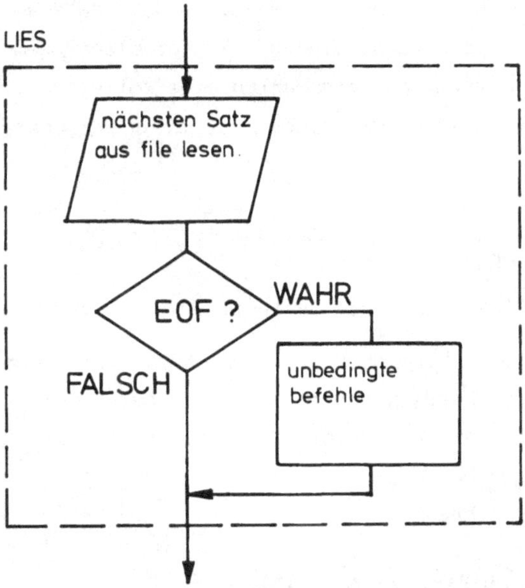

Abb. 2.22. Programmablauf zu *LIES* (Kontrollstruktur)

Wir hatten in 2.5.3 bereits die Anweisung *WENN* als bedingten Befehl kennengelernt. Aus dem Programmablaufplan Abb. 2.21 ergibt sich, daß auch *LIES* ein bedingter Befehl ist.

WENN und *LIES* dürfen also bei einem *LIES*-Befehl nicht hinter *AM ENDE* stehen, da hinter *AM ENDE* nur <u>un</u>bedingte Befehle stehen dürfen.

Beispiele:

```
(1) LIES eingabe SATZ
        AM ENDE beende das programm.

(2) LIES eingabe SATZ
        AM ENDE UEBERTRAGE 'true' NACH kartenende;
                UEBERTRAGE 0 nach zaehler;
                GIB AUS 'lesen beendet'.
```

Daraus, daß durch den Befehl *LIES* nur <u>Sätze</u>, nicht aber Datenelemente, -gruppen oder Tabellen vom externen Speicher gelesen werden können, ergibt sich folgende wichtige Konsequenz:

Werte einzelner Datenelemente auf Externspeichern sind für den Prozessor unsichtbar. Sie können nur durch Einlesen eines Datensatzes in den Puffer "sichtbar" gemacht werden. Dies spielt vor allem beim Suchen nach Datensätzen mit bestimmten Datenwerten eine Rolle, z.B. das Suchen eines Personal-Stammsatzes mit einer bestimmten Personalnummer.

2. Schreiben

<schreib-befehl>::= SCHREIBE <satzname>.

(Man beachte die gegenüber *LIES* veränderte Syntax!)

Beim Schreiben wird der im Pufferbereich befindliche Satz hinter dem zuletzt geschriebenen Satz der Datei geschrieben. Bei einer Druckdatei entsteht so Zeile (= Satz der Druckdatei) für Zeile eine Liste (= Druckdatei).
Analog wird ein Magnetband beschrieben:

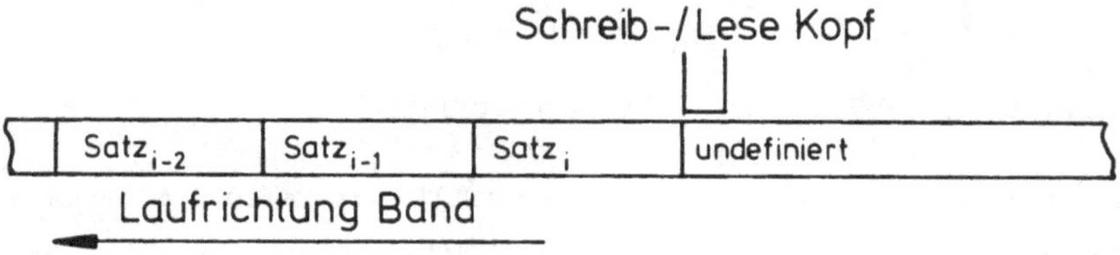

Abb. 2.23. Zustand eines Magnetbandes beim Schreiben eines Satzes i+1.

3. Zur Syntax *LIES - SCHREIBE*

Geschrieben wird ein Satz, der dem Prozessor bekannt ist. Gelesen wird jedoch aus einer Datei ein Satz, dessen Inhalt der Prozessor erst interpretieren soll.

2.5.6 Zusammenfassende Übersicht

Als Zusammenfassung des über Daten und über die Operationen auf ihnen Gesagte noch einmal eine grafische Übersicht. Dabei brauchen wir nicht zu berücksichtigen, daß auch das Programm im Internspeicher steht (vgl. Abb. 2.8), da der hierfür zur Verfügung gestellte Speicherplatz für den Programmierer keine Bedeutung hat, solange der reale Rechner nicht zu klein für das zu lösende Problem ist.

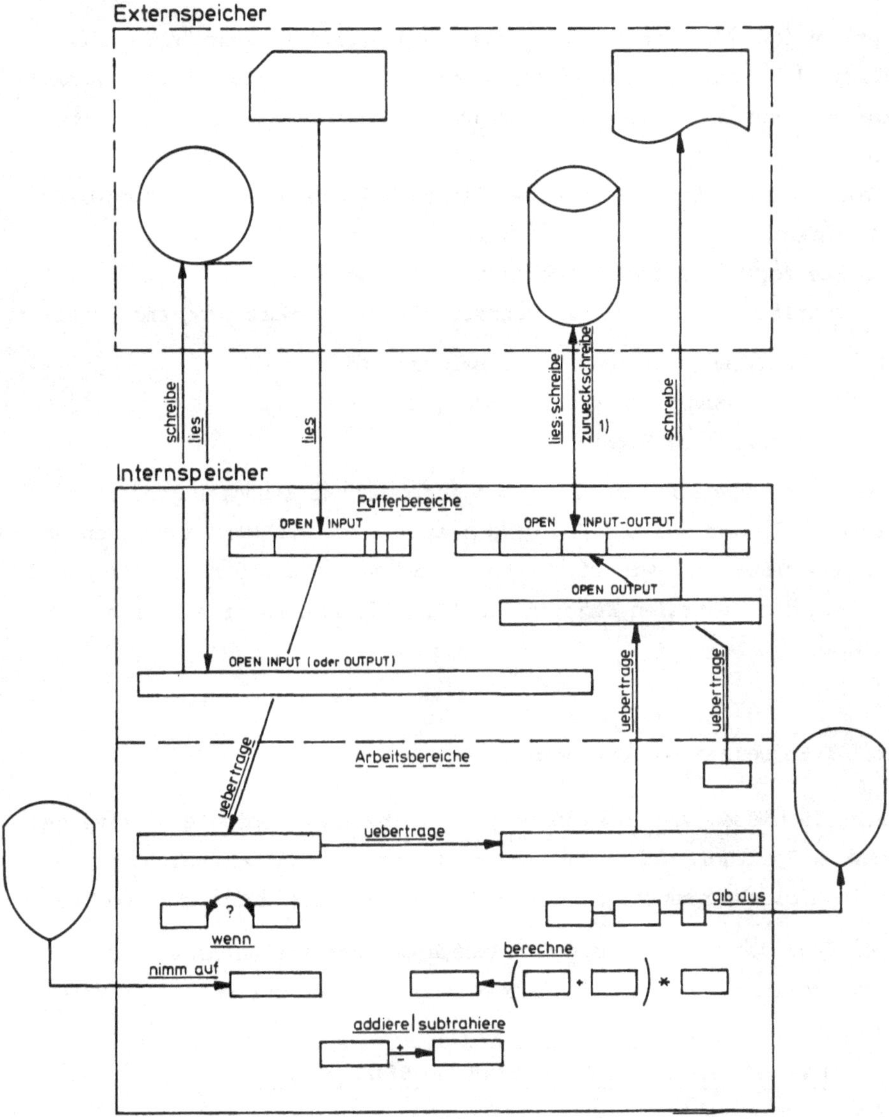

Abb. 2.24. Dynamisches Modell des COBOL-Rechners.

---

1) Auf OPEN I-O und *ZURUECKSCHREIBE* wird in Kapitel 3 näher eingegangen.

2.6 Algorithmen

In 2.4 (Datenbeschreibungen) und 2.5.3, 2.5.4 (Operationsbeschreibungen) hatten wir die an COBOL orientierte Notationssprache schrittweise zusammen mit dem COBOL zugrundeliegende Rechnermodell eingeführt.

Damit können wir uns dem eigentlichen Anliegen dieses Buches wieder zuwenden:

> Wie formulieren wir Problemlösungen über die reale Welt so, daß schrittweise daraus ein übersichtliches Computerprogramm entsteht?

Diese Frage enthält zwei Schlüsselbegriffe:

- Formulierung von Problemlösungen
- schrittweise Entwicklung.

In diesem Abschnitt wird uns der erste Aspekt beschäftigen, im nächsten (2.7) der zweite. Wir werden eine Reihe von Strukturelementen kennenlernen, die wir mit Hilfe der Befehle aus 2.5 realisieren und danach den zentralen Begriff des Algorithmus genauer als bisher erklären.

2.6.1 Sequenzen von Befehlen

Aus 2.5 wissen wir, daß die uns jetzt bekannten Befehle hintereinander im Speicher stehen und vom Prozessor der COBOL-Maschine in der Reihenfolge abgearbeitet werden, in der wir sie aufgeschrieben haben.

Der Prozessor beginnt mit der Ausführung des ersten Befehls des Prozedurteils. Er beendet die Ausführung, wenn er auf folgenden Befehl stößt:

```
<stop-befehl>::= BEENDE AUSFUEHRUNG.
```

Die bisher bekannten Befehle heißen auch elementare Anweisungen. Wir zeigen sie noch einmal in einer Übersicht:

	elementare Anweisung	definiert auf Strukturtyp	Datentyp
unbedingte Befehle	*NIMM AUF|GIB AUS|UEBERTRAGE*	record|group|item[1]	alle Typen
	ADDIERE|SUBTRAHIERE|BERECHNE	item	NUM
	SCHREIBE	record	-
	BEENDE AUSFUEHRUNG	-	-
	OPEN CLOSE	file	-
bedingte Befehle	*WENN*	-	alle Typen
	LIES	file	-

Abb. 2.25. Elementare Anweisungen

Wir können eine Folge (= Sequenz) elementarer Anweisungen als Einheit betrachten und ihr einen Namen geben. Diese Sequenz heißt Prozedur.

Prozeduren sind das wichtigste sprachliche Mittel für den Entwurf und die praktisch bedeutsame Anwendung von Algorithmen.

2.6.2 Prozeduren

Mit Hilfe der elementaren Anweisung

```
<prozedur-aufruf>::= MACHE <prozedurname>.
```

wird die Ausführung dieser Anweisungsfolge veranlaßt. Man sagt, die Prozedur wird aufgerufen.

Beispiel:

```
PROZEDURTEIL.                                                2)
beispiel-fuer-prozeduraufruf. /* steuerungsprozedur */
    MACHE prozedur-1.                              Anfang
    MACHE prozedur-2.
    BEENDE AUSFUEHRUNG.                            Ende
```

1) Man beachte, daß 'array' hier beabsichtigerweise fehlt; 'arrays' sollten nur elementweise bearbeitet werden.

2) vgl. Fußnote 2 nächste Seite.

```
prozedur-1.
    MACHE prozedur-2.                               Anfang
    UEBERTRAGE ...
    SCHREIBE ...
    LIES ...                                        Ende

prozedur-2.
    BERECHNE ...                                    Anfang
    UEBERTRAGE ...
    .
    .
    ADDIERE ...                                     Ende
```

Das Beispiel zeigt, daß eine Prozedur (hier *prozedur-2*) von mehreren Stellen des Algorithmus aus aufgerufen werden kann. Es ist jedoch verboten, daß eine Prozedur sich selbst aufruft (Rekursionsverbot).

Da eine Prozedur lediglich eine höhere Ebene einer Problemlösung darstellt als die einzelne elementare Anweisung an den Prozessor, nennen wir Prozeduren auch selbst formulierte Anweisungen.

Beispiel:

```
drucken-und-lesen.
        UEBERTRAGE karte NACH zeile.
        SCHREIBE zeile.
        MACHE karte-lesen.
```

Die selbst formulierte Anweisung *drucken-und-lesen* ohne weitere Ausformulierung in Form elementarer Anweisungen mag als Ergebnis eines Problemlösungsprozesses ausreichen.

In dieser Bedeutung werden Prozeduren beim Entwurf von Algorithmen noch eine wichtige Rolle spielen.

Wie aus dem Beispiel ersichtlich, ist das Ende einer Prozedur dadurch definiert, daß im Text des Algorithmus ein neuer Prozedurname oder keine weitere Anweisung mehr erscheint. Beim Aufruf "merkt" sich der Prozessor die Adresse, von der aus er aufgerufen wurde (Rücksprung-

---

Fußnote 2) von Vorderseite

2) Die erste Prozedur eines Algorithmus (hier die Steuerungsprozedur) wird als einzige nicht aufgerufen, sondern beim Beginn des Prozesses automatisch abgearbeitet. Sie muß dennoch einen Namen haben. Wir wählen dazu den Namen des Gesamtalgorithmus.

adresse). Nach Abarbeitung der Prozedur veranlaßt er automatisch einen Rücksprung zu dieser Adresse und fährt sequentiell mit der Bearbeitung fort. Auch die elementaren Anweisungen der Notations-/Programmiersprache sind lediglich "Prozeduraufrufe" für unsere COBOL-Basismaschine. Den meisten elementaren Anweisungen entspricht jeweils eine Vielzahl von Maschinenbefehlen. Es besteht also zwischen "elementaren" und "selbst formulierten" Anweisungen kein prinzipieller Unterschied.

Für uns als Benutzer macht sich der Unterschied nur darin fest, daß bei ersteren die Anweisungen an den realen Computer versteckt sind, bei letzteren nicht, indem wir Prozeduren selbst entwerfen.

Im folgenden beschäftigen wir uns mit dem Aufbau des Prozedurteils in strukturierter Form; insbesondere der Wiederholung von Anweisungsfolgen.

2.6.3 Wiederholung (Schleifen)

Die Wiederholung einer Prozedur erreichen wir durch folgende Erweiterung der *MACHE* -Anweisung:

```
<wiederholungs-anweisung>::= MACHE <prozedurname>
                              BIS <bedingung>.
```

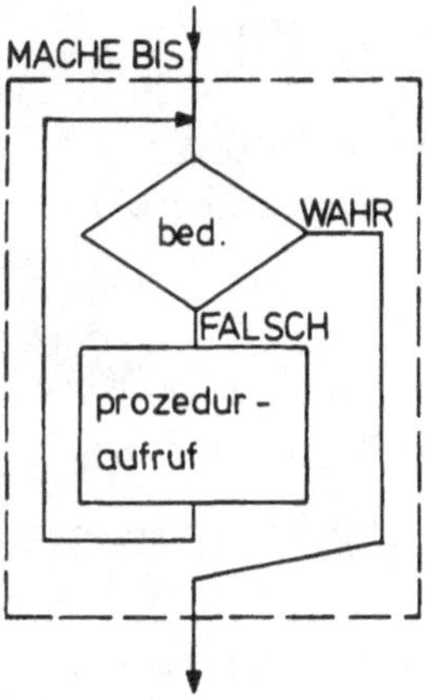

Merke: Wenn ⟨*bedingung*⟩ schon beim ersten Mal erfüllt ist, wird die aufgerufene Prozedur nie ausgeführt!

Abb. 2.26. Programmablauf Wiederholung

Die Wiederholung ist das wichtigste Mittel zur Konstruktion von Algorithmen. Ein Teil-Algorithmus (= Prozedur) wird nicht nur einmal, sondern mehrmals aufgerufen. Da es für die Zahl der Wiederholungen ein Terminationskriterium geben muß, wird dieses beim Aufruf mit angegeben und vor jeder Ausführung geprüft. Hieraus ergibt sich zwingend, daß in der Prozedur dafür gesorgt werden muß, daß das Kriterium irgendwann erfüllt ist.

Beispiel:

```
lesen.

DATENTEIL.
 DATEIEN KAPITEL.
 DATEI karten.
  karte.
   karte-inhalt          ALPH-NUM 80 ST.
 ARBEITSSPEICHER KAPITEL.
  kartenende           BOOL  4 ST WERT 'true'.

PROZEDURTEIL.
 lesen.
      UEBERTRAGE 'fals' NACH kartenende.
      MACHE karte-lesen
        BIS kartenende.
         .
         .
  karte-lesen.
      LIES karten SATZ
        AM ENDE UEBERTRAGE 'true' NACH kartenende.
```

Für Wiederholungsanweisungen ist auch die Bezeichnung Schleife ('loop') üblich. Möglich ist auch folgende Form der Schleife, bei der sich die grafische Verdeutlichung erübrigt:

```
MACHE <prozedurname> <ganzzahl> MAL.
```

Beispiel: **MACHE kindergeburtsdaten-lesen kinderzahl MAL.**

Erst durch die Bildungen von Schleifen werden Algorithmen praktisch bedeutsam:

> Jetzt weicht die statische Aufschreibung des Algorithmus ab vom dynamischen Ablauf, den der Algorithmus beschreibt.

Die durch die Sprachdefinition von COBOL vorgegebene Schleife aus

Abb. 2.26 ist ein sogenannter 'pre-checked loop', das heißt die Prüfung auf das Terminationskriterium erfolgt vor dem Aufruf der Prozedur.

Jetzt wollen wir eine Form der Schleife diskutieren, die den 'check' in der Mitte macht. Wir müssen sie selbst konstruieren, da ihr keine elementare Anweisung entspricht.
In 2.5.5 hatten wir die Anweisung *LIES* ... als bedingte Anweisung eingeführt. Die zu verwendende Bedingung ist zwingend vorgeschrieben. Durch *AM ENDE* wird nach jedem Lesen abgefragt, ob der gelesene 'record' nicht eine END-OF-FILE-Marke war, die für jeden Computer definiert ist. Wenn dieser Fall im Programmablauf eintritt, entspricht dieser 'record' nicht dem von uns deklarierten, darf also nicht in der Prozedur verarbeitet werden, die die gelesenen Daten interpretiert.

Dies würde bei folgendem Algorithmus auftreten:

```
lesen-interpretieren.

DATENTEIL.
   .
   .   vgl. Algorithmus lesen.
   .
PROZEDURTEIL.
lesen-interpretieren.
    MACHE karte-interpretieren
       BIS kartenende.
    BEENDE AUSFUEHRUNG.
 karte-interpretieren.
    LIES karten SATZ
       AM ENDE UEBERTRAGE 'true' NACH kartenende.
    verarbeite die daten auf der karte.
```

Bei Erfülltsein der Bedingung *AM ENDE*, was durch *karten-zuende* ausgedrückt wird, wird zwar sofort die Bedingung gesetzt, aber erst nach Ablauf der Prozedur *karte-interpretieren* geprüft. Es ist also unbestimmt, was bei "Verarbeitung" der Karte passiert, die die END-OF-FILE-Marke enthält.

Aufgabe: Zeichnen Sie einen Programmablaufplan des Algorithmus *lesen-interpretieren*.

Wir vermeiden diese Unbestimmheit durch folgenden Algorithmus:

```
datei-lesen.
    .
    . vgl. algorithmus lesen.
    .
PROZEDURTEIL.
datei-lesen.
     MACHE karte-lesen.
     MACHE karte-interpretieren
        BIS kartenende.
 karte-interpretieren.
     verarbeite die daten auf der karte.
     MACHE karte-lesen.
 karte-lesen.
     LIES karten SATZ
        AM ENDE UEBERTRAGE 'true' NACH kartenende.
```

Der Algorithmus *datei-lesen* entspricht folgendem Programmablaufplan:

Abb. 2.27. Allgemeine Algorithmenstruktur bei Schleifen mit sequentiellem Lesen.

Aufgabe: Bearbeiten Sie jetzt Aufgabe Alg 1.

Aufgabe Alg1: Druck-Algorithmus

Problem:

Die Istanalyse des Belegwesens eines Betriebes hat gezeigt, daß eine Vielzahl von Informationen zwischen Stellen bzw. Abteilungen auf Formularen ausgetauscht wird, die teilweise im Umdruckverfahren beschriftet und vervielfältigt werden.
Dieses Verfahren ist umständlich und fehleranfällig. Es soll durch Druckprogramme der EDV-Anlage ersetzt werden. Ein solches Druckprogramm ist zu erstellen.

Aufgabe:

Es soll ein Rechnungskopf beschrieben werden, der folgendes Aussehen hat:

EDV - Anwender GmbH + Co KG
Dollarstrasse 99 9990 Dukatenheim

Herr/Frau/Firma Kunden-Nr Rechnungs-Nr
Datum

Die dazu notwendigen Eingabedaten liegen als Lochkartendatei vor (Kundendatei). Jeder Kundensatz umfaßt eine Lochkarte.
Es werden in beliebiger Reihenfolge die Karten derjenigen Kunden eingegeben, für die Rechnungskopf zu schreiben ist.
Es ist eine laufende Rechnungsnummer zu vergeben. Die bei der vorhergehenden Rechnungsschreibung zuletzt vergebene Rechnungsnummer wird als Vorlaufkarte eingegeben. Der Algorithmus soll für jede neue Rechnung eine um eins erhöhte Rechnungsnummer vergeben.

Lösungshinweise:

Es kann davon ausgegangen werden, daß der Rechner das Tagesdatum unter dem Datennamen *current-date* kennt.

Für die Ein- und Ausgabe sind die Befehle *lies* und *schreibe* zweckmäßig; *nimm auf/gib aus* sind jedoch ebenso möglich.

Man beachte, daß zeilenweise gedruckt werden muß und der Drucker nicht zurückgesetzt werden kann! (z.B. ist *name-vorname, kunden-nr, rechnungs-nr* als eine Ausgabezeile zu drucken).

Bei Verwendung von *schreibe* deklariere man zweckmäßigerweise mehrere 'records' für das Ausgabefile (etwa *zeile-1, zeile-2, zeile-3*).

Beispiellösung: siehe Beispiellösung zu Teil II

2.6.4 Kontrollstrukturen

In Abb. 2.14, 2.22, 2.26 hatten wir Programmablaufpläne benutzt, die immer genau einen Eingang und einen Ausgang aufwiesen und von einer gestrichelten Linie umgeben waren. Ein solches Gebilde nennen wir Kontrollstruktur. Jede Kontrollstruktur ist in sich ein Teil-Algorithmus.

Algorithmen sollten nur aus solchen Kontrollstrukturen zusammengesetzt werden. Dies müssen wir teilweise durch disziplinierten Gebrauch elementarer Anweisungen bewirken, da COBOL beliebige also auch sehr chaotische Strukturen zuläßt. Solche Programme werden sehr schnell unüberschaubar und fehleranfällig, wenn sie größere Ausmaße annehmen.

Den beiden, in Abb. 2.14 und 2.26 bereits eingeführten Kontrollstrukturen

- Auswahl (*WENN* ... *DANN* ...)
- Wiederholung (*MACHE* ...*BIS*)

fügen wir noch jeweils einen wichtigen Spezialfall hinzu:

- die Fallunterscheidung
- die Laufanweisung.

2.6.4.1 Fallunterscheidung

Haben wir mehr als zwei Alternativen, können wir die *WENN*-Anweisung schachteln:

```
<fallunterscheidung>::= WENN        <bed-1> DANN <anw-1>
                         SONST WENN <bed-2> DANN <anw-2>
                         SONST WENN <bed-3> DANN <anw-3>
                           .
                           .
                         SONST WENN <bed-n> DANN <anw-n>
                                                 SONST <anw-F>.
```

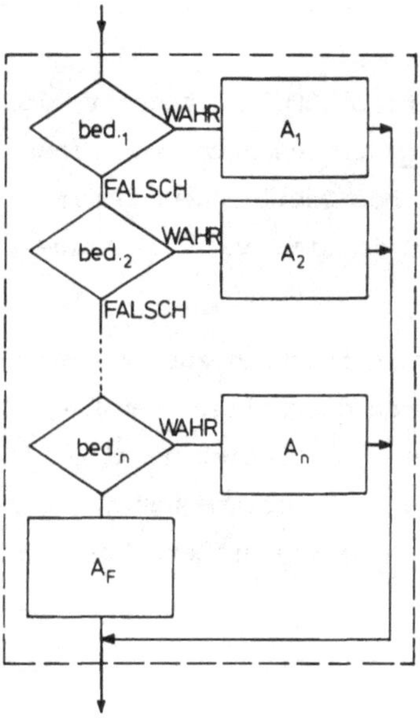

Im allgemeinen muß man in die Formulierung der *bedingungen*$_j$ erhebliche Sorgfalt und Mühe stecken, um eine möglichst übersichtliche und knappe Struktur zu erhalten. Wie der grafische Programmablauf zeigt, werden etwa im "Fall n" alle (n-1) Bedingungen geprüft, die vorher liegen. Also wird man den häufigsten Fällen ein kleines j, den seltenen ein großes j geben.

Abb. 2.28. Fallunterscheidung

Um die nötige Klarheit zu gewährleisten, ist eine Kontrollstruktur der Art

WENN ... DANN WENN ...

verboten. Wenn sich ein solcher Fall nicht vermeiden läßt, muß er in der Form realisiert werden, daß die bedingte Anweisung hinter DANN als Teilalgorithmus ausgelagert wird. Wir schreiben in diesem (Ausnahme!-)Fall:

WENN ... DANN MACHE ⟨*prozedurname*⟩ .

2.6.4.2 Laufanweisung

Während bei der bisher erläuterten Schleife ein völlig frei gewähltes Abbruchkriterium gewählt werden kann, gibt es Fälle, bei denen sich eine kontrollierte Variable angeben läßt, die in bestimmten Schritten variiert wird. Eine solche Konstruktion wird auch Laufanweisung genannt. Man benötigt sie vor allem bei Operationen auf Datentypen der Art 'array'. Will man etwa eine Tabelle systematisch durchsuchen, muß man schrittweise den Index, gegebenenfalls die Indices variieren (vgl. die folgenden Abb.). Im letzteren Fall entstehen in sich geschachtelte Schleifen.

Zunächst eine einfache Schleife (I ist ein ganzzahliger Index, $\triangle_I$ eine ganzzahlige Schrittweite):

```
<lauf-anweisung>::= MACHE <prozedurname>
                    VERAENDERND <indexname>
                           VON <anfangswert>
                           MIT <schrittweite>
                    BIS <bedingung>.
```

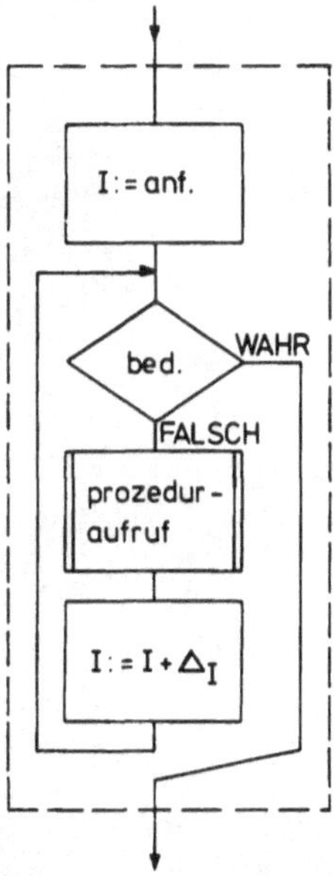

"I:= I + $\triangle_I$" bedeutet: I ergibt sich aus altem Wert + $\triangle_I$.

Abb. 2.29. Einfache Laufanweisung

Frage: Welche elementare Anweisung aus 2.5.3 muß verwendet werden, um das gleiche zu erreichen, wie mit "I:= anfangswert" ausgedrückt ist?

Eine zweifach geschachtelte Schleife, wie man sie zum Durchlaufen einer zweidimensionalen Tabelle benötigen würde (J sei der innere Index), sieht so aus:

Beispiel: (vgl. Abb. 2.5)

```
    MACHE tabelle-durchsuchen
           VERAENDERND Jahr VON 1 MIT 1
        BIS jahr > 5
           NACH monat VON 1 MIT 1
              BIS monat > 13.
     .
     .
tabelle-durchsuchen.
     BERECHNE umsatzsumme = umsatzsumme
                                 + verkauf(jahr,monat).
```

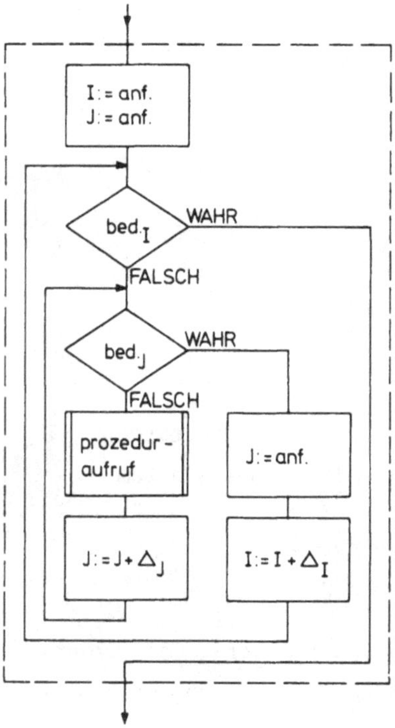

Die Verwendung des Wörtchens *NACH* ist selbstdokumentierend. *jahr* ≙ I, *monat* ≙ J in nebenstehender Zeichnung.

Abb. 2.30. Geschachtelte Laufanweisung

2.6.5 Begriff und Eigenschaften eines Algorithmus

In den bisher gebrachten Beispielen haben wir schon mehrmals den Begriff Algorithmus gebraucht, ohne ihn näher zu erläutern. Wir tun dies jetzt anhand eines Beispiels:

Problem: Personaldaten auf Lochkarten sollen als Liste ausgedruckt werden. Es gibt je Mitarbeiter eine Lochkarte.

```
personalliste-erzeugen.

DATENTEIL.
DATEIEN KAPITEL.
 DATEI karten.
  karte.
   karte-inhalt              ALPH-NUM  80 ST.
 DATEI druckerliste.
 zeile                       ALPH-NUM 120 ST.
ARBEITSSPEICHER KAPITEL.
 karten-zuende               BOOL        4 ST WERT 'wahr'.

PROZEDURTEIL.
personalliste-erzeugen.
    UEBERTRAGE 'xxxx' NACH karten-zuende.
    MACHE karte-lesen.
    MACHE  drucken-und-lesen
       BIS karten-zuende.
    BEENDE AUSFUEHRUNG.
 drucken-und-lesen.
    UEBERTRAGE karte NACH zeile.
    SCHREIBE zeile.
    MACHE karte-lesen.
 karte-lesen.
    LIES karten SATZ
       AM ENDE UEBERTRAGE 'wahr' NACH karten-zuende.
```

Die im Prozedurteil beschriebenen Operationen auf den Daten des Datenteils bilden im zeitlichen Ablauf einen Prozeß. Dabei werden Objekte - hier Daten - manipuliert. Hier werden Daten von einer Karte in den Eingabepuffer eingelesen, in den Ausgabepuffer übertragen und auf der Liste ausgegeben.

Der Prozeß hat ein eindeutiges "Terminationskriterium" (*karten-zuende*). Der gesamte Algorithmus hat einen Namen, unter dem er dem Prozessor bekannt ist (*personalliste-erzeugen*).

Eine Definition unseres Algorithmusbegriffes sieht jetzt so aus:

Ein Algorithmus ist die eindeutige Beschreibung eines Prozesses, welcher von einem Prozessor ausgeführt werden kann, der die elementaren Anweisungen beherrscht. Diese müssen mit einem Formalismus beschrieben sein, den der Prozessor versteht. Bei Ausführung des Algorithmus werden Objekte manipuliert, und zwar von einem Ausgangs- in einen Endzustand. Bei der Verarbeitung von Informationen heißen die manipulierten Objekte Daten.
Der Algorithmus erlaubt Aussagen über den Prozeß, insbesondere:

Voraussetzungen: Welche Bedingungen müssen erfüllt sein, damit der Algorithmus vom Prozessor richtig ausgeführt werden kann.

Termination: Bricht der Algorithmus nach endlich vielen Schritten von selbst ab?
Hier muß jede einzelne Schleife geprüft werden.

Richtigkeit: Stimmt der tatsächliche Endzustand der manipulierten Objekte (Daten) mit dem gewünschten überein?
Tut der Algorithmus das, was der Programmierer wollte?

Erläuterungen:
Den Ausgangszustand definieren wir durch Deklaration der Daten und die Zuweisung von Anfangswerten. Die Daten werden in irgendeiner Weise manipuliert und führen zu einem Endzustand, der aus dem Prozedurteil ableitbar sein muß.

Ist der Prozessor ein Computer, so ist die fundamentale "Manipulation" die Veränderung von Werten von Daten (= Wertzuweisung) (vgl. Wirth: Systematisches Programmieren, S. 15).

2.7 Top-Down-Entwicklung von Algorithmen

Wir haben zwar geklärt, was ein Algorithmus ist, und dies an einem Beispiel (vgl. 2.6.5) gezeigt, jedoch noch nicht erläutert, wie man

ein Problem des Benutzers in einen Algorithmus und danach ein Computerprogramm umsetzt.
Es gilt, genaueres zu der Frage zu sagen:

Wie entwirft man Algorithmen?

Die Entwurfsmethode "schrittweise Verfeinerung" wurde in Kapitel 1 bereits behandelt, da sie eine allgemeine Methode der Systementwicklung ist.
Man entwirft also Algorithmen und damit Computerprogramme, indem man "von oben nach unten" (= top-down) von einer allgemeinen Problembeschreibung in schrittweiser Verfeinerung bis hin zur operationalen Detaillösung fortschreitet. Der Entwurfsprozeß ist beendet, wenn die Lösung keinen Klartext mehr enthält, sondern nur noch aus Deklarationen und elementaren Anweisungen besteht.
Das folgende Beispiel soll dies zeigen.

2.7.1 Anwendungsbeispiel zur Top-Down-Entwicklung

Problem: Aus den Personalkarten (vgl. Abb. 2.1) soll die Tarifgruppe eines beliebigen Mitarbeiters anhand einer Personalnummer mit Hilfe eines Programms herausgesucht werden. Dazu wird die gesuchte Personalnummer auf einer Lochkarte eingegeben.

Lösungsweg: Wir haben zweierlei zu tun:

(1) Computergerechte Beschreibung der Daten:
Wir wollen die Daten vom Datenträger Lochkarte lesen. Auf einer Lochkarte lassen sich nur 80 Zeichen unterbringen. Es darf also kein 'record' die Satzlänge 80 überschreiten.

(2) Computergerechte Formulierung der Anweisungen:
Wir müssen schrittweise eine Problembeschreibung aus der Umgangssprache in die Notationssprache überführen. Bleiben keine Formulierungen in der Umgangssprache mehr übrig, ist die Entwicklung des Algorithmus abgeschlossen; er kann als Programm implementiert werden. Dabei haben wir bestimmte Eigenschaften des Algorithmus zu überprüfen:

- Voraussetzungen
- Termination
- Richtigkeit (führen alle Anweisungen zu den gewünschten Konsequenzen?).

Beispiel 2.7:

Wir geben zunächst eine umgangssprachliche Beschreibung, die in etwa den zeitlichen Ablauf des zu beschreibenden Prozesses berücksichtigt.

```
tarifgruppe-klaeren.

der algorithmus "tarifgruppe-klaeren" liest zuerst eine
karte mit der gesuchten personalnummer.
danach liest er die auf lochkarten vorliegende personal-
datei karte fuer karte solange, bis er die gesuchte karte
mit der gleichen personalnummer gefunden hat wie die
zuerst eingelesene.
von dieser gibt er dann die tarifgruppe aus.
ist die gesuchte karte nicht in der datei enthalten,
wird eine entsprechende meldung ausgegeben.
```

Wir formulieren jetzt aus (7a) eine erste Version des Prozedurteils, um der Struktur des Algorithmus näher zu kommen.

```
tarifgruppe-klaeren.

PROZEDURTEIL.
tarifgruppe-klaeren.
    vorlaufkarte mit gesuchter personalnr lesen.
    personalkarten durchgehen
       bis personalnr von personalkarte
               = gesuchte personalnr.
    personalnr und tarifgruppe von personalkarte ausgeben.
    BEENDE AUSFUEHRUNG.
```

Die Grobstruktur aus (7b) werden wir jetzt schrittweise verfeinern, bis sie alle Anforderungen aus (7a) (Fehlerfall!) erfüllt und eine Prüfung der Richtigkeit des Algorithmus erlaubt.

```
tarifgruppe-klaeren.

PROZEDURTEIL.
tarifgruppe-klaeren.
    NIMM AUF gesuchte-personalnr.
    personalkarten durchgehen
       bis personalnr = gesuchte-personalnr
           ODER karten-zuende.
    WENN karten-zuende
      DANN GIB AUS 'gesuchte personalnummer nicht in
                    personalstammdatei enthalten'
      SONST GIB AUS 'pers-nr', SPACE, 'tarif-gr';
            GIB AUS personalnr, SPACE, tarifgruppe.
    BEENDE AUSFUEHRUNG.
```

Frage: Welcher Art Datum muß *'pers-nr'* , welche *personalnr* sein? (vgl. 2.2)

Jetzt ist zwar der Fehlerfall eingearbeitet, aber der im dynamischen Ablauf wichtigste Teil, die Schleife des wiederholten Lesens der Karten, ist noch nicht näher ausgeführt. Wir verfeinern jetzt auf einer "tieferen" Ebene des zu lösenden Problems und machen das durch entsprechende Kommentare kenntlich.

```
tarifgruppe-klaeren.

DATENTEIL.
ARBEITSSPEICHER KAPITEL.
  gesuchte-personalnr                       ALPH-NUM  5 ST.
  lochkarte                                 ALPH-NUM 80 ST.
  personalkarte.
    personalnr                              ALPH-NUM  5 ST.
    weitere-angaben                         ALPH-NUM 72 ST.
    tarifgruppe                             ALPH-NUM  3 ST.
  karten-zuende                             BOOL      5 ST
                                              WERT '99999'.

PROZEDURTEIL.
tarifgruppe-klaeren.                       /* ebene 1 */
    UEBERTRAGE SPACE NACH karten-zuende.
    NIMM AUF gesuchte-personalnr.
    MACHE personalkarte-lesen
       BIS personalnr = gesuchte-personalnr
             ODER karten-zuende.
    MACHE ergebnis-mitteilen.
    BEENDE AUSFUEHRUNG.

 personalkarte-lesen.                     /* ebene 2 */
    NIMM AUF lochkarte.
    UEBERTRAGE lochkarte NACH personalkarte.
    WENN personalnr = '99999'
      DANN UEBERTRAGE personalnr NACH karten-zuende.

 ergebnis-mitteilen.
    WENN karten-zuende
      DANN GIB AUS 'gesuchte personalnummer nicht in
                    personalstammdatei enthalten'
      SONST GIB AUS 'pers-nr', SPACE, 'tarif-gr';
            GIB AUS personalnr, SPACE, tarifgruppe.
```

Die schrittweise Entwicklung des Algorithmus' ist beendet. Wir prüfen seine Eigenschaften:

Voraussetzungen: "Richtige" Eingabe i.S. der Problemlösung, d.h.:

- erste Karte ist eine Vorlaufkarte mit der gesuchten Personalnr in den ersten 5 Stellen,
- letzte Karte ist eine "Endkarte", die in den ersten Spalten 99999 enthält,
- alle dazwischen liegenden Karten werden als Personalkarte interpretiert.

Termination: Wenn die Voraussetzungen gelten, dann terminiert der Algorithmus.

Richtigkeit: Eine Richtigkeitsprüfung nach Plausibilität kann sich nur auf selbst formulierte Anweisungen beziehen, denn die elementaren Anweisungen führen zu den Konsequenzen, wie sie durch die Basismaschine festgelegt sind.

Diese Prüfung muß jede Prozedur als Teilalgorithmus auffassen und bezüglich Voraussetzungen, Termination und Folgen der elementaren Anweisungen untersuchen.

Die Folgen der einen Prozedur sind gegebenenfalls die Voraussetzungen der nächsten.

Folge von *personalkarte-lesen* ist, daß in *personalnr* eine beliebige alphanumerische Zeichenkette steht, in *karten-zuende* entweder der Initialwert oder 99999. Diese Folge ist Voraussetzung für *ergebnis-mitteilen*.

Fragen:

1. Überlegen Sie sich, wie der Algorithmus arbeitet, wenn nur 1 Karte, die "Endkarte" (99999) in der Eingabe liegt.
2. Was ist *lochkarte*, eine Karte - ein Datum - ein Datenelement - ein Datenname?
3. Ist *lochkarte* für den Algorithmus erforderlich? Wenn nein, formulieren Sie die entsprechende *NIMM AUF*- Anweisung in syntaktisch richtiger Weise um!
4. Erstellen Sie von Algorithmus (7d) einen Programmablaufplan gemäß Abb. 2.27 ff.

2.7.2 Vorgehen bei der schrittweisen Verfeinerung

Die <u>Methode der schrittweisen Verfeinerung</u> ('stepwise refinement'). Wir gehen grundsätzlich in mindestens 3, besser 4 oder mehr Stufen vor:

<u>Stufe 1:</u> Umgangssprachliche Beschreibung dessen, was der Algorithmus tut.

Bereits spezifizierte Teilschritte werden in ihrer zeitlichen Abfolge niedergeschrieben.

Auf dieser Stufe soll <u>kein</u> besonderer Formalismus verwendet werden.

Wir müssen uns umgangssprachlich klar machen, was zu tun ist, indem wir das gewünschte Ergebnis beschreiben. (Die natürliche Sprache ist <u>kein</u> Formalismus im strengeren Sinne, da sie in vielen Fällen mehrdeutig ist.)

Wir nennen diese Stufe <u>Vorentwurf.</u>

<u>Stufe 2:</u> Teilweise formalisierte Beschreibung des Problems.

Die Beschreibung muß die Grobstrukturierung und den wesentlichen Ablauf der Problemlösung erkennen lassen. Ins Detail gehende Verarbeitungsschritte sind nicht auszuführen, sondern als "Teilalgorithmen" zu betrachten, die in natürlicher Sprache ausgedrückt werden. Sie erhalten aussagekräftige Namen, etwa "Liste durchsuchen", "Bruttopreis errechnen", "Lesen" u.ä., und werden erst später ausgeführt, d.h. als Prozeduren ausformuliert.

Wir nennen diese Stufe <u>Grobentwurf</u>.

.
.
.
weitere Stufen
.
.
.

<u>Stufe n-1:</u> Formalisierte Beschreibung des Problems in der NtS in allen für den dynamischen Ablauf wesentlichen Schritten. Ebenso Deklaration der zugrundeliegenden Daten mit allen wichtigen Details.

<u>Nicht</u> näher auszuführen sind diejenigen Details, die man unmittelbar codieren kann. Stufe n-1 muß alle Fragen über Eigenschaften des Algorithmus beantwortbar machen.

Wir nennen diese Stufe <u>Feinentwurf.</u>

<u>Letzte Stufe:</u> Codierung in der Programmiersprache.
(Stufen) Der Algorithmus ist zum Programm geworden.
(Näheres vgl. in Kapitel 4)

Frage: Welche Eigenschaften des Algorithmus sind in "Stufe n-1" angesprochen?

Wieviel Detail auf Stufe n-1 angebracht ist, läßt sich nicht allgemein sagen, sondern hängt vom Problem und den Fertigkeiten des Programmierers ab.

Beim Übergang von Stufe 2 bis n-1 versuche man vor allem, die <u>Ablaufstruktur</u> des Algorithmus <u>und</u> seine <u>Niederschrift</u> zu <u>vereinfachen</u>. Insbesondere sollte man Folgen von Anweisungen, die mehrmals im Algorithmus vorkommen, als Teilalgorithmen zusammenfassen (Zentralisierung von Funktionen, näheres darüber in 4.2.5) und nur einmal hinschreiben, Konstante durch Variablen ersetzen und die Einhaltung der Kontrollstrukturen (vgl. 2.6.4) sicherstellen.

Aufgabe: Bearbeiten Sie Aufgabe Alg 2.

Aufgabe Alg2: Sortier-Algorithmus

Problem:

Die Kunden-Datei aus Aufgabe Alg 1 soll nach Kundennummern sortiert werden, damit sie als sequentielle Datei auf Magnetband geschrieben werden kann.

Aufgabe:

Die Datei soll von Lochkarten eingelesen und sortiert auf einer Druckerliste ausgegeben werden. Die Sortierung soll aufsteigend sein.

Lösungshinweise:

Im Internspeicher wird eine Tabelle eingerichtet, die die Datei aufnehmen kann. Jeder Satz wird beim Lesen in die Tabelle einsortiert, so daß die bereits in der Tabelle stehenden Sätze immer die richtige Sortierfolge darstellen.
Hierzu müssen Sätze, deren Kunden-Nr größer oder gleich der letzten Kunden-Nr der Tabelle ist, hinten angeführt werden. Ist die gelesene Kunden-Nr kleiner als die letzte, muß die Tabelle rückwärts (Zurückzählen des Index) durchsucht werden, bis die Einfügungsstelle gefunden ist. Beim Durchsuchen wird jedes geprüfte Element einen Platz weiter verschoben, damit an der Einfügungsstelle Platz für das neue Element ist.
Für die Tabelle müssen 2 Indices vereinbart werden: Ein laufender Index, der herauf- und heruntergezählt wird, ein maximaler Index, der anzeigt, wieweit die Tabelle schon gefüllt ist.
Ist die Tabelle zu klein für die vorhandene Datei, soll die Tabelle und eine Meldung ausgedruckt werden, daß nicht alle Karten bearbeitet werden konnten.
Man beachte eine korrekte Initialisierung des ersten Tabellenelementes und der Indices.

Zum Ausdrucken der sortierten Tabelle verwende man eine Laufanweisung (vgl. II.2.6.42).

Beispiellösung: siehe Beispiellösung zu Teil II

Weiterführende und benutzte Literatur:

Bauer, F.L., Goos, G.
Informatik Teil 1
2. Aufl., Berlin - Heidelberg - New York 1973

Bauer, F.L., Goos, G.
Informatik Teil 2
2. Aufl., Berlin - Heidelberg - New York 1973

Dworatschek, S.
Grundlagen der Datenverarbeitung
6. Aufl., Berlin - New York 1978

Floyd, Chr.
Strukturierte Programmierung für COBOL Anwender
Hamburg 1974

Schnupp, P.
Systemprogrammierung
Berlin - New York 1975

Spitta, Th.
DV-Grundausbildung für Wirtschaftswissenschaftler
Informatik-Forschungsbericht 77-06
TU Berlin 1978

Wirth, N.
Systematisches Programmieren
3. Aufl., Stuttgart 1975

Wirth, N.
Algorithmen und Datenstrukturen
3. Aufl., Stuttgart 1975

3. Externe Speicher und Fileorganisation

In Kapitel 2 wurden die Auswirkungen der Eigenschaften externer Speicher auf Datenstrukturen und Algorithmen noch ausgeklammert. Sie sollen in diesem Kapitel behandelt werden.

3.1 Speicherarten und ihre Zugriffseigenschaften

Wir wollen uns im folgenden nicht beschäftigen mit den nicht wiederverwendbaren externen Speichermedien Lochkarte und Druckerpapier bzw. den entsprechenden Geräten, sondern mit den mehrfach verwendbaren Medien Magnetband und Magnetplatte.

3.1.1 Magnetband

Das Funktionsprinzip von Magnetband bzw. Magnetbandgerät unterscheidet sich nicht vom allseits bekannten Tonbandgerät. Lediglich die Technik der Geräte ist infolge der notwendigen sehr hohen Spul-, Lese- und Schreibgeschwindigkeiten sowie durch die erforderliche automatische Einfädelung des Bandanfanges auf die Gegenspule vergleichsweise sehr aufwendig. Außerdem müssen technische Vorkehrungen getroffen sein, daß ein Band bei plötzlichem Abstoppen nicht reißt oder sich längt. Die Speicherkapazität eines Magnetbandes beträgt bis zu 500 Millionen byte ($\hat{=}$ Zeichen vgl. 2.1), die Zugriffszeiten liegen, je nach Position des Bandes beim Suchen, zwischen 10 und 500 sec (Dworatschek, S. 257).
Die Technik von Magnetbandkassetten ist vom Prinzip her die gleiche. Allerdings ist die Speicherkapazität von Kassetten geringer: 500.000 bis 700.000 byte.

Die Technik der Geräte ist für den Anwender und den Programmierer weniger wichtig. Wichtig ist jedoch für ihn die Zugriffseigenschaft, die sich aus der Technik ergibt, d.h. die Antwort auf die Fragen
- Welche Operationen sind notwendig, um gespeicherte Daten aufzufinden?

- Welche Algorithmen ergeben sich aus diesen Operationen und den Benutzeranforderungen an das Auffinden der Daten?

Das Magnetband hat eine serielle oder auch sequentielle Zugriffseigenschaft.
Die Sätze einer Datei sind hintereinander ohne Lücken auf dem Band gespeichert. Ein Zugriff zu einem bestimmten Satz ist nur möglich, indem man Satz für Satz der Datei in den Internspeicher liest und den Suchbegriff (z.B. eine bestimmte Personal-Nr.) mit dem Suchargument (*personal-nr*) vergleicht, bis der gesuchte Satz gefunden ist. Auf dem Magnetband gibt es keine Adressen.

Am Beginn jeder Datei auf einer Bandrolle, befindet sich ein Kennsatz ('label record'), der Auskunft über die Anordnung der Sätze gibt oder ein Schlüsselwort enthält, das der Benutzer kennen muß (Datenschutz). Die Sätze sind meist zu Blöcken zusammengefaßt, welche als Ganzes in den Puffer des Internspeichers übertragen werden. Das Dateiende auf dem Band ist durch eine EOF-Marke gekennzeichnet, wie wir sie schon aus Kapitel 2 (2.5.5) kennen[1)]; das Ende einer Bandrolle durch eine EOT-Marke (= 'end of tape').

Folgende Operationen sind auf einem Magnetband definiert:

- sequentielles Lesen (*lies* ... *am ende* ...) einer vorhandenen Datei
- sequentielles Schreiben (*schreibe* ...) einer zu erzeugenden Datei.

Geschrieben werden kann beim Erzeugen einer Datei immer nur hinter den zuletzt geschriebenen Satz. Änderungen an bestehenden Daten sind nicht möglich.
Sind Änderungen notwendig, muß man das Band mit den alten Daten lesen, im Internspeicher die Daten ggf. verändern und unveränderte und veränderte Datensätze Satz für Satz auf ein anderes Band schreiben (vgl. auch Abb. 2.20 in 2.5.4).

---

1) Die EOF-Marke wird bei Ausführung des COBOL-Befehls CLOSE geschrieben.

Der Vorteil des Magnetbandes gegenüber anderen externen Speichermedien ist sein geringer Preis verbunden mit der sehr hohen Speicherkapazität.
Der Nachteil ist die sequentielle Zugriffseigenschaft - und verglichen mit Magnetplatten - die niedrige Laufgeschwindigkeit, die lange Suchzeiten nach gespeicherten Daten bedingen.

3.1.2 Magnetplatte

Einen Magnetplattenspeicher kann man sich ähnlich mehreren fest übereinander montierten Schallplatten vorstellen. Die Platten sind beidseitig magnetisch beschichtet. Die den Rillen der Schallplatte entsprechenden Spuren verlaufen nicht wie diese spiralenförmig nach innen, sondern als konzentrische Kreise. Die Oberseite jeder Platte ist - wie Tortenstücke - aufgeteilt in Sektoren. Die Spuren aller übereinander liegenden Platten bilden einen Zylinder.
Der zu einem Sektor gehörende Teil einer Spur ist der kleinste direkt ohne Suchvorgang adressierbare Speicherplatz (näheres s.u.). Der Sektor einer Plattenseite entspricht also dem Wort des Internspeichers, ist jedoch erheblich größer. Übliche Werte sind:

Wort : 4 - 8 byte,
Sektor: 128 - 256 byte.

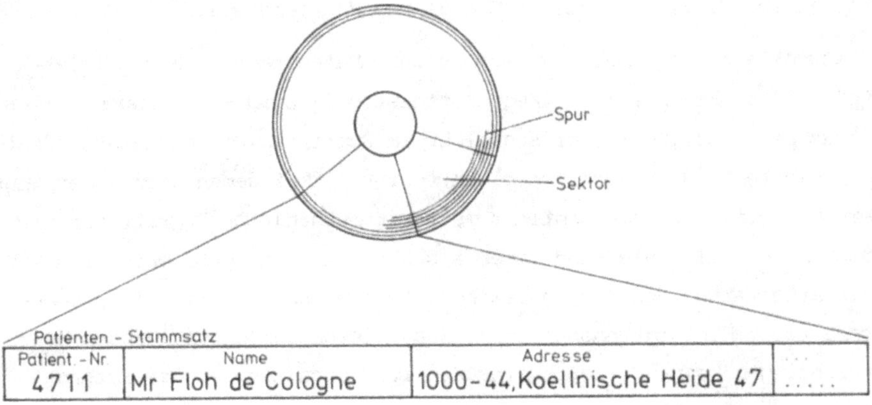

Abb. 3.1. Speicherung eines Datensatzes auf einer Spur in einem Sektor einer Plattenseite.

Der Zugriff zu einem Plattenstapel erfolgt bei den meisten Plattenlaufwerken über einen zur Achse der Platten hin beweglichen Zugriffkamm:

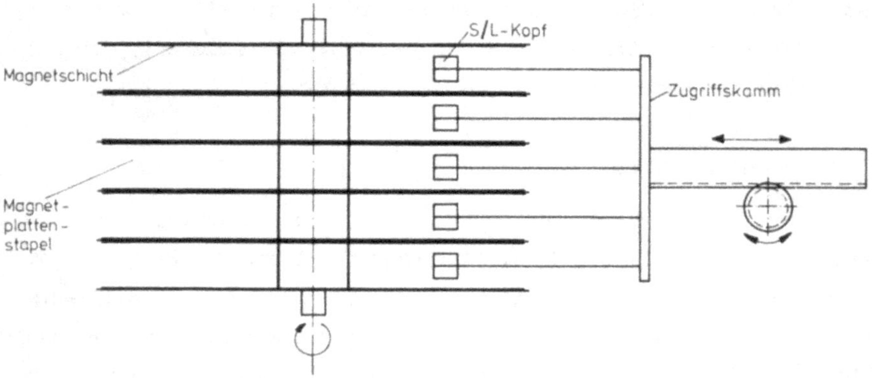

Abb. 3.2. Prinzip eines Plattenlaufwerkes

Es sind also alle übereinanderliegenden Spuren (ein Zylinder) gleichzeitig im Zugriff. Der Plattenstapel rotiert mit gleichbleibender Geschwindigkeit (daher "Lauf"-werk). Die Lese- und Schreibgeschwindigkeit ist gleich der Umdrehungsgeschwindigkeit.
Ein Zugriff erfordert also mechanisch die Positionierung des Zugriffskammes über einer bestimmten Spur. Mittlere Zugriffszeiten liegen bei 20 - 80 msec/Satz bzw. /Block, die Speicherkapazität beträgt bis zu 100 Millionen byte (= Mio B) pro Plattenstapel.

Plattenstapel sind meist auswechselbare Datenträger ("Wechselplatte"). Auch "Festplatten" (Festplattenstapel) sind im Gebrauch, allerdings seltener. Sehr viel schneller im Zugriff sind sogenannte "Festkopfplatten" (aber auch erheblich teurer!), bei denen über jeder Spur ein Schreib-/Lesekopf montiert ist. Der mechanische Zugriff auf die Spuren entfällt. Sie sind immer als Festplatte ausgebildet und dienen als Erweiterung des Internspeichers im laufenden Betrieb des Computers (sog. Hintergrundspeicher). Sie spielen für die folgenden Betrachtungen keine Rolle, da ihr Zugriffsverhalten dem des Internspeichers gleicht.

Demselben Prinzip wie Magnetplatten gehorchen Magnetscheiben (sogenannte Disketten oder Floppy Disks). Bei ihnen befindet sich nur eine Scheibe mit einer magnetischen Schicht in einem Laufwerk. Die Speicherkapazität einer Diskette umfaßt ca. 300.000 byte, die mittleren Zugriffszeiten liegen bei 200 - 300 msec.

Disketten (Laufwerke wie Datenträger) sind relativ billig. Die Scheiben erlauben einen einfachen Datenträgeraustausch zwischen verschiedenen Betrieben, da sie sich als Postbrief verschicken lassen.

Der Vorteil der Magnetplatte ist also die direkte Zugriffseigenschaft, die viele Anwendungen erst ermöglicht, die mit Magnetband nicht realisierbar sind. Außerdem sind die Schreib-/Lesegeschwindigkeiten wesentlich größer. Diesen Vorteil muß man sich allerdings durch einen recht hohen Preis erkaufen, verglichen mit dem Magnetband.

3.2 Dateiorganisation und Zugriffsverfahren[1])

Probleme der kommerziellen DV sind dadurch gekennzeichnet, daß meist große Datenmengen mit relativ einfachen Operationen bearbeitet werden. Dabei werden fast immer Dateien auf externen Speichern benutzt.

Wir unterscheiden zwei Verarbeitungsformen

(1) - durchlaufende Verarbeitung,

(2) - wahlfreie Verarbeitung.

Zu (1): Bei der durchlaufenden Verarbeitung wird an jedem Satz in der Reihenfolge der Speicherung mindestens ein Verarbeitungsschritt vollzogen. Die Reihenfolge der Verarbeitung ist bekannt.

Ein typisches Beispiel ist eine Lohn- und Gehaltsabrechnung, bei der zum Monats- oder Wochenende jeder Personalstammsatz gelesen werden muß. Verarbeitet wird in der Reihenfolge aufsteigender Personalnummern.

Zu (2): Bei der wahlfreien Verarbeitung ('random processing') werden

---

1) vgl. Schnupp, S. 98 ff.

bestimmte Sätze nach Benutzeranforderung gelesen, ggf. abgeändert. Eine Reihenfolge der Verarbeitung ist nicht vorhersehbar. Ein durchlaufendes Suchen bis zum gewünschten Datensatz wird vermieden.
Beispiele wären ein Auskunftssystem, das in unregelmäßigen Abständen Anfragen über gespeicherte Daten beantworten soll, oder ein Materialdispositionssystem, bei dem in gleichen Abständen eine begrenzte Anzahl von Teilstammsätzen angesprochen wird.

Entsprechend den Verarbeitungsformen wird man die zugehörigen Dateien aufbauen (= Dateiorganisation):

- sequentiell: fortlaufend entsprechend der Sortierfolge eines Ordnungsbegriffes gespeichert,
- gestreut: in irgendeiner Reihenfolge gespeichert und über einen Schlüssel ('key') ansprechbar.

Bei der sequentiellen Organisationsform muß der Ordnungsbegriff (z. B. das Datum *personal-nr*) Bestandteil jedes Satzes sein.
Bei der gestreuten Organisation sollte der Schlüssel im Satz enthalten sein, muß es aber nicht. Ist er es nicht, wird er für den Anwender unsichtbar vom Betriebssystem verwaltet (genaueres hierüber in Schnupp Kapitel 6).

Die sequentielle Organisation ist bei Kartenleser, -stanzer, Drucker und Magnetbandgerät die einzig mögliche.

Platten erlauben beide Organisationsformen. Leider ist eine schlichte Zuordnung

durchlaufende Verarbeitung - sequentielle Organisation
wahlfreie Verarbeitung - gestreute Organisation

nicht möglich.

Viele Anwendungsprobleme erfordern auf derselben Datei, die nur eine Organisationsform haben kann, beide Verarbeitungsformen.
Beispiele:

(1) - Suchen des Personalstammsatzes eines ausscheidenden Mitarbeiters,

(2) - Inventur der Material-Datenbasis (d.h. Ansprechen aller Sätze

Das zentrale Problem der Dateiorganisation ist die Auswahl der geeignetsten Organisationsform entsprechend der vorherrschenden Verarbeitungsform.

Bezogen auf obige Beispiele würde das Problem vermutlich so gelöst:

Zu (1): Vorherrschende Verarbeitungsform ist durchlaufende Verarbeitung der Personalstammsätze.
Entscheidung: sequentielle Organisation der Personalstammdatei.

Zu (2): Vorherrschend ist die wahlfreie Verarbeitung der Teilestammsätze.
Entscheidung: gestreute Organisation der Teilestammdatei.

Muß bei sequentieller Organisation wahlfrei verarbeitet werden, ergeben sich hohe Laufzeiten der Programme. Wird bei gestreuter Organisation überwiegend sequentiell verarbeitet, muß ein unnötig teures Speichermedium belegt werden, wenn nicht die hohe Lesegeschwindigkeit der Platte erforderlich ist. Wir wollen die Lösungsansätze zu dieser Problematik hier nicht behandeln, denn sie füllen Bücher. Wir werden lediglich einige Ansätze kurz skizzieren, soweit sie als Grundwissen notwendig sind.

Während bei der sequentiellen Organisation -auf Band wie auf Platte- der physische Speicherplatz lückenlos belegt ist, entstehen bei der gestreuten Lücken, die als Platzhalter für später einzufügende Sätze fungieren.

Beispiel:

Es seien Sätze von *personal-nr* 1001, 1003, 1007, 1009, 1010 zu speichern.

sequentiell

Satz-Nr.	pers-nr.	name
1	1001	Mueller
2	1003	Meier
3	1007	Schulze
4	1009	Lehmann
5	1010	Huber

(1)

gestreut

Schlüssel	pers-nr.	name
1	1001	Mueller
2		
3	1003	Meier
4		
5		
6		
7	1007	Schulze
8		
9	1009	Lehmann
10	1010	Huber

(2)

Abb. 3.3. Sequentielle und gestreute Organisation eines Datenbestandes

Unter Effiziensgesichtspunkten ist die index-sequentielle Organisation entstanden: Einer sequentiellen Datei auf einem Direktzugriffs-Speicher ist eine Schlüsseldatei (der Index) vorgelagert. Es kann fortlaufend und auch wahlfrei verarbeitet werden.
Die meisten Betriebssysteme ermöglichen auch für die gestreute Dateiorganisation eine sequentielle Verarbeitung. Bei der gestreuten und der index-sequentiellen Organisation entsteht ein sogenanntes Überlaufproblem. Es besagt, daß mitunter der reservierte Speicherplatz verbraucht ist und neu hinzukommende Sätze in vorher definierten Überlaufbereichen untergebracht werden müssen. Wird dies zu ineffizient, ist man zu einer Reorganisation des Datenbestandes gezwungen. Dies kann bei großen Datenbeständen erhebliche Laufzeiten in Anspruch nehmen. Bezüglich weitergehender Information sei der Leser auf vertiefende Literatur verwiesen (z.B. Schnupp, Wedekind).

Wir wollen im folgenden nur noch den

- sequentiellen Zugriff (über Ordnungsbegriff): sequentielle Organisation
- direkten Zugriff (über Schlüssel): gestreute Organisation

betrachten, da dies die beiden logischen Grundprinzipien der Dateiorganisation sind.

3.3 Zugriffsalgorithmen

Auf Dateien sind grundsätzlich folgende Operationen auszuführen:

Sätze sind		NtS	COBOL
(1)	- zu suchen,	*LIES*	READ
(2)	- hinzuzufügen,	*SCHREIBE*	WRITE
(3)	- zu ändern,	*ZURUECKSCHREIBE*	REWRITE
(4)	- zu löschen.	*LOESCHE*	DELETE

Wenn eine Datei physisch bereits existiert,und nicht neu erstellt werden soll, sind die Operationen (2), (3), (4) nur bei gestreuter Organisation möglich. COBOL sieht für (3) und (4) entsprechende Befehle vor. "Hinzufügen" und "löschen" von Sätzen werden wir nicht weiter besprechen, da für diese Einführung davon ausgegangen wird, daß der Leser Benutzerprogramme und keine Datenbankprogramme schreibt. Benutzerprogramme aber sollten prinzipiell nicht authorisiert sein, eine Datenbasis in ihrer Struktur zu verändern. Da die Befehle "suchen" und "ändern" in der Anwendung für sich stehend keinen Sinn ergeben, werden wir sie im Zusammenhang mit Zugriffsalgorithmen behandeln.

3.3.1 Adressen für direkten Zugriff mit Schlüssel

In 3.2 hatten wir davon gesprochen, daß bei gestreuter Dateiorganisation über einen Schlüssel wahlfrei auf einen beliebigen Satz der Datei zugegriffen werden kann. Bei der Wahl des Namens eines Schlüssels sollte man erkennbar machen, daß die Werte Adressen und nicht problemspezifische Daten wie etwa Menge oder Teilpreis darstellen.

Beispiele für Adressen sind:

```
adresse-naechster-artikel          ALPH-NUM  4 ST.
ankeradresse-stueckliste                NUM  4 ST.
adresse-patientenstammsatz              NUM  8 ST.
```

Diese Daten können Elemente von Sätzen sein oder elementare Daten. Sie stellen noch keine Deklaration eines Schlüssels (vgl. 3.2) dar. Dieser wird grundsätzlich als elementarer Datentyp im Arbeitsspeicher Kapitel deklariert, wobei die Ausdehnung oft vom verwendeten realen Rechner abhängig ist. Wir kennzeichnen ihn durch ein angehängtes -*key*. Die Zuordnung Schlüssel - Datei wird bei der Codierung in COBOL im Maschinenteil (SELECT-Klausel) vorgenommen (hierzu näheres in 4.1).

3.3.2 Suchen

Wir behandeln jetzt Zugriffsalgorithmen bei sequentieller und bei gestreuter Organisation.

3.3.2.1 Sequentielle Datei

Hier können wir auf Beispiel 2.7 (2.7.2) verweisen. Nach dem Einlesen des Suchbegriffs muß jeder Satz gelesen und sein Suchargument mit dem Suchbegriff verglichen werden, bis der gesuchte Satz gefunden ist. Der Suchbegriff muß mit dem Ordnungsbegriff übereinstimmen. Wenn die Datei n Sätze umfaßt und die Zugriffe über alle Sätze gleich verteilt sind, sind im Mittel $\frac{n}{2}$ Zugriffe erforderlich, um einen gesuchten Satz zu finden.

3.3.2.2 Gestreute Datei

Gelesen wird mit dem Befehl

```
<direktlese-befehl>::= LIES <dateiname>
                              FALSCHER SCHLUESSEL
                                   <unbedingte befehle>.
```

Die Anwendung des direkten Lesebefehls setzt voraus, daß der Schlüssel einen gültigen Wert hat. Gültig ist der Wert dann, wenn er innerhalb des Wertebereichs liegt, den die Adressen der gestreuten Datei haben.

Beispiel:

(siehe nächste Seite)

```
direkt-suchen.
DATENTEIL.
DATEIEN KAPITEL.
 DATEI patientenstamm.
  patientenstammsatz.
    .
    .
ARBEITSSPEICHER KAPITEL.
 gewuenschte-patienten-nr                    NUM 5 ST.
 pat-key                                     NUM 8 ST.

PROZEDURTEIL.
direkt-suchen.
    NIMM AUF gewuenschte-patienten-nr.
    UEBERTRAGE gewuenschte-patienten-nr NACH pat-key.
    LIES patientenstamm
        FALSCHER SCHLUESSEL
             GIB AUS  'patient existiert nicht'
             BEENDE AUSFUEHRUNG.
    GIB AUS patientenstammsatz.
    BEENDE AUSFUEHRUNG.
```

Wie ersichtlich, führt ein einziger Zugriff zum Ziel, wenn der Satz existiert.

Der direkte Zugriff setzt hier aber voraus, daß der Benutzer irgendwelche Listen verwaltet, in denen die Werte der Schlüssel verzeichnet stehen oder daß ein Ordnungsbegriff selbst als Schlüssel verwendet wird. Letzteres ist in der Praxis meist nicht möglich, da die Werte der Ordnungsbegriffe nicht nur identifizierende, sondern auch klassifizierende Funktionen haben. Dann müssen Umrechnungsverfahren angewendet werden.

Hinweis:
Auch auf einer gestreuten Datei ist meist sequentieller Zugriff mit *lies... am ende ...* möglich (vgl. 3.2).

Zum Abschluß formulieren wir *suchen-direkt* noch allgemein, um später damit arbeiten zu können.

```
suchen-direkt.
    UEBERTRAGE <suchbegriff> NACH <datei-key>.
    LIES <dateiname>
       FALSCHER SCHLUESSEL <unbedingte befehle>.
```

3.3.3 Ändern

Ändern ist bei sequentieller Organisation auf einem Datenträger nicht möglich (vgl. 3.1.1 sowie Abb. 2.19).

Bei gestreuter Organisation wird dazu der folgende Befehl verwendet:

```
<zurueckschreibe-befehl>::= ZURUECKSCHREIBE <satzname>
                                 FALSCHER SCHLUESSEL
                                      <unbedingte befehle>.
```

Hinweis:

Im späteren COBOL-Programm darf REWRITE nur nach OPEN I-O verwendet werden (vgl. 2.5.5)!

Bei gestreuter Organisation muß das vorherige Lesen mit der Änderung als Einheit gesehen werden.

Beispiel: (vgl. Bsp. zu 3.3.2.2)

```
PROZEDURTEIL.
aendern.
     NIMM AUF gewuenschte-patienten-nr.
     suchen direkt.  /* siehe oben */
     NIMM AUF  zu aenderndes feld.
     aenderung in gelesenen satz uebertragen.
     ZURUECKSCHREIBE pateientenstammsatz
        FALSCHER SCHLUESSEL  GIB AUS 'systemfehler'.
     BEENDE AUSFUEHRUNG.
```

Beim Ändern wird also immer, auch wenn vom Problem her nicht erforderlich, der gesamte Satz zurückgeschrieben. Dies deckt sich mit der Aussage in 2.5.5, daß Datenelemente oder -gruppen auf Externspeichern nicht identifizierbar sind.

3.4 Höhere Datenstrukturen auf Externspeichern (Adressverkettung)

Aus Kapitel 2 kennen wir die aus elementaren Datentypen zusammengesetzten strukturierten Datentypen 'record', 'array' und 'file'. Mit diesen Strukturen sind die Möglichkeiten von COBOL erschöpft. Wir werden im folgenden zeigen, wie man aus diesen Typen sogenannte höhere Datenstrukturen erzeugen kann. Dies ist in COBOL teilweise nur auf externen Speichern mit Direktzugriff möglich.

3.4.1 Lineare Listen, realisiert durch adreßverkettete Sätze

Eine lineare Liste ist gekennzeichnet durch folgende Eigenschaften:

- sie besteht aus n ($n \geq 1$) gleichartigen Elementen,
- sie hat einen eindeutigen Anfang und ein eindeutiges Ende,
- jedes Element hat genau einen Nachfolger, ausgenommen das letzte.

Eine eindimensionale Tabelle (vgl. 2.3) ist eine lineare Liste:

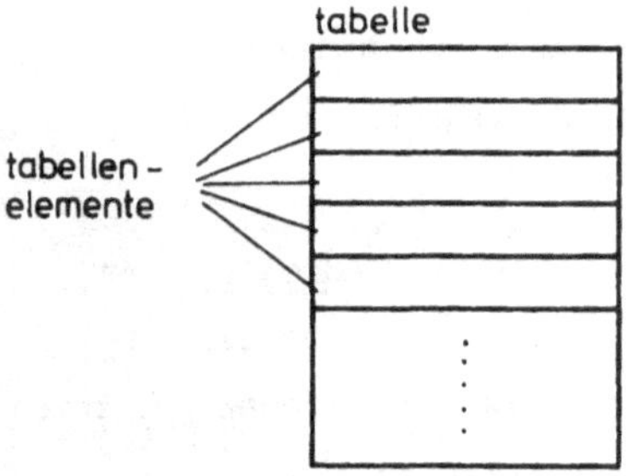

Abb. 3.4. Eindimensionale Tabelle

Sie wird im Internspeicher oder innerhalb von 'records' auf Externspeichern so abgebildet, daß physisch jeder Nachfolger unmittelbar auf seinen Vorgänger folgt (sequentielle Speicherung; vgl. auch Abb. 3.3 (1)). Daher kann man auch über Indices auf ausgewählte Elemente einer Tabelle zugreifen, wenn sie im Internspeicher der Rechenanlage gespeichert ist. Sie belegt einen physisch zusammenhängenden Speicherbereich.

Soll aus bestimmten Gründen eine lineare Liste nicht mehr sequentiell gespeichert werden, so kann sie auch nicht mehr als Tabelle realisiert werden. Diese Gründe können z.B. sein:

Es wird ein einfacher Änderungsdienst zum Löschen und Hinzufügen von Elementen der Liste gewünscht.

Bei einer Tabelle muß man dazu beim Löschen ab dem gelöschten Element alle Folgeelemente physisch umspeichern, damit keine Lücke bleibt, beim Hinzufügen den notwendigen Platz erst schaffen, indem man ab der Einfügung alle Folgeelemente weiterschiebt.*

Ist die lineare Liste nicht sequentiell gespeichert, sondern durch Adreßverweise der Elemente untereinander gebildet, braucht man nur diese Verweisfelder an der Einfügungs-/Löschungsstelle zu ändern.

In COBOL sind solche Adreßverweise im Internspeicher nicht auf einfache Weise realisierbar, wohl aber als Verweise auf Adressen externer Speicher mit Direktzugriff. Die Listenelemente sind dann Datensätze, wobei jeder Satz ein Datenelement *succ* ('successor' = Nachfolger) enthält, dessen Wert die Adresse des Folgeelementes darstellt. Das Listenende ist durch einen sonst nicht vorkommenden Wert in *succ* gekennzeichnet, den wir allgemein durch *nil* (= Nichts) ausdrücken wollen.

Kennt man die Adresse des ersten Elements, die Ankeradresse, kann man die Liste ebenso sequentiell abarbeiten wie eine Tabelle. Bei der Tabelle zählt man dazu den Index weiter, bei der linearen Liste greift man auf die jeweils in *succ* enthaltene Folgeadresse zu.
Die Liste hat prinzipiell folgendes Aussehen:

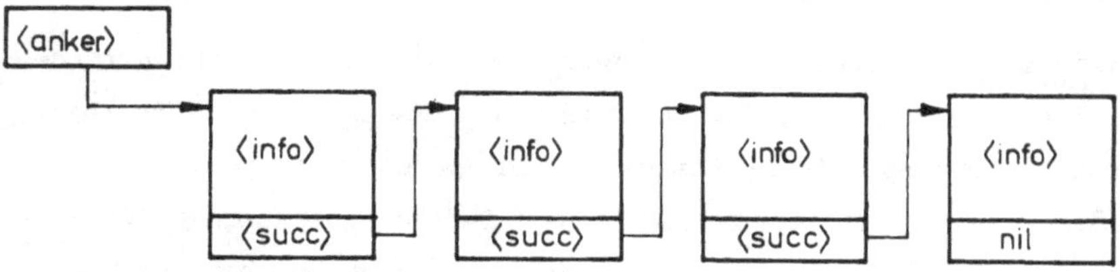

Abb. 3.5: Verkettete lineare Liste

Die die Listenelemente bildenden Datensätze können physisch in beliebiger Reihenfolge mit Lücken auf der Platte gespeichert sein. Zum Beispiel lassen sich alle Patienten, die unter einer bestimmten Krankheit leiden, durch Adreßverweise ihrer Stammsätze zu einer linearen Liste verbinden, ohne daß ein Satz physisch umgespeichert werden muß.

* vgl. Aufgabe Alg 2!

Frage: - Warum stehen *anker*, *info*, *succ* in spitzen Klammern, *nil* dagegen nicht?

- Formulieren Sie den Prozedurteil eines Algorithmus, der in obige Liste ein Element einfügt.

3.4.2 Bäume, realisiert durch Adreßverkettungen

Den folgenden Graphen (vgl. Kap. 1: 1.3.1) nennt man <u>Baum</u>:[1)]

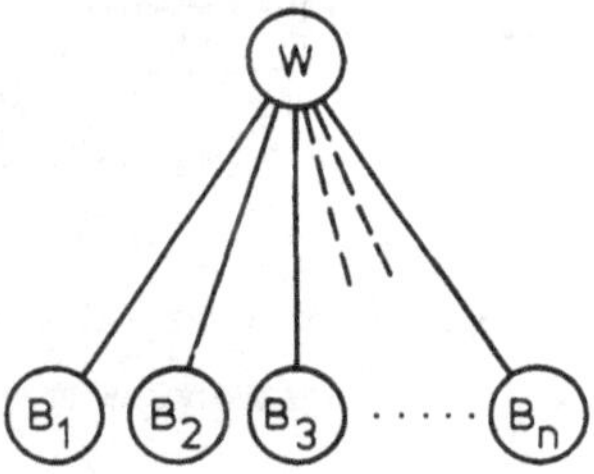

mit:

W = Wurzel ('root')

B = Blatt ('leaf')

= Endknoten

= Knoten ('node')

= Kante ('edge')

Abb. 3.6. Einstufiger n-ärer Baum

Der Baum heißt <u>einstufig</u>, da er außer der Wurzel nur Endknoten und keine Zwischenknoten enthält; er heißt n-ärer, da er n, d.h. beliebig viele Blätter enthält.
Die Knoten können bei praktischen Anwendungen durch Datensätze dargestellt werden.

Ist auch die Wurzel ein Satz, müßte dieser Satz eine Tabelle mit den *succ*- Elementen für die Blätter enthalten. Dies wäre umständlich, da viel Speicherplatz verschenkt werden müßte, wollte man alle vorkommenden Fälle abdecken. Ansonsten müßte die Wurzel eine Tabelle im Internspeicher sein.

Das Problem einer geeigneten Tabellengröße (vgl. auch 2.3.2) läßt sich umgehen, wenn man den n-ären als <u>binären</u> Baum darstellt:

Jeder Knoten enthält genau einen Verweis auf seinen Nachfolger.
Dieser binäre Baum (existiert ein Nachfolger oder existiert keiner? ≙ 2 Zuständen) ist eine lineare Liste:

---

1) Abb. 1.3 ist ebenfalls ein Baum!

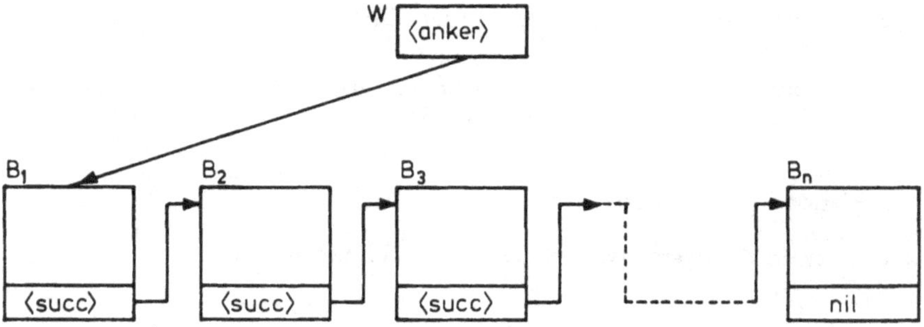

Abb. 3.7. Darstellung eines einstufigen n-ären Baumes als binärer Baum (lineare Liste)

Praktische Anwendungen von Bäumen finden wir vor allem im Materialwesen von Produktionsbetrieben. Es sind Daten über Erzeugnisstrukturen zu speichern.

Beispiel:

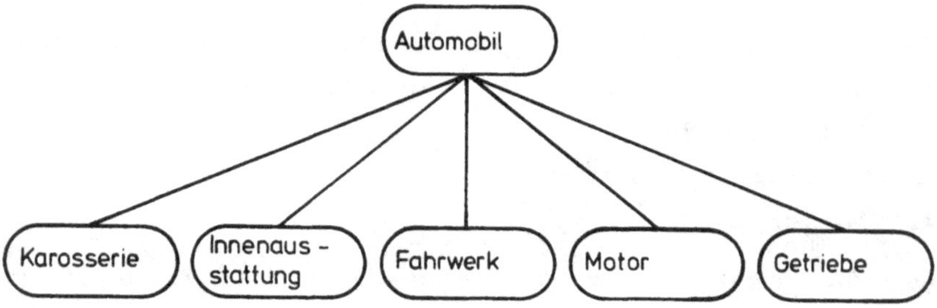

Abb. 3.8. Einstufige Erzeugnisstruktur (= "Baukasten")

Die in Abb. 3.8 als einstufiger Baum dargestellte Erzeugnisstruktur wird durch vielfache Unterteilung, die wir hier nicht näher auszuführen brauchen, zu einem mehrstufigen Baum.

Andere, allseits bekannte mehrstufige Bäume sind Stammbäume. Von ihnen leitet sich auch ab, daß man das Datenelement, das wir bisher bei der linearen Liste *anker* genannt haben, als *desc* ('descendant' = Nachkömmling) bezeichnet.

Enthält jeder Datensatz ein solches Element, kann man einen beliebig tief gestuften Baum durch beliebig viele einstufige Bäume darstellen. Der *anker* ist jetzt die Ankeradresse für den gesamten Baum. Er ist nicht Datenelement der Knoten.

Wir wählen eine Erzeugnisstruktur als Beispiel:

Aus

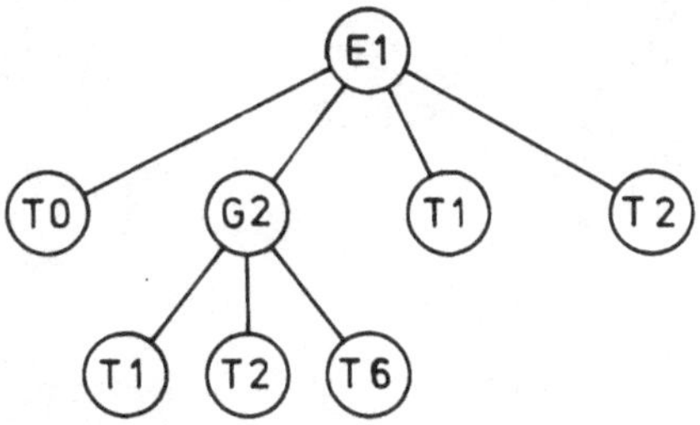

mit: E = Endprodukt
G = Baugruppe
T = Einzelteil

wird

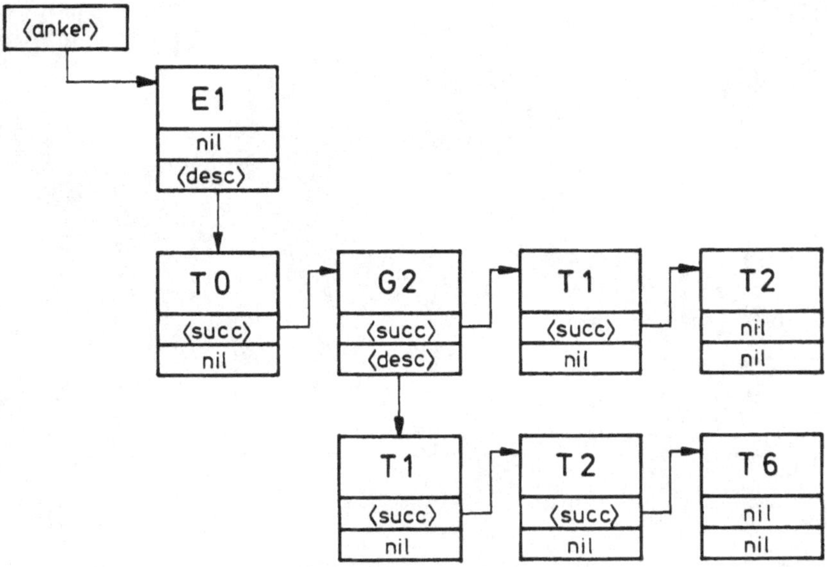

Abb. 3.9. Mögliche Speicherung eines Baumes durch verkettete lineare Listen (einstufige Bäume)

In Fallstudie B sind die in diesem Abschnitt besprochenen höheren Datenstrukturen praktisch ausgeführt.

Weiterführende und benutzte Literatur:

Denert, E., Franck, R.
Datenstrukturen
Mannheim - Wien - Zürich 1977

Dworatschek, S.
Grundlagen der Datenverarbeitung
6. Aufl., Berlin - New York 1978

Schnupp, P.
Systemprogrammierung
Berlin - New York 1975

Wedekind, H.
Datenorganisation
3. Aufl., Berlin - New York 1975

4. Programmentwurf mit COBOL

Kapitel 1 führte vom Problem einer Organisation zu den Anforderungen, die diese an die EDV stellt. Kapitel 2 und 3 legten die technologischen Grundlagen für das Verständnis der Arbeitsweise einer EDV-Anlage. Dieses Kapitel verknüpft und erweitert die zuvor erarbeiteten Erkenntnisse.

Ausgehend von den Anforderungen einer Organisation zeigt Kapitel 4, wie diese so umgeformt werden können, damit die in Kapitel 2 beschriebenen Methoden der Algorithmisierung angewendet werden können. Weiterhin zeigt es die Probleme, die entstehen, je nachdem, ob Solo- oder kooperative Programmierung vorliegt (vgl. Parnas).

Die Lösung eines durch die Organisation gestellten Problems mittels der Notationssprache ist noch lange kein lauffähiges Programm. Die Operationen der formulierten Algorithmen auf den beschriebenen Daten müssen noch in COBOL codiert werden, um dann mittels eines Compilers (vgl. 2.5.2) in ein lauffähiges Objektprogramm umgewandelt zu werden.

Im Rahmen dieses Buches können wir die Programmiersprache COBOL nicht vermitteln. Dazu ist ein entsprechendes Lehrbuch heranzuziehen. Unser Ziel ist es, jene Grundelemente der Programmiersprache COBOL darzustellen, die für das weitere Verständnis des dargelegten Stoffes notwendig sind und die Techniken und Sprachkomponenten zu vermitteln, die über die Algorithmik der Solo-Programmierung hinausgehen.
Aus didaktischen Gründen wird auf COBOL zuerst eingegangen.

4.1 Elemente der Programmiersprache COBOL

1959 wurde vom Amerikanischen National Standard Institut eine feste Menge von COBOL-Sprachelementen als "American National Standard - COBOL" (ANS-COBOL)[1)] für kommerzielle Anwendungen festgelegt.

1) COBOL steht für COMMON BUSINESS ORIENTED LANGUAGE.

Unsere Intention ist es, nicht die COBOL-Sprache zu vermitteln, sondern zu zeigen, wie man algorithmische Entwürfe übersichtlich und eindeutig in COBOL-Programme umsetzt. Teilweise ist die Notationssprache nur ins Englische zu übersetzen, teilweise muß sie erweitert ausgedrückt werden.

4.1.1 Strukturen von COBOL

Die Grundeinheit von COBOL ist das Wort. Man unterscheidet reservierte COBOL-Wörter von Programmierer-Wörtern.

1. Reservierte COBOL-Wörter

   COBOL verwendet ca. 250 englische Wörter mit einer festen Bedeutung für Programmerklärungen, Datenvereinbarungen und Befehle.

   Alle groß geschriebenen Wörter der NtS entsprechen COBOL-Wörtern. Sie dürfen nur in dem definierten und in ihrer Bedeutung zulässigen Zusammenhang verwendet werden.

   COBOL-Wörter unterteilen sich in Schlüsselwörter (keywords) und Zusatzwörter (optional words). Schlüsselwörter müssen verwendet werden. Zusatzwörter dienen der Dokumentation. Sie können fehlen.

2. Programmierer-Wörter

   Der Programmierer wählt in seinem Programm die Namen für Daten, Bedingungen und Prozeduren. Die Vereinbarungen dieser Namen erfolgt bei Daten und Bedingungen im Datenteil, bei Prozeduren durch Prozedurnamen im Prozedurteil.

   Diese Namen werden nach folgenden Regeln gebildet:

   - maximale Länge 30 Zeichen;
   - sie dürfen nur Großbuchstaben[1), Ziffern und den Bindestrich enthalten;
   - der Bindestrich darf weder am Anfang noch am Ende, Ziffern dürfen nicht am Anfang eines Namens stehen;
   - sie dürfen nicht mit reservierten COBOL-Wörtern übereinstimmen.

---

1) Die Großschreibung hat technische Gründe:
Übliche Schnelldrucker verfügen nicht über kleine Buchstaben.

Beispiel:

READ EINGABE-FILE RECORD AT END ... (vgl. 2.5.5.2)

Schlüsselwörter	:	READ, END
Zusatzwörter	:	RECORD, AT
Programmiererwort	:	EINGABE-FILE

Hinweis:

Das Zusatzwort RECORD hebt hervor, daß beim Lesen, obwohl die Datei mit ihrem Namen angesprochen wird, satzweise gelesen wird.

3. Konstanten

- Figurative Konstanten

  Dies sind COBOL-Wörter mit festgelegten Werten. Plural oder Singular der Wörter sind gleichbedeutend. Figurative Konstanten haben keine festgelegte Länge. Überträgt man eine solche Konstante in ein Datenfeld, so wird das ganze Feld mit der Konstanten aufgefüllt.

Beispiel:

Singular	Plural	Bedeutung
ZERO	ZEROES	Null
SPACE	SPACES	Leerzeichen
HIGH-VALUE	HIGH-VALUES[1)]	Das Feld wird mit dem höchstmöglichen Wert belegt.
LOW-VALUE	LOW-VALUES [1)]	Das Feld wird mit dem niedrigsten Wert belegt.

- Literale

  Literale sind Konstanten, die sich durch ihre Zeichenfolge selbst definieren. Die Zeichen, aus denen ein Literal besteht, stellen den Wert des Literals dar. Auf ein Literal kann man sich direkt beziehen, ohne einen Namen zu gebrauchen. Es wird auch nicht im Datenteil vereinbart (vgl. auch 2.2).

---

1) Was inhaltlich der höchste bzw. der niedrigste Wert ist, hängt von der Sortierfolge des Rechners ab. Bei IBM verwendet man als höchsten Wert 'FF' hexadezimal. Als niedrigsten Wert 'OO" hexadezimal. (vgl. dazu Anhang 3)

Man unterscheidet:

Numerische Literale

Ein numerisches Literal ist eine Zahl. Es besteht aus Ziffern, kann ein Vorzeichen und einen Dezimalpunkt haben.

Beispiel:

```
ADD 1 TO ZAEHLER; ADD 5.2 TO X1.
```

Nicht-numerische Literale

Das nicht-numerische (alphanumerische) Literal kann alle Zeichen des COBOL-Zeichensatzes mit Ausnahme des Hochkommas enthalten. Maximale Länge ist 255 Zeichen. Es ist in Hochkommas eingeschlossen.

Beispiel:

```
'STADTKRANKENHAUS OFFENBACH'
```

COBOL-Wörter und arithmetische Operatoren (vgl. 2.5.3.3) werden durch mindestens ein Leerzeichen voneinander getrennt.

4. Aufteilung eines COBOL-Programms

   Ein COBOL-Programm hat vier Teile

   - IDENTIFICATION DIVISION (Erkennungsteil)
   - ENVIRONMENT DIVISION (Maschinenteil)
   - DATA DIVISION (Datenteil)
   - PROCEDURE DIVISION (Prozedurteil)

Die Teile müssen in der angegebenen Reihenfolge vorkommen. Die Teile untergliedern sich teilweise zunächst in Kapitel (sections), oder gleich in Paragraphen (paragraphs).

Teile und Kapitel beginnen mit einer Überschrift, die aus dem Teile- bzw. Kapitalnamen sowie dem Wort DIVISION bzw. SECTION besteht, gefolgt von einem Punkt.

Paragraphen bestehen aus dem Paragraphennamen und einem oder mehreren Sätzen. Paragraphennamen und Sätze werden jeweils mit einem Punkt abgeschlossen.

In den ersten drei Teilen bilden die Sätze eine Deklaration (Sachverhalt). In der PROCEDURE DIVISION bestehen die Sätze aus einer oder mehreren Anweisungen.

In den ersten drei Teilen sind Kapitel und Paragraphennamen festgelegt (COBOL-Wörter). Im Prozedurteil sind sie frei wählbar und werden nach den Regeln für Programmierer-Wörter gebildet.

Vor der weiteren Lektüre ist es notwendig, die in Anhang 2 dargestellten Beschreibungsformalismen zu lesen.

4.1.2 Die Bedeutung von IDENTIFICATION und ENVIRONMENT DIVISION

Bevor auf die für uns wichtigeren Teile, nämlich den Daten- und Prozedurteil eingegangen wird, einige Bemerkungen zum Erkennungs- und Maschinenteil.

In der IDENTIFICATION und ENVIRONMENT DIVISION wird die Verbindung von virtueller COBOL-Maschine zur realen Maschine geknüpft.
Die IDENTIFICATION DIVISION enthält zur Programmidentifizierung vor allem den Paragraphen PROGRAM-ID sowie weitere Paragraphen zur Dokumentation.
In der ENVIRONMENT DIVISION des Programms wird die reale Maschine beschrieben und die Zuordnung von programminternen COBOL-Dateien zu den physisch abgespeicherten Dateien des verwendeten Rechnersystems und dessen Speichermedien festgelegt. Dies geschieht in der INPUT-OUTPUT SECTION mittels der SELECT-Klausel. Der COBOL-Formalismus:

<u>SELECT</u> COBOL-dateiname <u>ASSIGN</u> TO systemname.

Beispiel:

SELECT EINGABEDATEI ASSIGN TO UR-2540R-S-SYSIN[1].

4.1.3 Die DATA DIVISION (Datenteil)

Die DATA DIVISION entspricht dem Datenteil in Kapitel 2. In diesem Teil waren die zu einem Algorithmus gehörigen Daten deklariert.

Alle in einem COBOL-Programm verarbeiteten oder erzeugten Daten (Ausnahme: Figurative Konstanten und Literale) müssen im Datenteil vereinbart und beschrieben werden. Der Datenteil besteht i.a. aus dem

---

1) UR-2540R-S-SYSIN ist ein Systemname bei Benutzung einer Rechenanlage System IBM 370 oder SIEMENS 4004.

Dateien Kapitel (FILE SECTION) und dem Arbeitsspeicher Kapitel (WORKING-STORAGE SECTION).

Im Dateien Kapitel werden die im Programm benutzten Dateien, ihre Sätze und deren Struktur beschrieben.
Im Arbeitsspeicher Kapitel werden die restlichen Datenelemente, -sätze und Tabellen beschrieben.

Die Struktur der DATA DIVISION sieht dann so aus:

DATA DIVISION.
FILE SECTION.

file description	Beschreibung von Dateien
record description	Beschreibung von Sätzen

WORKING-STORAGE SECTION.

data item description	Beschreibung von Datenelementen
record description	Beschreibung von Sätzen
array description	Beschreibung von Tabellen

4.1.3.1 Die Beschreibung elementarer Daten

Bei der Beschreibung elementarer Daten (vgl. ⟨*element-vereinbarung*⟩ 2.4) findet man, was die Beschreibung des Datentyps angeht, starke Abweichungen zwischen Notationssprache und COBOL.

In der Notationssprache wie in COBOL wird das Datenelement durch einen selbstgewählten Namen benannt:
Beispiel:

NtS	COBOL
merkfeld	MERKFELD

Typ und Ausdehnung werden jedoch anders beschrieben, und zwar mittels einer Maske in der sogenannten PICTURE-Klausel:

$$\left\{\begin{array}{l}\underline{\text{PICTURE}}\\ \underline{\text{PIC}}\end{array}\right\} \quad \text{IS} \quad \text{maske}$$

In der Maske beschreiben

9	den Typ numerisch	(*NUM*)
X	den Typ alphanumerisch	(*ALPH-NUM*)

Der Typ *BOOL* der NtS wird in 4.1.3.2 behandelt.

Die Ausdehnung wird durch Aneinanderreihung so vieler Maskenelemente dargestellt, wie Stellen deklariert werden sollen. Es kann auch ein Wiederholungsfaktor verwendet werden.
Beispiel:

NtS	COBOL
NUM 3 ST	PIC 999 oder PIC 9(3)

Bei gebrochenen numerischen Daten wird an die Stelle des gedachten Dezimalpunktes das Maskenelement V gesetzt.
Beispiel:

NtS	COBOL
NUM 5,2 ST	PIC 9(5)V99

Elementare Daten werden in COBOL so deklariert:

allgemein:	stufennummer	datenname	PIC	maske
Beispiel:	77	MERKFELD	PIC	9(3).

Datenelemente, die nicht Elemente einer Datenstruktur sind, werden im Arbeitsspeicher Kapitel (WORKING-STORAGE SECTION) beschrieben. Sie sind durch die Stufennummer 77 gekennzeichnet.

Merke: Nur elementare Daten werden durch die PICTURE-Klausel beschrieben.

Numerische und alphanumerische Datenelemente können druckaufbereitet deklariert werden. Die Druckaufbereitung erlaubt zum Beispiel das Unterdrücken führender Nullen einer Zahl oder das Setzen eines Kommas oder Punktes im Druckbild. Auf die Vielzahl der Regeln wird hier nicht weiter eingegangen. Die von uns verwendeten Druckaufbereitungszeichen werden in den Programmbeispielen erklärt.
Eine häufige Fehlerquelle sei genannt.

Merke: Mit druckaufbereiteten numerischen Datenelementen können keine Rechenoperationen durchgeführt werden.

4.1.3.2 Die Beschreibung von Datenstrukturen

Die in der Notationssprache verwendete Methode, die hierarchische Zuordnung von Datengruppen und elementaren Daten zueinander durch Einrücken zu kennzeichnen, muß in COBOL durch einen anderen Formalismus ergänzt werden, die sogenannte Stufennummer.

Datenstrukturen, und zwar 'records' wie 'arrays' oder Mischformen werden durch von 01 aufsteigende Stufennummern in absteigender Ordnung ihrer Hierarchie bis maximal Stufennummer 49 gekennzeichnet.

Sätze sind immer durch 01 gekennzeichnet, untergeordnete Gruppen oder Elemente mit größeren Nummern, die innerhalb der Datenstruktur aufsteigend aber nicht fortlaufend sein müssen.

Beispiel:

```
NtS                         COBOL

personalkarte.              01 PERSONALKARTE.               Satz
   matr-nr        ...          03 Matr-Nr           ...     Element
   name.                       03 NAME.                     Gruppe
     nachname     ...             05 NACHNAME       ...     Element
     vorname      ...             05 VORNAME        ...     Element
   adresse.                    03 ADRESSE.                  .
     plz          ...             05 PLZ            ...     .
     ort          ...             05 ORT            ...     .
     strasse-nr   ...             05 STRASSE-NR     ...
   telefon-nr     ...          03 TELEFON-NR        ...
```

Eine Besonderheit stellt die Stufennummer 88 dar. Sie wird für Bedingungsnamen verwendet. Damit werden Datenelemente des Typs *BOOL* der NtS deklariert.

Beispiel:

```
03 ANSTELLUNGSART           PIC 9.
   88 ARBEITER              VALUE 1.
   88 ANGESTELLTER          VALUE 2.
   88 FREIBERUFLICH         VALUE 3.
```

Durch diese Konstruktion wird im Prozedurteil die Abfrage

```
IF    ANSTELLUNGSART =  1  THEN ...
```

zu

```
IF    ARBEITER   THEN ...
```

Es folgen weitere Formalien zur Beschreibung der Datenstrukturen 'Tabelle' (array), 'Satz' (record) und 'Datei' (file).

Bei den nun folgenden Beschreibungen von Deklarationen und Befehlen wird die Semantik nicht weiter erläutert, sondern auf Kapitel 2 verwiesen, wo sie ausführlich beschrieben wurde.

1. Tabelle
   ⟨*tabellen-vereinbarung*⟩ (vgl. 2.4)

In COBOL sieht das so aus

```
datengruppen-vereinbarung
   {elementare-daten-vereinbarung}
   {datengruppen-vereinbarung    }     OCCURS ganzzahl TIMES
      [INDEXED BY indexname-1  [indexname-2]   ...]
```

Eine Tabellenvereinbarung besteht immer zunächst aus der Vereinbarung einer Datengruppe. Die Tabelle muß unter einem Namen ansprechbar sein. Erst auf der nächsten Stufe werden Elemente vereinbart und durch die OCCURS-Klausel deren Anzahl angegeben.
Hieraus folgt, daß OCCURS nicht mit den Stufennummern 01 oder 77 verwendet werden kann.
Beispiel:

```
01 UMSAETZE.
   03 UMSATZ-MONAT
      OCCURS 12 TIMES INDEXED BY MON.
      05 GEBIET PIC 9(12)V99 OCCURS 16 TIMES
         INDEXED BY GEBIETS-INDEX-1, GEBIETS-INDEX-2.
```

UMSAETZE ist jetzt als zweidimensionale Tabelle beschrieben.

2. Satz
   ⟨*satz-vereinbarung*⟩ (vgl. 2.4)

Für COBOL ist diese Beschreibung schon implizit im Beispiel zur Erklärung der Verwendung von Stufennummern weiter oben erfolgt. Der

Satz ist durch die Stufennummer 01 gekennzeichnet.

3. Datei
   ⟨*datei-vereinbarung*⟩ (vgl. 2.4)

Zur Datenstruktur Datei gehört auch mindestens die Beschreibung eines Satzes, da der Satzpuffer nicht auf ganze Dateien, sondern Sätze ausgerichtet ist. Die COBOL-Formalismen

$$\underline{\text{FD}}\quad \text{dateiname}\quad \underline{\text{LABEL}}\ \left\{\begin{array}{l}\underline{\text{RECORD IS}}\\ \underline{\text{RECORDS ARE}}\end{array}\right\}\qquad \left\{\begin{array}{l}\underline{\text{OMITTED}}\\ \underline{\text{STANDARD}}\end{array}\right\}$$

01 satzname.

Beispiel:

```
FD   EINGABEDATEI LABEL RECORD OMITTED.
01   STUDENTENLOCHKARTE.
```

Die LABEL RECORD-Klausel gibt an, ob eine Einrichtung zur Kennzeichnung von Dateien aus Gründen der Datensicherung vorhanden ist. Bei der Verarbeitung mit UR- (Unit Record) Geräten (z.B. Lochkartenleser) wird nicht geprüft, ob die richtige Datei angesprochen wird. Es handelt sich ja um Karten, bei denen der Benutzer für diese Prüfung verantwortlich ist. Hier wird deshalb die Klausel OMITTED verwendet. Anders ist es bei Plattenspeichern: hier muß STANDARD verwendet werden. Diese Option bewirkt über den Compiler die Erstellung eines Kennsatzes, der vor der Datei abgespeichert und beim Ansprechen der Datei abgeprüft wird.

4.1.4 Die PROCEDURE DIVISION (Prozedurteil)

Die PROCEDURE DIVISION entspricht dem uns schon aus 2.5.3.3 bekannten Prozedurteil. Wurden in der DATA DIVISION die Daten deklariert, so geht es in der PROCEDURE DIVISION um die Operationen auf diesen Daten.

Die Grundeinheit in der PROCEDURE DIVISION ist der <u>Befehl</u>. Ein oder mehrere Befehle bilden einen <u>Befehlssatz</u>. Dieser endet immer mit einem Punkt. Ein Befehlssatz muß zuerst abgearbeitet sein, bevor der nächste Befehlssatz abgearbeitet wird, es sei denn, durch einen

Sprungbefehl wird die Reihenfolge der Abarbeitung verändert. Mehrere Befehlssätze können zu Prozeduren zusammengefaßt werden (vgl. 2.6.2).

An Beispielen werden nun die wichtigsten COBOL-Befehle erläutert.

4.1.4.1 Einfache COBOL-Befehle und Beispiel-1

Im Beispiel-1 wird die Annahme und Ausgabe von Daten ohne Verwendung der Datenstruktur 'Datei' (file) gezeigt.

1. ⟨*aufnahme-befehl*⟩ : : = (vgl. 2.5.3.3)

$$\underline{\text{ACCEPT}}\quad \text{datenname}\quad \left[\underline{\text{FROM}}\quad \left\{\begin{array}{l}\underline{\text{SYSIN}}\\ \underline{\text{CONSOLE}}\end{array}\right\}\right]$$

Wird die FROM-Klausel weggelassen, so nimmt das System die Standardeingabe SYSIN (entspricht Kartenleser) an.

2. ⟨*ausgabe-befehl*⟩ : : = (vgl. 2.5.3.3)

$$\underline{\text{DISPLAY}}\quad \left\{\begin{array}{l}\text{datenname-1}\\ \text{literal-1}\end{array}\right\}\left[\left\{\begin{array}{l}\text{datenname-2}\\ \text{literal-2}\end{array}\right\}\ \ldots\right]\quad \left[\underline{\text{UPON}}\quad \left\{\begin{array}{l}\underline{\text{SYSOUT}}\\ \underline{\text{CONSOLE}}\end{array}\right\}\right]$$

Die UPON-Klausel ist das Analogon zur oben beschriebenen FROM-Klausel.

3. ⟨*prozedur-aufruf*⟩ : : = (vgl. 2.6.2)

$$\underline{\text{PERFORM}}\ \text{prozedurname}$$

4. ⟨*stop-befehl*⟩ : : = (vgl. 2.6.1)

$$\underline{\text{STOP}}\ \underline{\text{RUN}}$$

5. ⟨*wiederholungs-anweisung*⟩ : : = (vgl. 2.6.3)

$$\underline{\text{PERFORM}}\ \text{prozedurname}\quad \underline{\text{UNTIL}}\quad \text{bedingung}$$

Beispiel-1:

```
 IDENTIFICATION DIVISION.
*--------------------------
  PROGRAM-ID.  BEISP5.
  AUTHOR.      SPITTA.
  DATE-WRITTEN. 21.12.76.
  DATE-COMPILED.
  REMARKS.
*----------------------------------------------------------
* DIES IST EIN BEISPIELPROGRAMM ZUR EINFUEHRUNG   -
* IN COBOL MIT EIN- AUSGABE OHNE 'FILES'. ES      -
* LIEST BELIEBIG VIELE KARTEN ODER ZEILEN VOM     -
* BILDSCHIRMGERAET ODER KARTENLESER UND GIBT      -
* SIE AUF DIESEM ODER EINEM DRUCKER AUS.          -
* ALS SCHLUSSKRITERIUM DIENT '99' IN DEN ERSTEN   -
* BEIDEN STELLEN EINER EINGABEZEILE.              -
* DAS PROGRAMM KANN ZUM BEISPIEL ZUM AUFLISTEN    -
* VON PERSONALSTAMMKARTEN BENUTZT WERDEN.         -
*----------------------------------------------------------


 ENVIRONMENT DIVISION.
*--------------------
  CONFIGURATION SECTION.
   SOURCE-COMPUTER. IBM-370-158.
   OBJECT-COMPUTER. IBM-370-158.

 DATA DIVISION.
*--------------
  WORKING-STORAGE SECTION.
  01 SATZ-MIT-80-STELLEN.
     03 KENNUNG                          PIC XX.
     03 SATZINHALT-REST                  PIC X(78).

 PROCEDURE DIVISION.
*-------------------
 KARTEN-AUFLISTEN.
     ACCEPT SATZ-MIT-80-STELLEN.
     PERFORM AUSGEBEN-ANNEHMEN UNTIL KENNUNG = '99'.
     STOP RUN.

 AUSGEBEN-ANNEHMEN.
     DISPLAY SATZ-MIT-80-STELLEN.
     ACCEPT  SATZ-MIT-80-STELLEN.
```

Eingabe:

```
55556HOLZ              HERMANN   11KUNIBERTALLEE 55      345677818111
55555HUBER             HEINZ     10BERTASTR78            44444441 8
67358KONRAD            HELMUT    15WEINSTR. 36           354672
12345MEYER             PETER     11BIERGASSE 18
55778SCHNEIDER         FLORIAN   88FREGESTR. 01
99
```

Ausgabe:

```
55556HOLZ              HERMANN   11KUNIBERTALLEE 55      345677818111
55555HUBER             HEINZ     10BERTASTR78            44444441 8
67358KONRAD            HELMUT    15WEINSTR. 36           354672
12345MEYER             PETER     11BIERGASSE 18
55778SCHNEIDER         FLORIAN   88FREGESTR. 01
```

Aufgaben:

1. Die Druckbilder der Eingabe und Ausgabe sind fast völlig identisch. Warum? Was ist der Verarbeitungsvorgang?
2. Warum benötigt dieses Programm in der DATA DIVISION keine FILE SECTION?
3. Schreiben Sie die Prozedurnamen in der PROCEDURE DIVISION heraus.

4.1.4.2 Weitere Befehle und Beispiel-2

Beispiel-2 leistet im Prinzip das gleiche wie Beispiel-1 (unbedingt REMARKS-Paragraphen im Programm lesen). Es wird jedoch die Datenstruktur 'Datei' (file) und die entsprechenden Operationen *lies* und *schreibe* verwendet.

Zunächst die zusätzlichen COBOL-Befehle.

1. ⟨*oeffnen*⟩ ; ⟨*schliessen*⟩ : : = (vgl. 2.5.5)

$$\underline{\text{OPEN}} \left[\begin{matrix} [\underline{\text{INPUT}}\ ] \\ [\underline{\text{OUTPUT}}] \end{matrix}\right] \begin{matrix} \text{dateiname-1} \quad [\text{dateiname-2}] \ \ldots \\ \text{dateiname-3} \quad [\text{dateiname-4}] \ \ldots \end{matrix}$$

$$\underline{\text{CLOSE}} \ \text{dateiname-1} \quad [\text{dateiname-2}] \ \ldots$$

2. *⟨uebertragungs-befehl⟩* : : = (vgl. 2.5.3)

<u>MOVE</u> {datenname-1 | literal-1} <u>TO</u> datenname-2 [datenname-3] ...

3. *⟨lese-befehl⟩*; *⟨schreib-befehl⟩* : : = (vgl. 2.5.5.2)

<u>READ</u> dateiname RECORD
AT <u>END</u> unbedingte Befehle

<u>WRITE</u> satzname

Beispiel-2:

```
 IDENTIFICATION DIVISION.
*-----------------------
  PROGRAM-ID. BEISP10.
  AUTHOR.  SPITTA.
  DATE-WRITTEN. 21.12.76.
  DATE-COMPILED.
  REMARKS.
*------------------------------------------------------------
* 'BEISP10' LEISTET GENAU DAS GLEICHE WIE BEISP5.           -
* UNTERSCHIED: EIN - UND AUSGABE UEBER  F I L E S ,         -
* U. ZWAR DAS STANDARD - EIN- UND AUSGABEFILE, DAS          -
* UEBER KARTENLESER BZW. UEBER ZEILENDRUCKER AUSGEGE-       -
* BEN WIRD.                                                 -
* ZUR BESSEREN LESBARKEIT U. ERWEITERUNG ZU BEISP5          -
* IST DIE AUSGABE DRUCKAUFBEREITET, U. ZWAR UNTER           -
* VERWENDUNG VON SOWOHL 'FILLER'  -ELEMENTEN ALS AUCH       -
* EINER PIC -MASKE ZUR DRUCKAUFBEREITUNG (B).               -
* DER ALGORITHMUS IST DERSELBE WIE IN BEISP5. MAN BE-       -
* ACHTE JEDOCH, DASS EIN EXPLIZITES SCHLUSSKRITERIUM        -
* FEHLT U. STATT DESSEN DIE  E O F  - MARKE BENUTZT         -
* WIRD.                                                     -
*------------------------------------------------------------

 ENVIRONMENT DIVISION.
*-----------------------
 CONFIGURATION SECTION.
    SOURCE-COMPUTER. IBM-370-158.
    OBJECT-COMPUTER. IBM-370-158.
 INPUT-OUTPUT SECTION.
  FILE-CONTROL.
      SELECT EINGABE-FILE ASSIGN TO UR-2540R-S-SYSIN.
      SELECT AUSGABE-FILE ASSIGN TO UR-1403-S-SYSOUT.
```

```
DATA DIVISION.
*-----------------------
FILE SECTION.
FD  EINGABE-FILE LABEL RECORD OMITTED;
                RECORD CONTAINS 80 CHARACTERS.
01  STUDENTEN-STAMMSATZ.
    03  MATRIKEL-NR               PIC X(5).
    03  NAME-VORNAME              PIC X(25).
    03  BEZIRK                    PIC XX.
    03  STRASSE-UND-NR            PIC X(22).
    03  RESTLICHE-DATEN           PIC X(26).
FD  AUSGABE-FILE LABEL RECORDS OMITTED;
                 RECORD CONTAINS 132 CHARACTERS.
01  DRUCK-ZEILE.
    03 FILLER                     PIC X(5).
    03 MATRIKEL-NR                PIC X(5).
    03 NAME-VORNAME               PIC BBX(25).
    03 FILLER                     PIC XX.
    03 BEZIRK                     PIC XX.
    03 STRASSE-UND-NR             PIC BX(22).
    03 RESTLICHE-DATEN            PIC BBX(26).
    03 FILLER                     PIC X(40).
WORKING-STORAGE SECTION.
77  ENDE                      PIC X(14) VALUE
                               'NICHT ERREICHT'.
```

Erläuterungen zur DATA DIVISION:

- FILLER ist ein nicht adressierbares Datenfeld. Sind z.B. in der DRUCK-ZEILE die FILLER-Felder mit Leerzeichen belegt, so bewirkt dies bei der Ausgabe Zwischenräume im Druckbild.
- B in der PICTURE-Klausel bewirkt bei der Ausgabe das 'Drucken' eines Leerzeichens.
- Die VALUE-Klausel definiert einen Anfangswert für das entsprechende Datenelement, der während der Abarbeitung des Programms geändert werden kann. Bei uns ist das Datenelement ENDE zu Beginn des Programms mit dem Inhalt 'NICHT ERREICHT' belegt.

Der Prozedurteil:

```
 PROCEDURE DIVISION.
*-----------------------
 KARTEN-AUFLISTEN.
     OPEN INPUT EINGABE-FILE, OUTPUT AUSGABE-FILE.
     MOVE SPACES TO DRUCK-ZEILE; WRITE DRUCK-ZEILE.
     MOVE SPACES TO DRUCK-ZEILE.
     PERFORM LESEN.
     PERFORM SCHREIBEN-LESEN
        UNTIL ENDE = 'SCHON ERREICHT'.
     CLOSE EINGABE-FILE, AUSGABE-FILE.
     STOP RUN.

  LESEN.
     READ EINGABE-FILE RECORD;
          AT END MOVE 'SCHON ERREICHT' TO ENDE.
  SCHREIBEN-LESEN.
     PERFORM EINGABE-NACH-AUSGABE.
     WRITE DRUCK-ZEILE.
     PERFORM LESEN.

   EINGABE-NACH-AUSGABE.
     MOVE MATRIKEL-NR OF STUDENTEN-STAMMSATZ
       TO MATRIKEL-NR OF DRUCK-ZEILE;
     MOVE NAME-VORNAME OF STUDENTEN-STAMMSATZ
       TO NAME-VORNAME OF DRUCK-ZEILE;
     MOVE BEZIRK OF STUDENTEN-STAMMSATZ
       TO BEZIRK OF DRUCK-ZEILE;
     MOVE STRASSE-UND-NR OF STUDENTEN-STAMMSATZ
       TO STRASSE-UND-NR OF DRUCK-ZEILE;
     MOVE RESTLICHE-DATEN OF STUDENTEN-STAMMSATZ
       TO RESTLICHE-DATEN OF DRUCK-ZEILE.
```

Erläuterungen zur PROCEDURE DIVISION:

- Zunächst wird eine Leerzeile (SPACES) geschrieben,
- wie BEISPIEL5, entspricht die Schleife beim Lesen dem Algorithmus aus Abb. 2.27,
- Die Prozedur EINGABE-NACH-AUSGABE steht eine Verfeinerungsstufe tiefer als SCHREIBEN-LESEN.

Aufgaben:

1. Ändern Sie den 'record' DRUCK-ZEILE so ab, daß alle Zwischenräume in der Ausgabe ohne die Verwendung von FILLER-Elementen entstehen.
2. Stellen Sie das Schreiben der Leerzeile auf eine tiefere Verfeinerungsstufe als KARTEN-AUFLISTEN.

Die Druckbilder der entsprechenden Ein/Ausgabedateien.

Eingabe:

```
55556HOLZ              HERMANN    11KUNIBERTALLEE 55      34567781811
55555HUBER             HEINZ      10BERTASTR78            44444441
67358KONRAD            HELMUT     15WEINSTR. 36           35467
12345MEYER             PETER      11BIERGASSE 18
55778SCHNEIDER         FLORIAN    88FREGESTR. 01
```

Ausgabe:

```
55556  HOLZ             HERMANN     11 KUNIBERTALLEE 55        345
55555  HUBER            HEINZ       10 BERTASTR78
67358  KONRAD           HELMUT      15 WEINSTR. 36
12345  MEYER            PETER       11 BIERGASSE 18
55778  SCHNEIDER        FLORIAN     88 FREGESTR. 01
```

Weitere COBOL-Befehle.

5. ⟨*arithmetische-befehle*⟩ : : = (vgl. 2.5.3)

- <u>ADD</u> {datenname-1 | literal-1} [{datenname-2 | literal-2}] ... <u>TO</u> datenname-3
  [ON <u>SIZE ERROR</u>[1] unbedingte befehle]

- <u>SUBSTRACT</u> {datenname-1 | literal-1} [{datenname-2 | literal-2}] ...
  <u>FROM</u> datenname-3
  [ON <u>SIZE ERROR</u> unbedingte befehle]

- <u>COMPUTE</u> datenname-1 = {datenname-2 | literal | arithmetischer ausdruck}
  [ON <u>SIZE ERROR</u> unbedingte befehle]

6. ⟨*alternativ-befehl*⟩ : : = (vgl. 2.5.3.3)

<u>IF</u> bedingung THEN anweisung-1 ELSE anweisung-2

<u>Merke:</u> Die Anweisungsfolge im THEN-Teil wird durch ELSE, die im ELSE-Teil durch den Punkt beendet.

---

1) Die Verwendung der ON SIZE ERROR-Klausel wird empfohlen. Sie dient zur Regelung von Überlauf-Fällen. Zur weiteren inhaltlichen Erklärung ist ein COBOL-Buch heranzuziehen.

Um die entscheidende Bedeutung des Punktes zu zeigen, zwei Beispiele:

```
(1)    IF  A > B
           THEN MOVE  0  TO  A
                ADD   2  TO  B
                COMPUTE    B = A ** 3.

(2)    IF  A > B
           THEN MOVE  0  TO A
                ADD   2  TO B.
                COMPUTE    B = A ** 3.
```

Fragen: - Was bewirkt der Punkt hinter B in Beispiel (2)?
- Gibt es syntaktische Fehler?

Über Bedingungsnamen wurde schon in 4.1.3.2 gesprochen. Hier noch einmal ein ausführliches Beispiel:

Programm-Beispiel:

```
     .
     .
     .
DATA  DIVISION
          .
          .
          .
          05 ANSTELLUNGSART         PIC 9.
             88 ARBEITER          VALUE 1.
             88 ANGESTELLTER      VALUE 2.
             88 FREIBERUFLICH     VALUE 3.
             .
             .
             .
PROCEDURE  DIVISION
     .
     .
     .
     IF  ARBEITER
        THEN PERFORM NACHTZUSCHLAEGE;
             PERFORM UEBERSTUNDEN;
             PERFORM AKKORDLEISTUNG;
             PERFORM BRUTTOLOHN;
             ADD 1 TO ZAHL-DER-ARBEITER-ABRECHNUNGEN;
        ELSE PERFORM UEBERSTUNDEN;
             PERFORM BRUTTOGEHALT;
             ADD 1 TO ZAHL-DER-ABRECHNUNGEN!
     .
     .
     .
```

Aufgaben:

- Konstruieren Sie sich ein Beispiel mit Bedingungsnamen.
- Konstruieren Sie mit der IF-Anweisung eine Fallunterscheidung (vgl. 2.6.3.1).

7. <*direktlese-befehl*> : : = (vgl. 3.3.2.2)

Wie wir aus 3.3 wissen, gibt es außer dem sequentiellen Lesen noch das direkte Lesen mit einem Schlüssel.

```
READ dateiname RECORD
               INVALID KEY unbedingte befehle
```

Hinweise:

- Damit mit einem Schlüssel gelesen werden kann, muß ein Feld mit seinem Namen vereinbart worden sein. In der ENVIRONMENT DIVISION muß der Schlüssel den Dateien im Rahmen der SELECT-Klausel zugeordnet werden. Die Zugriffsart muß mit der ACCESS-Klausel definiert werden. Handelt es sich um eine gestreute Dateiorganisation, so wird ein ACTUAL KEY vereinbart. Der Schlüssel selbst muß in der WORKING-STRAGE SECTION deklariert sein. Vergleiche Beispiel *direktsuchen* 3.3.2.2.

Hier die Befehle in der ENVIRONMENT DIVISION:

```
SELECT dateiname ASSIGN TO systemname
ACCESS IS RANDOM
ACTUAL KEY IS datenname.
```

Beispiel:

```
ENVIRONMENT DIVISION
    SELECT EINGABEDATEI ASSIGN TO DA-2340-R-PATDAT
    ACCESS IS RANDOM
    ACTUAL KEY IS PAT-KEY.
        .
        .
        .
DATA DIVISION
        .
        .
        .
WORKING-STORAGE SECTION.
        .
        .
```

```
77  PAT-KEY                    PIC S9(8) COMP SYNC.
```
[1]

Der Schlüssel ist also ein Datenelement PAT-KEY.

8. ⟨*direktschreibe-befehl*⟩ : : = (vgl. 3.3.2.2)

   So wie *direkt gelesen* werden kann, kann auch *direkt geschrieben* werden.

```
WRITE satzname
      INVALID KEY unbedingte befehle
```

   In der ENVIRONMENT und DATA DIVISION müssen die Schlüsselvereinbarungen wie beim *direkt-lesen* getroffen worden sein.

9. ⟨*zurückschreibe-befehl*⟩ : : = (vgl. 3.3.3)

   Die Verwendung dieses Befehls setzt voraus, daß der zurückzuschreibende Satz vorher gelesen wurde. Dazu muß beim ⟨*oeffnen*⟩die ⟨*richtung*⟩ (vgl. 2.5.4.2) mit INPUT-OUTPUT festgelegt sein.

   Es gilt also:

```
OPEN  { I-O          }  dateiname-1, [dateiname-2] ...
      { INPUT-OUTPUT }

REWRITE   satzname
          INVALID KEY unbedingte befehle
```

Beispiel:

```
PROCEDURE DIVISION.
    .
    .
    .
    OPEN INPUT-OUTPUT PATIENTENSTAMM.
    .
    .
    .
    READ PATIENTENSTAMM RECORD
         INVALID KEY PERFORM FEHLERPROZEDUR-1.
    .
    .
    .
    REWRITE PAT-SATZ
            INVALID KEY PERFORM FEHLERPROZEDUR-1.
    .
```

1) Zur Bedeutung von COMP SYNC siehe Lehrbuch. Die Deklaration von KEY ist herstellerabhängig.

Hinweis: Nebem dem ACTUAL KEY gibt es einen IBM-spezifischen NOMINAL KEY. Die Formalismen für seine Verwendung sind die gleichen wie beim ACTUAL KEY. Der Schlüssel darf allerdings nur numerisch sein. Auf die dateiorganisationsspezifischen Unterschiede wird nicht eingegangen.

4.2 Programmentwurf und Modularisierungsansätze

Die Grundelemente der COBOL-Sprache sind gelegt, die Methode des schrittweisen Verfeinerns wurde am Beispiel des Entwurfs von Algorithmen ausführlich dargelegt. Nun gilt es, den Weg von den Anforderungen der Hauptstudie zum Quellprogramm aufzuzeigen. Dabei werden die COBOL-Kenntnisse noch erweitert.

4.2.1 Von der Hauptstudie zur Programmplanung

Gemäß 1.5.2 werden in der Hauptstudie nur noch jene Lösungsalternativen verfolgt, die die Einführung oder Weiterentwicklung der EDV in einer Organisation zum Ziel hatten. Im Rahmen der Lösungsalternativen wurde ermittelt, wie die Informations-, Entscheidungs- und Kontrollflüsse eines zukünftigen Systems aussehen. Soziale und wirtschaftliche Auswirkungen der organisatorischen Veränderungen wurden überprüft. Festgelegt sind auch die Eingabeinformationen und die, die durch die EDV-Anlage bereitgestellt werden sollen. Ist dies alles geschehen, ist die Entscheidung über eine Lösungsalternative, Rechenanlage, Konfiguration und Programmiersprache getroffen, kann mit der Softwareentwicklung begonnen werden.

4.2.2 Aspekte der Softwareentwicklung

Die Entwicklung von Software stellt uns vor das Problem, einen effizienten Lösungsweg zu suchen, der eine Realisierung der durch die Spezifikation vorgegebenen Ziele ermöglicht.
Gemessen an dem in 1.4.1 beschriebenen Problemlösungsprozeß befinden wir uns in nächster Nähe zu den dort unter 4. beschriebenen "Ent-

wickeln von Systemen, die in der Lage sind, ausgehend vom bestehenden System die festgelegten Ziele zu erreichen".
Phasenmäßig gesehen gilt es, einen oder - wo möglich und sinnvoll - mehrere Lösungsansätze grob zu skizzieren.

Ein oft beschrittener Weg ist es, dann diese Ansätze unter dem Gesichtspunkt der Hierarchisierung - Top-Down - und der "schrittweisen Verfeinerung" (vgl. 2.7, 2.7.1, 2.7.2 und 1.4.2) weiterzuentwickeln. Da nur ein Lösungsweg letztlich realisiert werden soll, sind solange auf jeder Stufe der Verfeinerung Auswahlentscheidungen zu treffen, bis dieser vorliegt, weiter verfeinert, codiert und getestet werden kann. Diese Vorgehensweise beinhaltet also, daß Lösungsansätze wegen mangelnder Realisierbarkeit oder zu hohem Aufwand abgebrochen werden. Unter Umständen kann es auch wegen mangelnder Detailkenntnis dazu führen, daß die Ziele der Spezifikation korrigiert werden müssen.

Bei der Entwicklung von Software sind folgende Aspekte zu beachten:
- Wer formuliert das Problem?
- Wer erstellt den Entwurf, wer die Software?
- Wer ist Benutzer der Software?

Liegen die Problemformulierung, Entwurf, Programmierung und Benutzung des Programms in einer Hand, so orientiert sich auch die Ausrichtung der Programmierung nur an dieser Person. Kommunikationsprobleme treten nicht auf.
Kommt die Problemstellung von außen, müssen die Anforderungen genau beschrieben sein.
Ist der Benutzer nicht mit dem Entwickler oder Entwicklungsteam identisch, so müssen die Hinweise zur Verwendung des Systems auf ihn abgestellt werden. Welcher Art diese Hinweise sind, hängt vom Problem und dem Vorverständnis des Benutzers ab.

Wird die Softwareentwicklung von einem Team anstatt von einer Person betrieben - dies ist heute die Regel - so tritt die Problematik der Arbeitsteiligkeit auf.
Die Erstellung von Software durch eine Person nennen wir Einzelprogrammierung, durch ein Team Gruppenprogrammierung.

In den nun folgenden Punkten wird auf die Entwicklung von Software unter den Aspekten der Einzel- und Gruppenprogrammierung eingegangen. Hierbei ist zu beachten, daß die unter dem Aspekt der Einzelprogrammierung dargelegten Anforderungen und Lösungsansätze auch unter dem Aspekt der Gruppenprogrammierung gültig bleiben. In letzterem Fall kommen aber weitere Gesichtspunkte hinzu.

Auf die Problematik der Benutzer wird in diesem Teil nicht weiter eingegangen. Sie findet sich innerhalb der einzelnen Fallstudien wieder.

4.2.3 Anforderungen an Anwendersoftware

Ein "gutes" Programm sollte folgende Kriterien erfüllen:

1. Richtigkeit

   Löst ein Programm die ihm gestellten Aufgaben, so nennt man es <u>funktional richtig</u>. "Korrektheit" ist in diesem Zusammenhang ein schärfer definierter Begriff. Er bezieht sich auf die formale Verifikation[1)] von Programmen. Sie läßt sich bisher nur sehr beschränkt durchführen.

2. Robustheit

   Der Begriff Robustheit zielt auf die Erkennung von falschen Eingabedaten. Je mehr falsche Eingabedaten vom Programm erkannt werden, um so robuster ist es.

3. Benutzerfreundlichkeit

   Benutzerfreundlichkeit wendet sich an jene, die mit dem Programm umgehen müssen, es aber nicht erstellt haben. Dazu muß das Programm für den jeweiligen Benutzer verständlich sein. Ein Programm, das nur der versteht, der es geschrieben hat, ist schlecht. Ist der Benutzer ein anderer Anwendungsprogrammierer, so muß für ihn das Programm mit durchschnittlichem Zeitaufwand verstehbar sein.

   Hat der Benutzer keine Programmierkenntnisse, so bedeutet Benut-

---

1) Verifikation beinhaltet die Überprüfung von Programmen durch logisch-mathematische Verfahren.

zerfreundlichkeit zum Beispiel, daß ihm Eingabefehler angezeigt werden.

4. Flexibilität

   Im Zeitablauf können sich die Anforderungen an ein Programm ändern. So können

   - Funktionen eines Programms teilweise geändert oder neu definiert werden (Adaptabilität),
   - sich Werte von fest eingebauten Konstanten ändern (Modifizierbarkeit),
   - neue Anforderungen durch veränderte Hardware an das Programm gestellt werden (Portabilität).

   Ein Programm, das leicht an veränderte Anforderungen angepaßt werden kann, nennt man flexibel.

5. Effizienz - Effektivität

   Effizienz ist ein Maß für Speicherbedarf[1] und CPU-Zeitbedarf eines Programms. Benutzerfreundlichkeit und Robustheit sind Kriterien, die der Speicher- und Laufzeiteffizienz entgegenstehen. Es gilt, einen Zwischenweg zu finden. Durch die technische Entwicklung sinken die Kosten für CPU-Zeit[2] und Speicherbedarf. Damit tritt das Kriterium der Effizienz mehr in den Hintergrund. Häufiger trifft man jetzt den Begriff Effektivität an, der die ökonomische Seite des Einsatzes, der Entwicklung und Änderung von Programmen beleuchtet.

   Zur Veranschaulichung:
   In den USA wurden für ein komplexes Programmpaket Kosten in der Höhe von 75 $ bei der Entwicklung, 4000 $ bei der Wartung pro Befehl ermittelt.

4.2.4 Hierarchischer Programmentwurf

Aus den Informationsfestlegungen der Hauptstudie lassen sich die ge-

---

1) Speicherbedarf ist i.a. der Platz, der von einem Programm im Internspeicher benötigt wird.

2) CPU = 'Central Processor Unit' entspricht Prozessor.

wünschten Transformationsfunktionen (vgl. 1.2), Ein- und Ausgabedaten ableiten. Dabei müssen

- zuerst die Ausgabedaten festgelegt werden. Sie sind das aus den Anforderungen der Hauptstudie abgeleitete Ziel der Verarbeitung,
- dann die für die Verarbeitung der Ausgabedaten notwendigen Eingabedaten ermittelt werden. Dies geschieht unter Berücksichtigung der dazu notwendigen Verarbeitung.

Ganz allgemein handelt es sich also um eine Transformationsfunktion nach Kapitel 1, um einen Prozeß nach Kapitel 2.

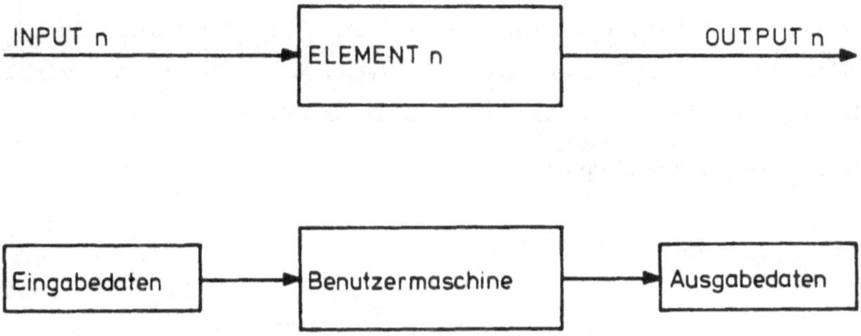

Abb. 4.1. Transformationsfunktion und Datenverarbeitungsprozeß.

Mit den in Kapitel 1 und 2 aufgezeigten Methoden (Top-Down-Entwurf; schrittweise Verfeinerung mittels Notationssprache), muß nun die bisher nur als Begriff bestehende Benutzermaschine (das Anwenderprogramm) in ihren einzelnen Teilen entwickelt werden, bis sie in die ausgewählte Programmiersprache (hier COBOL) übersetzt werden kann. Dabei sind auch die für den Verarbeitungsprozeß notwendigen Hilfsfelder festzulegen.

Zur Verminderung ihrer Komplexität ist es sinnvoll, größere und algorithmisch anspruchsvolle Programme in einzelne gut überschaubare Komponenten (Subsysteme) zu zergliedern.
Für diese werden die Eingabe- und Ausgabedaten und der Verarbeitungsprozeß festgelegt. Hierbei ist zu beachten:

- Output einer Komponente kann Input einer anderen sein.
- Die Komponenten lassen sich meist hierarchisch anordnen.

Eine an der Hierarchie und der schrittweisen Verfeinerung orientierten Methode ist die von IBM entwickelte HIPO-Technik. HIPO steht für 'Hierarchy of Input-Process-Output'. Für jede Stufe muß der Input, die Verarbeitung und der Output beschrieben werden.

Die HIPO-Technik besteht aus zwei Teilen:

Übersichtsdiagramm
Detaildiagramm.

Übersichtsdiagramme werden für alle Komponenten der Hierarchie erstellt, die noch weitere Unterkomponenten besitzen. Sie weisen auf die Unterfunktionen hin. Detaildiagramme werden nur für Komponenten, die nicht weiter aufgesplittet sind, angelegt. Aus Gründen, die wir noch erläutern werden, gehen wir nicht bis ins Detaildiagramm.

Beispiel mit Übersichtsdiagramm:

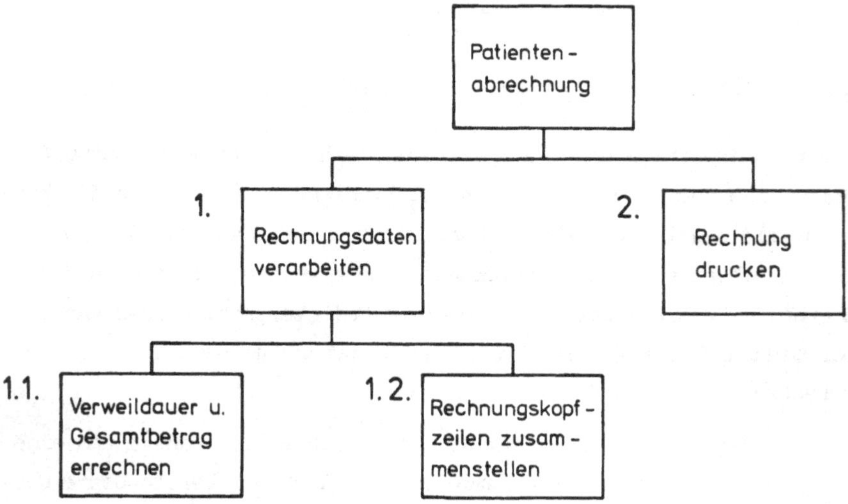

Abb. 4.2. HIPO-Übersichtsdiagramm

	INPUT	PROCESS	OUTPUT
	Rechnungsdaten	1. Rechnungsdaten verarbeiten 2. Rechnung drucken	Gedruckte Rechnung
1	Patientendaten Krankenkassendaten Krankenhausdaten	1. Verweildauer u. Gesamtbetrag errechnen 2. Rechnungskopfzeilen zusammenstellen	Verweildauern Gesamtbetrag Rechnungskopf im Zwischenspeicher
2	Verweildauern Gesamtbetrag Rechnungskopf	Rechnungskopf zeilenweise, Verweildauern u. Gesamtbetrag zeilenweise drucken	Gedruckte Rechnung
11	Aufnahmedaten Verlegungsdaten Entlassungsdaten Tagessatz	Verweildauer pro Station, Gesamtverweildauer, Gesamtbetrag errechnen	Verweildauern pro Station Gesamtverweildauer u. Gesamtbetrag im Zwischenspeicher
12	Name u. Adresse des Krankenhauses der Krankenkasse u. des Patienten	Überschrift, Krankenkassenadresse, Patientenadresse druckaufbereiten	Überschrift, Krankenkassenadresse, Patientenadresse im Zwischenspeicher

Auf dem Weg von der globalen Programmplanung, wie anhand von HIPO gezeigt, bis zum detaillierten Algorithmenentwurf gemäß 2.7, stellen sich eine Reihe von Fragen im Entwurfsprozeß, die bis heute noch zum Teil intuitiv und pragmatisch beantwortet werden müssen:

(1) - Auf welcher Stufe der Verfeinerung geht man von der Planung nach HIPO zum verbalen Entwurf (oder zum Entwurf mit Struktogrammen) über?

(2) - Werden Daten gleichermaßen schrittweise verfeinert wie Funktionen bzw. Operationen?

(3) - Ist eine reine Baumstruktur eines Programmsystems, wie sie nach HIPO entsteht, bis in die unterste Ebene sinnvoll? (Dies kann dazu führen, daß Elementarfunktionen - etwa Lesen/ Schreiben - vielfach vorkommen.)

Zu (1):

Wir halten HIPO für nützlich, die Grobstruktur eines Programmsystems zu ermitteln. Steht diese fest, ist der verbale (oder mit Hilfe von Struktogrammen durchgeführte) Algorithmenentwurf weniger aufwendig und auch präziser.

Zu (2):

Daten müssen oft schon auf einer höheren Abstraktionsstufe bis ins Detail beschrieben werden als die zugehörigen Operationen. Dies gilt besonders für Daten, die ein Programmbaustein nach außen liefert. (Näheres über die Problematik von sogenannten "Schnittstellen" in 4.2.8.)

Zu (3):

Diese Frage wird im jetzt folgenden Punkt erörtert.

4.2.5 Zentralisierung von Funktionen

Der reine Top-Down-Entwurf führt dazu, daß einige Funktionen an mehreren Stellen eines Entwurfes auftauchen. Tritt nun ein diese Funktion betreffendes Änderungsproblem ein, so muß mehrfach geändert werden. Will man dies verhindern, muß der reine Top-Down-Entwurf - bottom-up - von seinen einzelnen Funktionen her - durchgekämmt werden, um eine Zentralisierung mehrfach auftretender Funktionen zu erreichen.

Oft werden Eingabe-/Ausgabefunktionen geändert, weshalb ihre Zentralisierung angestrebt wird. Die Zentralisierung von Funktionen dient also der Flexibilität.

4.2.6 Regeln zur Verständlichkeit von Programmen

Die Transparenz von Programmen, sowohl für den Programmierer, als auch für andere Benutzer erhöht sich durch

- problembezogene Wahl von Prozedur- und Datennamen (vgl. 2.7);
- Vermeidung von numerischen Literalen, da sie nichts über ihre Bedeutung aussagen (Dies dient auch der Flexibilität. Definiert als Variable können sie leicht geändert werden.);
- Kommentare, wo Programmtext den zugrundeliegenden Algorithmus nicht selbstklärend darstellt;
- Qualifizierung von Datenelementen, die inhaltlich das gleiche Objekt zum Gegenstand haben, aber in verschiedenen Datenstrukturen benötigt werden (COBOL verlangt diese Qualifizierung[1]. Um die Zugehörigkeit eines Datenelementes zu einer Datenstruktur zu kennzeichnen, findet man auch die Verwendung von bestimmten Silben in allen Datennamen einer Datenstruktur. Durch diese "Verbalqualifizierung" ist eine weitere mit OF überflüssig, da die Datennamen verschieden sind[2]. Welche der beiden Möglichkeiten zu wählen ist, hängt von zu vereinbarenden Programmier-Konventionen und vom Problem ab. Die von COBOL vorgesehene (OF) ist algorithmisch klarer, jedoch in vielen Anwendungsfällen so schreibaufwendig, daß man auf die "kürzere" Verbalqualifizierung ausweicht.);
- optische Mittel wie 'Einrücken' bei geschachtelten IF Bedingungen und bei der Darstellung von Datenstrukturen (vgl. etwa Bsp. 2.7).

---

1) Beispiel:
```
MOVE PAT-NAME OF AUSGABESATZ TO ...
MOVE PAT-NAME OF STAMMDATEI  TO ...
```
Durch den Zusatz OF ... werden unterschiedliche Speicherplätze angesprochen.

2) Beispiel:
```
MOVE A-PAT-NAME TO ...
MOVE S-PAT-NAME TO ...
```

4.2.7 Der Weg zur Modularisierung

Mit dem Übergang von der Einzel- zu der heute im Rahmen der industriellen Softwareproduktion vorrangigen Gruppenprogrammierung stellten sich neue Probleme.

Technische und kommerzielle Anwenderprogramme haben zwischen 1.000 und 10.000 Anweisungen, Compilerprogramme bis zu 100.000 (vgl. Schnupp/Floyd, S. 168).

Zur Realisierung solcher Programmpakete in einem annehmbaren Zeitrahmen muß die Gesamtaufgabe unter dem Gesichtspunkt der Arbeitsteiligkeit in getrennt zu realisierende Komponenten aufgesplittet werden. Diese Zerlegung wird als Modularisierung bezeichnet, wobei ein Modul sich aus mehreren Funktionen zusammensetzt. Mit der Zerlegung einer Aufgabe in viele Komponente wird auch die Mehrfachverwendung und leichte Austauschbarkeit einzelner Komponenten angestrebt.

Der Begriff Modul muß nun, um für die Entwicklung von Software brauchbar zu sein, genauer beschrieben werden.

An dieser Stelle sei noch einmal betont, daß die bisherigen Anforderungen, Lösungsansätze und Regeln auch weiterhin Gültigkeit besitzen.

4.2.8 Modularisierung

Der Inhalt des Modulbegriffs hat sich im Laufe der Zeit gewandelt. Im Vordergrund steht heute ein Modulbegriff, der eine Zusammenfassung von Daten und Algorithmen zu einer Einheit vorsieht. Diese Vorstellung hat auch den Aufbau von Kapitel 2 geprägt.

Unter diesem Gesichtspunkt und den durch die Arbeitsteiligkeit gestellten Forderungen sollte ein Modul folgende Eigenschaften besitzen.

1. Es stellte eine oder mehrere Funktionen bzw. eine Datenstruktur und zugehörige Zugriffsfunktionen zur Verfügung;
2. Es soll umgebungsunabhängig sein. Dies verlangt eine logische Geschlossenheit und impliziert, daß es unabhängig,
entwickelbar,
test- und verifizierbar
und verständlich ist;

3. Das Verhältnis zu anderen Modulen wird über Schnittstellen und deren Beschreibung spezifiziert;
4. Die Verbindungen zur Modulumgebung sind minimal gehalten;
5. Es bildet eine Arbeitseinheit, ist überschaubar und verständlich.

Die Eigenschaften 2. und 3. beinhalten das unter dem Namen 'Information Hiding' bekanntgewordene Prinzip. Zur Modulumgebung hin soll ein Modul die Realisierung der an es gestellten Anforderungen verstecken.

Beispiel:

In 2.5.2 lernten wir die Begriffe Basis- und Benutzermaschine kennen. Unsere Basismaschine sei nun ein Datenverwaltungssystem, die Benutzermaschine ein Anwenderprogramm mit spezifischen Anforderungen an das Datenverwaltungssystem. In unserem Fall verlange das Anwenderprogramm eine Teil-Nr, und zwar in folgender Form:

```
03   TEIL-NR              PIC 9(10).
```

Also numerisch 10-stelliges Datenelement.

Tatsächlich physisch abgespeichert sind aber in verschiedenen Dateien nur Teilinformationen, aus denen sich das vom Anwenderprogramm geforderte Datenelement zusammensetzen läßt.
Zum Beispiel:

```
03   MODELL-STAMM-NR      PIC X(3).
05   MODELL-GRUPPEN-NR    PIC 9(2).
03   EINZEL-TEIL-NR       PIC 9(4).
```

Das Datenverwaltungssystem transformiert die in verschiedenen Dateien abgespeicherten Datenelemente in das vom Anwenderprogramm verlangte Datenelement und stellt es ihm zur Verfügung. Wie sich diese Transformation vollzieht, bleibt Sache des Datenverwaltungssystems. Für das Anwenderprogramm sind diese Informationen versteckt.

Dies bedeutet auch, daß in einem Modul nur jene Datenelemente und Datenstrukturen auftauchen dürfen, die das Modul tatsächlich benötigt. Dies können die von ihm selbst definierten Datenstrukturen und jene sein, die von anderen Modulen zur Übergabe von Daten definiert sind.

Der Aufbau eines Datenverwaltungssystems, das die Zugriffe auf die Datenbasis abwickelt, hat noch weitere Vorteile:

1. Die Ein/Ausgabefunktionen sind zentralisiert. Ändert sich z.B. die File-Organisation, so muß nur im Datenverwaltungssystem geändert werden (erhöhte Flexibilität).

2. Ein anderer Effekt gehört in den Bereich der Datensicherung. Die Anwenderprogramme operieren nicht direkt auf der Datenbasis und sind nicht in der Lage, diese direkt zu verändern.

In der Schnittstellenbeschreibung (näheres vgl. 4.4) müssen die Datenstrukturen der zu übergebenden Daten und die Voraussetzungen für die Verwendung der Funktionen des Moduls (logische Reihenfolgebedingungen) beschrieben sein. Die Schnittstellenbeschreibung bildet eine notwendige Voraussetzung, arbeitsteilig vorgehen zu können. Diese genannten Eigenschaften beschreiben, welchen Anforderungen ein Modul genügen sollte. Tatsächlich aber können sie auf dem Weg zur Bildung eines Moduls nur als Orientierungshilfen dienen, da der Entwurf selbst ein kreativer Akt ist. Wie sich leicht ersehen läßt, stehen die Forderungen zur Modularisierung nicht im Widerspruch zu den Anforderungen aus der Einzelprogrammierung.

In den folgenden Seiten werden die zur modularen Prgrammierung benötigten COBOL-Elemente und ein Modell zur Schnittstellenbeschreibung vorgestellt.

4.3 COBOL-Sprachelemente zur Modularisierung

Die in 4.2.5 erwähnte Zentralisierung läßt sich über Prozeduren erreichen, die in COBOL mit PERFORM aufgerufen werden (vgl. 2.6.2 und 4.1.4.1). Zur Unterstützung der in 4.2.8 formulierten Eigenschaften eines Moduls können mit COBOL getrennt übersetzbare als Modul formulierte COBOL-Programme erstellt werden, die von anderen COBOL-Programmen aufgerufen werden können.

4.3.1 Die LINKAGE SECTION

Ein COBOL-Programm, das als Modul aufgerufen werden soll, muß über einen Kommunikationsbereich verfügen, über den es Daten mit anderen Modulen austauscht. Dazu wird ein weiterer Speicherbereich vereinbart, die LINKAGE SECTION.

In ihr werden diejenigen Daten (Sätze und Datenelemente) vereinbart, die dem aufgerufenen Modul vom aufrufenden zur Verfügung gestellt und dem aufrufenden vom aufgerufenen übergeben werden. In der LINKAGE SECTION werden jedoch keine Speicherplätze, sondern lediglich Adreßverweise auf die entsprechenden Felder im aufrufenden Programm vereinbart. Wir nennen diese Daklaration <u>Referenzen</u> und kennzeichnen sie durch folgendes Symbol:

Grafisch sieht der Internspeicher jetzt so aus:

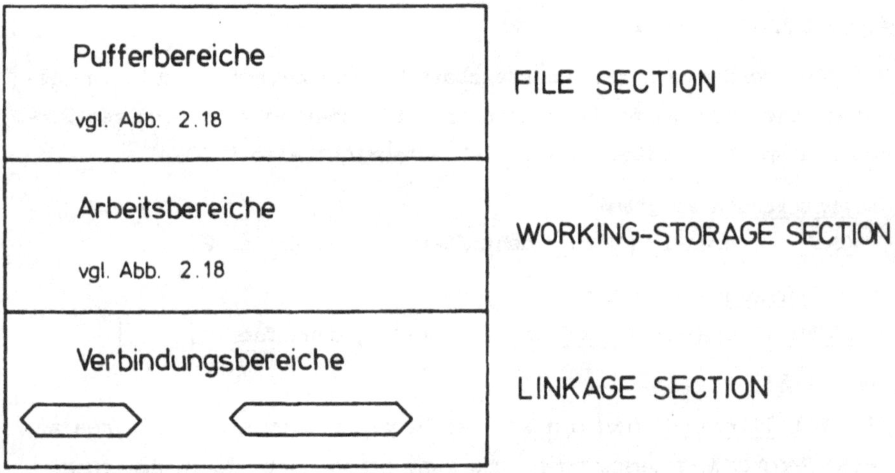

Abb. 4.3. Ergänzung des Internspeichers um den Verbindungsbereich.

4.3.2 ENTRY/EXIT PROGRAM-Anweisung

Im Prozedurteil eines Moduls können mehrere Abschnitte - die einzelnen Funktionen - aufgerufen werden. Sie beginnen jeweils mit einer Anweisung.

<u>ENTRY</u> literal-1 [<u>USING</u>[1)] identifier-1 [identifier-2] ...]

und enden - je nach Programmierung - mit einer oder mehreren Anweisungen.

```
                paragraphenname.
                       EXIT PROGRAM.
```

1) Die Bedeutung wird in 4.3.3 geklärt.

Stößt der Prozessor auf eine EXIT PROGRAM-Anweisung, wird in das aufrufende Programm zurückgesprungen und mit der Abarbeitung des nächsten Befehls nach dem Aufruf fortgefahren.

Die gleiche Funktion wie EXIT PROGRAM erfüllt bei IBM-Compilern der Befehl GOBACK.

Unterschied EXIT PROGRAM - GOBACK:

GOBACK muß nicht in einem Paragraphen als einzige Anweisung stehen, sondern kann als letzter Befehl eines Befehlssatzes verwendet werden.

4.3.3 CALL-Anweisung

Mit CALL werden getrennt übersetzbare Unterprogramme (Module) aufgerufen. Die Unterprogramme können in COBOL oder in einer anderen Programmiersprache codiert sein. CALL entspricht also PERFORM.

Im aufrufenden Programm:

CALL literal-1 [USING identifier-1 [identifier-2] ...] [1)]

Im aufgerufenen Programm:

ENTRY literal-1 [USING identifier-3 [identifier-4] ...]

Erklärung:

Mit CALL literal-1 wird ein anderes Programm oder ein Teil eines anderen Programms angesprungen, und zwar genau dort, wo in dem aufgerufenen Programm ENTRY literal-1 zu finden ist. Daraus ergibt sich auch, daß literal-1 in beiden Befehlen identisch sein muß.

Mit der USING-Klausel werden in dem aufrufenden Programm definierte Datenelemente und Sätze dem aufgerufenen Programm oder Programmteil zugänglich gemacht oder von ihm nach Abarbeitung des aufgerufenen in Empfang genommen.

Hierbei ist zu beachten:

1. Mit der USING Option können nur Datenelemente mit der Stufennummer 77 oder Sätze mit der Stufennumer 01 übergeben werden.
2. Im aufgerufenen Programm müssen die mittels der USING Option übergebenen Datenelemente oder Sätze im Datenteil in der LINKAGE SECTION deklariert sein (vgl. Bsp. 4.3.5).

---

1) CALL (COBOL) ≙ RUFE (NtS)

Mit CALL werden im Gegensatz zu PERFORM also nicht nur Operationen, sondern auch Daten (USING-Klausel) zur Verfügung gestellt.

4.3.4 Parameterübergabe

Die identifier der USING-Klausel im CALL und ENTRY Befehl müssen nicht identisch sein. Man nennt sie auch <u>Parameter</u>, die von einem an ein anderes Modul übergeben werden. Im aufgerufenen Modul heißen sie <u>formale</u>, im aufrufenden <u>aktuelle</u> Parameter.

<u>Merke:</u>
1. Die Übereinstimmung der aktuellen und der formalen Parameter in Reihenfolge, Typ, Ausdehnung und Anzahl kann der Compiler nicht prüfen (getrennte Übersetzbarkeit!). Sie ist sorgfältigst vom Programmierer zu überprüfen, da sonst Laufzeitfehler drohen.
2. Wird ein Datenelement durch ein aufgerufenes Programm verändert und war dies über die LINKAGE SECTION ansprechbar, so ist es auch für das aufrufende Programm geändert.

Die Beziehung zwischen aktuellen und formalen Parametern, Speicherplatz in der WORKING-STORAGE eines aufrufenden Moduls und Referenzen in der LINKAGE SECTION eines aufgerufenen sei noch einmal im Bild dargestellt.

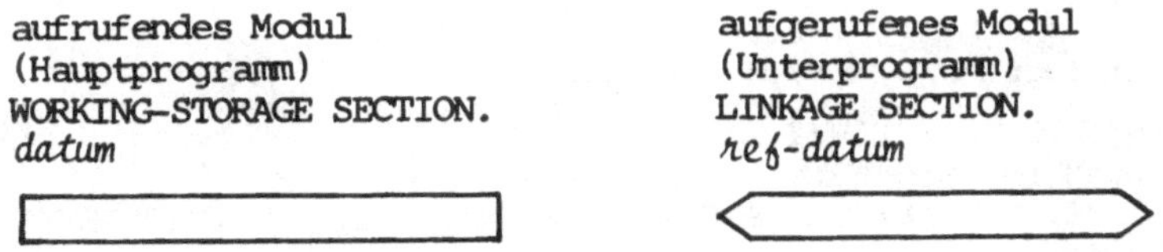

Abb. 4.4: Beziehung zwischen Arbeits- und Verbindungsbereichen (vgl. Abb. 4.3).

4.3.5 Beispiel

1. Unterprogramm (= aufgerufenes Modul)

```
IDENTIFICATION DIVISION.
PROGRAM-ID. BERECHNUNG
REMARKS. DAS PROGRAMM SCHREIBT DIE RECHNUNG FUER EINEN PATIENTEN.
       .
       .
       .
ENVIRONMENT DIVISION.
       .
```

```
      .
      .
DATA DIVISION.
      .
      .
      .
LINKAGE SECTION.
77  RECHNUNG-GESCHRIEBEN          PIC X.
01  BERECHNUNGSDATEN
    03  EINGANGSDATUM             PIC 9(6)
    03  AUSGANGSDATUM             PIC 9(6).
PROCEDURE DIVISION.
      .
      .
      .
    ENTRY 'AUFRUF' USING  RECHNUNG-GESCHRIEBEN
                          BERECHNUNGSDATEN.
      .
      .
      .
    GOBACK.
```

Nochmals:

Es werden für die Daten der LINKAGE SECTION keine neuen Speicherplätze reserviert, so daß die Daten nicht doppelt im Internspeicher vorhanden sind, sondern nur Adreßverweise für Datenelemente gebildet, die im aufrufenden Modul als Speicherplatz (WORKING-STORAGE SECTION) deklariert sind.

2. Hauptprogramm (= aufrufendes Modul)

```
IDENTIFICATION DIVISION.
PROGRAM-ID. AUFRUFEN.
REMARKS. DAS PROGRAMM ERFASST DIE ENTLASSUNG EINES PATIENTEN.
      .
      .
      .
ENVIRONMENT DIVISION.
      .
      .
      .
DATA DIVISION.
      .
      .
      .
WORKING-STORAGE SECTION.
77  PAT-ENTLASSEN                 PIC X.
01  VERWEILDATEN.
    03  EINWEISDATUM              PIC 9(6).
    03  ENTLASSUNGSDATUM          PIC 9(6).
PROCEDURE DIVISION.
```

```
        .
        .
        .
    CALL 'AUFRUF' USING PAT-ENTLASSEN VERWEILDAUER.
    MOVE ...
        .
        .
        .
    STOP RUN.
```

4.4 Modell einer Schnittstellenbeschreibung von COBOL-Modulen

Auf die Bedeutung der Schnittstellenbeschreibung wurde schon in 4.2.8 eingegangen. Wir stellen hier ein Modell zur Schnittstellenbeschreibung vor, das sich für unsere Zwecke als brauchbar erwiesen hat.

Ein Modul ist eine Datenstruktur mit Algorithmen (sogenannten Primitiven), die sie verwalten. Die Datenstruktur ist in der DATA DIVISION, die Primitiven sind in der PROCEDURE DIVISION realisiert. Das Modul bildet in einem Rechnersystem eine virtuelle Maschine.

Die Schnittstelle eines Moduls liefert diejenigen Informationen, die das Modul nach außen bekanntgibt. Dies sind im wesentlichen:
- die Daten, die es empfängt (Input) und abgibt (Output),
- die Operationen, die es zur Verfügung stellt,
- weitere Details, die seine Benutzung eindeutig beschreiben (näheres unter 4.4.1, 4.4.2).

Informationen über Entwurfsentscheidungen bei der Wahl seiner Datenstruktur(en), interne Arbeitsdaten oder Schnittstellen tiefer gelegener (d.h. vom Modul aufgerufener) Module muß das Modul verstecken ('information hiding'), dürfen also nicht in der Schnittstelle auftauchen.

Ein COBOL-Modul zeigt folgende Schnittstellen:
1. Schnittstelle der virtuellen Maschine (Modul-Schnittstelle),
2. Schnittstelle einer Primitive (Funktionen-Schnittstelle).

Die Funktionen-Schnittstellen stellen Verfeinerungsstufen der Modul-Schnittstelle dar:

COBOL-Modul

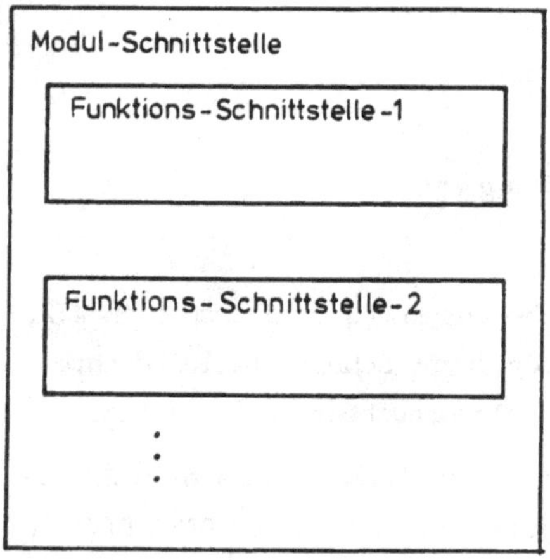

Abb. 4.5. Prinzipskizze einer Schnittstelle eines COBOL-Moduls.

4.4.1 Modul-Schnittstellenbeschreibung

Die Modul-Schnittstelle muß derjenige Benutzer kennen, der die Primitiven nicht anwenden will, aber Informationen über das Modul als Ganzes braucht; zum Beispiel zum Binden und Laden seines Benutzerprogramms, zur Information, was das Modul tut usw.

Eine Modul-Schnittstelle muß Informationen über die Benutzung ihrer Primitiven verstecken.

Syntax:

```
FUNKTION:  <text>
INTERFACE: USING  <benutzte module>.
           GIVING <zur verfuegung gestellte
                       primitiven>.
VORAUSS.: <text ueber voraussetzungen zur
           benutzung des moduls>
REIHENFOLGE:   <reihenfolgebedingung>
RESTRIKTIONEN: <text>
BESCHREIBUNG:  <text>

      Syntax fuer Reihenfolgebedingungen:
      ------------------------------------

    :    definiert durch
    ,    kollaterale (Reihenfolge beliebig) -!
    ;    sequentielle                        !  An-
    IF '<praedikat>  bedingte                !  wen-
    [ ]              optionale               !  dung
    ...              wiederholte            -!
             ...         beliebig oft
             ... UNTIL '<praedikat>
                         bis Praedikat = true
```

Beispiel: (vgl. S. 122)

4.4.2 Funktionen-Schnittstellenbeschreibung

Diese Schnittstelle muß dem Benutzer der Primitiven eine fehlerfreie Anwendung ermöglichen. Sie muß daher neben einer funktionalen Kurzbeschreibung vor allem die genaue Spezifikation der formalen Parameter enthalten.

Bei ihr kann Kenntnis von COBOL vorausgesetzt werden.

Ergebnisparameter bekommen RESULT: transiente Parameter TRANS: vorangestellt.
(Ein transienter Parameter übermittelt einen Wert an ein aufgerufenes Modul und liefert einen veränderten an das aufrufende zurück. Ein Ergebnisparameter tut nur das Letztere.)

Die benutzten Primitiven müssen angegeben werden, damit der Benutzer Fehlermeldungen aus diesen, zum Beispiel bei Reihenfolgeschecks, richtig zuordnen kann. Ansonsten sind die Primitiven untergeordneter Module zu verstecken.

Syntax:

```
     ENTRY '<primitiven-name>' [USING <parameter-liste>].
 FUNKTION:  <text>
 INTERFACE: [USING <benutzte primitiven der benutzten
                module>]
            <deklaration der parameter in cobol in der
             reihenfolge ihres auftretens in der
             parameter-liste>
     [ RESULT: ]  <ergebnisparameter>
     [ TRANS: ]   <durchgangsparameter>.
 VORAUSS.:    <text, bezogen auf diese primitive>
[FEHLER.:] <text, spezielle hinweise, z.b.
             fehlermeldungen>.
```

Beispiel:

```
*-------------------------------------------------------------
    ENTRY 'POP' USING STACK-EMPTY-OR-NOT, TOP-ELEMENT.
* FUNKTION: AUSSPEICHERN DES OBERSTEN ELEMENTES EINES STACK.
* INTERFACE:
*     RESULT: 77 STACK-EMPTY-OR-NOT      PIC X(4).
*                88 STACK-EMPTY  VALUE 'TRUE'.
*     RESULT: 01 TOP-ELEMENT.
*               03 ELEMENT1        PIC 9(5).
*               03 ELEMENT2        PIC 9(5).
* VORAUSS.: PUSH.
* FEHLER.:  MEHR ALS EINMALIGER AUFRUF VON POP MIT LEEREM STA
*           FUEHRT ZUM ABBRUCH.
*-------------------------------------------------------------
```

Weiterführende und benutzte Literatur:

American National Standard Institute
American National Standard Programming Language COBOL
American National Standard Institute 1974

Brown, G.D.
Advanced ANS COBOL with structured Programming
John Wiley 1977

Floyd, Christiane
Strukturierte Programmierung für COBOL Anwender
Hamburg 1974

Geissler, R. u. K.
ANS-COBOL
Einführung und Arbeitsbuch für die Praxis
München - Wien 1974

Hambeck, Klaus
Einführung in das Programmieren mit COBOL
Berlin - New York 1973

Weinberg, G.M., Wright, S.E., Kaufmann, R., Goetz, M.A.
High Level Cobol Programming
Prentice-Hall-for-Winthrop 1977

Schnupp, P., Floyd, Chr.
Software
Berlin - New York 1976

Schnupp, P.
Systemprogrammierung
Berlin - New York 1975

Schulz, A.
Methoden des Softwareentwurfs und strukturierte Programmierung
Berlin - New York 1978

Goos, G., Kastens, U.
Programming Languages and the Design of Modular Programs
in: Hibbard, P.G., Schuman, S. (eds)
Constructing Quality Software
Proceedings IFIP-TC2 Conference Novobirsk,
May 1977 North - Holland

Koch/Simonsmeier
Software Engeneering I
Skript, TU Berlin, Fachbereich Inforamtik WS 1977/78

Beispiellösungen zu Teil II

1. Alg1 und COB1

1. Algorithmus

```
rechnunsskopf.

DATENTEIL.
DATEIEN KAPITEL.
DATEI kunden-datei.
 kunden-karte.
  kunden-nr                           ALPH-NUM  5 ST.
  name-vorname                        ALPH-NUM 26 ST.
  plz                                 ALPH-NUM  4 ST.
  stadt                               ALPH-NUM 20 ST.
  strasse-nr                          ALPH-NUM 20 ST.

DATEI rechns-kopf-datei.
 zeile-1. /* enthaelt  name-vorname  kunden-nr
                       rechnunss-nr  */
 zeile-2. /* enthaelt  strasse-nr  datum  */
 zeile-3. /* enthaelt  plz  stadt    */

ARBEITSSPEICHER KAPITEL.
 karten-zuende                            BOOL  1 ST WERT 1.
 rechns-nr                                NUM   5 ST.


PROZEDURTEIL.
rechnunsskopf.                    /* ebene 1 */
    NIMM AUF rechns-nr.
    karten-zuende auf FALSCH setzen.
    MACHE karte-lesen.
    MACHE rechnunsskopf-drucken
       BIS karten-zuende.
    BEENDE AUSFUEHRUNG.

 rechnunsskopf-drucken.       /* ebene 2 */
    ADDIERE 1 ZU rechns-nr.
    zeile-1 uebertrasen; SCHREIBE zeile-1.
    zeile-2 uebertrasen; SCHREIBE zeile-2.
    zeile-3 uebertrasen; SCHREIBE zeile-3.

 karte-lesen.
    LIES kunden-datei SATZ
      AM ENDE UEBERTRAGE 1 NACH karten-zuende.
```

2. COBOL-Programm

```
*++++++++++++++++++++++++
 IDENTIFICATION DIVISION.
*++++++++++++++++++++++++

  PROGRAM-ID.        ALG1.
  AUTHOR.            SPITTA.
  DATE-WRITTEN.      06/05/78
  DATE-COMPILED.

*-------------------------------------------------------------
*
*                                ALG1.
*                                -----
*
* BEZEICHNUNG: ALGORITHMUS 1:  RECHNUNGSKOPF
* FUNKTION:
*     DAS FOLGENDE PROGRAMM SCHREIBT EINEN RECHNUNGSKOPF AUS
*     DEN DATEN EINER LOCHKARTE, DIE SATZ EINER KUNDENDATEI IST.
*     DIE DATEI IST IN EINER SATZBESCHREIBUNG 'KUNDEN'
*     FESTGELEGT.
* LOESUNGSWEG:
*     NACH EINLESEN JEDER LOCHKARTE WERDEN NACHEINANDER
*     DREI AUSGABEZEILEN DES RECHNUNGSKOPFES GEDRUCKT.
*     DER RECHNUNGSKOPF ENTHAELT:
*     ANSCHRIFT / KUNDENNUMMER / RECHNUNGSNUMMER / DATUM.
*     DIE RECHNUNGSNUMMER WIRD VOM PROGRAMM VERGEBEN, UND ZWAR
*     AB EINER ALS VORLAUFKARTE EINGEGEBENEN LETZTEN RECHNUNGS-
*     NUMMER.
*     DIE REIHENFOLGE DER KUNDENKARTEN IST BELIEBIG.
*
*-------------------------------------------------------------

*+++++++++++++++++++++
 ENVIRONMENT DIVISION.
*+++++++++++++++++++++

 CONFIGURATION SECTION.
*---------------------

  SOURCE-COMPUTER.  IBM-370-158.
  OBJECT-COMPUTER.  IBM-370-158.

 INPUT-OUTPUT SECTION.
*--------------------

  FILE-CONTROL.
      SELECT KUNDEN-FILE      ASSIGN TO UR-2540R-S-SYSIN.
      SELECT RECHNG-KOPF-FILE ASSIGN TO UR-1403-S-SYSOUT.
```

```
*+++++++++++++
 DATA DIVISION.
*+++++++++++++

 FILE SECTION.
*-------------

 FD  KUNDEN-FILE LABEL RECORD OMITTED
                 RECORD CONTAINS 80 CHARACTERS.
 01  KUNDEN-KARTE.
     03  KUNDEN-NR                              PIC X(5).
     03  NAME-VORNAME                           PIC X(26).
     03  PLZ                                    PIC X(4).
     03  STADT                                  PIC X(20).
     03  STRASSE-NR                             PIC X(20).
     03  FILLER                                 PIC X(5).

 FD  RECHNG-KOPF-FILE LABEL RECORD OMITTED
                 RECORD CONTAINS 120 CHARACTERS.
 01  ZEILE-1.
     03  FILLER                                 PIC X(5).
     03  NAME-VORNAME                           PIC X(26)B(10).
     03  KUNDEN-NR                              PIC X(5)B(5).
     03  RECHNUNGS-NR                           PIC Z(4)9.
     03  FILLER                                 PIC X(64).

 01  ZEILE-2.
     03  FILLER                                 PIC X(5).
     03  STRASSE-NR                             PIC X(20).
     03  FILLER                                 PIC X(26).
     03  DATUM                                  PIC X(8).
     03  FILLER                                 PIC X(61).

 01  ZEILE-3.
     03  FILLER                                 PIC X(5).
     03  PLZ                                    PIC X(4)BB.
     03  STADT                                  PIC X(20).
     03  FILLER                                 PIC X(89).

 WORKING-STORAGE SECTION.
*------------------------

*BOOLESCHE KONSTANTE
 77  JA                                         PIC 9(1) VALUE
 77  NEIN                                       PIC 9(1) VALUE
*BOOLESCHE VARIABLE
 77  KARTEN-ZUENDE-FLAG                         PIC 9(1).
     88  KARTEN-ZUENDE                          VALUE 1.
*RECHENFELD
 77  RECHNG-NR                                  PIC 9(5).
```

```
*++++++++++++++++++++
 PROCEDURE DIVISION.
*++++++++++++++++++++

 RECHNUNGSKOPF.
     OPEN INPUT KUNDEN-FILE, OUTPUT RECHNG-KOPF-FILE.
     ACCEPT RECHNG-NR.
     MOVE SPACES TO ZEILE-1; WRITE ZEILE-1;
     MOVE SPACES TO ZEILE-1.
     MOVE NEIN TO KARTEN-ZUENDE-FLAG.
     PERFORM KARTE-LESEN.
     PERFORM RECHNUNGSKOPF-DRUCKEN
             UNTIL KARTEN-ZUENDE.
     CLOSE KUNDEN-FILE, RECHNG-KOPF-FILE.
     STOP RUN.

 RECHNUNGSKOPF-DRUCKEN.
     ADD 1 TO RECHNG-NR.
     PERFORM ZEILE-1-UEBERTRAGEN.
     WRITE ZEILE-1.
     PERFORM ZEILE-2-UEBERTRAGEN.
     WRITE ZEILE-2.
     PERFORM ZEILE-3-UEBERTRAGEN.
     WRITE ZEILE-3.
     PERFORM KARTE-LESEN.

 ZEILE-1-UEBERTRAGEN.
     MOVE SPACES TO ZEILE-1.
     MOVE NAME-VORNAME OF KUNDEN-KARTE
       TO NAME-VORNAME OF ZEILE-1.
     MOVE KUNDEN-NR OF KUNDEN-KARTE
       TO KUNDEN-NR OF ZEILE-1.
     MOVE RECHNG-NR TO RECHNUNGS-NR.

 ZEILE-2-UEBERTRAGEN.
     MOVE SPACES TO ZEILE-2.
     MOVE STRASSE-NR OF KUNDEN-KARTE
       TO STRASSE-NR OF ZEILE-2.
     MOVE CURRENT-DATE TO DATUM.

 ZEILE-3-UEBERTRAGEN.
     MOVE SPACES TO ZEILE-3.
     MOVE PLZ OF KUNDEN-KARTE
       TO PLZ OF ZEILE-3.
     MOVE STADT OF KUNDEN-KARTE
       TO STADT OF ZEILE-3.

 KARTE-LESEN.
     READ KUNDEN-FILE RECORD
       AT END MOVE JA TO KARTEN-ZUENDE-FLAG.
```

3. Eingabedaten

```
FILE: FILE     SYSIN    A    CMS 4.2B - TU BERLIN


00234
12416MEIER, FRANZ               1000BERLIN 33          JAEGER
13722BUCKRIEGEL, HEINRICH       2000HAMBURG 11         MALTES
13723HAEBERLE, EGON             7000STUTTGART          DOORNK
14211PFLEIDERER, ALOIS          7460BALINGEN-KIRCHE    AM H
14212SCHOLZ, FRANZ-ANTON-FELIX 2000HAMBURG 22          BI
```

4. Ausgabedaten

```
FILE: FILE     SYSOUT   A    CMS 4.2B - TU BERLIN


        MEIER, FRANZ                      12416       235
        JAEGERMEISTERWEG 66                        08/14/78
        1000  BERLIN 33

        BUCKRIEGEL, HEINRICH              13722       236
        MALTESERSTR. 44                            08/14/78
        2000  HAMBURG 11

        HAEBERLE, EGON                    13723       237
        DOORNKATSTR. 2                             08/14/78
        7000  STUTTGART

        PFLEIDERER, ALOIS                 14211       238
        AM HIMBEERWASSER 55                        08/14/78
        7460  BALINGEN-KIRCHE

        SCHOLZ, FRANZ-ANTON-FELIX         14212       239
        BINSENKOPPEL 8                             08/14/78
        2000  HAMBURG 22
```

Durch entsprechende Steuerung des Druckervorschubs können die Ausgabedaten auf das Formular gebracht werden.
Dies wurde aus didaktischen Gründen nicht programmiert.

Beispiel:

EDV - Anwender GmbH + Co KG
Dollarstrasse 99 9990 Dukatenheim

Herr/Frau/Firma	Kunden-Nr	Rechnungs-Nr Datum
MEIER, FRANZ JAEGERMEISTERWEG 66 1000 BERLIN 33	12416	235 08/14/78

2. Alg2 und COB2

1. Algorithmus

```
sortieren-im-internspeicher.

DATENTEIL.
ARBEITSSPEICHER KAPITEL.
 karten-zuende                     BOOL  4 ST WERT 'true'.
 tabelle-voll                      BOOL  4 ST WERT 'voll'.
 tabelle.
   tab-element   tab-length  MAL
                INDIZIERT DURCH max-index, lfd-index.
     tab-nummer              ALPH-NUM  5 ST.
     tab-rest                ALPH-NUM 75 ST.

 kunden-satz.
   kunden-nr                 ALPH-NUM  5 ST.
   restliche-daten           ALPH-NUM 75 ST.

PROZEDURTEIL.
sortieren-im-internspeicher.          /* ebene 1 */
    initialisieren tab-element(1) mit niedrigstem wert,
                   karten-zuende, tabelle-voll mit SPACE,
                   tab-length mit 100,
                   max-index, lfd-index mit 0.
    MACHE karte-lesen.
    MACHE einordnen-lesen
       BIS karten-zuende  ODER  tabelle-voll.
    ueberschrift schreiben.
    MACHE ausdrucken
         VARIIEREND lfd-index VON 1 MIT 1
       BIS lfd-index > max-index.
    BEENDE AUSFUEHRUNG.

 einordnen-lesen.                     /* ebene 2 */
    /* voraussetzung: gueltige gelesene karte */
    MACHE hochschieben
       BIS tab-nummer(lfd-index) < kunden-nr.
    UEBERTRAGE kunden-satz NACH tab-element(lfd-index + 1).
    UEBERTRAGE max-index NACH lfd-index.
    MACHE karte-lesen.
```

```
karte-lesen.
   NIMM AUF kunden-satz.
   ADDIERE 1 ZU max-index.
   WENN kunden-nr = '99999'
     DANN UEBERTRAGE 'true' NACH karten-zuende;
     SONST WENN max-index > tab-length
             DANN UEBERTRAGE 'voll' NACH tabelle-voll
                  meldung und zuletzt
                  gelesene karte ausgeben.

hochschieben.
   UEBERTRAGE tab-element(lfd-index)
     NACH tab-element(lfd-index + 1).
   SUBTRAHIERE 1 VON lfd-index.
```

2. COBOL-Programm

```
*++++++++++++++++++++++++++
 IDENTIFICATION DIVISION.
*++++++++++++++++++++++++++

 PROGRAM-ID.        ALG2.
 AUTHOR.            SPITTA.
 DATE-WRITTEN.      06/07/78
 DATE-COMPILED.
*-----------------------------------------------------------------
*
*                            ALG2 .
*                           -------
*
* BEZEICHNUNG: ALGORITHMUS 2:  SORTIEREN-IM-INTERNSPEICHER.
* FUNKTION:
*     SORTIEREN VON KARTEN; AUSGABE AUF EINER LISTE.
* LOESUNGSWEG:
*     DAS PROGRAMM LIEST EINE LOCHKARTENDATEI VON UNSORTIERTEN
*     KUNDENSAETZEN EIN UND UEBERTRAEGT JEDEN GELESENEN
*     SATZ IN EINE TABELLE, INDEM DIE KUNDENNUMMER DES GELESE-
*     NEN SATZES MIT DEN SCHON EINGETRAGENEN VERGLICHEN WIRD.
*     JEDER TABELLENSATZ WIRD, BEGINNEND MIT DEM LETZTEN, UM
*     EINE POSITION WEITERGERUECKT, SOLANGE DESSEN NUMMER GROE-
*     SSER ALS DIE DES EINGELESENEN SATZES IST. NACH DER ERSTEN
*     KLEINEREN TABELLENNUMMER WIRD DER GELESENE SATZ EINGETRA-
*     GEN. DIE SO SORTIERTE KUNDENDATEI WIRD ANSCHLIESSEND UEBER
*     DEN DRUCKER AUSGEGEBEN.
* VORAUSSETZUNGEN:
*     ENDEKARTE MIT 99999 IN SPALTE 1 BIS 5 VORHANDEN.
* RESTRIKTIONEN:  TABELLENGROESSE: 50 ELEMENTE
* FEHLER: ES ERFOLGT EINE MELDUNG, WENN NICHT ALLE EINGEGE-
*         BENEN KARTEN VERARBEITET WERDEN KONNTEN, WEIL DIE
*     TABELLE ZU KLEIN IST.
*-----------------------------------------------------------------
```

```
*+++++++++++++++++++++
 ENVIRONMENT DIVISION.
*+++++++++++++++++++++

 CONFIGURATION SECTION.
*---------------------

 SOURCE-COMPUTER.  IBM-370-158.
 OBJECT-COMPUTER.  IBM-370-158.

*++++++++++++++
 DATA DIVISION.
*++++++++++++++

 WORKING-STORAGE SECTION.
*-----------------------

*BOOLESCHE KONSTANTE
 77  JA                                     PIC 9(1)  VALUE 1.
 77  NEIN                                   PIC 9(1)  VALUE 0.
*BOOLESCHE VARIABLE
 77  KARTEN-ZUENDE-FLAG                     PIC 9(2)  VALUE 0.
     88 KARTEN-ZUENDE •                     VALUE 1.
*KONSTANTEN
 77  NULL                                   PIC 9(1)  VALUE ZER
 77  TAB-LENGTH                             PIC 9(2)  VALUE 10.
 77  ENDEKRITERIUM                          PIC X(5)  VALUE '99

 01  KUNDEN-SATZ.
     03 KUNDEN-NR                           PIC X(5).
     03 RESTLICHE-DATEN                     PIC X(75).

 01  TABELLE.
     03 TAB-ELEMENT OCCURS 10 TIMES
                    INDEXED BY LFD-INDEX, MAX-INDEX.
       05 TAB-NUMMER                        PIC X(5).
       05 TAB-REST                          PIC X(75).

*+++++++++++++++++++
 PROCEDURE DIVISION.
*+++++++++++++++++++

 SORTIEREN-IM-INTERNSPEICHER.
     PERFORM INITIALISIEREN.
     PERFORM KARTE-LESEN.
     PERFORM EINORDNEN-LESEN
             UNTIL KARTEN-ZUENDE  OR  MAX-INDEX > TAB-LENGTH.
     PERFORM UEBERSCHRIFT-SCHREIBEN.
     PERFORM AUSDRUCKEN
               VARYING LFD-INDEX FROM 1 BY 1
             UNTIL LFD-INDEX > MAX-INDEX.
     STOP RUN.
```

```
 INITIALISIEREN.
     MOVE LOW-VALUE TO TAB-ELEMENT (1),
     MOVE NEIN TO KARTEN-ZUENDE-FLAG;
     SET MAX-INDEX, LFD-INDEX TO NULL.
     SUBTRACT 1 FROM TAB-LENGTH.

 KARTE-LESEN.
     ACCEPT KUNDEN-SATZ.
     SET MAX-INDEX UP BY 1.
     IF KUNDEN-NR = ENDEKRITERIUM
       THEN MOVE JA TO KARTEN-ZUENDE-FLAG;
       ELSE IF MAX-INDEX > TAB-LENGTH
             THEN DISPLAY 'TABELLE ZU KLEIN !'
                  DISPLAY '   ZULETZT GELESENE KARTE:
                  DISPLAY '    ' KUNDEN-SATZ.

 EINORDNEN-LESEN.
     PERFORM HOCHSCHIEBEN
             UNTIL TAB-NUMMER (LFD-INDEX) < KUNDEN-NR.
     MOVE KUNDEN-SATZ TO TAB-ELEMENT (LFD-INDEX + 1).
     SET LFD-INDEX TO MAX-INDEX.
     PERFORM KARTE-LESEN.

 HOCHSCHIEBEN.
     MOVE TAB-ELEMENT (LFD-INDEX) TO TAB-ELEMENT (LFD-INDEX + 1).
     SET LFD-INDEX DOWN BY 1.

 UEBERSCHRIFT-SCHREIBEN.
     DISPLAY SPACES.
     DISPLAY 'SORTIERTE KARTENDATEI: ';
     DISPLAY '----------------------'; DISPLAY SPACES.
 AUSDRUCKEN.
     DISPLAY TAB-ELEMENT (LFD-INDEX).
```

3. Eingabedaten

```
FILE: FILE     SYSOUT   A   CMS 4.2B - TU BERLIN


12416MEIER, FRANZ                 1000BERLIN 33            JAEGERMEIST
13722RUCKRIEGEL, HEINRICH         2000HAMBURG 11           MALTESERSTR
13723HAEBERLE, EGON               7000STUTTGART            DOORNKATST
14211PFLEIDERER, ALOIS            7460BALINGEN-KIRCHE      AM HIMBE
14212SCHOLZ, FRANZ-ANTON-FELIX    2000HAMBURG 22           BINSENK
11723RUMMER, FRIDOLIN             6900HEIDELBERG-LEIMEN    BIERGA
06742HAMMER, ERIKA                7500KARLSRUHE 2          KRIEG
09345STAMPERL, EDE                8230BAD REICHENHALL      NONN
11471MASSKRUG, HEINER             2323LINGMOOR             KOP
11472POKAL, HEINRICH              2323LINGMOOR             MC
11473SCHWENKER, JAN               2323LINGMOOR             F
```

4. Ausgabedaten

```
FILE: FILE     SYSOUT   A   CMS 4.2B - TU BERLIN


 TABELLE ZU KLEIN !
    ZULETZT GELESENE KARTE:
    11472POKAL, HEINRICH           2323LINGMOOR              MOC

 SORTIERTE KARTENDATEI:
 ----------------------

 06742HAMMER, ERIKA              7500KARLSRUHE 2           KRIEGS
 09345STAMPERL, EDE              8230BAD REICHENHALL       NONNGA
 11471MASSKRUG, HEINER           2323LINGMOOR              KORNWE
 11723RUMMER, FRIDOLIN           6900HEIDELBERG-LEIMEN     BIERGA
 12416MEIER, FRANZ               1000BERLIN 33             JAEGF
 13722RUCKRIEGEL, HEINRICH       2000HAMBURG 11            MALT
 13723HAEBERLE, EGON             7000STUTTGART             DOO'
 14211PFLEIDERER, ALOIS          7460BALINGEN-KIRCHE       AM
 14212SCHOLZ, FRANZ-ANTON-FELIX 2000HAMBURG 22            BJ
```

Anhänge

Anhang 1: Die COBOL-Notationssprache (NtS)

1. Syntaktische Elemente

Syntax ist das Gefüge formaler Regeln zur Abfassung eines Textes in einer Sprache.
Dieses Gefüge wird ausgedrückt durch bestimmte Sprachelemente, wie z.B. Punkt und Komma in der deutschen oder englischen Sprache.

Eine formale Sprache ist eine Sprache, deren Aufbau durch eine Syntax beschreibbar und deren Semantik (Bedeutung der Sprachelemente und deren Zusammenhang) für jedes Sprachelement eindeutig angebbar ist. Zur Beschreibung der Syntax einer formalen Sprache (z.B. eine Programmiersprache) verwendet man syntaktische Elemente. Dies sind Formelzeichen, die dazu dienen, die Syntax allgemein zu beschreiben.

Die Beschreibung von formalen Sprachen kann wiederum durch eine formale Sprache erfolgen. Diese wird dann bezüglich der beschriebenen Sprache als Metasprache bezeichnet. Eine solche Metasprache in bezug auf COBOL stelle die COBOL-Notationssprache dar.

Wir verwenden die syntaktische Beschreibungsform in Anlehnung an Backus und Naur, die sog. Backus-Naur-Formelsprache (BNF) (Einzelheiten hierzu bei: Backus et. al. und Schappert).
Es bedeuten:

⟨begriff⟩	Steht ein Begriff in spitzen Klammern, so handelt es sich um ein Merkmal oder auch Klassennamen. Bsp: ⟨farbe⟩ Wird statt des Merkmals eine Ausprägung geschrieben, fällt die spitze Klammer weg. Bsp: blau Alle Ausprägungen einer syntaktischen Beschreibung stellen syntaktische Elemente dar. Man nennt sie auch atomare Symbole.
::=	Ergibtsymbol (Steht hinter einem Merkmal, das in weitere Merkmale oder atomare Symbole aufgelöst wird.)
|	Logisches (exklusives) ODER (aus drucktechnichen Gründen verwenden wir dafür das Zeichen ¦)
[ ]	Optionale Verwendung, d.h. das Sprachelement kann, muß aber nicht benutzt werden.

<begriff-liste> Ein angehängtes "-liste" an einen Klassennamen zeigt an, daß die Klasse (bzw. Ausprägung des Merkmals) beliebig oft wiederholt werden kann.

Jedes Zeichen in einer Syntaxbeschreibung hat eine Bedeutung. Steht z.B. dort ein Punkt außerhalb spitzer Klammern, so ist er unbedingt zu verwenden.

Exkurs: Der Punkt hat in COBOL eine zentrale Bedeutung als syntaktisches Element. Ein Punkt beendet einen Befehls-Satz oder eine Deklaration.
Der durch den Punkt beendete Programmteil (in COBOL wie auch der NtS) kann sich über beliebig viele Zeilen erstrecken.

Die Bedeutung von Komma und Semikolon ist nicht so fundamental wie die des Punktes. Sie dienen lediglich der optischen Gliederung des Textes und können auch fehlen.
Mit Komma trennen wir Elemente einer Aufzählung, mit Semikolon mehrere Befehle eines Befehls-Satzes.

2. Syntaxbeschreibungen

Eine Syntaxbeschreibung besteht aus syntaktischen Elementen und Merkmalen. Alle Merkmale werden so lange in syntaktische Elemente (= atomare Symbole) aufgelöst, bis rechts hinter dem Ergibtsymbol nur noch atomare Symbole stehen.

Atomare Symbole sind nicht weiter auflösbar und somit Ausprägungen der Syntax. Sie stehen demzufolge nie in spitzen Klammern.

Beispiel:

```
<schriftzeichen>::= <ziffer>|<buchstabe>|<sonderzeichen>
        <ziffer>::= 1 | 2 | 3 | 4 | 5 | 6 | 7 | 8 | 9
     <buchstabe>::= <kleinbuchstabe>|<grossbuchstabe>
<kleinbuchstabe>::= a | b | c ... | x | y | z
<grossbuchstabe>::= A | B | C ... | X | Y | Z
 <sonderzeichen>::= ! | " | # | $ | % | & | ' | ( | ) |
                    = | - | _ | + | ; | * | : | < | > |
                    , | . | ? | /
```

3. Konzept der Notationssprache

Ziel der Verwendung einer Notationssprache zum Entwurf von COBOL-Programmen ist es, den Programmentwurf auf das Wesentliche zu lenken, nämlich auf den Entwurf von Datenstrukturen und auf ihnen operierender Algorithmen. Sie entkleidet COBOL vor allen diesem Ziel nicht dienenden problemfremden Details, lehnt sich aber doch so eng an COBOL an, daß eine direkte Umsetzung Algorithmus → Programm möglich ist.

Aus diesem Grunde wird z.B. die Ausdehnung eines Datums mit angegeben, obwohl vom Problem her der Typ ausreichend wäre.

Die NtS erleichtert sowohl das Erlernen von COBOL als auch das Erlernen des Entwurfs von Algorithmen schlechthin. Sie kann als verbale Alternative zur Entwurfstechnik m.H. von Struktogrammen (Schnupp, Floyd, Kap. 1.3.3) gesehen werden.

Die deutsche Ausdrucksweise wurde gewählt, um Notationssprache und Implementierungssprache (COBOL) klar voneinander zu trennen. Der Leser kann jedoch ebenso die entsprechenden COBOL-Sprachelemente direkt verwenden, wenn ihm die deutsche Ausdrucksweise als unnötiger Umweg erscheint.

4. Aufbau der Sprache

Die NtS kennt zwei prinzipielle Sachverhalte, die sie beschreibt:

1. Daten (Datenteil)
2. Operationen (Prozedurteil).

Bestimmte Sprachelemente (= reservierte Worte) in beiden Teilen haben eine festgelegte Bedeutung und Schreibweise. Sie werden in Großbuchstaben geschrieben.

Alle anderen Sprachelemente (= Programmiererworte) - das sind Namen, klartextliche Beschreibungen und Kommentare - werden in Kleinbuchstaben geschrieben. Sie sind weitgehend frei formulierbar. Sie bestehen aus Buchstaben, Ziffern und dem Bindestrich. Einzige formale

Einschränkung ist: Sie dürfen kein Leerzeichen enthalten.

Exkurs: Das Leerzeichen hat in COBOL eine ähnlich zentrale Bedeutung wie der Punkt. Es ist Trennzeichen zwischen den syntaktischen Elementen der Sprache. Es wird wie folgt behandelt: Zwei syntaktische Elemente der Sprache werden durch ein oder beliebig viele Leerzeichen voneinander getrennt. Daraus ergibt sich, daß ein COBOL-Satz (der mit einem Punkt endet) sich über beliebig viele Zeilen erstrecken kann.

Erläuternde Texte zum Algorithmus nennt man Kommentare. (Sie sind auch Teil eines COBOL-Programms, werden dort jedoch anders gekennzeichnet, nämlich durch * in Spalte 7 eines 80spaltigen Satzes (entspricht der Lochkarte)).

Da die Einteilung in Spalten zu den problemfremden Details von COBOL gehört, haben wir für die NtS die Konvention der Programmierersprache PL/1 übernommen.

In der NtS drücken wir Kommentare folgendermaßen aus:

<kommentar>::= /* <text> */

Datenteil wie Prozedurteil bestehen aus Sätzen (beendet durch einen Punkt!).

Ein Satz im Datenteil beginnt i.d.R. mit einem Datennamen, dem die Attribute des Datums folgen.

Ein Satz im Prozedurteil beginnt immer mit einem Befehlswort, dem Ergänzungen zum Befehl folgen. Ein Befehlswort ist immer ein reserviertes Wort.

Den Aufbau im Zusammenhang und in der Anwendung entnehme man den zahlreichen Beispielen in Teil II, Kap. 2.

Literatur:

Backus, I.W. et.al.: Revised Report on the Algorithmic Language ALGOL 60, in: Numerische Mathematik 4 (1963), S. 420 - 453

Schappert, H.: Deutsche Syntax einer englischen COBOL-Fassung, in: Elektronische Rechenanlagen 9 (1967) H. 2, S. 74 - 84

Anhang 2: Beschreibungsformalismen zu COBOL (COBOL-Syntaxschreibweise)

In Manuals (Programmiererhandbücher der EDV-Hersteller) werden zur Erklärung der COBOL-Syntax andere Formalismen verwendet. Sie weichen von BNF (vgl. Anh. 1) völlig ab. Sie sind international genormt, daher verwenden wir sie auch hier, haben jedoch den entscheidenden Nachteil, daß sie sich nicht auf einfache Weise mit zeilenweise druckenden EDV-Druckern darstellen lassen. (z.B. geschweifte Klammern über mehrere Zeilen)

1. Syntaktische Elemente

1. COBOL-Wörter mit fester Bedeutung sind mit Großbuchstaben geschrieben. Sie müssen korrekt geschrieben werden (einschl. eventueller Bindestriche) und dürfen nicht als Daten- oder Prozedurnamen verwendet werden.
2. Unterstrichene COBOL-Wörter müssen geschrieben werden, wenn der gewollte Effekt erreicht werden soll. Nicht unterstrichene COBOL-Wörter können weggelassen werden.
3. Wörter in Kleinbuchstaben stehen für Daten- und Prozedurnamen, die der Programmierer frei wählen kann.
4. Eckige Klammern zeigen wahlweisen (optional) Text an. Er kann verwendet oder ausgelassen werden, je nachdem, was mit der Vereinbarung oder Anweisung bezweckt werden soll.
5. Geschweifte Klammern deuten an, daß von den untereinander in den Klammern stehenden Textteilen genau einer benutzt werden muß.
6. Drei Punkte ... zeigen an, daß der Text, der in den unmittelbar vorangegangenen Klammern steht, beliebig oft wiederholt werden kann.

2. Beispiel

```
       { datenname-1 }    [ { datenname-2 } ]
ADD    {             }    [ {             } ]     ...
       { literal-1   }    [ { literal-2   } ]

                            TO  datenname-3  [datenname-4]  ...
```

Erläuterungen:

(1) ADD ist ein COBOL-Wort, das geschrieben werden muß, und zwar ein Befehlswort.

(2) $\begin{Bmatrix} \text{datenname-1} \\ \text{literal-1} \end{Bmatrix}$

Der Wert, der auf ein Ergebnisfeld addiert werden soll, darf sein entweder eine

Variable	(datenname-1)
	oder eine
Konstante	(literal-1)

(3) $\begin{Bmatrix} \text{datenname-2} \\ \text{literal-2} \end{Bmatrix}$

Es kann auch ein zweiter Wert auf das Ergebnisfeld addiert werden. Dies ist wiederum entweder eine Variable oder eine Konstante.

(4) ... Die Punkte zeigen, daß auch weitere Werte auf das Ergebnisfeld addiert werden können.

(5) TO datenname-3. TO ist ein notwendiges COBOL-Wort und steht unmittelbar vor dem Ergebnisfeld datenname-3.

(6) datenname-4 ... Dies legt fest, daß die Addition auf mehrere Ergebnisfelder zulässig ist.

Anhang 3: Codierung

1. Grundprinzipien der Codierung

In diesem Anhang soll die knappe Aussage über die Codierung von Zeichen aus II.2.1 mit etwas mehr Hintergrund gefüllt werden. Dieser erscheint notwendig, da sich der Anwender von Computern (insbesondere der Anwendungsprogrammierer) heute leider (!) immer noch mit Fragen der Darstellung von Zeichen im Rechnersystem konfrontiert sieht, obwohl die Darstellung von Zeichen im Rechner zu den technischen Details gehört, die außerhalb des Rechners keine Rolle spielen sollten.

Bezüglich einer relativ umfassenden Darstellung zur Codierung, insbesondere deren informationstheoretischem Hintergrund sei auf das Buch von Dworatschek (Teil III, Kap. 2) verwiesen.

1.1 Begriffe

Codieren ist die Umsetzung eines Alphabetes (vgl. II.2.1) in ein anderes. Die Umsetzungsvorschrift, meist dargestellt durch eine Zuordnungsliste, nennt man Code.

Wie bereits bekannt, arbeiten Computer intern nur mit zwei möglichen Zuständen, d.h. ihr Zeichenvorrat umfaßt das Alphabet der Dualziffern (L,O oder 1,0).
Wie setzt man ein gebräuchliches Alphabet, z.B. das der Dezimalziffern, der Buchstaben u.a. in das Alphabet der Dualziffern um, d.h. wie codiert man?

Der Vorgang sei an einem einfachen Beispiel erläutert:

Aufgabenstellung: Das Alphabet der Dezimalziffern soll in das der Dualziffern umgesetzt werden.

Da eine dezimale Stelle 10 Zustände, eine duale nur 2 zuläßt, ist eine Umsetzung nur über eine Erhöhung der Stellenzahl an Dualziffern möglich.
2 Dualstellen ermöglichen 4 Zustände, 3 ermöglichen 8 Zustände:

$$\begin{matrix} L \\ 0 \end{matrix} : 2 = 2^1 \qquad \begin{matrix} 00 \\ L0 \\ 0L \\ LL \end{matrix} : 4 = 2^2 \qquad \begin{matrix} 000 \\ 00L \\ 0LL \\ L00 \\ L0L \\ LL0 \\ 0L0 \\ LLL \end{matrix} : 8 = 2^3$$

Informationstheoretisch kann man folgende Gesetzmäßigkeit nachweisen:

Mit n Stellen lassen sich 2^n Zustände verschlüsseln.

Bisher haben wir mit 3 dualen Stellen erst 8 dezimale Zustände erfaßt. Da wir 10 Zustände codieren müssen, ist eine Erweiterung auf 4 duale Stellen notwendig. Dies ermöglicht entsprechend der obigen Gesetzmäßigkeit die Codierung von $2^4 = 16$ Zuständen. 6 Zustände bleiben dabei ungenutzt. Wir werden sie in 2. wieder aufgreifen.

Es gibt mehrere Möglichkeiten, die 10 benötigten Kombinationen, sog. *Tetraden*, zur Codierung einer Dezimalziffer aus den 16 möglichen auszuwählen. Sie sollen hier nicht besprochen werden (vgl. dazu z.B. Dworatschek). Für unsere Zwecke genügt es zu wissen, daß die 6 ungenutzten Kombinationen als *Pseudotetraden* bezeichnet werden.

1.2 Die Codierung von Zahlen

Bisher haben wir mit Hilfe einer Tetrade nur eine Dezimal*ziffer* codiert. Selbstverständlich kann man auch eine Dezimal*zahl* durch fortwährende Erhöhung der Stellenzahl der Dualzahl codieren. Aus praktischen Erwägungen geht man jedoch heute anders vor:
Eine Dezimal*zahl* wird *ziffernweise* in duale Tetraden verschlüsselt; der Computer rechnet intern im Dezimalsystem, wobei die Ziffern dual sind.

Im Verkehr mit der Außenwelt des Computers bedient man sich einer Darstellung der Tetraden und Pseudotetraden im *Hexadezimalsystem* (16 mögliche Zustände, $16 = 2^4$). Dabei werden die Positionen 10 bis 15 mit den Großbuchstaben A bis F gekennzeichnet.

Es bedeuten:

LOLO : A
LOLL : B
LLOO : C
LLOL : D
LLLO : E
LLLL : F

1.3 Die Codierung weiterer Zeichen

Um zu den Ziffern noch die Großbuchstaben und einige wichtige Sonderzeichen codieren zu können, benötigt man einen 6-bit-Code. Er erlaubt $2^6 = 64$ mögliche Zustände (10 Ziffern + 26 Großbuchstaben + 28 Sonderzeichen). Er heißt BCD-Code ('binary coded decimal') und war in der Datenverarbeitung lange Zeit sehr verbreitet.

Heute verwendet man allgemein einen 8-bit-Code, um keinen Beschränkungen in der Darstellungsmöglichkeit von Zeichen zu unterliegen z.B. Kleinbuchstaben).
Ein 8-bit-Code erlaubt die Codierung von $2^8 = 256$ Zuständen. Üblich sind der EBCDI-Code ('extended binary coded decimal interchange code') und der ASCII-Code ('American standard code II').

Die 8 bit zur Verschlüsselung eines Zeichens heißen 1 Byte. Das Byte ist in vielen Computern die kleinste adressierbare Speichereinheit (sog. Bytemaschinen im Gegensatz zu Wortmaschinen, bei denen nur größere Einheiten adressierbar sind).

Da man, wie in 1.1 dargestellt, eine Dezimalziffer in 4 bit = 1 Halbbyte unterbringen kann, werden Zahlen häufig gepackt im 2. Halbbyte eines Byte dargestellt. Die erste, bei allen Ziffern gleiche Tetrade (= F (hexadezimal) für positive, D (hex.) für negative Zahlen) wird für die gesamte Zahl nur einmal gebraucht. Man spart so Speicherplatz.

2. Weitere Aufgaben eines Codes

Neben der Umsetzung eines Alphabetes in ein anderes hat ein Code noch

eine weitere Aufgabe, die ihm sozusagen als "Abfallprodukt" zukommt: die Fehlererkennung.
Was für Fehler sind damit angesprochen?

In einem Computersystem werden die bits eines codierten Zeichens durch elektronische Impulse übertragen. Hierbei können technisch bedingte Übertragungsfehler auftreten: ein bit wird verfälscht, also in sein Komplement verkehrt. (Da nur 2 Zustände möglich sind, kann ein Übertragungsfehler nur das Komplement bewirken!)

Solche Fehler können mit einer gewissen Wahrscheinlichkeit erkannt werden. Die Methoden zur Erkennung sind entweder die Ausnutzung der Coderedundanz, das sind die Pseudotetraden, oder die Hinzufügung eines Prüfbits an jedes Byte.

2.1 Coderedundanz

Entsteht durch einen Übertragungsfehler etwa einer Dezimalziffer eine Pseudotetrade, so kann dies als Fehler erkannt werden. Der 8-bit-Code enthält eine erhebliche Coderedundanz (ca. 50 %), die die Sicherheit der Datenübertragung verbessert.

2.2 Prüfbits

Erweitert man die Verschlüsselung eines Zeichens um ein sogenanntes Prüfbit, so ergibt sich folgende Möglichkeit:

Das Prüfbit wird vom Computer automatisch immer so gesetzt, daß die Quersumme der bits eines Bytes gerade ('parity even') oder ungerade ('parity odd') ist. Die gewählte Methode ist vom Computersystem abhängig.
Die Parität wird bei jeder Datenübertragung automatisch geprüft ('parity check'). Ist ein bit durch einen Übertragungsfehler verfälscht, wird das Zeichen als fehlerhaft zurückgewiesen, die Übertragung automatisch wiederholt.
Bei Verfälschung von 2 bits gleichzeitig versagt diese Methode. Die Wahrscheinlichkeit für diesen Fall ist jedoch sehr gering.

Exkurs: Übertragungsfehler spielen vor allem bei der Datenfernübertragung (DFÜ) eine erhebliche Rolle. Unter DFÜ versteht man jede Datenübertragung über Kabel oder drahtlos über eine Entfernung von mehr als 600 bis 1000 m.
Zu Einzelheiten dieses immer mehr in den Vordergrund der Datenverarbeitung rückenden Gebietes vgl. z.B. Öttl.

Literatur:

Dworatschek, S.: Grundlagen der Datenverarbeitung, 6. überarb. u. erweit. Auflage, Berlin - New York 1977

Öttl, K.: Daten-Übertragung und -Fernverarbeitung, Berlin - New York 1974

Anhang 4: Betriebssystem und Job-Control

1. Funktionen eines Betriebssystems

Das Betriebssystem ist diejenige Software einer Rechenanlage, die zum Betrieb der Hardware und zum Ablauf der Anwendungssoftware notwendig ist. Es wird vom Hersteller der Hardware als Bestandteil des Computers mitgeliefert. Ohne das Betriebssystem ist die Hardware totes Material, das keine Daten verarbeiten kann.

Zwei zentrale Begriffe sind mit der Funktion eines Betriebssystems verbunden:

- Betriebsmittel ('ressources')
- Aufgaben ('tasks').

Die englischen Begriffe haben sich in der deutschen Fachsprache eingebürgert.

Ressourcen sind Hardware- und Softwarebestandteile des Computers, z.B. Ein-/Ausgabegeräte, Plattenlaufwerke, Prozessor, Internspeicher, aber auch Dienstprogramme zum Sortieren, Übertragen von Daten u.ä.

Tasks sind Programme oder Teile von Programmen, die bestimmte Ressourcen benötigen. Eine Folge von Tasks, meist bezogen auf einen bestimmten Benutzer, nennt man Job. Ein Job ist also ein Auftrag eines Benutzers an das Betriebssystem.
Den zeitlichen Ablauf einer Task nennt man Prozeß.

Die Funktionen eines Betriebssystems lassen sich in zwei prinzipiellen Aufgaben zusammenfassen:

(1) Ressourcenverwaltung
(2) Prozeßkoordination.

zu (1): Die verschiedenen Tasks müssen sich die knappen Ressourcen teilen. Dies sind vor allem Prozessorzeit, Internspeicherplatz, Ein-/Ausgabeeinheiten. So können etwa mehrere Tasks zur gleichen Zeit den Drucker anfordern, den es nur einmal gibt: Es entsteht eine Warteschlange.

zu (2): Die Aufteilung der Tasks auf die Ressourcen erfolgt durch die Prozeßkoordination nach bestimmten Prioritätsregeln. Weiterhin muß sie gegenseitige Blockierungen von Tasks verhindern:

Es kann vorkommen, daß zwei Prozesse gleichzeitig auf dieselbe Ressource zugreifen wollen (etwa einen auf einer Plattenspur gespeicherten Datensatz) oder daß sie genau gleichzeitig jeweils die Ressource anfordern, die der andere inne hat.
Dann muß das Betriebssystem eine Situation der Art "bitte nach Ihnen, bitte nach Ihnen" ('deadlock') erkennen und danach in einen eindeutigen Ablauf bringen, d.h. eine "Verklemmung" vermeiden.

Das Beispiel zeigt, daß die Prozeßkoordination die Tasks überwachen ('supervision') muß. Hierzu muß es sie unterbrechen können ('interrupt'), um selbst die Kontrolle zu übernehmen.

2. Bestandteile eines Betriebssystems

Der notwendige Bestandteil eines Betriebssystems, der sogenannte Nukleus ('nucleus' = Kern), sind die Programme zur Ressourcenverwaltung und zur Prozeßkoordination, die sogenannten Steuerprogramme. Dies sind Programme mit folgenden Aufgaben:

- Verkehr mit dem Operator (Bediener der Rechenanlage)
- Fehlerdiagnose und -behandlung
- Unterbrechungsbehandlung (Prozeßüberwachung, -umschaltung)
- Ein-/Ausgabebehandlung
- Datentransfer zwischen Intern- und externen Speichern.

Neben dem Nukleus werden auch meist sogenannte Arbeitsprogramme zum Betriebssystem gezählt.
Dies sind vor allem:

- Übersetzer ('Compiler'; vgl. II.2.5.2)
- Binder ('linkage editor')
- Lader ('loader')
- Dienstprogramme ('utilities').

Erläuterungen:
Ein compiliertes Programm ist noch nicht ablauffähig. Der Binder fügt zu dem vom Compiler erzeugten Maschinencode noch Systemprozeduren

hinzu, z.B. zur Ein-/Ausgabebehandlung. Außerdem wandelt er vorläufige Adressen des vom Compiler erzeugten Objektprogramms in endgültige Adressen des Internspeichers um.

Der Lader lädt das ablauffähige Programm in einen freien Internspeicherbereich und startet seine Ausführung.

Dienstprogramme gibt es z.B. zum Sortieren, Mischen und Kopieren von Dateien, zur Fehlerdiagnose (= 'debugging' = entwanzen) oder zum Nullsetzen des Internspeichers.

3. Arten von Betriebssystemen

Man unterscheidet heute zwei Grundtypen von Betriebssystemen:

(1) Stapelsysteme (Batchsysteme)

(2) Dialogsysteme.

zu (1): Bei Stapelsystemen laufen die Jobs nach der Übergabe an den Rechner ohne weitere Eingriffsmöglichkeit durch den Anwender ab. Intern in der Anlage arbeiten diese Systeme heute fast ausschließlich überlappt, so daß etwa ein Job den Prozessor belegt, ein anderer den Drucker, ein dritter ein Plattenlaufwerk usw. ('multiprogramming'). Dies erfolgt, um den von allen Jobs eine gewisse Zeit benötigten Prozessor, der sehr viel schneller arbeitet als die externen Geräte, optimal auszunutzen. Der Prozessor müßte sonst warten, solange ein Prozeß ihn nicht benötigt.

zu (2): Beim Dialogsystem kann der Anwender während des Ablaufs seines Jobs in einen Mensch-Maschine-Dialog treten und während des Programmablaufs Daten eingeben oder Ausgaben empfangen. Meist wird im sogenannten time sharing - Verfahren gearbeitet, bei dem die Prozessorzeit jeweils kurze Zeit einem Benutzer zur Verfügung steht, danach dem nächsten usf.
Durch die hohe interne Geschwindigkeit des Rechners, verglichen mit seiner eigenen dazu langsamen Arbeitsweise, hat der Benutzer den subjektiven Eindruck, die Anlage stehe ihm allein zur Verfügung.

Ein Dialogsystem kann meist auch im 'batch mode' benutzt werden, d.h. es können parallel zum Dialogbetrieb auch Programme im Stapelbetrieb ohne menschlichen Eingriff ablaufen.

4. Die Schnittstelle des Betriebssystems zum Benutzer

4.1 Der Anwender als Benutzer

Beim Stapelsystem hat der Anwender mit dem Betriebssystem keinerlei Berührung. Die Ablaufvorbereitung der von ihm benutzten Programme übernehmen der Operator (das ist der Bediener des Computers) oder der Anwendungsprogrammierer.

Beim Dialogsystem muß der Anwender die Ablaufvorbereitung teilweise selbst vornehmen. Er muß dazu eine Kommandosprache beherrschen, mit der er dem Betriebssystem Anweisungen erteilt, damit es sein Anwendungsprogramm ablaufen läßt.

4.2 Der Anwendungsprogrammierer als Benutzer

Das Anwendungsprogramm und die dazugehörigen Daten genügt nicht als Eingabe für das Betriebssystem. Dem Betriebssystem muß mitgeteilt werden, was die Eingabe darstellt, was es mit ihr tun soll und welche bereits gespeicherten Daten es dem Programm zur Verfügung stellen soll. Dies gilt für ein Stapel- wie für ein Dialogsystem.
Bei letzterem bedient sich der Anwendungsprogrammierer der Kommandosprache und gibt die Kommandos im Dialog ein.

Beispiel: (IBM 370, Betriebssystem CMS ('conversional monitoring system')):

Ein COBOL-Programm mit dem Namen ABC steht auf Platte gespeichert zur Verfügung, ebenso die Eingabedaten unter der Bezeichnung FILE SYSIN.

Eingaben des Benutzers sind in Kleinbuchstaben, Antworten des Systems in Großbuchstaben geschrieben. Die Systemantwort R steht für 'ready'.

`cobol abc` `R;`	Aufruf des COBOL-Compilers
`filedef sysin disk` `R;`	file sysin steht auf Magnetplatte
`load abc` `R;`	Aufruf des Laders für Programm ABC
`filedef sysout terminal` `R;`	Ausgabe soll auf dem Bildschirm erfolgen
`start` `EXECUTION BEGINS...`	Startbefehl für das ladefähige Programm

`. -:`
`.  :`
`.  :`
`.  :`
`. -:`
	hier kann Diolog Benutzer-Programm erfolgen

`R;`	

Beim Stapelsystem muß der Anwendungsprogrammierer alle Anweisungen an das Betriebssystem vor der Übergabe des Jobs an das System aufschreiben wie vorher sein Programm.

Hierzu dient eine sogenannte Job Control Language (JCL), die man als Programmiersprache des Benutzers für das Betriebssystem auffassen kann. Ebenso wie eine Programmiersprache unterliegt sie einer genau festgelegten Syntax, die strenger ist, als die der Dialogsprache.

Beispiel (JCL für IBM 360/370): (jede Zeile ist eine Lochkarte)

```
//BEISPIEL   JOB  ORG,MEIER  (1)
//UEBUNG     EXEC COBCLG     (2)
//C.SYSIN    DD   *          (3)
  -:
   :
   :  COBOL-Programm
   :
  -:
/*
//C.SYSOUT   DD   SYSOUT=A   (4)
//G.SYSOUT   DD   SYSOUT=A   (5,6)
//G.CARDIN   DD   *          (7)
  -:
   :
   :  Eingabedaten
   :
  -:
/*                           (8)
//                           (9)
```

Erläuterungen:

(1): Die Jobkarte kennzeichnet den Benutzer. Das Betriebssystem belastet die Abrechnungseinheit ORG mit den Rechnerkosten.

(2): Mit Hilfe der EXEC-Karte werden interne Programme des Betriebssystems aufgerufen; hier der COBOL-Compiler (C), der Lader (L) und ein Programm zum Starten (G = go).

(3): Für die Compilation (C.) folgen in der Standard-Eingabe die Karten des Programms.

(4): Dies ist die end-of-file-Marke: Das File COBOL-Programm ist zuende; es folgen weitere Jobkarten.

(5,6): Die Ausgabe für den Schritt Compilation (C.) und 'go' (G.) erfolgt auf ein File mit dem Namen SYSOUT auf dem Drucker A.

(7): Für den Schritt 'go' folgen die Eingabedaten unmittelbar als Karten.

(8): End-of-file der Eingabedaten.

(9): End-of-job-Karte.

Literatur:

Krayl, H., Neuhold, E.J., Unger, C.: Grundlagen der Betriebssysteme, Berlin - New York 1975

Tsichritzis, D.C., Bernstein, P.A.: Operating Systems, New York - London 1974

Sachregister

Kolibri 360 GmbH
Ferdinand-Jühlke-Straße 7
99095 Erfurt, Deutschland
produktsicherheit@kolibri360.de